CORPUS
PAPYRORUM RAINERI
XXVI

CORPUS PAPYRORUM RAINERI

ARCHIDUCIS AUSTRIAE

HERAUSGEGEBEN VON DER
GENERALDIREKTION
DER
ÖSTERREICHISCHEN NATIONALBIBLIOTHEK

BAND XXVI

K · G · SAUR MÜNCHEN · LEIPZIG

ARABISCHE JURISTISCHE URKUNDEN

AUS DER PAPYRUSSAMMLUNG DER ÖSTERREICHISCHEN NATIONALBIBLIOTHEK

HERAUSGEGEBEN VON

MICHAEL H. THUNG

K · G · SAUR MÜNCHEN · LEIPZIG 2006

Bibliografische Information der Deutschen Bibliothek

Die Deutsche Bibliothek verzeichnet diese Publikation in der
Deutschen Nationalbibliografie; detaillierte bibliografische Daten sind
im Internet über **http://dnb.ddb.de** abrufbar.

Gedruckt auf alterungsbeständigem Papier.
Gesamtherstellung: Druckhaus „Thomas Müntzer" GmbH, 99947 Bad Langensalza

ISBN 13: 978-3-598-77951-0
ISBN 10: 3-598-77951-8

Zur Herausgabe

Das Manuskript des vorliegenden Bandes wurde bereits im Jahre 1997 im Rahmen meiner Promotion an der Universität von Amsterdam vollendet. Seine heutige Veröffentlichung in der Reihe *Corpus Papyrorum Raineri* geht zurück auf einen Vorschlag von Herrn Prof. Dr. Werner Diem, der sich in den zwischenliegenden Jahren für die Herausgabe meiner Dissertation engagiert hat. Frau Prof. Dr. Cornelia Römer, Direktorin der Papyrussammlung der Österreichischen Nationalbibliothek, hat auf diesen Vorschlag sofort positiv reagiert und seine Verwirklichung ermöglicht. Ihnen beiden sei hier mein herzlicher Dank ausgesprochen.

Ich hoffe, dass diese Veröffentlichung zur weiteren Entwicklung der arabischen Papyrologie sinnvoll beitragen wird.

Februar 2006 — Michael H. Thung

Das Manuskript des [illegible] Bandes wurde bereits [illegible]

[illegible]

Inhalt

Vorwort

Für die Ermöglichung und engagierte Unterstützung meines Forschungsvorhabens danke ich Prof. Dr. R. Peters (Universität Amsterdam).

Der kontinuierlichen Begleitung durch Prof. Dr. W. Diem (Universität zu Köln) verdankt diese Arbeit entscheidende Impulse, ohne die sie ihre jetzige Gestalt nicht gefunden hätte. Seine zahlreichen Verbesserungsvorschläge, die ich mit Gewinn berücksichtigen konnte, habe ich im Text nicht im einzelnen vermerkt.

Weiter gilt mein Dank: Herrn Hofrat Univ.-Prof. Dr. H. Harrauer, Direktor der Papyrussammlung der Österreichischen Nationalbibliothek, für seine überaus freundlichen und hilfsbereiten Bemühungen; Frau Dr. Monika Hasitzka für die Formalbeschreibungen; nicht zuletzt Prof. Dr. M. Woidich und Dr. K. A. Worp für ihre hilfreichen Ratschläge.

März 1997 — Michael H. Thung

Einleitung

I.

Nachdem J. KARABACEK bereits im Jahr 1883 zwei arabische Papyri juristischen Inhalts aus den von Th. Graf in Wien zusammengebrachten Stücken des 1. Fayyumer Funds vorgelegt hatte,[1] hat es noch über ein Jahrhundert gedauert, bis arabische Rechtsurkunden der Wiener Papyrussammlung erstmals in größerem Umfang veröffentlicht wurden. Die Veröffentlichung einer bedeutenden Zahl juristischer Urkunden, welche A. GROHMANN im Rahmen seiner *Chrestomathie zur arabischen Papyruskunde* geplant hatte, ist bekanntlich von ihm nie realisiert worden,[2] und somit sind die von seiner Hand veröffentlichten juristischen Texteditionen aus dem arabischen PER-Bestand auf ca. 15 Dokumente beschränkt geblieben.[3] Erst 1993 erschien ein Teil der Stücke, die GROHMANN für die *Chrestomathie* vorgesehen hatte, in einer neuen Bearbeitung von KHOURY unter dem Titel *Chrestomathie de papyrologie arabe*. Aus der Sammlung der Österreichischen Nationalbibliothek sind in diesem Band 24 juristische Urkunden, davon 19 in editio princeps, zusammengebracht.[4] Ein zweiter Band mit von GROHMANN vorbereiteten Texteditionen wurde von KHOURY im Jahr 1995 unter dem Titel *Papyrologische Studien* herausgebracht. In dieser Veröffentlichung sind nochmals 25 arabische juristische Dokumente aus dem Wiener Bestand in editio princeps vorgelegt worden.[5] Vier weitere arabische Rechtsurkunden wurden im selben Jahr von DIEM publiziert.[6]

Meine Vermutung, es befänden sich in Wien noch weitere juristische Stücke, die eine Editon verdienen würden, hat sich, als ich 1993 die arabischen Bestände der Sammlung durchsah, bewahrheitet. Besonders der große Bestand arabischer Papiere erwies sich als eine noch nicht ausgeschöpfte Quelle. Im vorliegenden Band werden 45 bisher noch unveröffentlichte arabische Rechtsurkunden, darunter 16 Papyri, 28 Papiere und ein Pergament, vorgestellt. Bei der Auswahl der Stücke habe ich mich von zweierlei Bestreben leiten lassen. Erstens habe ich mich auf Privaturkunden beschränkt und deshalb Steuerquittungen, Pachtverträge über Staatsland und andere zum Bereich der Verwaltung gehörende Urkunden beiseite gelassen. Zweitens habe ich mich nur für diejenigen Stücke entschieden, deren Erhaltungszustand zumindest eine Rekonstruktion des beurkundeten Rechtsgeschäfts ermöglichte. Viele Stücke, die zwar noch als juristische identifizierbar waren, erwiesen sich unter diesem Gesichtspunkt als allzu fragmentiert.

Die Anordnung erfolgt, wie in der arabischen Papyrologie seit jeher üblich, nach Sachgebieten. Innerhalb der einzelnen Sachgebiete sind die Urkunden chronologisch angeordnet; eine Ausnahme bilden die Sachgebiete "Eherecht" und "Immobilien", wo das

[1] KARABACEK: *Papyrusfund* Nr. 2, 3 (S. 230-236). – Zur Geschichte der Wiener Papyrussammlung vgl. GROHMANN: *Einführung* S. 54ff und LOEBENSTEIN: *Papyrussammlung* S. 3ff.

[2] Vgl. dazu CPA S. 1-7.

[3] Es ist dabei auf EBU 1-7, TWÄ 12, 13 und die in FWAP S. 121, 152, 153f, 199f edierten Urkunden hinzuweisen.

[4] In editio princeps liegen CPA 17, 18, 19, 24, 25, 26, 29, 37, 48, 49, 52, 62, 63, 64, 77, 79, 80, 81, 84 vor; bereits veröffentlicht waren CPA 20, 50, 51, 65, 66. Die Tatsache, daß CPA 20 schon in FWAP S. 199f vorlag, ist von KHOURY nicht erwähnt worden.

[5] PS 2, 7, 8, 9, 10, 11, 13, 14, 15, 17, 24, 25, 26, 27, 28, 29, 30, 31, 32, 33, 34, 35, 36, 37, 38. PS 12 war bereits als CPA 49 veröffentlicht worden.

[6] DIEM: *Rechtsurkunden* 1-4.

Material weniger nach chronologischen als nach inhaltlichen Kriterien angeordnet ist. Unter dem Kapitel "Schulden" sind die Verpflichtungsscheine (*'aḏkār ḥuqūq*) und die Schuldanerkenntnisse (*'iqrārāt*) separat vorgelegt worden, wobei das verwendete Urkundenformular das entscheidende Kriterium war.

Bei der Darbietung der Stücke habe ich die von DIEM in *Arabische Briefe auf Papyrus und Papier aus der Heidelberger Papyrus-Sammlung* (ABPP) bereits angewandten Prinzipien befolgt.[1] Jeder Urkunde ist eine Formalbeschreibung und eine Einleitung vorangestellt. In der Einleitung werden der Inhalt des Dokuments, die darin genannten Personen, sowie die Realien und ihre Preise diskutiert. Das Dokument wird nach Vertragstypus klassifiziert, und vergleichbare Dokumente werden als Belege angeführt. Ferner enthält die Einleitung Bemerkungen zur Schrift und Orthographie.

Die detaillierte Behandlung einzelner Punkte ist in der Regel dem Kommentar vorbehalten. Dort liegt der Schwerpunkt auf dem philologischen Gebiet und zwar besonders auf der Phraseologie und der Gestaltung des Urkundenformulars, welche selbstverständlich mit dem juristischen Inhalt in einem engen Zusammenhang stehen. Die einzelnen Formeln sind so ausführlich möglich belegt, wobei ich versucht habe, das ganze Korpus bisher veröffentlichter ägyptischer Rechtsurkunden, sowie die veröffentlichten Rechtsurkunden aus dem Jerusalemer Ḥaram-Fund, die von SOURDEL veröffentlichten Damaszener Kaufverträge und die wichtigsten Werke über Šurūṭ zu berücksichtigen. So soll der Kommentar nicht nur die betreffende Stelle erläutern, sondern auch zu einer systematischen Erschließung des gesamten juristischen Urkundenmaterials beitragen.

II.

In der klassischen Theorie des islamischen Rechts spielen Urkunden kaum eine Rolle. Es gibt keine Rechtsgeschäfte, bei denen Schriftlichkeit vorgeschrieben ist; die Beweismittel sind auf die mündliche Zeugenerklärung, das Anerkenntnis und den Eid beschränkt.[2] Daß es in der islamischen Gesellschaft immer Rechtsurkunden gegeben hat, ist durch historische und praktische Faktoren bedingt. In Ländern wie Ägypten, das nach der arabischen Eroberung im 1./7. Jahrhundert unter islamische Herrschaft kam, war die Verwendung von Rechtsurkunden schon seit vorchristlichen Zeiten üblich, und da diese sich im gesellschaftlichen Leben als unverzichtbar erwiesen hatten, wurden sie auch im islamischen Zeitalter weiterhin benützt. Spätere islamische Rechtsgelehrte haben sich dieser Praxis gewissermaßen gefügt, als sie Rechtsurkunden unter strengen Bedingungen als Beweismittel zuließen.[3]

Während das Notariat in der ersten Zeit nach der arabischen Eroberung Ägyptens eine Fortsetzung der byzantinischen Rechtspraxis war, so entstand, als die Rechtspflege zunehmend von Arabern übernommen wurde, das Bedürfnis diese Praxis mit dem islamischen Gesetz in Einklang zu bringen. Eine wichtige institutionelle Reform war die von Ibn Fuḍālah im Jahr 174/790 eingeführte Registrierung vom Gericht anerkannter Zeugen (*ʿudūl*), deren Unterschrift die Rechtsgültigkeit der Rechtsurkunden sichern sollte.[4] In der islamischen Rechtswissenschaft entwickelte sich eine spezialisierte Urkundenlehre (*ʿilm aš-šurūṭ*),

---

[1] Vgl. ABPP S. 2ff.

[2] Vgl. TYAN: *Notariat* S. 5ff, BERGSTRÄSSER: *Grundzüge* S. 113, WAKIN: *Documents* S. 4ff.

[3] Vgl. SCHACHT: *Introduction* S. 82f.

[4] Vgl. die Einleitung zu ↓ 17 und den Kommentar zu ↓ $19_{16\text{-}23}$.

welche sich mit den formellen Aspekten der Rechtsurkunden befaßte. Ihre Anfänge gehen auf das 2./8. Jahrhundert zurück; von der hochentwickelten Gestalt, welche dieser Zweig der Rechtsgelehrtheit bereits am Ende des 3./9. Jahrhunderts angenommen hatte, zeugen die den gesamten Rechtsstoff der Privaturkunde umfassenden Formularsammlungen des ägyptischen Rechtsgelehrten aṭ-Ṭaḥāwī (st. 321/933).[1] Einige der Urkundenformulare, welche von aṭ-Ṭaḥāwī vorgeschrieben wurden, sind in Originalzeugnissen aus dem 4./10. Jahrhundert belegt.[2]

Auch in den folgenden Jahrhunderten hat das Urkundenformular sich ständig weiter entwickelt. Für eine Erstarrung und Verödung des islamischen Rechts, welche von Bergsträsser und Schacht unterstellt worden sind, gibt es in den Rechtsurkunden keine Beweise.[3] Vielmehr weisen die späteren Rechtsurkunden positiv zu bewertende Entwicklungen auf, wobei auf die Erweiterung des juristischen Vokabulars und die größere Konformität zwischen Šurūṭ und notarieller Praxis hinzuweisen ist.[4]

Was den juristischen Inhalt der Rechtsurkunden angeht, so zeigt sich keine große Diskrepanz zwischen Theorie und Praxis. Im allgemeinen sind die beurkundeten Rechtsgeschäfte mit den Regeln der Jurisprudenz (*fiqh*) in Übereinstimmung. Ein gewisses Spannungsfeld zwischen beiden macht sich in einzelnen Fällen jedoch bemerkbar. Ein Beispiel dafür bieten die frühen Verträge über Terminkauf (*bayʿ salam*). Daß später zu liefernde Waren bereits im voraus bezahlt wurden, war im mittelalterlichen Ägypten eine weitverbreite Praxis. Da derartige Geschäfte ein Risiko (*ġarar*) implizierten, waren sie mit den Regeln des islamischen Kaufvertrags gewissermaßen in Widerspruch, und wurden nur unter bestimmten Bedingungen, über welche die Rechtsgelehrten unterschiedlicher Meinung waren, zugelassen. In der Praxis wurde Terminkauf in der Form eines Schuldscheins, in dem nur die Verpflichtung zur Lieferung der bereits bezahlten Waren und nicht das zugrundeliegende Rechtsgeschäft erwähnt wurde, beurkundet. So konnten die gesetzlichen Einschränkungen umgangen werden.[5] Gerade das Umgekehrte ist in einigen Eheverträgen der Fall, wo das Recht auf Vielehe, das dem Ehemann nach dem islamischen Gesetz ausdrücklich zusteht, durch eine im Vertragstext aufgenommene Klausel weitgehend eingeschränkt wird.[6]

---

[1] Vgl. Wakin: *Documents* S. 10ff.

[2] In der vorliegenden Veröffentlichung ist dabei auf die Urkunden Nr. 7 und 23 hinzuweisen. Vgl. ferner ALAD S. 51f.

[3] Vgl. Bergsträsser: *Grundzüge* S. 18f, Schacht: *Introduction* S. 75.

[4] Im letzten Punkt möchte ich mich den Schlußfolgerungen Littles anschließen. Vgl. Little: *Deeds* S. 334f.

[5] Vgl. die Einleitung zu ↓ 17.

[6] Vgl. den Kommentar zu ↓ $1_{11\text{-}12}$.

Siglen und Editionszeichen

Querverweise sind durch das Symbol ↓ mit folgender Editionsnummer gekennzeichnet. Also verweist ↓ 16 auf die in diesem Band unter Nr. 16 edierte Urkunde.

Folgende Siglen werden bei der Formalbeschreibung verwendet: ← Richtung der Faser des Papyrus parallel zur Schriftrichtung; ↓ Richtung der Faser des Papyrus senkrecht zur Schriftrichtung; ⇒ Blattwendung von Recto zu Verso um die senkrechte Achse des Blattes; ⇑ Blattwendung von Recto zu Verso um die waagerechte Achse des Blattes.

Für die Edition der Texte sind die bekannten papyrologischen Klammern und Zeichen verwendet. Es umschließen: [ ] Ergänzung von Lücken; ( ) Auflösungen von Abkürzungen; < > Zusätze und Veränderungen von seiten des Herausgebers; { } Tilgung durch den Herausgeber; ⟦ ⟧ Tilgung durch den Schreiber; \ / Nachträge über die Zeile, soweit sie nicht im Satz wiedergegeben sind. Unsichere Buchstaben sind mit darübergesetzten Querstrichen gekennzeichnet. Dieses Symbol ist zurückhaltend verwendet worden; es erscheint nur in solchen Fällen, in denen unter Berücksichtigung von Paläographie, Phraseologie und Kontext ein Zweifel an der Lesung möglich ist.

TEXTE

I. Eherecht

1.

Ehevertrag über eine Brautgabe von fünfzehn Dinar
(Tafel 1)

A. P. 630	Papyrus	23,3 x 28 cm	3. Jahrhundert d. H. (9. Jahrhundert n. Chr.)

Mittelbrauner, an den Rändern sowie im Inneren ausgebrochener und beschädigter Papyrus. Faserrichtung: ←. Am linken und rechten Rand sind die Schnittlinien noch zum Teil erhalten. Der Papyrus ist unten abgebrochen. Etwas rechts von der Mitte haben sich zwei senkrechte Streifen von ca. 7 und 9 mm abgelöst. Waagerechte Faltungen bei 2,5; 5; 7,5; 10; 12,5 cm, vom oberen Rand gemessen. Schwarze Tinte. Verso ist leer.

Der Vertrag entspricht dem üblichen Formular von Eheverträgen des 3. Jahrhunderts. Eingeleitet durch die Phrase *hāḏā mā 'aṣdaqa* wird am Anfang der Urkunde die Höhe des Betrags festgestellt, den der Ehemann, ʿUbayd b. ʿĪsā, an seine Frau, Sanāʾ, Tochter von Muḥammad, als Brautgabe (*ṣadāq*) zu zahlen hat. Im vorliegenden Dokument handelt es sich dabei um fünfzehn Dinar. Wie üblich wird ein Teil dieser Summe - im vorliegenden Dokument fünf Dinar - im voraus bezahlt, während weitere fünf Dinar erst nach einer Frist von zehn Jahren zu zahlen sind (*mu'aḫḫar*). Außergewöhnlich aber ist die Bedingung, daß die restlichen fünf Dinar dem Mann als wohltätige Spende von der Frau geschenkt werden (*taṣaddaqat ʿalayhi* Z. 4-5). Dieser Teil der Brautgabe hatte wahrscheinlich nur eine formelle Bedeutung; für das materielle Ergebnis macht er keinerlei Unterschied. Als weitere Bedingungen der Ehe wird erstens die Pflicht des Ehemannes erwähnt, seine Frau gut zu behandeln, zweitens die Bedingung, er dürfe keine andere Frau heiraten.

Die letzten vier Zeilen des Vertrags sind zum größten Teil verloren; es läßt sich aber noch herauslesen, daß ein Onkel mütterlicherseits (*ḫāluhā* Z. 4-5) bei der Eheschließung als Muntwalt (*walīy*) für die Frau aufgetreten ist. Weil unter der letzten teilweise erhaltenen Zeile kein weiterer Text folgt, scheint der Vertrag keine Zeugenunterschriften enthalten zu haben. Dies könnte darauf hinweisen, daß die vorliegende Urkunde nur ein Entwurf war, der nicht unterschrieben wurde. Dafür spricht auch das letzte Wort dieser Zeile, das ich als *fī* lese, worauf wahrscheinlich das Datum folgen sollte, welches aber offengelassen wurde. Eine andere Möglichkeit wäre, daß die Zeugenunterschriften in einem gewissen Abstand unter den Vertrag geschrieben oder in ein separates Dokument aufgenommen wurden, vgl. APEL I S. 73.

Die Höhe des Brautgeldes ist, auch wenn der Mann nur zehn Dinar tatsächlich zu bezahlen hatte, im Vergleich mit anderen Eheverträgen aus dem 3. Jahrhundert relativ hoch. In APEL I 38, 40 und APB 9 wird die Brautgabe auf vier Dinar festgelegt; in APB 10 beträgt sie fünf Dinar. Nur in APEL I 42 ist die Höhe des Brautgeldes mit zwanzig Dinar bedeutend höher. In Eheverträgen späterer Zeit sind viel größere Summen – bis über hundert Dinar in Urkunden aus dem 8. Jahrhundert – belegt.[1]

Die Urkunde ist in einer für das 3. Jahrhundert typischen Kursivschrift geschrieben. Es sind keine diakritischen Punkte gesetzt.

Text

١ بسم الله الرحمن الرحيم

٢ هذا ما اصدق عبيـ[د] بن عيسى اصدق امراته سنا

٣ ابنت محمد اصـ[د]قهـ[ـا] خمسة اعشر دينرا ينقدها

٤ من ذلك خمسة [الـ]دنـ[ـنيـ]ـر عند ابتناه بها وتصدقت

٥ عليه خمس الد[ننيـ]ـ[ـر] لله من الموخر واخرت عليه

٦ خمسة الدننيرا[لـ]ـى عـ[ـشـ]ـر سنين اولها سبع تبقا

٧ من المحرم سنة [اثنـ]ـين [و . . . .]ـن و مايتين فالذى وجب

٨ به النكاح هـ[ـذ]ه [الـ]ـخمسة الدننير النقد والخمسة

٩ الدننير الموخـ[ـر و]شـ[ـــ]ـرط عبيد لامراته سنا

١٠ ان يتقى الله فيهـ[ـا] و[يحسـ]ـن صحبتها ومعاشرتها

-- ---

١١ فى [.]ـلـمه وابا . ـــ[ ]ـ[ ] وشرط ان لا يتزوج

--

١٢ عليها ولا يتـ[ ]ـ[. وولـ]ـى عقد[ة نـ]ـكـ[ـاح سنا ابنت محمد]

١٣ خالها [ ] . [ ] . . . [ ]ـ[ ] . . [ ] . . [

- --

١٤ يعرفها بعينها [واسمها ونسبها ورضـ]ـاها

١٥ و وكا[لتها . .] . [وذلك] فى

---

[1] Z. B. WMT I (770 d. H.): 100 Dinar; MUḪLIṢ: *ʿAqdā Nikāḥ* 1 (734 d. H.): 500 Dinar; ibid. 2 (742 d. H.): 200 Dinar. Vgl. ferner APEL I S. 71f; AMC S. 72; DIETRICH: *Eheurkunde* S. 139; ʿABD AR-RĀZIQ: *Esclaves* S. 312ff.

Übersetzung

1. Im Namen Gottes, des Barmherzigen und Gnädigen!

2. Dies ist, was ʿUbayd b. ʿĪsā als Brautgabe für seine Frau, Sanāʾ,

3. Tochter von Muḥammad, bestimmt hat. Er hat für sie als Brautgabe fünfzehn Dinar bestimmt,

4. von denen er ihr fünf Dinar beim Vollzug seiner Ehe mit ihr bar bezahlen wird. Und sie hat

5. ihm von der ausstehenden Brautgabe fünf Dinar als Spende um Gottes willen erlassen und ihm

6. fünf Dinar auf zehn Jahre gestundet. Das erste dieser Jahre fängt sieben Tage vor dem Ende

7. des (Monats) Muḥarram des Jahres zweihundertzweiund[ ] an. Und das, was ihm obliegt

8. aufgrund dieser Ehe sind die fünf Dinar in Bargeld und die fünf

9. Dinar, die gestundet wurden. ʿUbayd hat als Pflicht seiner Frau Sanāʾ gegenüber auf sich genommen,

10. in dem Umgang mit ihr Gott zu fürchten und gut mit ihr umzugehen und zusammenzuleben.

11. ... [ ] Und er hat als Pflicht ihr gegenüber auf sich genommen, keine andere Frau zu heiraten

12. und nicht [ ]. Es ist beim Abschluß des Ehevertrags [von Sanāʾ, Tochter von Muḥammad,] als Muntwalt aufgetreten

13. ihr Onkel mütterlicherseits ... [ ]

14. der sie kannte nach Person, [Name und Abstammung] ihre Zustimmung

15. und ihre Vertretung [und dies] im

Kommentar

2-3 Auffallend ist die dreifache Verwendung von *'aṣdaqa* in der Einleitungsformel. Ähnliche Wiederholungen des Verbs sind auch in anderen Urkunden belegt. In Kaufverträgen aus dem 3. und 4. Jahrhundert gibt es Einleitungsformeln nach dem Schema *hāḏā mā štarā X ištarā min Y ištarā kaḏā wa-kaḏā*, vgl. ALAD S. 30. Auch in Arbeitsverträgen sind ähnliche Phrasen belegt, z. B. *hāḏā mā sta'ǧara Sa'īd ibn 'Īsā sta'ǧara Hārūn ibn Bqām ista'ǧarahu* APEL II 96_2. In Eheverträgen sind die Einleitungsformeln meistens nach dem Schema *hāḏā mā 'aṣdaqa fulānun imra'atahu* (...) *'aṣdaqahā* gestaltet, vgl. z. B. PS 1_2, APEL I 38_2, 40_2. Es sind aber auch [*hāḏā mā 'aṣdaqa Zaka*]*rīyā ibn Yūnis al-bazzāzu 'aṣdaqa mra'atahu* MEF I 11_2 und *hāḏā mā 'aṣdaqa Ḥumayd ibn Šahrān 'aṣ*[*daqa* APEL I 42_2 belegt. – Die Schreibung خمسة اعشر Z. 3 läßt auf die Lautform *ḫamsata'šar* schließen, vgl. Hopkins: *Studies* § 95b, ABPP S. 140. Zur Defektivschreibung des *ā* in *dīnār* Z. 3 und *ad-danānīr* Z. 6, 8, 9 vgl. Hopkins: *Studies* § 10.

4. *'inda btinā'ihi bihā*: Mit ابتناه muß *ibtinā'ihi* gemeint sein. Für *bny* VIII *bi-* sind mir aus Eheverträgen keine weiteren Belege bekannt. Statt dessen werden meistens Phrasen wie *'inda 'uqdati nikāḥihā* APEL I 44_4; *'inda 'uqdati nikāḥihi 'iyyāhā* MEF I 11_4 oder *qabla 'iṣābatihi bihā wa-duḫūlihi 'alayhā* APEL I 41_5 (und ähnlich: APEL I 40_6, PS 1_3, APB 11_5, 13_8, MEF I 11_3, Dietrich: *Eheurkunde* I_8) verwendet. In APRL Plate 40 (*Omissum*), einem Privatbrief, ist die Phrase *wa-qad balaġanī 'annaka btanayta bi-mar'atika* Z. 20 belegt.

4-5 *wa-taṣaddaqat 'alayhi* (...) *li-llāhi*: Statt *li-llāhi* wäre *li-waǧhi llāhi* zu erwarten, eine Phrase, die in Schenkungsurkunden belegt ist, vgl. *ṣaddaqa ḏālika 'alayhi ṣadaqatan li-waǧhi llāhi* APEL II 119_7; *ṣadaqatan li-waǧhi llāhi 'azza wa-ǧalla* Abbott: *Monasteries* 3_6; *ṣadaqata mā li-waǧhi* [*llāhi* CPA 89_6. Eine solche Ergänzung würde im vorliegenden Text aber nicht in die Lücke passen. – *ḫams* Z. 5 steht fehlerhaft statt *ḫamsah*, wie es in Z. 3, 4, 6 und 8 erscheint. – *al-mu'aḫḫar* oder *mu'aḫḫar aṣ-ṣadāq* ist ein üblicher Terminus für den nach dem Vollzug der Ehe zu zahlenden Teil der Brautgabe im Gegensatz zu *al-mu'aǧǧal*: der im voraus zu zahlende Teil, vgl. z. B. APEL I 38_{16}. Zu *'ḫr* II (*lahā*) *'alayhi 'ilā*, vgl. PS $1_{3\text{-}4}$, APEL I 42_4, 44_5, APB 9_4, aṭ-Ṭaḥāwī: *Ṣaġīr* S. 671.

6. Nach *sab'* ist wahrscheinlich das Wort *layālin* ("Nächte") ausgefallen. Zu dieser Art von Datierung vgl. Grohmann: *Einführung* S. 223. Zur Schreibung von *tabqā* mit *'alif* statt *yā'* vgl. Hopkins: *Studies* § 12c.

9-11 Ähnliche Klauseln sind in den meisten veröffentlichten Eheverträgen belegt; es wird hier auf Koran II 223: *wa-ttaqū llāha* und IV 19: *wa-'āširūhunna bi-l-ma'rūfi* verwiesen. Auch Koran II 229: *fa-'imsākun bi-ma'rūfin 'aw tasrīḥun bi-'iḥsānin*, II 228: *wa-lahunna miṯlu llaḏī 'alayhinna bi-l-ma'rūfi wa-li-r-riǧāli 'alayhinna daraǧatun* und LXV 6: *wa lā tuḍārrūhunna li-tuḍayyiqū 'alayhinna* werden oft verwendet, vgl. APEL I 38_{10ff}, 41_{12f}, 42_{5ff}, 44_{6f}, 45_{10ff}, APB 8_{8f}, 10_{5ff}, 11_{6ff}, 12_{9ff}, 13_{12ff}, PS 1_6, ALAD $32_{3\text{-}4}$, Dietrich: *Eheurkunde* I_{9ff}, aṭ-Ṭaḥāwī: *Ṣaġīr* S. 671. Eine Ergänzung zum Anfang von Z. 11 ergibt sich aus diesen Belegen nicht.

11-12 Klauseln zur Einschränkung des Rechts auf Vielehe sind öfters in Eheverträgen aufgenommen, vgl. APEL I 38_{12ff}, 41_{7f}, APB 8_{2ff}. Es kann dem Ehemann grundsätzlich nicht verboten werden, sein Recht auf das Eingehen einer weiteren Ehe auszuüben, auch wenn dies im Vertrag bestimmt wird; die Nichterfüllung einer solchen Bestimmung kann jedoch die Höhe der Brautgabe beeinflussen (vgl. Schacht: *Introduction* S. 163). Trotzdem gibt es gesetzliche Mittel zur Durchsetzung einer solchen Klausel: erstens die Möglichkeit einer sog. bedingten Verstoßung (*ta'līq aṭ-ṭalāq*); d.h. der Ehemann kann mit seiner Frau abmachen, sie sei von ihm geschieden, sobald er eine andere Frau heirate. Zweitens kann der Ehemann die Frau ermächtigen, sich selbst zu verstoßen (*tafwīḍ*). Drittens gibt es die Möglichkeit, daß die Frau vom Ehemann eine Vollmacht bekommt, um andere seiner Frauen zu verstoßen (*tawkīl*). Vom letzten Verfahren ist die Rede in APEL 38, 41 und APB 8. Vgl. AHMED: *Divorce* S. 79-82, 183-200.

12-13 Zu *wa-walī]yu ʿuqd[ata ni]k[āḥi Sanāʾ ibnat Muḥammad] ḫāluhā* vgl. *wa-waliya ʿuqdata hāḏā n-nikāḥi Yaʿqūb ibn Isḥaq* APEL I 38_{15}; *wa-waliya ʿuqdata] nikāḥi ʿAbbāsah ibnat Sarīy ʾabūhā* APEL I 39_3; *wa-waliya] nikāḥahā ʾabūhā* APB 8_{10-11}; *wa-waliya ʿuqdata nikāḥi Zaynab* [ ] APB 9_7; *wa-waliya ʿuqdata nikāḥi Muḥammadīyah [Ǧaʿfar ibn ʾAḥmad ibn ʿAbd al-]Muʾmin* MEF $I1_{8-9}$; *wa-waliya tazwīǧahā ʾiyyāhu ʾaḫūhā* RĀĠIB: *Contrat* Z. 10; *fa-waliya tazwīǧahā ʾiyyāhu wa-ʿaqda nikāḥihā minhu wāliduhā* DIETRICH: *Eheurkunde* I_{13}; *wa-waliya tazwīǧahā ʾiyyāhu wa-taʿāquda nikāḥihā ʿalayhi ʾaḫīhā*(!) GROHMANN: *Ostraka* 1_{13-15}; *wa-waliya tazwīǧahā ʾiyyāhā bi-ḏālika wa-ʿaqda nikāḥihā ʿalayhi waladu ʾaḫīhā* ↓ 2 II_{5-6} und ferner PS 1_7, aṭ-Ṭaḥāwī: *Ṣaġīr* S. 671. Auf *ḫāluhā* folgte wahrscheinlich der Name des Muntwalts.

14. Identifikationsformeln wie *yaʿrifuhā bi-ʿaynihā [wa-smihā wa-nasabihā* werden meistens in Zeugnisklauseln verwendet, vgl. ↓ 7_{15-16}. Hier könnte diese mit *šahida man yaʿrifuhā* usw. angefangen haben.

14-15 *wa-riḍ]āhā wa-wikā[latihā* : Obwohl der genaue Kontext dieser Phrase sich nicht mehr feststellen läßt, muß es sich hier um das Einverständnis der Braut mit ihrer Vertretung durch den Muntwalt handeln, vgl. *wa-riḍāhā bi-wikālatihā* APB 10_{15}; *bi-ʾamrihā wa-riḍāʾihā wa-tawkīlihā ʾiyyāhu bi-ḏālika* APEL I 42_{7-8}; *bi-ʾiḏnihā wa-riḍāhā wa-tawkīlihā ʾiyyāhu fī ḏālika* RĀĠIB: *Contrat* Z. 11, APB 13_{19} und ferner ↓ 2 II_7.

2.

Urkunde, eine Eheschließung betreffend
(Tafel 2)

A. Ch. 12446 (PERF 1305) Papier 18 x 25,3 cm 17. Ǧumādā II 639 d. H. (23. XII. 1241 n. Chr.)

Kodexblatt, mittelbraunes Hadernpapier. In der Blattmitte am oberen Rand gibt es zwei Einstichlöcher. Das Blatt ist rechts und links von der senkrechten Mittelfalte beschrieben. In gefaltetem Zustand ist symmetrisch zur Mittelfalte ein Stück des Papiers bis etwa zur Hälfte des Blattes abgerissen, so daß vom unteren Rand bis zur Mitte ein kegelförmiges Stück fehlt. Ein Teil der Zeugenunterschriften und einige Wörter des Vertragskörpers sind dabei verloren. Sonst mehrere kleinere Löcher. Die geschnittenen Ränder sind größtenteils intakt. Waagerechte Faltungen bei 6,5; 9; 11,5 cm, vom unteren Rand gemessen; senkrechte Faltungen bei 3; 6; 12,5; 19; 22 cm, vom linken Rand gemessen. Schwarze Tinte. Die Schrift ist an mehreren Stellen etwas verblaßt, besonders dort, wo die Tinte auf die gegenüberliegende Seite abgefärbt hat. Verso ist leer.

Vorliegendes Dokument bildet eine den Dokumenten APEL II 139-141 gleichartige Urkunde. Diese drei Dokumente wurden von GROHMANN unter dem Kapitel "Attestations to the social equality of the consorts and to the agreements respecting the nuptial gift" veröffentlicht. Besser aber trifft DIETRICHS Bezeichnung als "Beurkundungen einiger die Ehefrau, den Muntwalt und das Ehegeschenk betreffenden Tatbestände" zu, schon deswegen, weil die Erwähnung der sozialen Ebenbürtigkeit der Ehepartner in APEL II 141, wie auch im vorliegenden Dokument, fehlt.[1] Diese Art von Urkunde bildet nicht den eigentlichen Ehevertrag, sondern wurde, wie es SCHACHT bereits feststellte, wahrscheinlich als zusätzliches Dokument ausgestellt.[2]

Vergleichen wir die vorliegende Urkunde mit den in APEL veröffentlichten Stücken, so zeigt sich ihre große Ähnlichkeit. Die Dokumente datieren alle aus den Jahren 639 bis 643 d. H., also aus der späten Ayyūbidenzeit. Jede Urkunde besteht aus zwei Teilen, die zwar durch eine Basmalah am Anfang der Urkunde eingeleitet werden, aber separat von unterschiedlichen Zeugen unterschrieben sind. Im ersten Teil wird über den juristischen Status der Ehefrau Zeugnis abgelegt und festgestellt, daß keine gesetzlichen Hindernisse (*mawāniʿ šarʿīyah*) einer Eheschließung im Weg stehen. Darauf wird der Muntwalt erwähnt, und es wird bestätigt, daß er zur Verheiratung der Frau berechtigt ist (*mustaḥiqq walāyat tazwīǧihā, 'ahl li-l-walā'*). In APEL II 139 und 140 kommt dazu noch eine Bestätigung der sozialen Ebenbürtigkeit (*kafā'ah*) des Ehemannes, während der Ehemann in APEL II 141 und im vorliegenden Dokument erst im zweiten Teil erwähnt wird. Bei den von GROHMANN edierten Stücken enthält dieser Teil nur die Feststellung der Brautgabe; im vorliegenden Dokument ist er ausführlicher und enthält die üblichen Klauseln des Ehevertrags.

Betrachten wir die Zeugenerklärungen, so fällt auf, daß die Zeugen des ersten Teils der Urkunde ihre Aussagen immer vom Notar haben schreiben lassen, während die Zeugen des zweiten Teils selber unterschrieben haben. Ihre Aussagen fangen mit der Phrase *ḥaḍartu l-ʿaqd* (oder: *al-ʿuqdah*) - "ich war bei der Eheschließung anwesend" - an, eine Formel, die aus Eheverträgen des 7. und 8. Jahrhunderts d. H. bekannt ist. Sie waren also die Trauzeugen und haben wahrscheinlich auch den Ehevertrag unterschrieben. Bei den Zeugenerklärungen des ersten Teils fehlt der Verweis auf die Eheschließung, was darauf hinweist, daß diese Zeugen nur zur Bestätigung der erwähnten Tatbestände einberufen wurden. Zeugen dieser Art haben einen geringeren juristischen Status als die Zeugen der Eheschließung, weshalb wahrscheinlich die Unterschrift des Notars genügte.[3]

In der vorliegenden Urkunde ist die Braut eine aus al-Ušmūnayn stammende Frau namens Fāṭimah, Tochter von Burhān b. ʿAbdallāh, die Witwe von ʿUmar b. Sayyid al-Ahl b. Qāsim. Muntwalt ist der Sohn ihres Bruders, Ḥusām b. Ibrāhīm b. Burhān. Fāṭimah heiratet einen Mann namens Abū Bakr b. Ǧābir(?) b. Ḫazʿal al-Ušmūnī; die Brautgabe ist auf einen Betrag von fünfundzwanzig Dinar festgesetzt, von denen fünf Dinar sofort fällig (*ḥāll*) sind. Der Rest ist in jährlichen Raten von einem Dinar über eine Periode von zwanzig Jahren zu bezahlen. Der fällige Teil der Brautgabe wurde Fāṭimah bereits ausbezahlt.

Der Duktus ist schwungvoll, stark ligiert und ähnelt den in anderen Urkunden der späteren Ayyūbidenzeit verwendeten Schriftarten, wie sie in DIETRICH: *Eheurkunde* und APEL II 141 bezeugt sind. Diakritische Punkte sind hier und da gesetzt; an einigen Stellen sind auch Vokal- und *'ihmāl*-Zeichen verwendet.

In PERF ist die Urkunde (PERF 1305) nicht beschrieben worden.

---

[1] Vgl. DIETRICH: *Eheurkunde*, S. 123.

[2] Vgl. APEL II S. 211.

[3] Vgl. SCHACHT: *Introduction*, S. 161.

Text

I

١ بسم الله الرحمن الرحيم

٢ شهوده يعرفون فاطمة المراة الكامل الايم ابنة برهن

٣ بن عبد الله من اهل الاشمونين معرفة صحيحة وكانت زوجا لعمر بن

٤ سيد الاهل بن قسم وتوفى عنها من مدة تزيد على اربعة اشهر

٥ وعشر ايام على يوم تاريخه ويشهدون انها امراة حرة مسلمة

٦ خالية من الازواج والعشرة ومن الموانع الشرعية وان

٧ ولد اخيها شقيقها حسام بن ابراهيم بن برهن

٨ اهل للولا عليها يعلمون ذلك ويشهدون به شهادة حرية لمنزل

٩ علمهم بذلك كذلك الى ان سالهم من جازت مسالته اثبات

١٠ شهادتهم بما علموه من ذلك اجابوا سواله [و] اثبـ[ـتوها]

١١ بتاريخه السابع عشر من جمادى الا[خرة من سنة تسع وثلثين وستماية]

١٢ شهد بمـ[ـضـ]ـمونه شـ[ـهد

١٣ شريف بن صدقة .]

١٤ بن ⟦. . . . .⟧ محمود .]

١٥ وكتب عنه بامره ومحضره

١٦ فى [(تار)يخه]

II

١ تزوجت المذكورة يوميذ بابى بكر بن جـ[ـا]بـر بن خزعل الا[شـ] ـمونى

٢ على صداق مبلغه من العين الذهب المصرى خمسة وعشرين دينارا

٣ من ذلك ما هو حال خمسة دنانير اعترفت بقبضها من الزوج المذكور ويبقى

٤ الذى هو عشرون دينارا منجما عنه عليه الى انقضا عشرين سنة

٥ فى كل سنة دينار واحد دينـ[ـار مـ]ـثقال سليم وولى تزويجها اياه بذلك

٦ وعقد نكاحها عليه ولد اخيها شقيقها لابويها حسام بن

٧ ابراهيم بن برهن بحق ولايته عليها وباذنها ورضاها فى ذلك بمحضر شهوده

٨ وقبل الزوج المذكور عقد هذا النكاح ورضى قبولا صحيحا شرعيا

٩ والزمه نفسه وبذلك شهد بتاريخ السابع عشر من جمادى {الاخرة}

١٠ الاخرة من سنة تسع وثلثين وستماية

١١	حضرت العقد المذكور	حضرت العقد المذكور وشهدت به
١٢	[وشـ]ـهدت به وشهدت على	وشهدت على الزوجة بقبض
١٣	الـ[ـزو]جـ[ـة بـ]ـقبض الحال	الحال فيه وهو خمسة دنانير
١٤	[ ] . و[كـ]ـتب	عينا و كتب
١٥	[ابراهيم بن على بن عبـ]ـد الصمد	صادق بن عمروس
١٦	[بن محمد بن عمر]وس (بتا)ريخه	بن محمد بن عمروس فى (تار)يخه

I – ٢ يعرِفون . فاطمه . ابنه – ٣ عبد . زوحًا – ٤ عنها – ٥ وعشر . انها – ٦ خالتَه – ٧ وَلدَ احِيهَا شِقيقها . بن . برهن – ١١ بتاريح . عشر – ١٢ بمـ[ ]ـمونه – ١٣ صدقه

II – ١ نَوْميد – ٧ برهن . ورضاها – ٩ شهد . بتاريح – ١٠ الاخره

Übersetzung

I

1. Im Namen Gottes, des Barmherzigen und Gnädigen!

2. Die Zeugen dieser Urkunde kennen Fāṭimah, die erwachsene Frau und Witwe, Tochter von Burhān

3. b. ʿAbdallāh, eine Einwohnerin von al-Ušmūnayn, mit richtiger Kenntnis. Sie war die Ehefrau von ʿUmar b.

4. Sayyid al-Ahl b. Qāsim, der gestorben ist vor einer Zeit von mehr als vier Monaten

5. und zehn Tagen vor dem Datum dieser Urkunde. Sie bezeugen, daß sie eine muslimische, freie Frau ist

6. ohne Ehemann oder Zusammenleben und ohne gesetzliches Hindernis (für eine Ehe), und daß

7. der Sohn ihres vollen Bruders, Ḥusām b. Ibrāhīm b. Burhān

8. zu ihrer Muntgewalt berechtigt ist. Sie wissen dieses und bezeugen es mit einem wahrhaften(?) Zeugnis nach dem Stand(?)

9. ihres diesbezüglichen Wissens. Und als jemand, der berechtigt, war eine solche Bitte zu äußern, sie darauf gebeten hat,

10. ihr Zeugnis über das, was sie wußten, festzulegen, da haben sie seiner Bitte stattgegeben [und es festgelegt]

11. am Datum des siebzehnten Ǧumādā al-Ā[ḫirah des Jahres sechshundertneunund-dreißig]

12. Es bezeugt den Inhalt dieser Urkunde

13. Šarīf b. Ṣadaqah

14. b. ⟦...⟧ Maḥmūd

15. und es wurde auf seinen Befehl und in seiner Anwesenheit geschrieben.

16. ...

II

1. Die erwähnte (Frau) hat sich an jenem Tag verheiratet mit Abū Bakr b. Ǧābir(?) b. Ḫazʿal al-Ušmūnī

2. für eine Brautgabe, deren Geldsumme fünfundzwanzig ägyptische Golddinare beträgt.

3. Der fällige Teil davon beträgt fünf Dinar, die sie vom erwähnten Ehemann empfangen zu haben anerkennt, und es bleibt

4. ein Betrag von zwanzig Dinar, die ihm in Raten zu seinen Lasten gestundet wurden, bis zum Ablauf von zwanzig Jahren,

5. (wobei von ihm) in jedem Jahr ein Dinar des vollständigen Miṯqālgewichts (zu zahlen ist). Es hat sie an ihn verheiratet

6. und ihre Ehe unter diesen Bedingungen geschlossen der Sohn ihres vollen Bruders, väterlicher- und mütterlicherseits, Ḥusām b.

7. Ibrāhīm b. Burhān, gemäß dem Recht seiner Muntgewalt über sie, mit ihrer Erlaubnis und ihrem Einverständnis in dieser Sache, und in Anwesenheit der Zeugen.

8. Und der erwähnte Ehemann hat dieser Eheschließung zugestimmt und sich mit ihr einverstanden erklärt durch eine rechtsgültige Zustimmung,

9. und er hat sich dies als Verbindlichkeit auferlegt. Es wurde bezeugt am Datum des siebzehnten Ǧumādā {al-Āḫirah}

10. al-Āḫirah des Jahres sechshundertneununddreißig.

11. (rechte Spalte) Ich war bei der Eheschließung anwesend

12. (rechte Spalte) und habe Zeugnis darüber abgelegt, und ich habe

13. (rechte Spalte) gegen die Ehefrau den Empfang des fälligen (Brautgeldes) bezeugt

14. (rechte Spalte) [ ] Es schrieb

15. (rechte Spalte) [Ibrāhīm b. ʿAlī b. ʿAb]daṣṣamad

16. (rechte Spalte) [b. Muḥammad b. ʿUmrūs] am Datum dieser Urkunde.

11. (linke Spalte) Ich war bei der Eheschließung anwesend und habe Zeugnis darüber abgelegt,

12. (linke Spalte) und ich bezeuge gegen die Ehefrau den Empfang

13. (linke Spalte) des fälligen (Brautgeldes) und dieses beträgt fünf Dinar

14. (linke Spalte) in barem Gold. Es schrieb

15. (linke Spalte) Ṣādiq b. ʿUmrūs

16. (linke Spalte) b. Muḥammad b. ʿUmrūs am Datum der Urkunde.

KOMMENTAR

I

2. Mit *šuhūduhu* anfangende Einleitungsformeln sind in Urkunden ab dem 7. Jahrhundert belegt, wobei meistens die Phrase *šuhūduhu l-wāḍiʿūna ḫuṭūṭahum ʾāḫirahu* (vgl. ↓ 6_1) verwendet wird. Vgl. ferner *šuhūdu hāḏā l-maktūbi bihi ʿārifūna* an-Nuwayrī: *Nihāyat* IX S. 7. Das mit *šuhūd* verbundene Personalsuffix bezieht sich auf die Urkunde. Zum auf dem *rāʾ* von *yaʿrifūna* gesetzten v-förmigen *ʾihmāl*-Zeichen vgl. GROHMANN: *Paläographie* II S. 42f. Dieses Zeichen ist auch in *wa-ʿašri* I Z. 5 und *bi-tāʾrīḫi* I Z. 11 gesetzt. - Obwohl *kāmil* ("erwachsen") keine spezifische weibliche Eigenschaft bezeichnet, hat es hier, sowie in anderen Urkunden (vgl. WMT I 37_5, 40_2, II 54_6, ABD AR-RAZIQ: *Esclaves* Z. 3), keine Femininendung. Dasselbe gilt auch für *bāliġ* (z. B. APEL 38_3, 40_3, 41_3, 42_8, 139_2, 140_2, 141_3; dagegen *al-bāliġah* WMT I 36_5), *bāriz* (RĀĠIB: *Contrat* Z. 12) und *ʿāqil* (al-Asyūṭī: *Ǧawāhir* II S. 67).– *ʾayyim*, hier mit "Witwe" übersetzt, bedeutet im Prinzip nur eine unverheiratete Frau, wie auch *imraʾatun ʾayyimun bikrun bāliġun* APEL I 41_3 zeigt. Vgl. LANE: *Lexicon* S. 138. In *imraʾatun bāliġun ʾayyimun* PS $35r_7$ ist *ʾayyim* zu *ʾatamm* verlesen worden. – Die Lesung *Burhān* (ohne *ʾalif* geschrieben) für den Namen des Vaters ist gesichert durch I Z. 7 und II Z. 7. An beiden Stellen ist das *nūn* punktiert. Zur Defektivschreibung des *ā* in Personennamen mit Endung *-ān* vgl. HOPKINS: *Studies* § 10b. Zum Namen Burhān vgl. MAA S. 171.

3. *min ʾahli l-ʾUšmūnayn*: Die Lesung *ʾahl* ist paläographisch durch *ʾahlun li-l-walāʾi* I Z. 8 gesichert. Eine ähnliche Schreibung des initialen *hāʾ* finden wir in *al-ʾAhl* I Z. 4; *aḏ-ḏahab* II Z. 2; *allaḏī huwa* II Z. 4; *wa-huwa* II Z. 13. Zur Schreibung der Buchstabengruppe لا in *al-ʾUšmūnayn* vgl. *al-ʾAhl* I Z. 6, *al-ʾazwāǧ* I Z. 4, *al-ʾāḫirah* II Z. 10. – Zu *maʿrifatan ṣaḥīḥatan* vgl. WAKIN: *Documents* S. 94: "knowledge that is legally correct." Vgl. ferner *maʿrifatan ṣaḥīḥatan šarʿīyatan* APEL II 140_3, WMT I 47_5, II 12_3; *maʿrifatan šarʿīyatan* ↓ 6_4; *maʿrifatan ṣaḥīḥatan tāmmatan* APEL II 141_{2-3}; *maʿrifatan tāmmatan nāfiyatan li-l-ǧahālati* al-Asyūṭī: *Ǧawāhir* II S. 420 und ähnlich WMT I 28_3, II 13_4.

4. Der Name Sayyid al-Ahl ist mir unbekannt; die Lesung ist jedoch paläographisch gesichert, vgl. I Z. 3. Der Titel Sayyid wurde den Abkommen des Propheten gegeben. – Der erste Buchstabe von *Qāsim* ist etwas verwischt; zur Defektivschreibung des *ā* in Personennamen vgl. HOPKINS: *Studies* § 10b.

4-5 Nach dem islamischen Gesetz muß eine Witwe nach dem Tod ihres Mannes eine Wartezeit (*ʿiddah*) von vier Monaten und zehn Tagen berücksichtigen, bevor sie erneut heiraten darf. Es wird hier also bestätigt, daß diese Zeit bereits vorüber ist. Vgl. *wa-munḏu tuwuffiya ʿanhā zawǧuhā fulānun min muddatin tazīdu ʿan ʾarbaʿati ʾašhurin wa-ʿašarati ʾayyāmin lam tattaṣil baʿdahu bi-zawǧin ʾilā l-ʾāni* an-Nuwayrī: *Nihāyat* IX S. 118. *wa-ʿašri* I Z. 5 steht fehlerhaft statt *wa-ʿašarati*.

6. Zu *ḫāliyatun mina l-ʾazwāǧi wa-l-ʿišrati wa-mina l-mawāniʿi š-šarʿīyati* vgl. *ḫāliyatun min mawāniʿi n-nikāḥi wa-lam yuʿqad ʿalayhā ʿaqdu nikāḥin ʾilā yawmi tārīḫihi* APEL II 139_{3-4}; *ḫāliyatun min mawāniʿi n-nikāḥi* APEL II 140_4; *ḫāliyatun min mawāniʿi n-nikāḥi lam tuʿqad ʿalayhā ʿuqdatu nikāḥin ʾilā* [*yawmi*] *tārīḫihi* APEL II 141_4; *ḫāliyatun min ǧamīʿi mawāniʿi n-nikāḥi š-šarʿīyati* an-Nuwayrī: *Nihāyat* IX S. 118; *ḫāliyatun mina l-mawāniʿi š-šarʿīyati* MUḪLIṢ: *ʿAqdā nikāḥ* S. 422; *al-marʾata* (...) *al-ḫālīyata ʿani l-mawāniʿi š-šarʿīyati* al-Asyūṭī *Ǧawāhir* II S. 67; *baʿda ʾan waḍaḥa ḫulūwuhā mina l-mawāniʿi š-šarʿīyati* WMT I 37_{13}; *baʿda wuḍūḥi ḫulūwihā min ǧamīʿi l-mawāniʿi š-šarʿīyati* ABD AR-RAZIQ: *Esclaves*

Z. 7.

8-9 Zu *'ahlun li-l-walā'i ʿalayhā* vgl. *mustaḥiqqu l-walāyati ʿalayhā 'ahlun li-tilka* APEL II 140_4 und ferner *'ahlun li-mā 'asnadahu 'ilayhi* ↓ 6_{4-5}. – Die Lesung der beiden letzten Wörter in Z. 8 ist nicht ganz sicher. Für den Ausdruck *šahādatan ḥarīyatan* sind mir keine weiteren Belege bekannt. Auch die Lesung *li-manzili ʿilmihim bi-ḏālika* ist etwas fraglich, weil statt *manzil* eher *manzilah* ("Grad, Rang, Stellung") zu erwarten wäre. Im Osmanisch-Türkischen gibt es auch *manzil* mit dieser Bedeutung, vgl. REDHOUSE: *Lexicion* S. 1999. Wohlbekannt sind Formeln wie *šuhūduhu* (...) *yašhadūna bi-mā yaʿlamūna šahādatan bihā ʿārifūna wa-lahā muḥaqqiqūna lā yaškūna fīhā wa-lā yartābūna* WMT I 47_2 (u. ä. WMT I 28_{2-3}, 30_{2-3}, II 12_{2-3}, 13_{2-3}).

9-10 Die Zeugen wurden von jemandem, der dazu berechtigt ist (*man ğāzat mas'alatuhu*), aufgefordert, ihre Aussage zu bestätigen (*'iṯbāt šahādatihim*). *ṯbt* IV hat in diesem Kontext die Bedeutung von "schriftlich festlegen, unterschreiben", wie in *šahida man 'aṯbata šahādatahu 'āḫirahu* APEL II 139_2, 141_2 und ähnlich APEL I 49_3, II 140_2, ALAD 50_2, DIEM: *Rechtsurkunden* 3_2. Statt *ṯbt* IV wird auch *sṭr* II verwendet, vgl. ↓ 11 II_{3-4}. Wer mit *man ğāzat mas'alatuhu* gemeint wird, geht aus dem Kontext nicht unmittelbar hervor; wahrscheinlich ist es der Notar oder der Richter. Ähnliche Klauseln sind in Urkunden ab dem 7. Jahrhundert belegt, vgl. *wa-lammā sa'alahum sā'ilun 'iṯbāta šahādatihim bi-mā ʿalimū min ḏālika wa-taḥaqqaqūhu 'ağābū su'ālahu wa-'aṯbatū lahum šahādatahum 'āḫirahu* APEL II 141_{5-7}; *wa-lammā sa'alahum sā'ilun ğāza* (statt l. *ğābū*) *su'āluhu bi-'iṯbāti šahādā[ti]him bi-mā ʿalimūhu min ḏālika 'ağābū su'ālahu wa-'aṯbatūhā* ALAD 51v$_{13-14}$; *wa-lammā sa'alahum man ğāzat mas'alatuhu tasṭīra šahādatihim tilka 'ağābūhu wa saṭṭara man sa'alahu* ↓ 11 II_{2-3}; *fa-'inna sā'ilan ğā'izan su'āluhu sa'alahum 'iṯbāta šahādatihim 'āḫira [hāḏā l-maḥḍari] bi-ḏālika fa-'ağābū su'ālahu wa 'išhādahu* DIEM: *Rechtsurkunden* 3_{9-10}; *yaʿlamūna ḏālika wa-yašhadūna bihi mas'ūlīna bi-su'āli man ğāza su'āluhu šarʿan* al-Asyūṭī: *Ğawāhir* II S. 110 und ferner ALAD 50_{7-8}, 51r I_{13-16}, ADCC 6r II_5, CDAC S. 455. Die Lesung *'ilā 'an* I Z. 9 ist durch *'ilā nqiḍā'i* II Z. 4 gesichert. Zur Verwendung von *'ilā 'an* im Sinne von temporalem "als", vgl. RECKENDORF: *Syntax* § 251. Das initiale *ʿayn* in *bi-mā ʿalimūhu* I Z. 10 ist ganz eckig geschrieben, wie es auch in *ʿišrīna* II Z. 4 erscheint, während das *hā'* des Personalpronomens nur als eine Verdickung der Linie des *wāw* zu unterscheiden ist, ähnlich wie z. B. das *tā'-marbūṭah* in *al-'āḫirati* II Z. 10.

12. Die Formel *šahida bi-maḍmūnihi* ist in späten Urkunden häufig belegt, vgl. z. B. APEL II 139_7, GROHMANN: *Ostraka* 1_{23}, CDAC S. 344, 397, 416, 455, 494-6 und ↓ 11 $\text{II}_{5,6}$.

13. Zum Namen Ṣadaqah vgl. MAA S. 1002.

14. Zuerst wurde hier ein anderer Name geschrieben, der dann gestrichen und ersetzt wurde.

15. *wa-kutiba ʿanhu bi-'amrihi wa-maḥḍarihi* ist eine feste Phrase, die bereits für das 3. Jahrhundert belegt ist, vgl. APEL II 98_{10-11} und ferner den Kommentar zu ↓ 10_{3-4}. Das Wort *wa-kutiba* ist zu einem mit dem *ʿayn* von *ʿanhu* verbundenen Schnörkel stiliert, wie es in späteren Urkunden häufig bei der Signatur erscheint, vgl. z. B. ↓ 11 II_6, 31_{12}, 32r$_{13}$.

16. Der hier gesetzte Schnörkel ist wahrscheinlich als *fī* zu interpretieren, worauf das verlorene (*tār*)*īḫihi* gefolgt ist, vgl. den Kommentar zu II Z. 16.

II

1-2 Zu *tazawwağati l-maḏkūratu yawma'iḏin bi-'Abī Bakr* (...) *ʿalā ṣadāqin mablağuhu mina l-ʿayni ḏ-ḏahabi l-Miṣrīyi* vgl. *tazawwağat bi-walāyati 'aḫīhā l-maḏkūri min ʿUbayd*

(...) *ʿalā ṣadāqin mablaġuhu mina l-ʿayni d-ḏahabi l-Miṣrīyi* (GROHMANNS Lesung: *al-Muʿizzī* ist wohl auszuschließen) APEL II 141$_{11}$; *tazawwaǧa fulānun bi-fulānatin* (...) *bi-ṣadāqin mablaġuhu kaḏā* al-Asyūṭī: *Ǧawāhir* II S. 102; *wa-zuwwiǧat min wakīlihi ʾAḥmad* (...) *ʿalā ṣ-ṣadāqi l-maḏkūri* MUḪLIṢ: *ʿAqdā nikāḥ* S. 425. – Der Name des Ehemannes ist schwer zu lesen. An einigen Stellen ist die Schrift etwas verwischt und von der Nisba sind zwei Buchstaben teilweise zerstört, weil das Papier dort abgerissen ist. Die Lesung *bi-ʾAbī Bakr* scheint mir ziemlich sicher. Der Anfangsbuchstabe des folgenden Patronymikons ist wahrscheinlich als جـ zu lesen. Der nächste Buchstabe ist verwischt; er hat aber einen Abdruck auf der gegenüberliegenden Seite des Papiers hinterlassen und ist mit großer Wahrscheinlichkeit *ʾalif*. Also ist ein Name nach dem Morphemtyp *fāʿil* anzunehmen. Wenn wir dazu die etwas undeutlichen letzten Buchstaben in Betracht ziehen, so scheint mir *Ǧābir* die wahrscheinlichste Lesung. Zu diesem Namen vgl. MAA S. 277f. Der Name Ḫazʿal ist auch in ↓ 30$_{17}$ belegt, vgl. ferner MAA S. 513. Die Lesung der Nisba al-Ušmūnī ist durch *al-ʾUšmūnayn* I Z. 3 gesichert. Diese Nisba ist in arabischen Urkunden häufig belegt, vgl. APEL IV S. 26, ↓ 11 II$_8$, 13$_3$ und ferner MAA S. 83. – Paläografisch bemerkenswert ist die Kursivierung von *dīnāran* II Z. 2, vgl. auch die Schreibung in II Z. 4 und 5.

3. Der als "fällig" (*ḥāll*) bezeichnete Teil der Brautgabe wird nicht immer gleich bezahlt, wie z. B. aus *wa bāqiyu l-ḥālli fī ḏimmati z-zawǧi tuṭālibuhu mattā ʾaḥabbat wa-ḫtārat* GROHMANN: *Ostraka* 1$_{12\text{-}13}$ hervorgeht. In APEL I 48 ist der ganze unbezahlte Teil der Brautgabe ohne Stundungstermin fällig. Es hat bereits DIEM: *Rechtsurkunden* S. 238 darauf hingeweisen, daß die Frau damit ihrem Mann gegenüber ein erhebliches Druckmittel in der Hand hat. – Zu *iʿtarafat bi-qabḍihā mina z-zawǧi l-maḏkūr* vgl. *iʿtarafati z-zawǧatu l-maḏkūratu bi-qabḍi ṯalāṯi miʾati dirhamin* GROHMANN: *Ostraka* 1$_{11\text{-}12}$; *ʾaqarrati z-zawǧatu l-maḏkūratu bi-qabḍihā mina z-zawǧi l-maḏkūri* MUḪLIṢ: *ʿAqdā nikāḥ* S. 425; *wa-ʿtarafat bi-qabḍi ǧamīʿi ṯ-ṯamani wa-taslīmihi* PS 21$_{20}$. Zu *ʿrf* VIII *bi-* mit der Bedeutung von "etwas anerkennen" vgl. auch ↓ 35$_{8\text{ff}}$ und 45$_{\text{rechter Rand}}$.

4. Nach *allaḏī huwa* wurde zuerst ein anderes Wort geschrieben, das später zu *ʿišrūna* korrigiert wurde. – Zu *ʿišrūna dīnāran munaǧǧaman ʿanhu ʿalayhi ʾilā nqiḍāʾi ʿišrīna sanatin* vgl. *ḫamsatu danānīra muʾaḫḫaratin lahā ʿalayhi munaǧǧamatin fī kulli sanatin dīnāran wāḥidan* APB 13$_{11\text{-}12}$; [*ʾarbaʿu mi*]*ʾati dīnārin* (...) *munaǧǧamatin lahu ʿalayhi yaqūmu lahu bihā fī ʾarbaʿati ʾašhurin* ALAD 40$_5$; *tisʿatu danānī*[*ra* ...] *munaǧǧamatin ʿalayhimā ṯalāṯata ʾanǧumin* PS 9$_{4\text{-}5}$; *ḫamsatu wa-ʿišrūna dīnāran qassaṭathu z-zawǧatu ʿalayhi ʿalā ʾan yunaǧǧima lahā bihi tanǧīman* DIETRICH: *Eheurkunde* 1$_{10}$; *wa-bāqī ḏālika wa-huwa kaḏā yaqūmu bihi munaǧǧaman fī salḫi kulli sanatin yamḍī min tārīḫihi* an-Nuwayrī: *Nihāyat* IX S. 99 und ↓ 23$_{4\text{-}5}$, 34$_{7\text{-}8}$.

5. Zum Miṯqālgewicht vgl. GROHMANN: *Einführung* S. 140ff. Für *salīm* in Beziehung auf Dinare kenne ich keine weiteren Belege; mit ähnlicher Bedeutung wird statt dessen *ṣaḥīḥ* verwendet, vgl. GROHMANN: *Einführung* S. 200ff. – Zu *wa-waliya tazwīǧahā* usw. vgl. ↓ 1$_{12\text{-}13}$.

6. Zu *waladu ʾaḫīhā šaqīqihā li-ʾabawayhā* vgl. *ʾaḫūhā li-ʾabawayhā fulānun* al-Asyūṭī: *Ǧawāhir* II S. 86ff; *ʾaḫūhā li-ʾabīhā wa ʾummihā* RĀĠIB: *Contrat* Z. 10; *ʿalā ʾiḫwatihi* ⟦*man*⟧ *li-ʾabīhā* ↓ 6$_6$. Das Wort *šaqīq* hat bereits die Bedeutung eines Bruders väterlicher- und mütterlicherseits, und zusätzliches *li-ʾabawayhā* ist eigentlich überflüssig.

7. Das Recht der Muntgewalt über die Braut (*ḥaqq walāyatihi ʿalayhā*) hat der nächste agnatische männliche Verwandte oder, wenn diese fehlen, der Richter, wie z. B. in APB 13 und WMT I 37. Für die Verheiratung einer erwachsenen Frau, die bereits verheiratet war, braucht der Muntwalt ihre Zustimmung und ihr Einverständnis (*bi-ʾiḏnihā wa-riḍāhā*). In den diesbezüglichen Klauseln wird in späteren Urkunden meistens auch die Anwesenheit der Zeugen erwähnt. Vgl. *bi-ḥaqqi walāyatihi ʿalayhā* (...) *wa-bi-ʾiḏnihā wa-riḍāhā wa-*

tawkīlihā 'iyyāhā fī ḏalika (...) wa-ḥaḍara mina r-riǧāli l-muslimīna l-'aḥrāri l-bāliġīna APB 13_{17-19}; *bi-ḥaqqi 'ubūwatihi wa-walāyatihi ʿalayhā baʿda 'an ista'ḏanahā fī ḏālika fa-'aḏanat lahu fī l-ʿaqdi ʿalā ṣ-ṣadāqi l-maḏkūri wa raḍiyat* [*ʿanhu*] *wa kāna isti'ḏānuhu 'iyyāhā wa 'iḏnuhā lahu wa riḍāhā bi-mahḍari min raǧulayni ḥurrayni muslimayni bāliġayni* Dietrich: *Eheurkunde* 1_{13-15}; *bi-ḥaqqi walāyatihi ʿalayhā šarʿan wa-bi-'iḏnihā lahu fī ḏālika wa-riḍāhā bi-šahādati man yuʿayyinuhu fī rasmi šahādatihi* an-Nuwayrī: *Nihāyat* IX S. 116 und ferner PS 1_7, ALAD 32_9, aṭ-Ṭaḥāwī: *Ṣaġīr* S. 671. Vgl. auch ↓ 1_{14-15}. – Paläographisch bemerkenswert ist die Schreibung von finalem *yā'* in *fī* mit einer rückwärtigen Schleife nach oben, statt nach unten.

8-9 Die Annahme (*qabūl*) des Eheangebots vom Ehemann gehört zu den festen Klauseln des Ehevertrags. Meistens wird dabei erwähnt, daß er sich zur Eheschließung verpflichtet hat durch eine direkte Anrede (*muḫāṭabah*) an den Muntwalt. Vgl. *wa qabila z-zawǧu mina l-mutawallī hāḏā n-nikāḥa wa-raḍiya bihi wa-'alzamahu nafsahu bi-muḫāṭabatin ǧarat baynahumā* APEL I 45_{18-19}; *wa-qabila minhu n-nikāḥa fa-raḍiyahu wa-'alzamahu nafsahu baʿda muḫāṭabatin minhu 'iyyāhu ʿalā ǧamīʿi ḏālika* PS 1_9; *wa-qabila z-zawǧu l-maḏkūru mina l-muzawwiǧi ʿaqda hāḏā n-nikāḥi wa-ḫāṭabahu ʿalayhi šifāhan bi-maḥḍari min ḏawī ʿadlin* al-Asyūṭī: *Ǧawāhir* II S. 83; *qabila z-zawǧu li-nafsihi ḏālika qabūlan ṣaḥīḥan šarʿīyan fawrīyan* Muḫliṣ: *ʿAqdā nikāḥ* S. 422 und ferner APEL I 38_{15-17}, 42_{9-10}, APB 10_{8-9}, 12_{16-18}, 13_{23ff}, MEF I 11_{12}, Dietrich, *Eheurkunde* 1_{16}, Rāġib: *Contrat* Z. 13ff, Abd ar-Raziq: *Esclaves* Z. 8, aṭ-Ṭaḥāwī: *Ṣaġīr* S. 671, al-Asyūṭī: *Ǧawāhir* II S. 62, an-Nuwayrī: *Nihāyat* IX S. 116.

9. *al-'āḫirati* am Ende der Zeile wurde zu einer Reihe von Schnörkeln kursiviert; in der nächsten Zeile ist dieses Wort nochmals geschrieben.

11-16 Zur Formel *ḥadartu l-ʿaqda l-maḏkūra wa-šahidtu bihi* vgl. APEL II 139_{13}, 140_{12}, 141_{14}, Dietrich: *Eheurkunde* 1_{17-18}, Grohmann: *Ostraka* 1_{22-23}, Abd ar-Raziq: *Esclaves* Z. 9f, Muḫliṣ: *ʿAqdā nikāḥ* S. 422. – Der Name des rechten Zeugen läßt sich mit Sicherheit zu [*Ibrāhīm ibn ʿAlī ibn ʿAb*]*d aṣ-Ṣamad* [*ibn Muḥammad ibn ʿUmr*]*ūs* ergänzen, weil die gleiche Person auch in ↓ $32v_{9-10}$ und 33_{8-9} als Zeuge unterschrieben hat. In ↓ 33_{8-9} hat auch der im vorliegenden Dokument auftretende Zeuge Ṣādiq b. ʿUmrūs b. Muḥammad b. ʿUmrūs Unterschrift geleistet. Muḥammad b. ʿUmrūs, der Großvater von Ṣādiq, muß der Urgroßvater von Ibrāhīm gewesen sein. Zum Namen ʿUmrūs vgl. MAA S. 1220. – Bei der rechten Zeugenunterschrift ist (*bi-tā*)*rīḫihi* Z. 16 zu ريخه abgekürzt; bei der linken Unterschrift ist die mit finalem *sīn* von *ʿUmrūs* Z. 16 verbundene Schlinge als *fī* zu lesen und erscheint also فى يخه für *fī* (*tār*)*īḫihi*. Ähnliche Kurzschreibungen sind in Urkunden ab dem 6. Jahrhundert häufig belegt, vgl. Diem: *Rechtsurkunden* S. 198 und ferner ↓ 11 II_{7-8}, 30_{20}, 31_{13}, $32r_{14}$, $32v_{10}$, 33_9. In APEL II 141_{16} wurde sie von Grohmann als *tamma* verlesen.

Zwei Ehescheidungsurkunden

Ehescheidungsurkunden wurden bisher erst in geringer Zahl veröffentlicht. Mir sind die folgenden publizierten Urkunden dieser Art bekannt: APRL X 15, APB 14, APPh 28, CPA 17 (PERF 886) und 18. Von diesen enthält das Fragment APRL X 15 nur die Überreste zweier Zeugenerklärungen. In dem aus dem 5. Jahrhundert d. H. stammenden Papier CPA 18 handelt es sich um eine besondere Art der Ehescheidung: *ḫulʿ*, wobei die Frau sich aus der Ehe loskauft. Die übrigen Dokumente APPh 28 (267 d. H.), CPA 17 (279 d. H.) und

APB 14 (599 d.H.) beurkunden, wie die vorliegenden Urkunden, die dreifache Verstoßung (*ṭalāq*) der Frau vom Ehemann. Diese Urkunden sind nach dem gleichen Schema gestaltet. Es wird bezeugt, daß der Ehemann anerkannt hat, sich durch eine dreifache Verstoßung endgültig von seiner Frau geschieden zu haben. Er darf sich erst nach einer anderweitigen Ehe der Frau mit ihr wiederverheiraten.

3.

(Tafel 3)

A. Ch. 32302	Papier	21 x 19 cm	Rağab 316 d. H. (20. VIII. – 18. IX. 928 n. Chr.)

Mittelbraunes Hadernpapier, Schöpfgitterstäbe parallel zur Schrift. Der rechte Rand des Papiers ist unter Verlust der Anfangsbuchstaben in den Zeilen 2-3 abgerissen. Im rechten Bereich unten am Blatt sind durch Wurmfraß zwei größere Löcher entstanden; die letzte Zeile ist hier etwas beschädigt. Sonst mehrere kleine Löcher. Die beiden Ecken am linken Rand sind abgerissen; im übrigen sind die geschnittenen Ränder größtenteils erhalten. Waagerechte Faltungen bei 1,2; 3; 6; 9,5; 12; 14,5 cm, vom oberen Rand gemessen; eine senkrechte Faltung bei 9,4 cm, vom linken Rand gemessen. Schwarze Tinte. Die Schrift ist an einigen Stellen etwas verwischt. Verso ist leer.

Es wird bezeugt, daß ein Mann namens ʿAbdallāh b. Muḥammad al-Maġribī anerkennt, seine Frau, Samrāʾ, Tochter von ʿUmar aš-Šāmī, dreifach verstoßen zu haben. Die Urkunde ist in einer deutlichen Kursivschrift geschrieben. Der Verfasser des Dokuments hat auch für die Zeugen unterschrieben. Paläographisch bemerkenswert sind die kurzen schrägen Striche, die an einigen Stellen über *dāl* und *ḏāl* gesetzt sind, vgl. *hāḏā* Z. 2, *Muḥammad* Z. 3, *ʾašhadahum* Z. 3. Diakritische Punkte sind an mehreren Stellen gesetzt.

Text

بسم الله الرحمن الرحيم

[هـ]ذا ما شهد عليه الشهود المسمون فى هذا الكتاب شهدوا جميعا

[ا]ن عبد الله بن محمد المغربى اشهدهم واقر عندهم فى صحة من عقله و بدنه

وجواز من امر طايع غير مكره ولا مجبور على ذلك انه طلق امراته سمرا

ابنت عمر الشامى طلاق ثلاث بتة ⟦لا رجعة⟧ لا سبيل له عليها ولا رجعة له

اليها حتى تنكح زوج غيره وذلك فى شهر رجب من سنة ست عشرة وثلثماية

٧ شهد عبد الله بن جعف[ـر] بن عبد الله بن عقيل على جميع ما فى هذا الكتاب
وكتب عنه

٨ شهد محمد بن عثمن القايفى وكتب عنه شهد عباس بن الحسن القايفى وكتب عنه

٩ شهد سليم بن عيسى الـ[ ] . وكـ[ـتب] عـ[ـ]ـنه شهد احمد بن الحسن وكتبه عنه

١٠ بن ابى اللوم

---

٣ اشهدهم – ٤ امراته – ٥ الشامى . بته – ٦ شهر – ٨ عنه – ٩ عيسى

ÜBERSETZUNG

1. Im Namen Gottes, des Barmherzigen und Gnädigen!
2. Dies ist, was die in dieser Urkunde erwähnten Zeugen bezeugt haben. Sie haben gemeinsam bezeugt,
3. daß ʿAbdallāh b. Muḥammad al-Maġribī sie hat bezeugen lassen und daß er in ihrer Anwesenheit, im Zustand seiner geistigen und körperlichen Gesundheit
4. und seiner Geschäftsfähigkeit, freiwillig, dazu nicht gezwungen und nicht genötigt, anerkannt hat, daß er seine Frau, Samrāʾ,
5. Tochter von ʿUmar aš-Šāmī, dreifach endgültig verstoßen hat. Es gibt für ihn kein Recht mehr auf sie und keine (Möglichkeit zur) Wiederrufung,
6. bis sie einen anderen Ehemann heiratet. Und dies (wurde geschrieben) im Monat Raǧab des Jahres dreihundertsechzehn.
7. Es bezeugt ʿAbdallāh b. Ǧaʿfar b. ʿAbdallāh b. ʿAqīl alles, was in dieser Urkunde steht, und es ist für ihn unterschrieben worden.
8. (rechte Spalte) Es bezeugt Muḥammad b. ʿUṯmān al-Qāʾifī, und es ist für ihn unterschrieben worden.
8. (linke Spalte) Es bezeugt ʿAbbās b. al-Ḥasan al-Qāʾifī, und es ist für ihn unterschrieben worden.

9. (rechte Spalte) Es bezeugt Salīm b. ʿĪsā al-[...], und es ist für ihn unterschrieben worden.

9. (linke Spalte) Es bezeugt Aḥmad b. al-Ḥasan, und es hat für ihn unterschrieben

10. (linke Spalte) Ibn Abī l-Lawm(?).

Kommentar

2. Die gleiche Einleitungsformel wird von aṭ-Ṭaḥāwī erwähnt, vgl. *ʾAḏkār* S. 18, *Ṣaġīr* S. 539, 701. Üblicher in Urkunden des *ʾiqrār* ist der Anfang mit *šahida š-šuhūdu l-musammawna fī hāḏā l-kitābi*, vgl. ↓ 4_2.

3-4 Die Nisba al-Maġribī ist in ägyptischen Urkunden häufig belegt, vgl. APB S. 44. – Auf den Namen des *muqirr* folgt die Feststellung, daß er die Zeugen zum Zeugnis aufgerufen hat und sein Anerkenntnis in ihrer Anwesenheit gemacht hat. Der Text weicht hier etwas ab von der üblichen Phrase: *ʾaqarra ʿindahum wa-ʾašhadahum ʿalā nafsihi*, vgl. APEL II 98_3, 100_{2-3}, MEF I 1_3, $12r_{2-3}$, AMC 2_3, aṭ-Ṭaḥāwī: *ʾAḏkār* S. 18, *Ṣaġīr* S. 539 und ↓ 5_3. – Die Bestätigung der Gesundheit, Geschäftsfähigkeit und Freiwilligkeit des *muqirr* gehört in Urkunden des *ʾiqrār* zu den festen Klauseln. طايع steht fehlerhaft für *ṭāʾiʿan*. Auch in *ṭalāq* Z. 5, *ṯalāṯ* Z. 5 und *zawǧ* Z. 6 fehlt das *ʾalif* der Akkusativendung. Vgl. dazu Hopkins: *Studies* § 167.

4-5 Zu *ʾannahu ṭallaqa mraʾatahu* (...) *ṭalāq<an> ṯalāṯ<an> battatan* vgl. *ʾannahu ṭallaqa mraʾatahu* (...) *ṯalāṯatan al-battata* CPA 17_{2-3}; *ʾannahu ṭallaqa zawǧatahu* (...) *ṭalqatan ṯāliṯatan* APB 14_4; *ʾannahu ʾawqaʿa ʿalā zawǧatihi fulānatin aṭ-ṭalāqa ṯ-ṯalāṯa* al-Asyūṭī: *Ǧawāhir* II S. 142; *ṭallaqa fulānun zawǧatahu* (...) *ṭalāqan ṯalāṯan* an-Nuwayrī: *Nihāyat* IX S. 127; *ʾannahu ṭallaqa mraʾatahu* (...) *ṯalāṯata*(!) *taṭlīqātin* ↓ 4_{4-5} und ferner APPh 28_3, aṭ-Ṭaḥāwī: *Ṣaġīr* S. 701. Eine Verstoßung heißt *battah* (oder *bāʾin*), wenn sie endgültig ist; dies im Gegensatz zu einer widerruflichen Verstoßung (*rāǧiʿī*). Vgl. Lane: *Lexicon* S. 148, Schacht: *Introduction* S. 163-4, al-Asyūṭī: *Ǧawāhir* II S. 128, aṭ-Ṭahāwī: *Ṣaġīr* S. 702-3. – Zum Namen Samrāʾ vgl. MAA S. 834f.

5-6 Zu *lā sabīla lahu ʿalayhā wa-lā raǧʿata lahu ʾilayhā ḥattā tankiḥa zawǧ<an> ġayrahu* vgl. *fa-lā sabīla lahu ʾilayhā wa-lā raǧʿata lahu ʿalayhi ḥattā tankiḥa zawǧan ġayrahu* APB 14_{5-6}; *lā raǧʿata lahu ʿalayhā wa-lā maṯnawīyata ḥattā tankiḥa zawǧan ġayrahu* CPA 17_{3-4}; *lā taḥillu lahu min baʿdu ḥattā tankiḥa zawǧan ġayrahu* ↓ 4_6 und al-Asyūṭī: *Ǧawāhir* II S. 142, an-Nuwayrī: *Nihāyat* IX S. 128. Es wird hier auf Koran II 230: *fa-ʾin ṭallaqahā fa-lā taḥillu lahu min baʿdu ḥattā tankiḥa zawǧan ġayrahu* verwiesen. *fa-lā sabīla lahu ʾilayhā* APB 14_5 wurde von Grohmann mit "so steht ihm kein Weg zu ihr frei" übersetzt, während Khoury die gleiche Phrase in CPA 18_{14} mit "qu'il n'a plus d'accès à elle" übersetzt hat. Im vorliegenden Text, wo *ʿalayhā* statt *ʾilayhā* verwendet wird, habe ich die Phrase so aufgefaßt, daß der Mann kein Recht auf die Frau mehr in Anspruch nehmen kann. Dies auch mit Rücksicht auf al-Asyūṭī: *Ǧawāhir* II S. 142, wo der Ausdruck *lā sabīl lahu ʿalayhā* in Zusammenhang mit dem Recht auf Selbstverfügung der Frau nach der Scheidung verwendet wird. In frühen Pachtverträgen und Steuerquittungen sind Phrasen wie *fa-lā sabīla li-ʾaḥadin ʿalayka* mit ähnlicher Bedeutung belegt, vgl. EFAU 3_{5-6}, $5A_4$, $5B_4$, 6_{10-11}. Der Begriff *raǧʿah* hat die Bedeutung von Wiederrufung der Verstoßung, vgl. al-Asyūṭī: *Ǧawāhir* II S. 155ff.

Mit *ḥattā tankiḥa zawǧ<an> ġayrahu* wird gemeint, daß der Mann sich erst nach einer anderweitigen Ehe der Frau mit ihr wiederverheiraten darf. Dieses koranische Gesetz führte zur Praxis des sogenannten *taḥlīl*, wobei die Frau nach der Scheidung eine sofort wieder abzubrechende Ehe mit einem anderem Mann schloß, nur damit sie wieder zu ihrem ersten Mann zurückgehen durfte. Allerdings war diese Umgehung des Rechts unter den Rechtsgelehrten umstritten, vgl. al-Asyūṭī: *Ǧawāhir* II S. 23, Schacht: *Introduction* S. 81.

7-10 Die am Ende der einzelnen Zeugenerklärungen wiederholte Phrase *wa-kutiba ʿanhu* deutet darauf hin, daß ein anderer für die Zeugen unterschrieben hat. Die übliche Formel in solchen Fällen ist *wa-kutiba ʿanhu bi-ʾamrihi wa-maḥdarihi*, vgl. ↓ 2 I_{15}. Nach der Schrift zu urteilen, stammen die Zeugenerklärungen und der Vertragskörper von derselben Hand. In Z. 10 hat der Schreiber mit Namen unterfertigt. – Neben ʿAqīl Z. 7 kommen mit gleichem *rasm* auch die Namen ʿUqayl und Ǵufayl in Anmerkung, vgl. aḏ-Ḏahabī: *Muštabih* S. 368. Die Nisba al-Qāʾifī Z. 8 ist auch in APEL II 119_{14}, Grohmann: *Papyri Milano* 3_1, ALAD 23_3 belegt. Statt ʿAbbās Z. 8 sind mit gleichem *rasm* noch andere Namen, wie ʿAyyāš und ʿAnnās, möglich, vgl. aḏ-Ḏahabī: *Muštabih* S. 334ff. – Die Lesung des Namens *Ibn ʾAbī l-Lawm* Z. 10 ist etwas unsicher. Der Name al-Lawm ist mir nicht nachweisbar; in MAA S. 1505 wird jedoch die Nisba al-Lawmī erwähnt.

4.

(Tafel 4)

A. Ch. 15311v (PERF 1230)	Papier	19,4 x 14,7 cm	1. Raǧab 341 d. H. (22. XI. 952 n. Chr.)

Mittelbraunes, durch Wurmfraß beschädigtes Hadernpapier. Recto enthält das Fragment eines Briefes. Es sind hier die letzten 7 Zeilen teilweise erhalten; das Blatt ist rechts und oben unter Textverlust abgeschnitten. Am oberen Rand ist ein Streifen abgerissen. Das Blatt ist 6,2 cm vom oberen Rand aus zwei Stücken zusammengeklebt. Waagerechte Faltungen bei 6,3; 9,4; 12; 17 cm, vom oberen Rand gemessen. – Der Text der Urkunde auf Verso ist fast vollständig erhalten. Geringen Textverlust gibt es an einigen durchlöcherten Stellen und im linken oberen Bereich, wo größere Stücke des Papiers weggefressen sind. Blattwendung: ⇒. Schwarze Tinte.

Es wird bezeugt, daß Mūsā, der Weber, wohnhaft in der Stadt Ušmūn, anerkennt, seine Frau Ḫadīǧah dreifach verstoßen zu haben.

Die Urkunde wurde von Karabacek in PERF S. 266 bereits erwähnt. Sie ist in einer deutlichen Kursivschrift geschrieben. Diakritische Punkte sind an einer Stelle gesetzt. Vor die Basmalah sind drei Punkte als eine Art Verzierung gesetzt. Drei Zeugen haben mit eigener Hand unterschrieben.

Text

١ بسم الله الرحـ[يـ]ـم

٢ شهد الشهود المسمون فى هذا الكتاب على اقرار {المكنا با} مـ[ـو]سى

٣ النساج الساكن مدينة اشمون فى صحـ[ـة] عقله و بدنه <و>جواز [امره طايعا]

٤ غير مكره ولا مجبر انه طلق امراته خديجة ابنت .[ ] . . [

٥ الساكنة مدينة اشمون ثلثة [تطـ]ـليقات بانت [بـ]ـهن وحر[مـ]ـت [بـ]ـهـ[ـن]

٦ لا تحل له من بعد حتى تنكح زوج غيره نطق بذلك ولفظ به لشهود هذا

٧ الكتاب وكان طلاقه هذا يـ[ـو]م الخميس وهو اول يوما من رجب

٨ سنة احدى واربعـ[ـيـ]ـن [و]ثلثماية شهد على ذلك شهد عمر بن اسحق

٩ البزاز على موسى النساج بجميع ما فى هذا الكتاب وكتب بخطه فى تاريخه

١٠ شهد ابو [. .] . . بن محمد الحمصى الـ[ـبـ]ـز[از] على اقراره بذلك و كتب شهادته
بخطه فى [تاريخـ]ـه

١١ اشهد احمد بن محمد بن حمد[ى] على اقر[ا]ر موسى بجميع ما [فى] هذا الكتاب

١٢ و[كـ]ـتب شهادته بخطه فى تازيخه و[ا]لحمد لله وحد[ه]

---

٥ اشمون

Übersetzung

1. Im Namen Gottes, des Barmherzigen und Gnädigen!

2. Die in dieser Urkunde erwähnten Zeugen bezeugen, daß {der mit der Kunya *'Ab*[1] benannte} Mūsā,

3. der Weber, wohnhaft in der Stadt Ušmūn, im Zustand seiner geistigen und körperlichen Gesundheit und Geschäftsfähigkeit, freiwillig,

---

[1] Anfang einer Kunya des Typs *'Abū Fulān*, vgl. den Kommentar zu dieser Zeile.

4. nicht gezwungen und nicht genötigt, anerkannt hat, daß er seine Frau, Ḫadīǧah, Tochter von [...],

5. wohnhaft in der Stadt Uš̌mūn, dreifach verstoßen hat, aufgrund dessen sie (von ihm) endgültig geschieden ist und (ihm) verboten ist.

6. Sie ist ihm weiterhin nicht mehr erlaubt, bis sie einen anderen Ehemann heiratet. Er hat dies den Zeugen dieser Urkunde gegenüber mündlich erklärt,

7. und dieseVerstoßung durch ihn hat stattgefunden am Donnerstag, dem ersten Tag des Monats Raǧab

8. des Jahres dreihunderteinundvierzig. Dies wurde bezeugt. Es bezeugt ʿUmar b. Isḥāq,

9. der Stoffhändler, gegen Mūsā, den Weber, alles was in dieser Urkunde steht, und er hat mit seinem Schriftzug am Datum der Urkunde unterschrieben.

10. Es bezeugt Abū ... b. ʿUmar al-Ḥimṣī der Stoffhändler, daß er (i.e. Mūsā)dieses anerkannt hat, und er hat sein Zeugnis mit seinem Schriftzug am [Datum der Urkunde] geschrieben.

11. Ich, Aḥmad b. Muḥammad b. Ḥamdī, bezeuge, daß Mūsā alles, was in dieser Urkunde steht, anerkannt hat,

12. und das Zeugnis ist mit eigenem Schriftzug am Datum der Urkunde geschrieben. Lob sei Gott allein.

Kommentar

1. Zu den vor die Basmalah gesetzten Punkten, vgl. Grohmann: *Einführung* S. 103.

2. Zur Einleitungsformel *šahida š-šuhūdu l-musammawna fī hāḏā l-kitābi* vgl. MEF I 1_2, 10_2, $12r_2$, APEL I 50_2, 52_2, II 98_2, II 100_2, BAU 14_2, 22_2, CPA 17_2, PS 3_4, 4_2, APRL X 12_2, AMC 2_2, Rāǧib: *Trois documents* 1_2 und ↓ 3_2, 5_2, 14_2, 25_2. – Der Schreiber wollte den Namen des *muqirr* irrtümlich mit *al-mukannā bi-'Abī* anfangen. Als er seinen Fehler bemerkte, hat er die Formel nicht zu Ende geschrieben, sondern über das bereits gesetzte *'alif* zu *Mūsā* korrigiert. Dieser Name wird auch von den Zeugen in Z. 9 und 11 erwähnt. Zur Schreibung von *al-mukannā* mit *'alif* statt *yā'* Hopkins: *Studies* § 12a.

3. Daß von einem Weber (*nassāǧ*) und nicht von einem Kopist (*nassāḫ*) die Rede ist, halte ich für umso wahrscheinlicher, als zwei von den Zeugen Stoffhändler (*bazzāz*) sind. Die Berufe *nassāǧ* und *bazzāz* sind in Urkunden häufig belegt, vgl. z. B. MEF I 6_{10}, 11_2, APEL I 41_{2ff}, II 141_{14}, IV 217_3, ↓ 7_{21}.

5. Die Lesung ist durch *'annahu ṭallaqa zawǧatahu* (...) *ṯalāṯa taṭlīqātin maʿan bānat bihinna minhu wa-malakat bihinna nafsahā wa-ḥarumat bihinna ʿalayhi* aṭ-Ṭahāwī: *Ṣaġīr* S. 701 gesichert. Ähnliche Phrasen werden auch von al-Asyūṭī: *Ǧawāhir* II S. 142ff und an-Nuwayrī: *Nihāyat* IX S. 126ff verwendet. Vgl. ferner ↓ $3_{4\text{-}5}$. ثلثة steht fehlerhaft statt *ṯalāṯa*. *taṭlīqāt* ist Plural des Nomen vicis *taṭlīqah* zum Verbalsubstantiv *taṭlīq* (*ṭlq* II). Bei Morphemtypen anders als *faʿlun* ist diese Bildungsweise selten; eine Parallele bildet *takbīrah*: "einmaliger Ausruf *Allāhu 'akbar*". *byn* I bezeichnet als juristischer Ausdruck das Geschiedensein durch eine endgültige Verstoßung, vgl. LANE: *Lexicon* S. 285f und ↓ 3_{4-5}.

6-7 Zu *lā taḥillu lahu* usw. vgl. ↓ 3_{5-6}. Ähnlich wie dort, fehlt auch an der vorliegenden Stelle das *'alif* der Akkusativendung in *zawǧ* Z. 6. – Zu *naṭaqa bi-ḏālika wa-lafaẓa bihi li-šuhūdi hāḏā l-kitābi* vgl. *wa-naṭaqa bihi bi-lisānihi bayna 'aydīnā* APPh 28_4. *nṭq* I *bi* und *lfẓ* I *bi* haben beide die Bedeutung "etwas aussprechen, sagen." DOZY: *Supplément* II S. 683-4 gibt für *naṭaqa* auch "diktieren." Weil die Verstoßung eine sofort wirksame Erklärung darstellt, findet sich im islamischen Recht eine ausführliche Kasuistik der Ausdruckweisen. Vgl. BERGSTRÄSSER: *Grundzüge* S. 84, al-Asyūṭī: *Ǧawāhir* II S. 128f.

7-8 Man beachte den nicht-klassischen Gebrauch des *tanwīn -an* in *'awwalu yawman* Z. 7. Vgl. dazu HOPKINS: *Studies* § 170-1, BLAU: *Grammar* § 224-6. – Der 1. Raǧab des Jahres 341 war kein Donnerstag, sondern ein Montag, vgl. WÜSTENFELD: *Vergleichungs-Tabellen* S. 88. Daß Urkunden um mehrere Tage falsch datiert sind, kommt öfters vor, vgl. GROHMANN: *Einführung* S. 231.

10-12 Die Überreste des auf *'Abū* Z. 10 folgenden Namens sind nicht mehr leserlich. Zur Nisba al-Ḥimṣī, nach der Stadt Ḥimṣ, vgl. aḏ-Ḏahabī: *Muštabih* S. 173. – Religiöse Formeln wie die Ḥamdalah sind öfters an den Schluß der Urkunde gestellt, vgl. GROHMANN: *Einführung* S. 116. Es sieht so aus, als sei der Schriftzug *waḥda*[*hu*] Z. 12 am Ende ausgebessert worden.

5.

Entlastung einer Ehefrau von sämtlichen Ansprüchen seitens ihres Mannes (Tafel 5)

A. Ch. 13008	Papier	25 x 12,5 cm	5. Jahrhundert d. H. (11. Jahrhundert n. Chr.)

Mittelbraunes Hadernpapier, Schöpfgitterstäbe parallel zur Schrift. Die Ränder sind durch Wurmfraß beschädigt. Im oberen Bereich sind, besonders an der Ecke rechts oben, größere Stücke des Papiers weggefressen worden. Es sind hier die Basmalah und etwa die Hälfte der ersten drei Zeilen des Vertragskörpers verloren. Auch sonst ist das Blatt an mehreren Stellen durchlöchert. Vom linken Rand ist unter Textverlust ein Streifen abgerissen. Die Schnittlinie am rechten Rand ist noch teilweise erhalten. Waagerechte Faltungen bei 2; 5; 8; 11; 13; 16 cm, vom unteren Rand gemessen. Der Vertragskörper ist mit schwarzer Tinte, die Zeugenerklärungen sind mit brauner Tinte geschrieben. Die Schrift ist an vielen Stellen verwischt. Verso ist leer.

Es wird bezeugt, daß ein Mann namens Husayn b. ʿUmar anerkennt, seine Frau,Yarīnah(?), Tochter von Kayl, von sämtlichen Ansprüchen und Forderungen seinerseits entlastet zu haben.

Die Urkunde ist insofern außergewöhnlich, da es in Verträgen zwischen Ehepartnern meistens die Frau ist, die den Ehemann von bestimmten, durch die Ehe bedingten Verpflichtungen, wie die Bezahlung von Brautgeld (*ṣadāq*), Unterhalt (*nafaqah*) und Kleidung (*kiswah*) entlastet. Es ist mir nur eine Urkunde (CPA 20) bekannt, wo von materiellen Verpflichtungen der Frau ihrem Mann gegenüber die Rede ist. Dabei handelt es sich um eine Übereinkunft in Zusammenhang mit einer Ehescheidung, wobei der Mann auf jeden Anspruch seiner Frau gegenüber verzichtet.[1] Derartige Ansprüche können entstehen, wenn die Scheidung auf die Initiative der Frau stattfindet, und diese sich aus der Ehe loskauft (*ḫulʿ*). Es ist gut möglich, daß auch die vorliegende Urkunde eine solche Ehescheidung zum Hintergrund hat; jedoch wird dies aus dem Text nicht klar.

Die Urkunde hat die Form eines *ʾiqrār* des Ehemannes. An mehreren Stellen enthält sie phraseologische Wendungen, die auch von aṭ-Ṭaḥāwī verwendet werden, aber bisher noch nicht in Originalzeugnissen belegt waren. Der Mangel an Belegstellen macht die Ergänzung des fehlenden linken Teils der Urkunde recht problematisch, und meine Ansätze dazu sind nicht immer im genauen Wortlaut gesichert.

Die Schrift ist fein und mit geschulter Hand geschrieben. Diakritische Punkte sind an einigen Stellen gesetzt. Die beiden Zeugenunterschriften sind von den gleichen Personen, die auch den Mietvertrag ↓ 13 unterschrieben haben.

Text

١ [بسم الله الرحمن الرحيـ]ـم

٢ [شـهد الشهود المسمون] فى هذا الكتاب على اقرار حسيـ[ـن بن عمر بن .... المعروف]

٣ [بـ]ـابى .. [اقر عندهم واشهدهـ]ـم على نفسه فى صحة من عـ[ـقله وبدنه وجواز امره]

٤ .. [ ] . [شهـ]ـر رمضان [سنة .... وا]ربع ماية انه ابرا زو[جته يرينه ابنت كيل]

٥ [فـ]ـى ايام حياته وبعد وفاته من جميع الدعاوى والـ[ـمـ]ـطالـ[ـبات

٦ حـ[ـق] ولا مال عين ولا ذهب ولا ورق ولا حلـ[ـى] مصوغ [

٧ [و] لا الة ولا كسوة ولا غطا ولا [و]طا [و]لا اثاث ولا اكل [

٨ الـ . . ا كلـ[ـهـ]ـا مما يدعوا الناس بـ[ـعـ]ـضهم [عـ]ـلى[بـ]ـعض [ ] .. [بوجه]

٩ [مـ]ـن الوجوه ولا سبب من الاسباب [كلهـ]ـا وذلك بـ[ـا]مر [حق] وا[جب لازم عرفه

[1] CPA 20_{4-6}: *wa-laysa li-Muḥammad ibn Ḥanīfah qibala ʿAʾišah ibnat ʾAbī Bakr daʿwā wa-lā ṭalibatun wa-lā ḥaqqun min sababin mina l-ʾasbābi <wa-lā> daynun wa-lā ʿarḍun wa-lā ʿaynun wa-lā mitāʿun.*

ولزمه]

١٠ الاقرار به لزوجته يرينه ا[بـ]ـنة كيل [وكـ]ـل [دعـ]ـوى يدعيه [ويدعى ذلك له احد]

١١ بسببه من حياته او بعد وفاته عـ[ ] . . . [ ] د . [ ] له فيما امـ[

١٢ او عند وفاته . . . . ومن ادعى ذلـ[ـك] لـ[ـه] بسببه فى [حـ]ـياته وبعـ[ـد وفاته ويمين]

١٣ يريدون استحلافا بذلك او مطالبة او منازعة او علقـ[ـة او تبعة وهى]

١٤ من جميع ذلك كله بر/يـة\{ى} لعلمه بذلك ولمعرفته انه لا يدعى ذلك [ولا يدعيه له احد بسببه]

١٥ الا تعديا وظلما والله حسيبه وطليـ[ـبـ]ـه ومدركها ولا[حقها بوجه من الوجوه]

١٦ ولا سـ[ـبب] من الاسباب كلها شهد على اقرار حسين بن عمر بن .[

١٧ فـ[ـى] صحة مـ[ـن] عقله وبدنه وجواز امره طايعا غير مكره ولا مجبر [

١٨ [شهـ]ـد على ذلك شهد عـ[ـلى بن حفص بن احمد على اقرار حسين بن عمر]

١٩ الخباز المعـ[ـروف بابى]

٢٠ شهد حفص بن على بن حفص على اقرار

٢١ حسين بن عمر المعروف بابى . . ـا . المغربى

٢٢ لزوجته المـ[ـسـ]ـماة [فـ]ـى هذا الكتاب بجميع

٢٣ ما فيه وكتب بخطه فـ[ـى] تاريخه

---

٤ مايه – ١٣ استحلافا . منارعه – ١٤ لمعرفنه

Übersetzung

1. [Im Namen Gottes, des Barmherzigen und Gnädigen!]

2. [Die] in dieser Urkunde [erwähnten Zeugen bezeugen] das Anerkenntnis des Ḥusay[n b. ʿUmar b. ..., der als]

3. Abū [... bekannt ist. Er hat in ihrer Anwesenheit,] im Zustand seiner [geistigen und körperlichen] Gesundheit [und Geschäftsfähigkeit anerkannt, und er hat sie] gegen sich [bezeugen lassen]

4. [... im Monat] Ramaḍān [des Jahres] vierhundert[und...], daß er seine Frau Yarīnah(?), die Tochter von Kayl,]

5. für die Tage seines Lebens und nach seinem Tod von sämtlichen Ansprüchen und Forderungen entlastet hat. [Es bleibt zu ihren Lasten]

6. [weder ein Rechtsanspruch,] noch Besitz in Form einer Sache, weder in Gold, noch in Silber, noch in Schmuck [

7. und kein Werkzeug und keine Kleidung, Decken oder Bettbezug und keine Möbel und keine Nahrungsmittel [...

8. [...] von dem, was die Menschen einander gegenüber beanspruchen, [... auf irgendeine Weise]

9. oder aus irgendwelchem Grund. Und dieses aufgrund [eines verbindlichen, obligatorischen Rechtsanspruchs, der ihm bekannt ist, und dessen]

10. Anerkenntnis zugunsten seiner Frau Yarīnah(?), der Tochter von Kayl, [für ihn verbindlich ist]. Jeder Anspruch, den er erheben wird [... , oder den jemand zu seinen Gunsten]

11. aufgrund dieses zu seiner Lebenszeit oder nach seinem Tod [erheben wird,] ... ... [

12. oder bei seinem Sterben (?) .... Und wer dies zu seiner Lebenszeit, oder nach seinem Tod beansprucht [... oder wenn sie von ihr]

13. verlangen den Eid zu schwören, oder eine Forderung, Abstreitung, Beschlagnahme [oder Anspruch, so ist all dieses falsch und nichtig und widerrechtlich, und sie ist]

14. von all diesem entlastet aufgrund seiner Kenntnis davon und seines Wissens, daß weder er [noch jemand anders zu seinen Gunsten aufgrund dieses,] dies beanspruchen kann,

15. außer durch Rechtsbruch und zu Unrecht, und Gott wird ihn zur Rechenschaft ziehen. Und was ihr hinterher zu lasten gelegt wird[... auf irgendeine Weise]

16. oder aus irgendeinem Grund. Es wurde bezeugt das Anerkenntnis des Ḥusayn b. ʿUmar b. [

17. im Zustand seiner geistigen und körperlichen Gesundheit und Geschäftsfähigkeit, freiwillig, nicht gezwungen oder genötigt, [

18. Dies wurde bezeugt. Es bezeugt ʿA[lī b. Ḥafṣ b. Aḥmad das Anerkenntnis des Ḥusayn b. ʿUmar,]

19. des Bäckers, des bekannten [als Abū

20. Es bezeugt Ḥafṣ b. ʿAlī b. Ḥafṣ, daß

21. Ḥusayn b. ʿUmar, bekannt als Abū ... al-Maġribī,

22. zu Gunsten seiner in dieser Urkunde erwähnten Frau all das,

23. was in dieser Urkunde steht, anerkannt hat. Und er hat mit seinem Schriftzug am Datum der Urkunde unterschrieben.

Kommentar

1. Von der Basmalah ist noch die Schleife des finalen *mīm* von *ar-raḥī]m* erhalten.

2-3 Zur Einleitungsformel vgl. ↓ 4_{2}. – Der Name des *muqirr*, Ḥusayn b. ʿUmar, ist durch Z. 16 und 21 gesichert. Daß wahrscheinlich auch das Patronymikon des Vaters erwähnt ist, geht aus Z. 16 hervor, wo dieser Name jedoch verloren ist. Die am Anfang von Z. 3 verlorene Kunya ist auch in Z. 21 nicht mit Sicherheit zu lesen.

3-4 Zu *'aqarra ʿindahum wa-'ašhadahu]m ʿalā nafsihi* (...) *'annahu 'abra'a zaw[ǧatahu* vgl. *'aqarrat ʿindahum wa-'ašhadathum ʿalā nafsihā* (...) *'annahā 'abra'at zawgahā* AMC 2_{3} und ferner ↓ 3_{3}. In Quittungen folgt die Entlastungsformel (*'ibrā'*) normalerweise auf eine Bestätigung des Empfangs der Schuldsumme, vgl. ↓ $41_{6\text{-}7}$. In der vorliegenden Urkunde fehlt eine solche Klausel, und es wird aus dem Text nicht klar, ob überhaupt eine Zahlung stattgefunden hat. – Die Datierung der Urkunde am Anfang des Vertragkörpers statt am Ende vor den Zeugenunterschriften ist an sich ungewöhnlich; sie wird aber auch in aṭ-Ṭaḥāwī: *Ṣaġīr* S. 539 in einem Formular für Quittungen verwendet. Weil die Urkunde von denselben Zeugen als der aus dem Jahr 403 d. H. stammende Mietvertrag ↓ 13 unterschrieben ist, ist sie auf den Anfang des 5. Jahrhunderts zu datieren. Der verlorene Anfang der Jahreszahl hat also wahrscheinlich eine Zahl von eins bis zehn enthalten, was auch der Größe der Lücke entspricht. – Zum Namen der Ehefrau vgl. Z. 10.

5. *[f]ī 'ayyāmi ḥayātihi wa-baʿda wafātihi*: Diese Formel hat zum Zweck, den *muqarr lahu* gegen Ansprüche von seiten der Erben des *muqirr* zu schützen. Ähnliche Phrasen sind in aṭ-Ṭaḥāwī: *Ṣaġīr* S. 535, 540 belegt. Vgl. ferner *fī ḥayātihi 'aw baʿda wafātihi* APEL II 138_{13} und *fī ḏimmatihi* (...) *wa-maḥyāhu wa-mamātihi* ↓ 23_{4}. – Obwohl vom letzten Wort nur die Hasten der Buchstaben übrig sind, scheint mir die Lesung *wa-l-[mu]ṭāla[bāti* praktisch sicher, vgl. *li-ǧamīʿi d-daʿāwī wa-l-muṭālabāti* GUELLIL: *Akten* S. 89. Auch *wa-l-[ma]ṭāli[bi* ist nicht ganz auszuschließen, vgl. *wa-lā tamallukun wa-lā maṭālibu wa-lā ḥuǧǧatun* APEL I 72_{13}. Recht zahlreich sind die Stellen, wo *daʿwā* zusammen mit *ṭalab* oder *ṭalibah* belegt ist, vgl. APEL I 57_{13}, 58_{9}, 59_{8}, II 138_{8}, CPA 20_{5}, ALAD $2v_{4}$, WMT II 6_{19}, 34_{12}, FRANTZ-MURPHY: *Comparison* I 2_{10}, aṭ-Ṭaḥāwī: *Buyūʿ* S. 90, al-Asyūṭī: *Ǧawāhir* I S. 49, GUELLIL: *Akten* S. 88f. – Der verlorene Teil der Zeile muß eine Phrase wie *wa-lam yabqa lahu ʿalayhā]* enthalten haben, vgl. ↓ $38_{3\text{-}5}$.

6-7 Ähnliche Phrasen sind in ALAD $46_{6\text{-}7}$, 47_{5ff}, CPA $18_{10\text{-}11}$, $20_{5\text{-}6}$, 43_{6ff}, GUELLIL: *Akten* S. 88f und al-Asyūṭī: *Ǧawāhir* I S. 50 belegt. Vgl. auch die von DIEM erwähnten Belege zu *Rechtsurkunden* $2_{6\text{-}8}$. Aufzählungen wie diese fangen meistens mit dem Begriff *ḥaqq* an, dessen Ergänzung ich deshalb für sicher halte. Die Lesung *wa-lā ḥil[an] maṣūġun* ist auf *wa-lā ḥilan maṣāġun wa-lā maksūrun* ALAD 47_{6} und *wa-lā ḥilan wa-lā ǧawharin wa-lā maṣāġin* GUELLIL: *Akten* S. 90 begründet. Zu *wa-lā kiswatun wa-lā ġiṭā'un wa-lā [w]iṭā'un* vgl. *mina n-nafaqati (...) wa-l-kiswati wa-l-ġiṭā'i wa-l-wiṭā'i* CPA 18_{10}. Vgl. ferner *wiṭā' wa-ġiṭā'*: "cover and bedding" DIEM–RADENBERG: *Dictionary* S. 157, 228. Zu *wa-lā 'aṯāṯun wa-lā 'aklun* vgl. *bi-sababi dīnārin (...) wa-lā 'aṯāṯin* (statt l. *ṯiyāb*) *wa-lā ṭaʿāmin* CPA $43_{6\text{-}7}$; *wa-lā qumāšan wa-lā 'aṯāṯan* WMT II 6_{19}.

8. Die beiden teilweise verwischten Wörter am Anfang der Zeile vermag ich nicht mit Sicherheit zu lesen – Zu *mimmā yaddaʿū n-nāsu ba[ʿ]ḍuhum [ʿa]lā [ba]ʿḍin* vgl. *mimmā yadūru bayna n-nāsi* aṭ-Ṭaḥāwī: *Ṣaġīr* S. 539; *mimmā yatanawwaluhu n-nāsu* AMC 2_{8}.

8-9 Zum Ausdruck (*lā* ...) *bi-waǧhin mi]na l-wuǧūhi wa-lā sababin mina l-'asbābi [ku]llihā* vgl. *wa-lam yabqā(!) baynahum (...) qalīlun wa-lā kaṯīrun wa-lā daʿwatun wa-lā ṭalibatun bi-waǧhin min al-wuǧūhi wa-lā sababin min al-'asbābi kullihā* BAU $22_{8\text{-}10}$; *wa-lam yabqā(!) li-wāḥidin minhumā (...) qalīlun wa-l[ā kaṯī]run wa-lā daʿwā wa-lā ṭalibatun wa-lā qawlun wa-lā ḥuǧǧatun wa-lā yamīnun ʿalā ǧamīʿi [l-]wu[ǧ]ūhi wa-l-'asbābi kullihā* APEL II $138_{6\text{-}9}$; [ ] *wa-lā ḥuǧǧatun wa-lā muḥākamatun wa-lā munāzaʿatun bi-waǧhin wa-lā sababin* ALAD 47_{10}; *wa-lā daʿwā lahu fīhā wa-lā ṭalibatun bi-sababi milkin wa-lā bayʿin wa-lā ġayrihimā ʿalā l-wuǧūhi wa-l-'asbābi kullihā* aṭ-Ṭaḥāwī: *Buyūʿ* S. 90; *al-kaḏā kaḏā d-dīnāra llatī lam yakun lī ʿalayka ġayruhā ʿalā l-wuǧūhi wa-l-'asbābi kullihā* aṭ-Ṭaḥāwī: *Ṣaġīr* S. 533 (und ferner S. 535, 540). Zur Verwendung von ähnlichen Phrasen in Schuldscheinen vgl. ↓ $20_{5\text{-}6}$.

9-10 *wa-ḏālika bi-['a]mri [ḥaqqin] wā[ǧibin lāzimin ʿarafahu wa-lazimahu] l-'iqrāru bihi li-zawǧatihi*: Die Verbindlichkeit des Rechtsanspruchs wird durch das Anerkenntnis des *muqirr* gesichert. Formeln wie diese sind in *'aḏkār ḥuqūq* und Urkunden des *'iqrār* aus dem 4. und 5. Jahrhundert mehrfach belegt, vgl. *wa-ḏālika bi-'amri ḥaqqin wāǧibin lāzimin ʿarafahu lahu wa-lazima lahu bihi l-'iqrāru l-maḏkūru fī hāḏā l-kitābi* ALAD 35_{6}; *wa-ḏālika bi-'amri ḥaqqin wāǧibin lāzimin ʿarafahu wa-lazimahu l-'iqrāru bihi* ALAD 38_{11}; *wa-ḏālika bi-'amri ḥaqqin wāǧibin lāzimin ʿarafahu fulānu bnu fulānin li-fulāni bni fulānin wa-lazimahu l-'iqrāru lahu bihi* aṭ-Ṭaḥāwī: *'Aḏkār* S. 3; *wa-ḏālika bi-'amri ḥaqqin wāǧibin lāzimin ʿarafahu l-maʿrūfu bi-'Abī l-Ḥudayd (...) fa-'aqarra bihi li-Tūsāqah (...) wa-lazimahu l-'iqrāru lahā* ↓ $23_{8\text{-}9}$; *bi-'amri ḥaqqin wāǧibin lāzimin ʿarafahu wa-lazimahu [lahā bihi] l-'iqrāru l-maḏkūru fīhi* ALAD $39_{10\text{-}11}$; *bi-'amri ḥaqqin wāǧibin lāzimin ʿarafathu wa-lazimahā l-iqrāru lahu bihi* AMC 2_{9}.[1] Vgl. ferner *daynan ṯābitan wa-ḥaqqan waǧiban lāziman ʿarafahu wa lazimahu l-'iqrāru bihi* ↓ $30_{6\text{-}7}$; *daynan ṯābitan wa-ḥaqqan lāziman lazimahu* (statt l. *lahu min*) *l-'iqrāru bihi* APEL II $105_{6\text{-}7}$, $106_{6\text{-}7}$, 107_{6}, $108_{6\text{-}7}$, 109_{6}, 110_{6} und *'iǧāratan*

[1] AMC 2_{9} wurde von ABBOTT zu بامر حق واكتتب ذكر حـ(ـق)بحريته لزوجها الاحرار له به verlesen. Bei der Veröffentlichung dieser Urkunde in CPA 15 ist diese falsche Lesung übernommen worden.

wāğibatan ʿarafahā ʾAbadar ibn Iṣṭafan wa-ʾaqarra bihā li-ʿAbdilmuʿizz ↓ 13_{14}. – Bemerkenswert ist die Tatsache, daß die Frau ein koptisches Patronymikon (Kayl steht für kopt. ⲬⲀⲈⲖ) hat. Das islamische Gesetz gestattet die Ehe zwischen einem muslimischen Mann und einer christlichen Frau, aber es könnte natürlich auch sein, daß die Frau zum Islam übergetreten ist. Der Name der Frau ist nicht mit Sicherheit zu lesen. Gehen wir von einem koptischen Namen aus, so ist neben Yarīnah, für kopt. ⲒⲈⲢⲈⲚⲎ (vgl. Heuser: *Personennamen* S. 86f), mit gleichem *rasm* auch Tartīyah, kopt. ⲦⲈⲢⲦⲈⲒⲀ (vgl. Heuser: *Personennamen* S. 99), in Betracht zu ziehen. Nicht ganz auszuschließen scheint mir die Möglichkeit, der erste Buchstabe sei als *mīm* zu lesen. Es könnte dann Maryanah, kopt. ⲘⲀⲢⲒⲀⲚⲈ (vgl. Heuser: *Personennamen* S. 103) oder Marītah, kopt. ⲘⲀⲢⲒⲐⲀ (vgl. Heuser: *Personennamen* S. 111), gemeint sein. Sonst gibt es noch arabische Alternativen wie *Barnīyah* oder *Ṭarīnah*, vgl. MAA S. 170, 176.

10-12 Zu [*wa-ku*]*llu* [*daʿ*]*wa yaddaʿīhi* [... *wa-yaddaʿī ḏālika lahu ʾaḥadun*] *bi-sababihi min ḥayātihi ʾaw baʿda wafātihi* vgl. *wa-ʾinna kulla daʿwā yaddaʿī kullu wāḥidin minhumā qibala ṣāḥibihi* (...) *wa-yaddaʿī lahu ḏālika ʾaḥadun bi-sababihi fī ḥayātihi wa-baʿda wafātihi* aṭ-Ṭaḥāwī: *Ṣağīr* S. 540; *wa-kullu daʿwā yaddaʿī bihi ʾaḥadun* (statt l. *bi-wāḥidin*) *minhumā ʿalā ṣāḥibihi ʾaw yaddaʿī ḏālika lahu ʾaw ʾaḥadun bi-sababihi* (statt l. *nasabihi*) *fī ḥayātihi ʾaw baʿda wafātihi* APEL II $138_{12\text{-}13}$; *wa-kullu daʿwā yaddaʿīhā fulānu bnu fulānin* (...) *fī hāḏihi d-dār* (...) *wa-yaddaʿī ḏālika lahu ʾaḥadun bi-sababihi* aṭ-Ṭaḥāwī: *Buyūʿ* S. 90 und ähnliche Phrasen in aṭ-Ṭaḥāwī: *Ṣağīr* S. 535, ALAD $47_{11\text{ff}}$. Es handelt sich hier und in den folgenden Zeilen um Klauseln, in denen jeder Anspruch (*daʿwā*) zu Lasten des *muqarr lahu* für nichtig erklärt wird, gleichgültig ob er vom *muqirr* selbst oder von einer anderen Person zu dessen Gunsten (*wa-yaddaʿī ḏālika lahu ʾaḥadun bi-sababihi*) erhoben wird. Den restlichen Teil von Z. 11 und den Anfang von Z. 12 vermag ich nicht mit Sicherheit zu lesen oder zu ergänzen.

12-13 Zu *wa-yamīn*] *yurīdūna stiḥlāfan bi-ḏālika ʾaw muṭālabah ʾaw munāzaʿah ʾaw ʿulq*[*ah ʾaw tabiʿah* vgl. (*wa-ʾinna kulla daʿwā* ...) *wa-yamīnin yaddaʿūnahā yurīdūna istiḥlāfa ʾaḥadin min fulānin wa-min fulānin* (...) *bihā wa-muṭālabatin wa-munāzaʿatin wa-ʿulqatin wa-tabiʿatin* aṭ-Ṭaḥāwī: *Ṣağīr* S. 540 und ähnliche Phrasen in aṭ-Ṭaḥāwī: *Buyūʿ* S. 90 und aṭ-Ṭaḥāwī: *Ṣağīr* S. 535. Wenn gegen den *muqarr lahu* - in der vorliegenden Urkunde also die Ehefrau - beim Gericht eine Klage erhoben wird, so kann ihr auf Antrag des Klägers der Eid (*yamīn*) auferlegt werden. Durch die vorliegende Klausel wird versucht, ein solches Verfahren (*istiḥlāf*) zu verhindern. Eine Urkunde des *istiḥlāf* ist in Dietrich: *Eheurkunde* III belegt, vgl. dort auch den Kommentar auf S. 143f. Zu den Begriffen *ʿulqah* und *tabiʿah* vgl. Frantz-Murphy: *Comparison* II S. 106f. – Nach *tabiʿah* hat der Text wahrscheinlich eine Phrase wie *fa-ḏālika kulluhu zūrun wa-bāṭilun wa-ʾifkun wa-ẓulmun wa-taʿaddin* aṭ-Ṭaḥāwī: *Ṣağīr* S. 540, 535 und aṭ-Ṭaḥāwī: *Buyūʿ* S. 90 enthalten. Vgl. auch *fa-daʿwāhu bāṭilun wa-zūrun wa-ʾifkun wa-ʿudwānun* APEL I 37_{12}; *fa-daʿw*]*āhu bā*[*ṭ*]*ilun wa-zū*[*run*] *wa-ʾifkun wa-buhtānun* BAU $14_{13\text{-}14}$; *kāna daʿwāhu bāṭil wa-zūr* PS 23_{11} und ähnlich APEL II 138_{13}, APH $3_{3\text{-}4}$, ALAD $2v_{5}$, 39_{9}, 47_{13}, Rāġib: *Archives* 5_{10}.

13-15 Zu *wa-hiya*] *min ğamīʿi ḏālika bar*<*ī*ʾ>*ī*ʾ*atun*/ *li-ʿilmihi bi-ḏālika wa-li-maʿrifatihi ʾannahu lā yaddaʿī ḏālika* [*wa-lā yaddaʿīhi lahu ʾahadun bi-sababihi*] *ʾillā ta*[*ʿa*]*ddiyan wa-ẓulman* vgl. *wa-fulānu bnu fulānin min ğamīʿi ḏālika kullihi barīʾun* (...) *li-ʿilmi fulāni bni fulānin* (...) *wa-li-maʿrifatihi ʾannahu lā yaddaʿī ḏālika wa-lā šayʾan minhu wa-lā yaddaʿīhi lahu ʾahad bi-sababihi ʾillā taʿaddiyan wa-ẓulman* aṭ-Ṭaḥāwī: *Buyūʿ* S. 90 und ähnliche Phrasen in aṭ-Ṭaḥāwī: *Ṣağīr* S. 535, 540. Der Notar hat zuerst *barī*ʾ geschrieben, und dies über der Zeile zu *barīʾah* korrigiert. Die Personalsuffixe in *ʿilmihi* und *maʿrifatihi* beziehen sich auf den *muqirr*. – Die Formel *wa-llāhu ḥasībuhu wa-ṭalībuhu* ist mir nur aus

Waqf-Urkunden des 8. bis 10. Jahrhunderts bekannt, vgl. *fa-man faʿala ḏālika ʾaw ʾaʿāna ʿalayhi fa-llāhu ḥasībuhu wa-ṭalībuhu wa-muǧāzīhi bi-fiʿlihi* CDAC $6_{74\text{-}75}$ (S. 433) und ähnliche Phrasen in CDAC $7r_{74\text{-}75}$ (S. 453), CAHEN: *Achat* 2_{72} (S. 117), BQ S. 87, AL-MASRY: *Bauten* S. 283, 308, 422, 435. – *wa-mudrikuhā wa-lā[ḥiquhā*: Die Begriffe *mudrik* und *lāḥiq* sind in den Vindikationsklauseln von Kaufverträgen (APEL 74_7, BAU 21_{18}) belegt, wo sie mit ähnlicher Bedeutung wie *darak* verwendet werden, vgl. FRANTZ-MURPHY: *Comparison* II S. 105f.

18-23 Die Ergänzung des Namens *ʿA[lī ibn Ḥafṣ ibn ʾAḥmad* Z. 18 ist gesichert durch ↓ $13_{21\text{-}26}$, wo die gleichen Zeugen unterschrieben haben. ʿAlī b. Ḥafṣ b. Aḥmad muß der Vater von Ḥafṣ b. ʿAlī b. Ḥafṣ gewesen sein. Ein Sohn von Ḥafṣ b. ʿAlī b. Ḥafṣ namens ʿAlī b. Ḥafṣ b. ʿAlī b. Ḥafṣ hat in APEL I 45_{22} aus dem Jahr 461 d. H. und in APEL I 66_{24} (442 d. H.) als Zeuge unterschrieben. Dieser Zeuge wird in APEL I 66_{24} neben einem Zeugen namens al-Ḥusayn b. ʿAlī b. Ḥafṣ, der auch in APEL I 65_{28} (441 H.) auftritt, erwähnt. Letzterer könnte ein Bruder von Ḥafṣ b. ʿAlī b. Ḥafṣ gewesen sein. – Die Zeugenunterschriften enthalten einige Angaben bezüglich der Identität des *muqirr*, welche im Vertragskörper verloren sind. In Z. 19 wird sein Beruf ("der Bäcker") erwähnt; Z. 21 enthält seine Nisba: al-Maġribī. Die Kunya in Z. 21 ist nicht mit Sicherheit zu lesen.

II. Erbrecht

6.

Urkunde, ein Testament betreffend
(Tafel 6)

A. Ch. 13485v Papier 9 x 9,5 cm 8.–9. Jahrhundert d. H. (14.–15. Jahrhundert n. Chr.)

Hellbraunes Hadernpapier, Schöpfgitterstäbe parallel zur Schrift. Recto enthält das Fragment eines Gesuchs. Es sind hier die ersten beiden Zeilen ganz und die Zeilen 3-4 teilweise erhalten. Das Blatt ist unten unter Textverlust abgerissen; der obere Rand des Blatts ist ausgefranst. Die Schnittlinien am linken und rechten Rand sind größtenteils erhalten. Das Blatt ist senkrecht durch die Mitte gefaltet. Waagerechte Faltungen bei 1,2; 3; 5; 8 cm, vom unteren Rand gemessen. – Von der Urkunde auf Verso sind die ersten fünf Zeilen des Vertragskörpers ganz erhalten, während von der sechsten Zeile noch etwa die Hälfte übrig ist. Blattwendung: ⇒. Schwarze Tinte. In 2 cm Abstand vom oberen Rand gibt es einen Verstärkungsstreifen von knapp 1 cm Höhe, der nicht über das ganze Blatt reicht. Am rechten Rand sind die Anfangsbuchstaben eines senkrecht auf den übrigen Zeilen geschriebenen Wortes erhalten.

Im islamischen Recht ist das Testament auf das Legat und die Einsetzung eines Testamentvollstreckers bzw. Vormundes (*waṣīy*) beschränkt.[1] In der vorliegenden Urkunde handelt es sich um letzteres. Es wird bezeugt, daß ein Mann namens Badraddīn Ḥasan berechtigt ist, als *waṣīy* über seine Geschwister aufzutreten, wie es für ihn sein verstorbener Vater, Faḫraddīn ʿUṯmān b. Ḥusāmaddīn Ḥasan, bestimmt hat.

Hintergrund der Urkunde muß also das Testament von Faḫraddīn ʿUṯmān gewesen sein, worin er seinen Sohn Badraddīn Ḥasan zum *waṣīy* ernannt hat. Ein ähnliches Testament ist in WMT II 51 belegt,[2] während Urkunden dieser Art auch in al-Asyūṭī: *Ǧawāhir* I S. 454ff und aṭ-Ṭaḥāwī: *Ṣaġīr* S. 616ff behandelt werden. Nach dem Tod von Faḫraddīn ʿUṯmān ist das Testament wahrscheinlich vom Gericht überprüft worden, woraus sich die vorliegende Urkunde ergeben hat. Der Text auf Recto könnte ein in diesem Zusammenhang geschriebenes Gesuch an den Richter gewesen sein. Die Einleitungsformel *al-walīyu yuqabbilu l-ʾarḍa baʿda duʿāʾihi wa-šukrihi* r2 weist zumindest in diese Richtung, vgl. dazu ABPP S. 34.

Obwohl das Datum verloren ist, ist die Urkunde aufgrund des verwendeten Formulars und der Paläographie mit großer Wahrscheinlichkeit in die Mamlūkenzeit zu datieren. Bemerkenswert ist das Fehlen der Basmalah am Anfang des Dokuments. Die Urkunde ist in einer ligierten Kursivschrift geschrieben; diakritische Punkte sind an zwei Stellen gesetzt. Paläographisch bemerkswert ist die *wāw-nūn*-Ligatur in *yašhadūna* Z. 2, 4 und *yaʿrifūna* Z. 2.

---

[1] Vgl. BERGSTRÄSSER: *Grundzüge* S. 90, 94f.

[2] WMT II 51: Ein Mann namens Šarafadddīn Maḥmūd ernennt seine Frau zum *waṣīy* über seine Kinder. Die Urkunde datiert aus dem Jahr 796 d. H.

Text

شهوده الواضعين خطوطهم اخره من اهل الخبرة السالمة

بما يشهدون به فيه يعرفون الصدر الاجل المحترم بدر الدين حسن

بن الحاج المرحوم فخر الدين عثمان بن المرحوم حسام الدين

حسن معرفة شرعية ويشهدون انه اهل ⟦لما فوض⟧

⟦له⟧ لما اسنده اليه والده المذكو[ر] مـ[ـن] الوصية الشرعية

على اخوته ⟦من⟧ لابيه المذك[ـور [

- -

rechter Rand

وا]

---

٤ حسن – ٦ اخوته . لابيه

Übersetzung

1. Die Zeugen, die am Schluß dieser Urkunde unterschrieben haben - sie gehören zu den Leuten mit vollem Sachverständnis

2. über das, was sie in dieser Urkunde bezeugen -, kennen den geehrten und erhabenen Vorgesetzten Badraddīn Ḥasan,

3. den Sohn des verstorbenen Ḥāǧǧ Faḫraddīn ʿUṯmān, des Sohnes des verstorbenen Ḥusāmaddīn

4. Ḥasan, wie es das Gesetz vorschreibt, und sie bezeugen, daß er berechtigt ist ⟦zu dem, was ihm anvertraut hat⟧

5. zu dem, was ihm sein erwähnter Vater anvertraut hat betreffend die gesetzliche Vormundschaft

6. über seine Geschwister, die (wie er) von seinem erwähnten Vater abstammen, [

- -

Kommentar

1-2 Zur Einleitungsformel *šuhūduhu l-wāḍiʿīna*(!) *ḫuṭūtahum ʾāḫirahu min ʾahli l-ḫibrati s-sālimati bi-mā yašhadūna bihi fīhi* vgl. *šuhūduhu l-wāḍiʿūna ḫuṭūṭahum ʾāḫirahu wa-hum min ʾahli l-ʿilmi wa-l-ḫibrati t-tāmmati bi-mā yašhadūna bihi* WMT I 28_2; *šuhūduhu l-wāḍiʿūna ḫuṭūṭahum ʾāḫirahu wa-man yaktubu ʿanhu min ʾahli ʿilmin wa-ḫibratin* WMT II 12_2; *šuhūduhu l-wāḍiʿūna ḫuṭūṭahum ʾāḫirahu man yaktubu ʿanhu bi-ʾiḏnihi* WMT II 13_2; *šuhūduhu l-wāḍiʿūna ḫuṭūṭahum ʾāḫirahu yašhadūna bi-mā yaʿlamūna* WMT I 47_2; *yaqūlu šuhūduhu l-wāḍiʿūna ḫuṭūṭahum ʾāḫirahu mina l-mašāʾiḫi wa-l-fuqarāʾi wa-l-ʿudūli* WMT I 30_2 und *šahida man yaḍiʿu ḫaṭṭahu ʾāḫirahu mina l-ʿudūli l-marǧūʿi ʾilā ʾaqwālihim šarʿan* ↓ 11 I_{2-3}. *al-wāḍiʿīna*(!) steht fehlerhaft statt *al-wāḍiʿūna*, vgl. Hopkins: *Studies* § 86a. Mit *ʾahl al-ḫibrah* werden die am Gericht verbundenen Sachverständigen angedeutet, vgl. Bergsträsser: *Grundzüge* S. 109 und ↓ 11 I_{2-3}, 13_7. – Der Titel *aṣ-ṣadr al-ʾaǧall al-muḥtaram* ist mit Varianten wie *aṣ-ṣadr al-ʾaǧall al-kabīr al-muḥtaram* und *aṣ-ṣadr al-ʾaǧall* in mehreren Urkunden des Jerusalemer Ḥaram-Fundes belegt, vgl. WMT II 25_2, 44_2, 51_2, 54_2 55_2 und ferner Ibrāhīm: *Istibdāl* recto b_{34f}, ↓ 11 I_{10-11}. Nach al-Asyūṭī wird dieser Titel für die *mutaʿammimūn* ("Turbantragenden") der unteren Klasse, sowie für Kleinhändler verwendet, vgl. *Ǧawāhir* II S. 593, 597.

4-5 Zu *maʿrifatan šarʿīyatan* und verwandten Ausdrücken wie *maʿrifatan ṣaḥīḥatan šarʿīyatan* vgl. ↓ 2 I_3. – *ʾahlun* ⟦*li-mā fawwaḍa lahu*⟧ *li-mā ʾasnadahu ʾilayhi wāliduhu l-maḏkū*[*ru*] *mina l-waṣīyati š-šarʿīyati*: Zum Ausdruck *ʾahl li-* ("berechtigt, gesetzlich kompetent zu") vgl. ↓ 2 I_8. Die Wörter *li-mā fawwaḍa lahu* sind vom Schreiber gestrichen worden. In Waqf-Urkunden der späteren Mamlūkenzeit werden *fwḍ* II und *snd* IV öfters zusammen verwendet, z. B. *wa-lahu ʾan yusnida n-naẓara ʿalā ḏālika wa-yufawwiḍahu wa-yūṣiya bihi li-man šāʾa* CDAC $7r_{69}$ (S. 453) und ähnliche Phrasen in CDAC 6_{58ff} (S. 432), Ibrāhīm: *Silsilat* $recto_{218ff}$ (S. 217), Ibrāhīm: *Waqf* $recto_{85ff}$, al-Asyūṭī: *Ǧawāhir* I S. 461f. Der Ausdruck *ʾasnada ʾilayhi waṣīyatahu* hat die gleiche Bedeutung als *ʾawṣā ʾilayhi*: "jemanden zu seinem *waṣīy* machen." Vgl. *hāḏā mā ʾawṣā fulānun ʾilā fulānin ʾaw ʾasnada fulānun waṣīyatahu š-šarʿīyata* (...) *ʾilā fulānin* al-Asyūṭī: *Ǧawāhir* I S. 455; *ʾasnada waṣīyatahu s-ṣadru l-ʾaǧallu Šaraf ad-Dīn Maḥmūd* (...) *ʾilā zawǧatihi* WMT II 51_{2ff}; *ʾannahu ʾasnada waṣīyatahu š-šarʿīyata ʾilā l-ʾamīri l-ʾaǧalli Šihābaddīn* WMT II 15_4; *wa-ʾin kāna l-mūṣī ʾasnada waṣīyatahu ʾilā raǧulayni* aṭ-Ṭaḥāwī: *Ṣaǧīr* S. 622. Dagegen hat *ʾawṣā lahu* die Bedeutung von "jemandem etwas vermachen", vgl. WMT I 45_{2ff} und Bergsträsser: *Grundzüge* S. 94.

6. *ʿalā ʾiḫwatihi* ⟦*m-n*⟧ *li-ʾabīhi l-maḏk*[*ūri*]: Es sind hier die Geschwister väterlicherseits gemeint. Vgl. *mimman huwa ʾabūhu* aṭ-Ṭaḥāwī: *Ṣaǧīr* S. 616, 619 und ferner ↓ 2 II_6. Die Buchstaben *m-n* (*man* oder *min*) sind gestrichen worden.

III. Immobilien

7.

Kaufvertrag über ein Haus
(Tafel 7)

A.Perg. 82 Pergament 28,6 x 25,6 cm Rağab 333 d. H.
(17. II. – 18. III. 945 n. Chr.)

Das Pergament ist braun bis schwärzlich verfärbt. Durch Austrocknung ist das Material ganz hart und bröckelig geworden und hat zu schrumpfen begonnen, so daß die ursprünglich geradlinig geschriebenen Zeilen jetzt oben links eine Biegung nach unten und unten links eine Biegung nach oben zeigen. Von rechts oben nach links unten ist das Pergament gerissen und in zwei größere Teile auseinandergefallen. Von den Rändern sind viele kleine Stücke abgebrochen, von denen nur einige erhalten sind, und auch sonst gibt es mehrere Löcher. Obwohl die beiden Hälften durch das Schrumpfen des Pergaments nicht mehr zusammenpassen, zeigt eine genaue Betrachtung, daß zwischen diesen Teilen kaum Material fehlt und der Text fast vollständig erhalten ist. Schwarze Tinte. Die Schrift ist an mehreren Stellen verwischt. Verso ist leer.

Das Dokument enthält einen Kaufvertrag über ein Haus, das Muḥammad b. Abī l-Qāsim, bekannt als Ibn Aqwas ("Sohn eines Krummen") und wohnhaft in der Stadt Ušmūn, von Muḥammad b. al-Ḥasan b. Aḥmad b. Ǧaʿfar für den Preis von sechs Dinar in dieser Stadt gekauft hat.

Im allgemeinen ist der Vertrag nach dem üblichen Schema von Kaufverträgen jener Zeit gestaltet.[1] Der Text weist große Ähnlichkeit mit dem von aṭ-Ṭaḥāwī vorgeschriebenen Formular auf.

Die Schrift ist fein, etwas eckig und mit geschulter Hand geschrieben. Diakritische Punkte sind an mehreren Stellen gesetzt.

Text

١ [بسم] الله الرحمن الرحـ[ـيم]

٢ هذا ما اشتـ[ـر]ى محمد بن المكنا بابى القسم المعروف بابن اقوس الساكن

مدينة اشمون من محمد بن الحسن بن احمد

٣ بن جعفر اشترى منه دار له بمدينة اشمون فى الجانب الغربى من سوقها الاعظم

[1] Das Formular des arabischen Kaufvertrags ist von mehreren Autoren bereits ausführlich erörtert worden. Vgl. ALAD S. 7-55, Wakin: *Documents* S. 37-70, Frantz-Murphy: *Comparison* I-IV.

بخط يعرف بمسجد بنى الغزال وحبس الحرا .[..]

٤ ويحيط بهذه الدار ويجمعها ويشتمـ[ـل عليها] حدود اربعة احد حدود جماعتها
الاول وهو القبلى ينتهى الى طريق المارة و[فيه يشـ]ـرع

٥ باب هذه الدار وحدها البحرى ينتهى الى [منز]ل لمحمد بن ابراهيم بن [.] . . .
الزيات والمستقا من البير الما وحدها الشرقى منزل

٦ لعيسى بن جعفر بن عطا الله وحدها الغربى منزل .[. . .] . . . . اشترى
محمد بن المكنا بابى القسم المعروف بابن

٧ اقوس من محمد بن الحسن بن احمد بن جعفر جميع هذه الدار المحدودة [فى هذا]
الكتاب بـ[حـ]ـدو‹د›ها كلها وارضها وبناها وسفلها وعلوها

٨ ومرفقها ومسايلها فى حقوقها وكل قليل وكثير هو لها فيها و منها من حقوقها
وكل حق هو لها [دا]خل فيها وكل حق هو لها خارج منها من حقوقها

٩ بستة دنانير مثاقيل ذهبا وازنة جياد النقود شرا صحيحا لا شرط فيه ولا [عـ]ـدة
‹ لا›لرد[ه و]لا [لفسخه لا] لاجل ولا لابد ودفع

١٠ محمد بن المكنا بابى القسم الى محمد بن الحسن بن احمد بن جعفر جميع هذا
الثمن المذكور فى هذا الك[ـتاب تاما وا] فيا وا[بـ]ـرا[ه] من جميعه بعد قبضه

١١ اياه منه واستيفايه وهو ستة دنانير مثاقيل ذهبا وازنة جياد النقود وسلم محمد
بن الحسن [بن احمد . . . . .] . . . . جميع ما

١٢ وقع عليه هذا البيع [فما اد]رك محمد بن المكنا بابى القسم فيما وقع عليه هذا
البيع المذكور فى هذا الكتـ[ـاب و فى] شى منه من حقوقه من درك

١٣ من احد من الناس كلهم فعلى محمد بن الحسن بن احمد تسليم ما يجب عليه من
حق ويلزمه بسبب هذا البيع المذكور [فى هذا الـ]كتاب شهد على اقرار محمد

١٤ بن الحسن بن احمد البايع وعلى اقرار محمد المكنا بابى القسم . . . . بجميع
ما فى هذا الكتاب بعد ان قرى [عليهما] جميع ما فيه من اوله الى اخره فاقرا

١٥ ان [قد فهـ]ـما وعرفا جميع ما فيه فى صحة عقولهم وا[بدانهم وجواز] امورهما طايعين غير مكرهين ولا مجبرين وعلى معر[فتهما] باعيانهما واسمايهما

١٦ وانسـ[ـابـ]ـهما وذلك فى رجب من سنة ثـ[ـلثة وثلثـ]ـين وثلثماية شهد على ذلك

--- - --- -- -- -- -

شهد عمر بن حمدى بن محمد الـ . . . ى على اقرار [محمد بن الحسن بن احمد الـ]ـبايع

١٧ (linke Spalte) بجميع ما فى هذا الكتاب وكتب [شها]دته فى رجب [من سنة ثلثة وثلثين و]ثلـ[ـثمـ]ـايـ[ـة]

----

١٧ (rechte Spalte) شهد احمد بن محمد بن احمد العقاد على اقرار

١٨ (rechte Spalte) محمد بن الحـ[ـسـ]ـن البايع بما فيه و كتب فى تار[يخه]

١٨ (linke Spalte) شهد رجا بن محمد بن احـ[ـمد . . . .]ـل ا . . . .

١٩ (linke Spalte) ا . . . . .[. . . . .] . . . الكتاب

٢٠ (linke Spalte) وكتب شهادته بخطه فى تاريخه

٢١ [شهد] عيسى بن عبد الله البزاز على اقرار محمد يكنا ابا . . . . بن الحسن بن ‹احمد بن› جعفر البايع بجميع ما فى هذا الكتاب وكـ(ـتب شـ)ـهادته فى رجب من سنة ثلثة وثلثين وثلثماية

---

٢ القسم . اقوس . اشمون – ٣ منه . سوقها – ٤ بحيط . القبلى – ٥ المستقا – ٦ لعيسى . القسم – ٩ شرا – ١٢ البيع . القسم . وقع . [الـ]كتاب . شهد – ١٥ طابعين . باعبانهما

Übersetzung

1. [Im Namen] Gottes, des Barmherzigen und Gnädigen!
2. Dies ist, was Muḥammad, Sohn des mit der Kunya Abū l-Qāsim Benannten, bekannt

als Ibn Aqwas und wohnhaft in der Stadt Ušmūn, von Muḥammad b. al-Ḥasan b. Aḥmad

3. b. Ǧaʿfar gekauft hat. Er hat von ihm ein ihm gehörendes Haus gekauft in der Stadt Ušmūn im Stadtteil westlich vom großen Markt, im Viertel, welches als das (Viertel) der Moschee der Banū l-Ġazzāl und der Stiftung al-...[...] bekannt ist.

4. Es umfassen und umschließen dieses Haus vier Grenzen. Eine dieser Grenzen, die erste und südliche, reicht bis zur Durchgangsstraße, [zu der]

5. die Tür dieses Hauses Zugang bietet. Seine nördliche Grenze reicht bis zu einem Haus von Muḥammad b. Ibrāhīm b. [...]... , dem Ölhändler, und dem vom Wasserbrunnen ausgehenden Bewässerungskanal. Seine östliche Grenze wird gebildet durch ein Haus

6. von ʿĪsā b. Ǧaʿfar b. ʿAṭāʾallāh, und seine westliche Grenze wird gebildet durch das Haus von [...]... . Es hat Muḥammad, Sohn des mit der Kunya Abū l-Qāsim Benannten, bekannt als Ibn

7. Aqwas, von Muḥammad b. al-Ḥasan b. Aḥmad b. Ǧaʿfar dieses ganze Haus, dessen Grenzen [in dieser] Urkunde festgelegt sind, gekauft mit allen seinen Grenzen, das Grundstück, das Gebäude mit seinem oberen und unteren Teil,

8. den Nebenraum, die Wasserrinnen, die zu den Rechten dieses Hauses gehören und alles, es sei wenig oder viel, innerhalb und außerhalb des Hauses, das zu den Rechten dieses Hauses gehört und jedes Recht innerhalb und außerhalb des Hauses, das zu dessen Rechten gehört,

9. für sechs vollwichtige Golddinare des Miṯqālgewichts, aus guten Münzen bestehend, als rechtsgültigen Kauf, ohne Bedingung und ohne Versprechen zur Zurückgabe [oder Nichtigerklärung des Kaufs], weder zeitweise noch für immer.

10. Muḥammad, Sohn des mit der Kunya Abū l-Qāsim Benannten, hat den ganzen in dieser Urkunde erwähnten Preis vollständig an Muḥammad b. al-Ḥasan b. Aḥmad b. Ǧaʿfar bezahlt, und jener hat ihn vom ganzen (Preis) entlastet, nachdem

11. er ihn von ihm genommen und vollständig empfangen hatte, und dieser beträgt sechs vollwichtige Golddinare des Miṯqālgewichts, aus guten Münzen bestehend. Muḥammad b. al-Ḥasan [ibn Aḥmad...]... hat (ihm) alles, was

12. zu diesem Kauf gehört, geliefert, [und wenn] an Muḥammad, Sohn des mit der Kunya Abū l-Qāsim Benannten, irgendein Anspruch gestellt wird, bezüglich dessen, was zu diesem in dieser Urkunde erwähnten Kauf gehört, oder [bezüglich] irgendeiner Sache, die zu dessen Rechten gehört,

13. von irgendeinem Menschen, dann hat Muḥammad b. al-Ḥasan b. Aḥmad die Pflicht, dasjenige zu liefern, was ihm als Verpflichtung obliegt und woran er gebunden ist aufgrund des [in dieser] Urkunde erwähnten Kaufs. Es wurde bezeugt, daß Muḥammad

14. b. al-Ḥasan b. Aḥmad, der Verkäufer, und Muḥammad, Sohn des mit der Kunya Abū l-Qāsim Benannten … , all das, was in dieser Urkunde steht, anerkannt haben, nachdem [den beiden] alles, was darin steht, vom Anfang bis zum Ende vorgelesen wurde. Und sie haben beide anerkannt,

15. daß sie alles, was darin steht, verstanden und zur Kenntnis genommen haben und dies im Zustand ihrer geistigen und [körperlichen] Gesundheit und ihrer Geschäftsfähigkeit, freiwillig, nicht gezwungen und nicht genötigt, wobei man sie kannte nach ihren Personen, ihren Namen

16. und ihrer Abstammung, und dies im Monat Rağab des Jahres dreihundertdreiunddreißig. Es wurde bezeugt. Es bezeugt ʿUmar(?) b. Ḥamdī(?) b. Muḥammad(?) al-… , daß [Muḥammad b. al-Ḥasan b. Aḥmad], der Verkäufer,

17. (linke Spalte) all das, was in dieser Urkunde steht, anerkannt hat, und er hat sein Zeugnis geschrieben im (Monat) Rağab [des Jahres dreihundertdreiunddreißig].

17. (rechte Spalte) Es bezeugt Aḥmad b. Muḥammad b. Aḥmad al-ʿAqqād(?), daß

18. (rechte Spalte) Muḥammad b. al-Ḥasan, der Verkäufer, all das, was in dieser Urkunde steht, anerkannt hat, und er hat mit seinem Schrifzug am Datum dieser Urkunde unterschrieben.

18. (linke Spalte) Es bezeugt Rağāʾ b. Muḥammad b. Aḥmad […] …

19. (linke Spalte) … […] in dieser Urkunde …

20. (linke Spalte) und er hat sein Zeugnis mit seinem Schrifzug am Datum dieser Urkunde geschrieben.

21. Es bezeugt ʿĪsā b. ʿAbdallāh, der Stoffhändler, daß Muḥammad, der mit der Kunya Abū … Benannte, Sohn von al-Ḥasan <b. Aḥmad > b. Ğaʿfar, der Verkäufer, all das, was in dieser Urkunde steht, anerkannt hat, und er hat sein Zeugnis mit seinem Schriftzug im (Monat) Rağab des Jahres dreihundertdreiunddreißig geschrieben.

Kommentar

2. Zur Schreibung von *al-mukannā* mit *ʾalif* statt *yāʾ* Hopkins: *Studies* § 12. – Zur Defektivschreibung des *ā* in *al-Qāsim* vgl. Hopkins: *Studies* § 10b. – Die Erwähnung der Stadt Ušmūn ist deshalb bemerkenswert, weil sie zusammen mit ↓ 23_2 (331 d. H.) ein sehr später Beleg für diesen Namen darstellt. Von Grohmann wird die um zehn Jahre frühere Urkunde PERF 909 (320/21 d. H.) als letzter Beleg erwähnt. In späteren Urkunden wird immer der Name al-Ušmūnayn verwendet. Vgl. Grohmann: *Probleme* I S. 386f.

3. *dār lahu*: *dār* steht fehlerhaft statt *dāran.* Zu *dār* im Vergleich mit dem in Kaufverträgen

ebenfalls verwendeten *manzil*, vgl. Frantz-Murphy: *Comparison* I S. 218f.[1] Die Erwähnung, daß das Haus dem Verkäufer (*lahu*) gehörte, wird von aṭ-Ṭaḥāwi absichtlich vermieden, weil er zu verhindern sucht, der Vertrag würde gelesen als hätte der Käufer anerkannt, daß das Kaufobjekt im Besitz des Verkäufers wäre. Vgl. Wakin: *Documents* S. 78. Auch wird manchmal an dieser Stelle eine Phrase verwendet, in der es heißt, der Verkäufer habe "erwähnt" (*ḏakara*), oder "den Käufer informiert" (*'aʿlamahu*), daß das Kaufobjekt in seinem Besitz sei, vgl. *mā ḏakara 'annahu lahu wa-milkuhu* APEL I 54_4, $72_{2\text{-}3}$; *mā 'aʿlamahu 'annahu milkuhu wa-fī yadihi milkan ṣaḥīḥan wa-ḥaqqan wāǧiban* APEL I $64_{5\text{-}6}$ und ferner APEL I $65_{3\text{-}4}$, $66_{3\text{-}4}$, $68_{3\text{-}4}$, ALAD 1r I_4, 4_3, 5_3, $9r_3$. – Zur Topographie der Stadt Ušmūn vgl. APH S. 60. Die Ortsangaben in den dort erwähnten Belegen APEL $70_{6\text{-}7}$, $71_{8\text{-}9}$, CPA $63_{2\text{-}4}$ (PERF 837) und APH $12b_{1\text{-}2}$ sind stets in der Reihenfolge Stadt (*madīnah*), Stadtteil (*ǧānib*, *waǧh*), Viertel (*ḫaṭṭ*). Der Stadtteil westlich vom großen Markt wird auch in dem Mietvertag ↓ $13_{4\text{-}5}$ erwähnt. Für die Moschee der Banū l-Ġazzāl sind mir keine weiteren Belege bekannt. Statt *al-ġazzāl* kann auch *al-ġazāl* oder *al-ġazzālī* gelesen werden, vgl. aḏ-Ḏahabī: *Muštabih* S. 385f, as-Samʿānī: *'Ansāb* X S. 31. Eine andere Moschee im westlichen Stadtteil war der Masǧid ʿAbbās, vgl. ↓ 13_9. Mit *ḥubs* (oder *waqf*) wird eine Stiftung zugunsten frommer Zwecke angedeutet, vgl. Bergsträsser: *Grundzüge* S. 37f. Stiftungen dieser Art werden öfters in Kaufverträgen erwähnt, vgl. z. B. ALAD 1r I_{11}, 14_8.

4. Mit der Phrase *wa-yuḥīṭu bi-hāḏihi d-dāri wa-yaǧmaʿuhā wa-yaštamilu ʿalayhā ḥudūdun 'arbaʿatun* werden die Begrenzungsformeln eingeleitet. Die gleiche Phrase ist in aṭ-Ṭaḥāwī: *Buyūʿ* S. 3 belegt. Vgl. ferner APEL I 54_4, 60_5, 61_4, 62_5, 64_7, 65_5, 66_5, 67_7, $68_{4\text{-}5}$, 69_9, 70_8, 71_{10}, ALAD 4_{12}, $5_{8\text{-}9}$, $13r_{8\text{-}9}$, 14_6, BAU $10a_6$, $10b_8$, 21_6, Abbott: *Monasteries* 1_5 und ↓ 9_4. Die übliche Reihenfolge bei der Erwähnung der Grenzen des Kaufobjekts: Süd (*qiblī*), Nord (*baḥrī*), Ost (*šarqī*) und West (*ġarbī*), geht mit großer Wahrscheinlichkeit auf einen vorislamischen Brauch zurück. Spätere Rechtsgelehrte haben versucht, sie unter islamischem Gesichtspunkt zu interpretieren. Laut as-Saraḫsī sollte mit dem Süden angefangen werden, weil dies die Gebetsrichtung (*qiblah*) für die nördlich von Mekka lebenden Moslems ist. Aṭ-Ṭaḥāwī meint, der Osten stehe vor dem Westen, weil diese Reihenfolge auch im Koran belegt ist. Vgl. Wakin: *Documents* S. 80, Hoenerbach: *Notes* S. 35, APEL I S. 143f. – Zu *'aḥadu ḥudūdi ǧamāʿatihā l-'awwalu wa-huwa l-qiblīyu* vgl. *'aḥadu ḥudūdi ǧamāʿatihā l-ḥaddu l-'awwalu wa-huwa kaḏā* aṭ-Ṭaḥāwī: *Buyūʿ* S. 3; *'aḥadu ḥudūdi ḏālika l-'awwalu l-qiblīyu* APEL I 53_8; *ǧamāʿatu hāḏā l-manzili ḥadduhu l-qiblīyu* APEL I 56_4; *ḥaddu ḥudūdi hāḏā l-manzili l-'awwalu minhu wa-huwa l-qiblīyu* APEL I 62_5; *'aḥadu ḥudūdi hāḏā d-dāri l-'awwalu [l-qiblīyu]* APEL II 73_6; *ḥaddu ḥudūdi hāḏā l-manzili* (...) *ḥadduhu l-'awwalu wa-huwa l-qiblīyu* BAU $11_{6\text{-}7}$; *'aḥadu ḥudūdi hāḏā ṣ-ṣaṭḥi* (...) *al-qiblīyu* Abbot: *Monasteries* 1_5; *ḥudūdu ǧamīʿi hāḏihi l-buqʿati* (...) [*ḥadduhā al-qiblīyu* APH $3_{5\text{-}6}$; *wa-ḥaddu ḥudūdi hāḏihi allaḏī*(!) *ištarāhā* (...). *al-qiblīyu* Torrey: *Papyrus* Z. 10f und ferner ↓ $10_{7\text{-}8}$.

5. *mustaqā* ist wahrscheinlich mit *misqā* (oder *masqā*) gleich zu setzen; also ist ein Wassergraben oder Bewässerungskanal gemeint. Vgl. Hinds–Badawi: *Dictionary* S. 419.

6-8 Durch die mit *ištarā* Z. 6 anfangende Pertinenzformel werden das Kaufobjekt und die dazu gehörenden Rechte (*ḥuqūq*) genau definiert. Vgl. Wakin: *Documents* S. 51f, Hoenerbach: *Notes* S. 35ff. – *wa-suflihā wa-ʿulūwihā*: Diese nach Angabe von Grohmann (APEL I S. 152) in Anlehnung an demotische und griechische Formeln entstandene Phrase ist mehrfach verschieden interpretiert worden, vgl. dazu Wakin: *Documents* S. 82f. Von mir wurde Dietrichs Übersetzung mit "den unteren und oberen Teil" APH $12b_5$ bevorzugt, weil

[1] Im Gegensatz zu Frantz-Murphy: *Comparison* I S. 219 scheint mir das in APEL I $61_{3,7}$ belegte دور nicht als *dūr* ("houses") sondern als *dawr* ("Flur, Stockwerk") zu lesen. Frantz-Murphys Lesung geht auf die falsche Übersetzung von Grohmann (vgl. APEL I S. 194) zurück.

diese auch mit der Interpretation von aṭ-Ṭaḥāwī (vgl. *Buyūʿ* S. 13) übereinstimmt. – *wa-mirfaqihā*: Die *marāfiq* werden von Wakin (vgl. *Documents* S. 82) als "the conveniences and appurtenances that are not (...) fixed part of the house itself" definiert. Dazu gehören die Nebenräume wie Küche, Abort u.ä. – *wa-masāʾilihā fī ḥuqūqihā*: Die Wasserrinnen gehören zu den *ḥuqūq* des Hauses, vgl. Wakin: *Documents* S. 83. Ähnliche Phrasen sind in mehreren Kaufverträgen belegt, vgl. *wa-masāʾilihā fī ḥuqūqihā* ALAD 2r$_{8}$, 10$_{13}$, 11$_{9}$; *wa-masāʾilihi fī ḥuqūqihi* ALAD 13r$_{13}$; *wa-masāʾilihi* ALAD 1r I$_{18}$; *wa masāʾili miyāhihā fī ḥuqūqihā* aṭ-Ṭaḥāwī: *Buyūʿ* S. 3, Sourdel: *Actes* 1$_{9}$; *wa-maǧārī māʾihā fī ḥuqūqihā* Sourdel: *Actes* 3$_{10}$; *wa-masīli l-māʾi ʾilayhinna* ↓ 9$_{9}$. – Die Phrase *wa-kulli qalīlin wa-kaṯīrin huwa lahā fīhā wa-minhā min huqūqihā* ist auch in aṭ-Ṭaḥāwī: *Buyūʿ* S. 3 belegt. Vgl. dazu Wakin: *Documents* S. 84 und ferner: *wa-kulli qalīlin wa-kaṯīrin huwa lahā fīhā wa-minhā min ḥuqūqihā l-wāǧibati lahā* ALAD 2r$_{8\text{-}9}$; *wa-mā bi-ḥaddihi min qalīlin wa-kaṯīrin* ALAD 5$_{12}$; [*wa-kulli*] *qalīlin wa-kaṯīrin huwa lahu fīhi wa-minhu min ḥuqūqihi* ALAD 14$_{12}$; *wa-kulli qalīlin wa-kaṯīrin huwa lahu dāḫil fīhi wa-lahu ḫāriǧ minhu* APEL I 64$_{12\text{-}13}$, 65$_{10\text{-}11}$, 66$_{9}$, 68$_{10}$; *wa-qalīlihi wa-kaṯīrihi* ALAD 3$_{10}$, BAU 10b$_{5}$; *wa-qalīlin wa-kaṯīrin* ALAD 1r II$_{9}$. – *wa-kulli ḥaqqin huwa lahā dāḫil fīhā wa-kulli ḥaqqin huwa lahā ḫāriǧ minhā*: Richtig wäre *dāḫilan fīhā* und *ḫāriǧan minhā*, wie es in ↓ 8$_{5}$ belegt ist. Jedoch wird die Phrase in der Mehrzahl der Belege ohne *tanwīn ʾalif* geschrieben, vgl. Hopkins: *Studies* § 167a und APEL I 59$_{4}$, 60$_{7}$, 63$_{5}$, 69$_{15}$, 70$_{14\text{-}15}$, 71$_{17\text{-}18}$, ALAD 1r I$_{18}$, 2r$_{9}$, 3$_{10\text{-}11}$, 4$_{17}$, 5$_{12\text{-}13}$, 7r$_{8}$, 9r$_{11}$, 10$_{14}$, 12$_{9}$, 13r$_{13}$, 14$_{12}$, BAU 10b$_{5}$, 11$_{5}$, 21$_{13}$, Abott: *Monasteries* 1$_{16}$, aṭ-Ṭaḥāwī: *Buyuʿ* S. 3, ↓ 9$_{8}$.

9. Zu *danānīra maṯāqīla ḏahaban wāzinatin ǧiyādi n-nuqūdi* vgl. Grohmann: *Einführung* S. 200ff und Wakin: *Documents* S. 87f. Man beachte die uneigentliche Genitivverbindung *ǧiyādi n-nuqūdi*; vgl. dazu *ǧiyadi l-ʿuyūni* APEL 64$_{14}$, 66$_{10}$; *tāmmati ḍ-ḍurūbi* CPA 57$_{3}$; *ǧiyādan*(!) *an-naqd* APEL I 71$_{20}$. – Auf die Erwähnung des Preises folgt eine Formel, in der die Vollkommenheit des Kaufs bestätigt wird. Neben *širāʾan ṣaḥīḥan lā šarṭa fīhi wa-lā ʿidata* gibt es noch eine Reihe von sonstigen Phrasen, welche zu diesem Zweck verwendet werden. Dazu vgl. Wakin: *Documents* S. 84f und ↓ 9$_{11}$. Am Ende der Zeile ist der Text nur lückenhaft erhalten; die Ergänzung ist auf *lā li-raddihi wa-lā li-fasḫihi lā li-ʾaǧalin wa lā li-ʾabadin* APEL I 64$_{15\text{-}16}$, 65$_{13}$, 66$_{11\text{-}12}$, 68$_{12\text{-}13}$ begründet.

10. [*tāmman wā*]*fiyan* gehört zu den festen Audrücken und ist, mit Varianten wie *tāmmatan wāfiyatan* ALAD 34$_{7}$, Sourdel: *Actes* 1$_{12}$, 2$_{9}$; *tāmman kāmilan* aṭ-Ṭaḥāwī: *Buyūʿ* S. 3; *kāmilan wāfiyan* ALAD 1r II$_{2}$ und *wāfiyan kāmilan* ALAD 14$_{13}$, in den meisten veröffentlichten Kaufverträgen belegt.

10-11. *wa-ʾa*[*b*]*raʾa*[*hu*] *min ǧamīʿihi baʿda qabḍihi ʾiyyāhu minhu wa-stīfāʾihi*: Zur Entlastungsformel vgl. Frantz-Murphy: *Comparison* IV S. 269ff und Wakin: *Documents* S. 57ff, 86. Die an vorliegender Stelle verwendete Phrase ist in aṭ-Ṭaḥāwī: *Buyūʿ* S. 3 belegt. Vgl. auch ↓ 8$_{6\text{-}7}$.

11-12. Ab der zweiten Hälfte von Zeile 11 muß der Text etwa gelautet haben: *wa-sallama Muḥammad b. al-Ḥasan b. ʾAḥmad ʾilā Muḥammad b. al-mukannā bi-ʾAbī l-Qāsim ǧamīʿa mā waqaʿa ʿalayhi hāḏā l-bayʿu.* Es ist mir aber nicht gelungen, aus den Buchstaben am Ende der Zeile den Namen des Käufers herauszulesen. – Phrasen wie *ǧamīʿ mā waqaʿa ʿalayhi hāḏā l-bayʿu* und *fīmā waqaʿa ʿalayhi hāḏā l-bayʿu* werden benützt, um eine wiederholte Umschreibung des Kaufobjekts mit seinen *ḥudūd* und *ḥuqūq* zu vermeiden. Vgl. aṭ-Ṭaḥāwī: *Buyūʿ* S. 17, Wakin: *Documents* S. 54 und ferner APEL I 61$_{7}$, 64$_{20}$, 65$_{18,21}$, 66$_{15}$, 68$_{18}$, II 75$_{16}$, ALAD 1r I$_{15\text{-}16,\ 17}$, II$_{5,16}$, 2r$_{11,\ 14,\ 25}$, 3$_{12}$, 4$_{18,\ 25}$, 5$_{11,\ 13,\ 20}$, 7r$_{12}$, 8$_{11}$, 10$_{18,\ 22}$, 11$_{10,\ 13,\ 16}$, 12$_{8}$, 13r$_{9,\ 12,\ 13,\ 17}$, 14$_{6,\ 11}$, BAU 21$_{16,18}$ (die Lücke im Text ist entsprechend zu ergänzen), Sourdel: *Actes* 1$_{14}$, 3$_{17}$ (dort l. *waqaʿa* statt *rqʿ*), ↓ 8$_{10}$. Ähnliche Phrasen sind auch in Mietverträgen belegt, vgl. ALAD 22$_{9\text{-}10}$, 23r$_{20\text{-}21}$, 24r$_{19}$, Rāǧib: *Deux baux* 2$_{14}$.

12-13. *[fa-mā] 'adraka Muḥammad (...) fīmā waqaʿa ʿalayhi hāḏā l-bayʿu l-maḏkūru fī hāḏā l-kitābi ['aw fī] šay'in minhu min ḥuqūqihi min darakin min 'aḥadin mina n-nāsi kullihim*: Die Vindikationsklausel wird immer durch *fa-mā 'adraka* oder *fa-* (bzw. *wa-*)*matā 'adraka* eingeleitet. Die an vorliegender Stelle verwendete Formel stimmt mit ALAD 1r II$_{15-16}$, 4$_{25}$, 5$_{20-21}$, 10$_{21-22}$, 11$_{15-16}$, APEL I 65$_{21-22}$, 66$_{17-18}$, Sourdel: *Actes* 2$_{12-13}$, aṭ-Ṭaḥāwī: *Buyūʿ* S. 4 und ↓ 8$_{9-10}$ überein. Zum Begriff *darak* vgl. Frantz-Murphy: *Comparison* II S. 105f und Wakin: *Documents* S. 60ff, 88ff. – Zu *fa-ʿalā Muḥammad (...) taslīmu mā yağibu ʿalayhi min ḥaqqin wa-yalzamuhu bi-sababi hāḏā l-bayʿi* vgl. *fa-ʿalā fulānin taslīmu mā yağibu ʿalayhi fī ḏālika min ḥaqqin wa-yalzamuhu bi-sababi hāḏā l-bayʿi* aṭ-Ṭaḥāwī: *Buyūʿ* S. 4; *fa-ʿalā (...) hāḏā l-bā'iʿi taslīmu mā yağibu ʿalayhi fī ḏālika min ḥaqqin yalzamuhu bi-sababi hāḏā l-bayʿi* ALAD 1r II$_{17-18}$; *fa-ʿalā hāḏā l-bā'iʿi taslīmu ğamīʿi mā yağibu ʿalayhi fī ḏālika min ḥaqqin yalzamuhu min raddi ṯamanin wa-qiyāmin bi-qīmatin wa-taslīmin min qalīlin wa-kaṯīrin* ALAD 5$_{21-22}$ (und ähnlich ALAD 4$_{25-26}$, 8$_{15}$); *fa-ʿalā hā'ulā'i n-nāsi l-musammayna fī hāḏā l-kitābi taslīmu* (statt l. تسلم) *ğamīʿi lla[ḏī yağibu ʿalayhim fī ḏālika min ḥaqqin wa-yalzamu]hum bi-sababi hāḏā l-bayʿi* APEL II 75$_{15}$[1]; *fa-ʿalā 'Aqāwah (...) al-ḫurūğu min ğamīʿi ma yalzamuhu fī ḏālika <min> ḥaqqin* PS 16$_{9}$ und ferner ↓ 8$_{10-11}$.

13-16 Der Vertragskörper wird mit einer Zeugnisklausel abgeschlossen, in der das Anerkenntnis der Vertragschließenden bezüglich des Inhalts der Urkunde bestätigt wird. Vgl. dazu Wakin: *Documents* S. 65ff, 92f. – Die Überreste zweier Wörter zwischen *al-Qāsim* und *bi-ğamīʿi* Z. 14 sind nicht mehr leserlich. – *baʿda 'an quri'a [ʿalayhimā] ğamīʿu mā fīhi min 'awwalihi 'ilā 'āḫirihi* Z. 14 gehört zu den festen Formeln am Ende des Kaufvertrags. Zu *fa-'aqarrā 'an [qad fahi]mā wa-ʿarafā ğamīʿa mā fīhi* Z. 14-15 vgl. *fa-'aqarrā 'an qad fahimāhu wa-ʿarafā ğamīʿa mā fīhi* aṭ-Ṭaḥāwī: *Buyūʿ* S. 4, ↓ 8$_{14}$; *fa-fahimūhā* (*fa-* wurde bei der Edition übersehen) *wa-'aqarrū bi-fahmihā wa-maʿrifatihā* (statt l. وبعرفها) CPA 54$_{21}$; *wa-ʿarafāhu wa-'aqarrā bi-fahmihi wa maʿrifatihi* APEL I 54$_{11}$ (und ähnlich APEL I 57$_{19}$, 58$_{12}$); *fa-'aqarrā bi-fahmihi wa-maʿrifati ğamīʿihi* APEL I 65$_{23}$, 66$_{19-20}$, 68$_{20}$ und ferner APEL I 59$_{10}$, 61$_{18}$, II 73$_{31-32}$, 75$_{18}$, 76$_{6}$, PS 1$_{11}$, PS 2$_{6-7}$, BAU 11$_{16}$, Rémondon: *Cinq documents* 1$_{18-19}$ (die Lücke ist entsprechend zu ergänzen), ALAD 2r$_{23}$, 7r$_{14}$; 10$_{24}$. – *wa-ʿalā maʿri[fatihimā] bi-'aʿyānihimā wa-'asmā'ihā wa-'ans[ābi]himā* Z. 15-16: Diese Formel bezieht sich auf die Identifizierung der Vertragschließenden durch die Zeugen, vgl. Wakin: *Documents* S. 94. Ähnliche Phrasen sind in APEL I 41$_{15}$, 50$_{4}$, 61$_{18}$, II 141$_{2-3}$, MEF I 1$_{3}$, ALAD 32$_{10}$, APH 3$_{11-12}$, PS 1$_{8}$, Abbot: *Monasteries* 1$_{18}$ (dort l. *bi-ʿaynihi* statt *nafsahu*), aṭ-Ṭaḥāwī: *Buyūʿ* S. 4, *'Aḏkār* S. 18 und ↓ 1$_{14}$, 23$_{12}$ belegt. Der früheste mir bekannte Beleg einer solchen Formel ist *wa-maʿrifatihā bi-ʿayni<h>ā wa-smihā* Torrey: *Papyrus* Z. 14 aus dem Jahr 205 d. H.[2]

16 (linke Spalte) Die Lesung des Namens des ersten Zeugen ist als Versuch zu werten; die Schrift ist an dieser Stelle sehr undeutlich.

17 (rechte Spalte) Die Lesung العقاد ("der Posamentierer") ist unsicher; daß hier ein Beruf mit Morphemtyp *faʿʿāl* angedeutet wurde, halte ich aber für sehr wahrscheinlich.

21. Die Schriftzüge zwischen *Muḥammad* und *ibn al-Ḥasan* scheinen mir trotz gewisser Bedenken nicht anders als *yukannā 'Abā* ... zu lesen zu sein. Die Kunya des Verkäufers wird im Vertragstext nicht erwähnt. Nach *al-Ḥasan* gibt der Text *ibn Ğaʿfar*, es muß hier also *<ibn 'Aḥmad>* ausgefallen sein. Die Kurzschreibung كـــــهادته für *kataba šahādatahu* ist bereits in Urkunden aus dem Anfang des dritten Jahrhunderts belegt, vgl. ↓ 18$_{7}$.

---

[1] Grohmanns Ergänzung der Lücke mit *aṯ-ṯa[mani l-maqbūḍi 'ilay]him* stimmt auf keinen Fall.

[2] Diese Stelle ist in der Edition von Torrey völlig verlesen worden. Auch die verbesserte Lesung von Abbott in JAOS 57 S. 314: *wa-yaʿrifuhā nafsa<h>ā wa-smahā* ist nicht ganz richtig.

8.

Kaufvertrag über mehrere Häuser
(Tafel 8)

A. Ch. 1567 Papier 21,3 x 14 cm Ṣafar 345 d. H.
(15. V. - 12. VI. 956 n. Chr.)

Hellbraunes Hadernpapier, Schöpfgitterstäbe parallel zur Schrift. Das Blatt ist oben und links unter Textverlust abgerissen. Vom rechten Rand ist unter geringem Textverlust am Anfang der ersten Zeilen ein schmaler Streifen über die Hälte der Länge des Blattes abgerissen. Ab Zeile 9 ist der geschnittene rechte Rand erhalten. Unten ist das Papier 2,5 cm unter dem Text abgerissen. Waagerechte Faltungen bei 1; 3,5; 5,7; 8,1; 10,5; 12,7; 15; 17; 19 cm, vom oberen Rand gemessen. Der Text ist mit brauner Tinte geschrieben; die letzte Zeile mit schwarzer Tinte. Verso ist leer.

Im Vertrag handelt es sich um den Kauf mehrerer Häuser (*manāzil* Z. 9). In der ersten erhaltenen Zeile ist von einem von diesen, dessen westliche Grenze durch "die beiden übrigen Häuser" gebildet wird, die Rede. Ihre Zahl wird also nach aller Wahrscheinlichkeit drei gewesen sein, was sich auch mit dem gesamten Preis von neun Dinar gut in Übereinstimmung bringen läßt.[1] Die Vertragschließenden sind Yaʿqūb b. ʿAlī b. Muḥammad (Käufer) und Hibatallāh b. Muḥammad b. ʿAbdalwāḥid (Verkäufer). Letzterer tritt als Bevollmächtigter seiner Frau namens Āminah, Tochter von Aḥmad b. al-Faḍl, auf, wie sich aus Z. 11 und 15 ergibt. Zwei von den Zeugen, die Brüder al-Ḥasan und ʿUmar b. Muḥammad b. al-Faḍl, sind aller Wahrscheinlichkeit nach Cousins dieser Frau.

Das Formular des Vertrages ist ziemlich ausführlich, mit separaten Klauseln über die Inspizierung (*muʿāyanah*) des Kaufobjekts, das Auseinandergehen (*tafarruq*) der am Vertrag Beteiligten und ihr Anerkenntnis (*ʾiqrār*) bezüglich des Empfangs des Kaufpreises und der Inbesitznahme (*al-qabḍ wa-l-ḥawz*) des Kaufobjekts. Die Phraseologie zeigt große Ähnlichkeit mit aṭ-Ṭaḥāwī: *Buyūʿ* S. 3-4 und ↓ 7. Obwohl der Inhalt der fehlenden linken Hälfte sich aus dem Text fast überall gut rekonstruieren läßt, ist der genaue Wortlaut nicht mit absoluter Sicherheit zu ergänzen. Ergänzungen dieser Textlücken habe ich dennoch im arabischen Text und in der Übersetzung aufgenommen, damit die Verständlichkeit des Texts wiederhergestellt wird. Zumindest kommen sie dem ursprünglichen Text nahe; ihre Begründung findet sich im Kommentar.

Der Vertrag wurde mit kursiver geübter Hand geschrieben. Diakritisch Punkte sind an drei Stellen gesetzt.

---

[1] In Kaufverträgen aus dem vierten Jahrhundert sind folgende Preise für Häuser belegt: 2 1/6 Dinar in FRANTZ-MURPHY: *Comparison* I 2; 4 1/2 Dinar für zwei Häuser in SOURDEL: *Actes* 2; 8 Dinar in ABBOT: *Monasteries* 2; 6 Dinar in ↓ 7. Diese Preise sind für ganze Häuser (*dār, manzil*); in anderen Kaufverträgen dieser Zeit (APEL I 57, 58, 59, II 73, 74, 75, FRANTZ-MURPHY: *Comparison* I 1) werden nur Teile von Häusern verkauft. Vgl. auch ASHTOR: *Prix* S. 87f.

TEXT

- -

١ [والحد الرابـ]ـع [الغربـ]ـى المنزلين الباقين وهما ا[لـ]ـمـ[ـنزلين

٢ [. . . . . .] . . [. . . والحـ]ـد [البـ]ـحرى طريق المارة وفيه يشرع باب احد هاذين المنزلين والحـ[ـد الشرقى

٣ [عـ]ـبد الخالق بن رجا فاشترى يعقوب بن على من هبة الله بن محمد بن عبد الواحد البـ[. . . جميع هذه الثلاثة المنازل]

٤ [ا]لمذكورة المحدودة فى هذا الكتاب بحدودها كلها وارضها وبنايها وسفلها وعلوها [ومرافقها وكل قليل وكثير هو لها فيها ومنها وكل]

٥ حق هو لها داخلا فيها وكل حق هو لها خارجا منها بتسعة دنانير مثاقيلا ذهبـ[ـا عينا وازنة جياد شرى صحيحا لا شرط فيه]

٦ [و]لا عدة ودفع يعقوب بن على بن محمد الى هبة الله بن محمد بن عبد الواحد جميع الثمـ[ـن المذكور فى هذا الكتاب وابراه من جميعه بعد قبضه]

٧ اياه منه واستيفايه منه وهو تسعة دنانير مثاقيلا ذهبا عينا وازنة جـ[ـيـ]ـا[د وسلم هبة الله بن محمد بن عبد الواحد الى]

٨ يعقوب بن على بن محمد جميع ما تبايعا عليه وقبضه منه وصار فى يـ[ـده وقبضه بهذا الشرى المذكور فى هذا الكتاب وذلك بعد معرفتهما]

٩ جميعا لجميع هذه المنازل ومعاينة منهما لها فتبايعا على ذلك وتفر[قا بعد هذا البيع المذكور فى هذا الكتاب بابدانهما عن تراض منهما به فما ادرك يعقوب بن على]

١٠ بن محمد المعجرف فيما وقع عليه هذا البيع المذكور فى هذا الكتاب وفى شى منه من [حقوقه من درك من احد من الناس كلهم فعلى هبة الله بن محمد بن عبد الواحد]

١١ وكيل زوجته امنة ابنت احمد بن الفضل جميع الذى يجب عليه من ذلك من حق

و[يلزمه بسبب هذا البيع المذكورفى هذا الكتاب حتى يسلم ذلك الى يعقوب بن على]

١٢ بن محمد على ما يو[جبـ]ـه له عليه هذا البيع المذكور فى هذا الكتاب شهد على
اقرار هـ[بة الله بن محمد بن عبد الواحد ويعقوب بن على بن محمد بجميع ما فى
هذا الكتاب بعد ان قرى عليهما جميع ما فيه]

١٣ من اوله الى اخره فاقرا ان قد فهماه وعرفا جميع ما فيه فى صحة عقولهما
وابدانهما وجواز ا[مورهما طايعين غير مكرهين ولا مجبرين وعلى معرفتهما
باعيانهما واسمايهما وانسابهما]

١٤ وذلك فى شهر صفر من سنة خمس واربعين وثلثماية وفى هذا الـ[كتاب] اصلاح [

١٥ اقر البايع هبة الله بن محمد بن عبد الواحد بن مما[تى] و[كيـ]ـل ز[وجته امنة
ابنت احمد بن الفضل بالبيع وقبضه جميع الثمن المذكور والمشترى]

١٦ يعقوب بن على بن محمد بالقبض والحوز لنفسه وكتب [فى شهر صفر من سنة
خمس واربعين وثلثماية]

١٧ شهد الحسن بن محمد بن الفضل على اقرار البايع المسمى فى هذا الكتاب
والمـ[ـشترى

١٨ شهد عمر بن محمد بن الفضل على اقرار البايع المسمى فى هذا الكتاب و علـ[ـى
اقرار المشترى

١٩ شهد على بن سليم على اقرار هبة الله بن محمد البايع و[على اقرار يعقوب بن على
المشترى

---

٥ بتسعه – ٧ تسعه – ١٥ اقر

Übersetzung

- -

1. [... und die vierte Grenze, die westliche,] wird gebildet durch die beiden übrigen Häuser, und diese beiden sind die [Häuser

2. [ ] ... und die nördliche Grenze ist die Durchgangsstraße, zu der die Tür eines dieser beiden Häuser Zugang bietet, und die [östliche] Grenze [

3. [ ] ʿAbdalḫāliq b. Raǧāʾ. Yaʿqūb b. ʿAlī hat von Hibatallāh b. Muḥammad b. ʿAbdalwāḥid al-... [diese gesamten drei(?) Häuser,]

4. die in dieser Urkunde erwähnt sind und deren Grenzen festgelegt sind, gekauft mit allen ihren Grenzen, ihren Grundstücken und Gebäuden mit ihren oberen und unteren Teilen, [die Nebenräume und alles, es sei viel oder wenig, innerhalb und außerhalb von ihnen, was zu ihnen gehört, und jedes]

5. Recht innerhalb von ihnen, das zu ihnen gehört, und jedes Recht außerhalb von ihnen, das zu ihnen gehört, für neun [hervorragende] Golddinare des Miṯqālgewichts, [in barem Geld vom richtigen Gewicht, als rechtsgültigen Kauf, ohne Bedingung]

6. und ohne Versprechen. Yaʿqūb b. ʿAlī b. Muḥammad hat den ganzen [, in dieser Urkunden erwähnten,] Preis an Hibatallāh b. Muḥammad b. ʿAbdallāh bezahlt, [und er hat ihn vom ganzen (Preis) entlastet, nachdem er]

7. ihn von ihm [genommen] und vollständig empfangen hatte, und dieser beträgt neun hervorragende Golddinare des Miṯqālgewichts, in barem Geld vom richtigen Gewicht. [Hibatallāh b. Muḥammad b. ʿAbdalwāḥid hat]

8. Yaʿqūb b. ʿAlī b. Muḥammad alles, was zu diesem Kauf gehört, [geliefert], und er (sc. Yaʿqūb b. ʿAlī) hat es von ihm in Empfang genommen, und es gelangte in [seinen Besitz und in seine Gewalt durch den in dieser Urkunde erwähnten Kauf. Und dieses (geschah) nach ihrer]

9. gemeinsamen [Kenntnisnahme] und Inspizierung dieser gesamten Häuser. Daraufhin haben sie diesen Kauf miteinander abgeschloßen und sind [nach dem in dieser Urkunde erwähnten Kauf in gegenseitigem Einverständnis auseinandergegangen. Und wenn an Yaʿqūb b. ʿAlī]

10. b. Muḥammad al-Muʿaǧraf [irgendein Anspruch gestellt wird,] bezüglich dessen, was zu diesem in dieser Urkunde erwähnten Kauf gehört, oder bezüglich irgendeiner Sache, [die zu dessen Rechten gehört, von irgendeinem Menschen, dann geht zu Lasten von Hibatallāh b. Muḥammad b. ʿAbdalwāḥid,]

11. als Bevollmächtigtem seiner Frau, Āminah, Tochter von Aḥmad b. al-Faḍl, alles, was ihm von diesem als Verpflichtung obliegt und [woran er gebunden ist aufgrund des in dieser Urkunde erwähnten Kaufs, bis er dieses an Yaʾqūb b. ʿAlī]

12. b. Muḥammad [geliefert hat], gemäß dem, wozu der in dieser Urkunde erwähnte Kauf ihn verpflichtet. Es wurde bezeugt, daß Hi[batallāh b. Muḥammad b. ʿAbdalwāḥid und Yaʿqūb b. ʿAlī b. Muḥammad all das, was in dieser Urkunde steht,] anerkannt haben, [nachdem den beiden alles, was darin steht]

13. vom Anfang bis zum Ende [vorgelesen wurde]. Daraufhin haben sie beide anerkannt, daß sie alles, was darin steht, verstanden und zur Kenntnis genommen haben und dies im Zustand ihrer geistigen und körperlichen Gesundheit und ihrer Geschäftsfähigkeit, [freiwillig, nicht gezwungen und nicht genötigt, wobei man sie kannte nach ihren Personen, ihren Namen und ihrer Abstammung,]

14. und dies im(Monat) Ṣafar des Jahres dreihundertfünfundvierzig. Diese [Urkunde] enthält eine Korrektur [

15. Der Verkäufer, Hibatallāh b. Muḥammad b. ʿAbdalwāḥid b. Mammā[tī](?), Bevollmächtigter [seiner Frau, Āminah, Tochter von Aḥmad b. al-Faḍl], hat [den Verkauf und den Empfang des gesamten erwähnten Preises] anerkannt, [und der Käufer]

16. Yaʿqūb b. ʿAlī b. Muḥammad (hat) den Empfang und die Inbesitznahme (des Kaufobjekts) für sich selbst (anerkannt), und es wurde geschrieben [im (Monat) Ṣafar des Jahres dreihundertfünfundvierzig.]

17. Es bezeugt al-Ḥasan b. Muḥammad b. al-Faḍl das Anerkenntnis des in dieser Urkunde genannten Verkäufers und (das Anerkenntnis) des [Käufers

18. Es bezeugt ʿUmar b. Muḥammad b. al-Faḍl das Anerkenntnis des in dieser Urkunde genannten Verkäufers, und [das Anerkenntnis des Käufers

19. Es bezeugt ʿAlī b. Salīm das Anerkenntnis von Hibatallāh b. Muḥammad, dem Verkäufer, und [das Anerkenntnis von Yaʿqūb b. ʿAlī, dem Käufer,

Kommentar

1. Mit [*wa-l-ḥaddu r-rāb*]*iʿu* [*al-ġarb*]*īyu l-manzilayni l-bāqiyayni* wird die Begrenzungsformel des ersten Hauses abgeschlossen; die westliche Grenze wird immer als letzte genannt, vgl. ↓ 7_4. Zur Verdrängung des Nominativs durch den Casus obliquus im Dual vgl. Hopkins: *Studies* § 85 und APB S. 43. – *wa-humā* leitet die Begrenzungsformel der beiden übrigen Häuser (Z. 1-3) ein, die also mit ihrer östlichen Seite an das erste Haus grenzten.

2. Zur Pleneschreibung des *ā* in *hāḏayni* vgl. Hopkins: *Studies* § 11.

3. ʿAbdalḫāliq b. Raǧāʾ wird der Besitzer des Hauses westlich von den beiden genannten Häusern sein. Das letzte nur teilweise erhaltene Wort der Zeile hat wahrscheinlich eine Nisba des Verkäufers enthalten; eine Lesung als *aṯ-ṯal*[*āṯata al-manāzil* ist wohl auszuschließen, weil diesem *ǧamīʿa hāḏihi* vorangehen muß, wie es auch in der Lücke ergänzt ist.

4-7. Vgl. ↓ 7_{7-11} und die dort im Kommentar erwähnten Belege. – *bi-tisʿati* Z. 5 ist wahrscheinlich deshalb diakritisch punktiert, damit keine Verwechslung mit der Zahl *sabʿah* stattfinden konnte. Vgl. auch *tisʿatu* Z. 7. – Man beachte fehlerhaftes (!) مثاقيلا Z. 5 (auch Z. 7) statt richtig: *maṯāqīla*. Vgl. Hopkins: *Studies* § 171a.

8. Zu *ǧamīʿa mā tabāyaʿā ʿalayhi* vgl. APEL I 61_{11}, 64_{21}, 65_{19}, 66_{16}, 68_{16}, ALAD $7r_{11}$, Abbott: *Monasteries* 2_{12}, Rémondon: *Cinq documents* 1_{15}. Die Phrase hat die gleiche Bedeutung wie *ǧamīʿa mā waqaʿa ʿalayhi hāḏā l-bayʿu*, vgl. ↓ 7_{11-12}. – *wa-ṣāra fī ya[dihi wa-qabḍihi bi-hāḏā š-širā l-maḏkūri fī hāḏā l-kitābi*: Die Ergänzung dieser Formel erfolgt nach aṭ-Ṭaḥāwī: *Buyūʿ* S. 4. Ähnliche Phrasen sind in APEL I 61_{10}, 64_{20}, 65_{18}, 66_{15}, ALAD 1r II_{6-7}, $2r_{15}$, 4_{22}, 5_{17}, 10_{19-20}, $13r_{18}$, PS 16_7, 21_{21-22}, BAU 21_{16-17} belegt. Vgl. ferner ↓ 14_7, 43_7 und den Kommentar zu ↓ 12_{3-4}.

8-9. [*wa-ḏālika baʿda maʿrifatihimā*] *ǧamīʿan li-ǧamīʿi hāḏihi l-manāzili wa-muʿāyanatin minhumā lahā*: Auf die Klausel der Inbesitznahme des Kaufobjekts vom Käufer folgt eine Formel, in der bestätigt wird, daß die am Vertrag Beteiligten mit dem Kaufobjekt bekannt sind (*maʿrifah*) und es gemeinsam inspiziert haben (*muʿāyanah*). Die Ergänzung der Lücke erfolgt nach *wa-ḏālika baʿda maʿrifatihim bi-mā tabāyaʿū ʿalayhi wa-muʿāyanatin minhum li-hāḏihi d-duwayrati* ALAD $7r_{11}$. Vgl. auch *wa-ḏālika baʿda maʿrifatihimā li-mā tabāyaʿā ʿalayhi* APEL I 64_{21} (und ähnlich APEL I 65_{19}, 66_{16}, 68_{16}); *wa-ḏālika baʿda maʿrifatihimā bi-hāḏihi [l-qiṭʿati l-ʾarḍi* Sourdel: *Actes* 1_{14-15} und die in mamlūkischen Urkunden häufig verwendete Formel *wa-ḏālika baʿda n-naẓari wa-l-maʿrifati wa-l-muʿāqadati š-šarʿīyati*, vgl. Diem: *Rechtsurkunden* 1_{12} und ↓ 35_{10}. Für *ʿyn* III sind mir in ähnlichem Kontext noch die folgenden Belege bekannt: *wa-ḏālika baʿda ʾiqrārin minhumā bi-muʿāyanati[himā li-ǧamīʿi] hāḏihi d-duwayrati wa-wuqūfihimā ʿalayhā* ALAD 5_{18-19}; *wa-ʿāyanā ḏālika kullahu* (...) *wa-tabayyana lahumā ḏālika kulluhu wa ʿarafāhu* aṭ-Ṭaḥāwī: *Buyūʿ* S. 4; *waqafū ʿalā ḏālika wa-ʿāyanūhu* WMT I 35_{14}. Zu *maʿrifatihimā ǧamīʿan* vgl. *fa-ʿalā maʿrifatihimā ǧamīʿan bi-ǧamīʿi ḏālika* aṭ-Ṭaḥāwī: *Buyūʿ* S. 20. Bei den Wörtern *li-ǧamīʿi hāḏihi l-manāzili* ist noch deutlich sichtbar, daß es hier zuerst einen anderen Text gab, der später vom Notar korrigiert wurde, vgl. auch Z. 14.

9. Durch *fa-tabāyaʿā ʿalā ḏālika* wird eine Formel eingeleitet, in der das Auseinandergehen der Vertragschließenden in gegenseitigem Einverständnis bestätigt wird. Diese Klausel ist deshalb von juristischer Bedeutung, weil es nach der šāfiʿītischen und der ḥanbalitischen Rechtsschule während des Beisammenseins der am Vertrag Beteiligten noch die Möglichkeit gibt, den Kauf rückgängig zu machen (*ḫiyār al-maǧlis*). Vgl. al-Asyūṭī: *Ǧawāhir* I S. 57 und Wakin: *Documents* S. 56. Zu *fa-tabāyaʿā ʿalā ḏālika wa-tafarra[qā bi-ʾabdānihimā baʿda hāḏā l-bayʿi l-maḏkūri fī hāḏā l-kitābi ʿan tarāḍin minhumā bihi* vgl. *fa-tabāyaʿā ʿalā ḏālika wa tafarraqā ǧamīʿan bi-ʾabdānihimā baʿda hāḏā l-bayʿi l-musammā fī hāḏā l-kitābi ʿan tarāḍin minhumā ǧamīʿan bi-ǧamīʿihi* aṭ-Ṭaḥāwī: *Buyūʿ* S 4; *fa-tabāyaʿā ʿalā ḏālika wa-tafarraqā baʿda hāḏā l-bayʿi bi-ʾabdānihimā ʿan tarāḍin minhumā bi-ḏālika* ALAD 1r II_{14-15}; *wa-tabāyaʿā ʿalā ḏālika wa-tafarraqā bi-ʾabdānihimā baʿda l-muʿāqadati* (statt l. العقادة) *baynahumā ʿan taradin minhumā bihi* ALAD $2r_{20}$ und ferner ALAD 4_{24}, 5_{19-20}, 10_{21}, 12_{13}, Abbott: *Monasteries* 1_{13-14} (dort ist [*ʿan*] statt [فرق] zu ergänzen), APEL I 61_{11}, WMT I 36_8, II 52_8, 53_{16}, 54_{11}, 55_{16}. Statt *frq* V wird auch *frq* VIII verwendet, vgl. APEL I 54_9[1], 67_{15-16}, Abott: *Monasteries* 2_{11}, Sourdel: *Actes* 2_{11-12}, PS 16_{7-8}. Der Ausdruck *ʿan*

[1] Die Lesung von Grohmann ist folgendermaßen zu korrigieren: *wa-ftaraqā* (statt l. اعترفا) *ǧamīʿan minhumā bi-l-ʾabdāni* (statt l. بالامران) *ʿan tarāḍin* (statt l. يحسن بتراض) *minhumā* APEL I 54_9. Frantz-Murphy (*Comparison* III S. 109) hat bereits auf Grohmanns falsche Lesung hingewiesen.

tarāḍin minhumā verweist auf Koran IV 29: *'an takūna tiǧāratan ʿan tarāḍin minkum.*

9-12. Zur Vindikationsklausel vgl. ↓ $7_{12\text{-}13}$. Die Ergänzung der Phrase *ḥattā yusallima ḏālika ilā Yaʿqūb ibn ʿAlī] ibn Muḥammad ʿalā mā yū[ǧibu]hu lahu ʿalayhi hāḏā l-bayʿu l-maḏkūru fī hāḏā l-kitābi* Z. 11-12 erfolgt nach *ḥattā yusallima fulānu bnu fulānin ʿalā mā yūǧibuhu lahu ʿalayhi hāḏā l-bayʿu l-musammā fī hāḏā l-kitābi* aṭ-Ṭaḥāwī: *Buyūʿ* S. 4. Vgl. auch ALAD 1r II_{18}-v_1, 4_{26}, 5_{22}. – *al-muʿaǧraf* Z. 10 ist nach aller Wahrscheinlichkeit ein *laqab* des Käufers. Von *ʿǧrf* wird meistens der IIe Stamm verwendet, der eine Bedeutung von "anmaßend, hochmütig sein" hat. Dozy: *Supplément* II S. 96 gibt für *muʿaǧraf*: "malgracieux" und Hinds–Badawi: *Dictionary* S. 563 (*miʿaǧraf*): "arrogant".[1]

12-13. Zur Zeugnisklausel vgl. ↓ $7_{12\text{-}13}$.

14. *wa-fī hāḏā l-kitābi 'iṣlāḥ[* : Diese Phrase bildet den Anfang einer Klausel, in der der Notar darauf hinweist, daß er im Text etwas korrigiert hat und die Rechtsgültigkeit dieser Korrektur bestätigt. Wahrscheinlich bezieht die Klausel sich auf *li-ǧamīʿi hāḏihi l-manāzili* Z. 9. Ergänzt könnte sie etwa *wa-fī hāḏā l-[kitābi] 'iṣlāḥu ['aḥrufin miṯāluhā li-ǧamīʿi hāḏihi l-manāzili wa-huwa ṣaḥīḥun* gelautet haben. Vgl. APEL I 39_{12}, 60_{13}, 65_{25}, 68_{21}, $70_{27\text{-}28}$, 71_{34}, 72_{15}, ALAD 4_{30}, 8_{17}, $23r_{27}$, $24r_{35}$, 33_9, $40v_{17}$, CPA 54_{23}, CDAC 6_{80} (S. 435) und ↓ 34_{12}.

15-16. Das Anerkenntnis der Vertragschließenden bezüglich des Empfangs des Kaufpreises und der Inbesitznahme des Kaufobjekts wird in der vorliegenden Urkunde als eine separate Klausel den Zeugenerklärungen vorangestellt. Meistens wird dieser *'iqrār* innerhalb der Zeugnisklausel erwähnt und folgt dann auf *šuhida*, wie z. B. in *šuhida ʿalā 'iqrāri l-bā'iʿati l-maḏkūrati bi-l-bayʿi wa-qabḍi ṯ-ṯamani l-maḏkūri mablaġuhu fī hāḏā l-kitābi wa-ʿalā 'iqrāri l-muštarī bi-š-širā wa-l-'iḥāzati* APEL I $61_{16\text{-}17}$; *šuhida ʿalā 'iqrāri l-bā'iʿi wa qabḍihi ǧamīʿa ṯ-ṯamani l-maḏkūri wa-l-muštarī bi-l-ḥawzi li-nafsihi* APEL I $65_{22\text{-}23}$; *šuhida ʿalā 'iqrāri l-bā'iʿīna l-musammīna fī hāḏā l-kitābi bi-l-bayʿi wa-qabḍi ṯ-ṯamani l-maḏkūri fīhi wa-ʿalā l-muštariyati bi-t-taslīmi wa-l-ḥawzi* APEL II $75_{17\text{-}18}$. – Der Name Mammātī Z. 15 ist von einer unter den späten Fatimiden und frühen Ayyubiden einflußreichen Familie aus Asyūṭ bekannt, zu der auch der Schriftsteller Ibn Mammātī (gest. 606/1209) gehörte. Laut A. S. Atiya könnte dieser Name der koptische Reflex von *Muḥammad* gewesen sein, der anschließend von zum Islam übergetretenen Kopten im arabischen Kontext beibehalten wurde, vgl. EI III S. 862-3 ("Ibn Mammātī"). Eine Lesung als *qammā[š]* ("Tuchhändler"), oder *qammā[ḥ]* ("Getreidehändler") halte ich für unwahrscheinlich, weil diese Namen mit Artikel geschrieben werden, vgl. MAA S. 1414f, as-Samʿānī: *'Ansāb* X S. 478f.

---

[1] Von Diem wird المتحرف als Lesung vorgeschlagen.

9.

Kaufvertrag über drei Dattelpalmen
(Tafel 9)

A. Ch. 10427 | Papier | 20,5 x 20,7 cm | 4.–5. Jahrhundert d. H. (10.–11. Jahrhundert n. Chr.)

Mittelbraunes Hadernpapier, Schöpfgitterstäbe parallel zur Schrift. Das Blatt ist unten abgerissen. Es sind dabei die Zeugenunterschriften und die letzte Zeile des Vertragskörpers verloren. Von den vier vorletzten Zeilen sind jeweils nur die letzten Wörter erhalten. Vom rechten Rand fehlt über die ganze Länge ein Streifen, der etwa vier Wörter umfaßt hat und, nach der Form des Randes zu schließen, abgerissen wurde, als das Papier sich in gefaltetem Zustand befand. Die Ecke links oben ist abgerissen. Die Schnittlinien am oberen und linken Rand sind noch teilweise erhalten. Das Papier ist an einigen Stellen durchlöchert. Waagerechte Faltungen bei 3; 6; 9; 12; 15 cm, vom oberen Rand gemessen. Schwarze Tinte. Verso ist leer.
Die Urkunde wurde 1930 von Grohmann erworben.

Der Vertrag handelt vom Kauf dreier Dattelpalmen in den Gärten der Gegend des Dorfes Barkūt in der Provinz aš-Šarqīyah in Oberägypten für den Preis von viereindrittel Dinar. ᶜAlī b. Mūsā b. ᶜUmar b. al-Ḥasan b. Maṭrūḥ kaufte diese Dattelpalmen für einen gewissen Abū ᶜAbdallāh al-Ḥusayn b. Muḥammad b. al-ᶜUmar b. Ṭāhir, der, wie sich im Text herausstellt, bereits viele Dattelpalmen in diesen Gärten besaß. Wahrscheinlich war Abū ᶜAbdallāh al-Ḥusayn also ein Grundbesitzer, in dessen Auftrag ᶜAlī b. Mūsā als Bevollmächtigter (*wakīl*) auftrat. Der Verkäufer ist ein gewisser Isḥāq b. Barāyah al-Barkūtī.

Obwohl in Kaufverträgen öfters von Dattelpalmen die Rede ist, sind diese meistens nicht das eigentliche Kaufobjekt, sondern werden im Zusammenhang mit dem Kauf von Grundstücken oder Häusern erwähnt.[1] Nur in APEL II 76 handelt es sich um den Kauf einer Dattelpalme; das von dieser Urkunde erhaltene Fragment enthält aber nur den letzten Teil des Vertragskörpers und bietet wenig Anhaltspunkte für einen Vergleich. Größere Ähnlichkeit zeigt BAU 21, ein Kaufvertrag über Erbanteile an einem Weingarten (*karm*) aus dem 5. Jahrhundert der Hiğrah.

Die feine, etwas eckige Schrift ist mit geschulter Hand geschrieben. Diakritische Punkte sind stellenweise gesetzt, wobei Doppelpunkte an mehreren Stellen zu einem kurzen Strich verbunden sind.

Text

١ [بسم الله الرحـ]ـمن الر[حيـ]ـم

٢ [هذا ما اشترى على بن مو]سى بن عمر بن الحسن بن مطروح للحسين ويكنا ابا

عبد الله بن محمد بن العمر بن طاهر من اسحق بن برايه البركوتى جميع الثلاثة

[1] Vgl. APEL I 53_6, APEL II 74_4, BAU $21_{11,12}$, APH 3_3 und APW 9_{15}. Ferner sind noch PS 3 ("Teilungsvertrag über Palmen") und APRL IX 2 ("Bequest of Palms") zu erwähnen.

٣ [النخلات التى هى له وملكه بالجـ]ـنان المعروفة بجـ[ـر]ف الحـرادى بالحى المعروف ببركوت من كورة الشرقية من ارض صعيد مصر فى الجانب القبلى من هذا الحى

٤ [تعـ]ـرفان بالا. ـبـات والاخرى تعرف بالمصرى ويحيط بهاتين النخلتين المذ‹كور›تين حدود اربعة الاول وهو الـ[ـقبـ]ـلى ينتهى الى نخل لورثة [لبـ]ـيـ[ـبـ]ـه

٥ [والبحرى ينتهى الى نخلـ]ـة للحسين بن محمد والحد الثالث الشرقى ينتهى الى ‹نخل› اسحق برايه هذا البـ‹ـا›يع والرابع هو الغربى ينتهى الى نخل للحسين بن محمد ويحيط

٦ [بهذه النخلة الاخرى المذكور]ة فى هذا الكتاب حدود اربعة الاول وهو القبلى ينتهى الى نخلة ورثة لبيبة والبحرى ينتهى الى نخل للحسين بن محمد والحد الثالث وهو الشرقى

٧ [ينتهى الى]ـه النجار والرابع وهو الغربى ينتهى الى نخلة للحسين بن محمد اشترى على بن موسى للحسين ويكنا ابا عبد الله بن محمد بن العمر بن طاهر جميع [هذه]

٨ [الثلاثة النخلات بسفلهن وعلـ]ـوهن وارضهن وهوايهن واصولهن وجذوعهن وترعهن والمدخل اليهن والمخرج منهن وكل حق هو لهن داخل فيهن وخارج منهن

٩ [من البيـ]ـر الما المعينة ومسيل الما اليهن ومن جميع الالة الخشب المركبة على البير الما المعينة التى منها شرب هذه الجنان الكبيرة

١٠ [وجميـ]ـع ما اشتملت عليه حدود هذا الشرى كله بقليله

وثلث دينار

وكثيره باربعة دنانيـــــــــــر مثاقيل ذهبا عينا وازنة

١١ [ ] . المعروف بالمحقق شرى لا شرط فيه ولا عدة ولا خيار

ولا رجعة ولا قول ولا يد فيه [و]لا [على سبيـ]ـل رهن قد قبض اسحق بن برايه هذا

١٢ [الثمن ±20]... [±35]..[.و]سلـ[ـم اليه جميع هذه الثلاثة

النخلات المذ]كورات فى هذا الكتاب

١٣ [±75 من خالص] ماله ما بلغ حتى يخلص

١٤ [±80 علـ]ـى بن موسى ‹بن عمر بن الحسن› بن مطروح

١٥ [±50 فى صحة عقولهما وابدانهما وجواز امورهمـ]ـا طايعان غير مكرهان

١٦ [ولا مجبران وعلى معرفتهما باعيانهما واسمايهما وانسابهما وذلك فى ±30]ـه

---

١ [الرحـ]ـمن – ٢ عبد . اسحق . برايه . البركوتى . حميع – ٣ المعروفه . المعروف . ىىركوت . السرقيه . الحي – ٤ بالاىىات . ىعرف . بالمصري . ىىىهي . لورثه – ٥ للحسين . السرقى . ىىىهي . ىرايه . هذا – ٦ الكىاب – ٨ لهن – ٩ المعيىه . البهن . من الحسب . المعينه . التى منها . الكبيره – ١٠ عليه . هذا . دناىىر . وارنه – ١١ المعروف . قول . رهن . هذا – ١٦ [المذ]كورات . [هـ]ذا الكىاب – ١٣ بلع . حتي .

Übersetzung

1. [Im Namen Gottes, des] Barmherzigen und Gnädigen!

2. [Dies ist, was ʿAlī b. Mū]sā b. ʿUmar b. al-Ḥasan b. Maṭrūḥ für al-Ḥusayn - er hat die Kunya Abū ʿAbdallāh - b. Muḥammad b. al-ʿUmar b. Ṭāhir von Isḥāq b. Barāyah al-Barkūtī [gekauft hat]: die gesamten drei

3. [Dattelpalmen, die zu seinem Besitz gehören, in den] Gärten, welche bekannt sind als (die Gärten des) Ǧurf al-..., in der Gegend, welche bekannt ist als Barkūt in der Provinz aš-Šarqīyah in Oberägypten, im Süden dieser Gegend.

4. [Zwei von diesen Dattelpalmen] sind bekannt als die ... (Dattelpalmen) und die andere ist bekannt als die ägyptische (Dattelpalme). Es umschließen die beiden erwähnten Dattelpalmen vier Grenzen: die erste (Grenze) ist die südliche, und sie reicht bis zu Dattelpalmen der Erben Labībah.

5. [Die nördliche (Grenze) reicht bis zu einer Dattelpalme] von al-Ḥusayn b. Muḥammad. Die dritte Grenze, die östliche, reicht bis zu <den Dattelpalmen von> Isḥāq b. Barāyah,

dem Verkäufer, und die vierte Grenze, die westliche, reicht bis zu Dattelpalmen von al-Ḥusayn b. Muḥammad. Es umschließen

6. [die andere] in dieser Urkunde [erwähnte Dattelpalme] vier Grenzen; die erste (Grenze) ist die südliche, und sie reicht bis zur Dattelpalme der Erben Labībah. Die nördliche (Grenze) reicht bis zu Dattelpalmen des al-Ḥusayn b. Muḥammad. Die dritte Grenze, die östliche

7. [reicht bis zu ...] an-Naǧǧār und die vierte (Grenze), die westliche, reicht bis zu einer Dattelpalme von al-Ḥusayn b. Muḥammad. ʿAlī b. Mūsā hat für al-Ḥusayn - er hat die Kunya Abū ʿAbdallāh - b. Muḥammad b. al-ʿUmar b. Ṭāhir diese gesamten

8. [drei Dattelpalmen] gekauft mit ihrem [unteren und] oberen Teil, ihrem Boden, ihrer Luft, ihren Wurzeln, ihren Stämmen, ihren Bewässerungsgräben, ihrem Ein- und Ausgang, und jedem Recht innerhalb und außerhalb von ihnen,

9. [... von] der Quelle mit fließendem Wasser und von der Wasserrinne zu ihnen und vom ganzen hölzernen Gerät, das auf der Wasserquelle befestigt ist und von denen dieser große Garten bewässert wird

10. [...] und alles, was die Grenzen dieses Kaufs umschließen, sei es viel oder wenig, für den Preis von viereindrittel Golddinar des Miṯqālgewichts,

11. [...] als geprüft bekannt ist, in einem Kauf ohne Bedingung, ohne Versprechen, ohne Option, ohne Rückgang, ohne Einspruch, ohne Besitzanteil eines Dritten und ohne daß das Kaufobjekt Pfand ist. Es hat Isḥāq b. Barāyah bereits

12. [den Preis vollständig von ihm] in Empfang genommen, [und dieser beträgt viereindrittel Dinar, und er hat ihn vom ganzen (Preis) freigesprochen, nachdem er ihn von ihm genommen hat. Darauf hat er ihm die gesamten drei Dattelpalmen,] die in dieser Urkunde erwähnt wurden [geliefert][1]

13. [... lauter] von seinem Geld, auf wieviel auch immer es sich belaufe, bis er [ihn für dieses] entschädigt hat

14. [... Es wurde bezeugt für das Anerkenntnis ...] ʿAlī b. Mūsā <b. ʿUmar b. al-Ḥasan> b. Maṭrūḥ

15. [... im Zustand ihrer geistigen und körperlichen Gesundheit und ihrer Geschäftsfähigkeit,] freiwillig, nicht gezwungen

16. [und nicht genötigt, wobei man sie kannte nach ihren Personen, ihren Namen und ihrer Abstammung, und dies im...]

---

[1] Zur Ergänzung dieser Zeile vgl. den Kommentar.

KOMMENTAR

2. Der Name Maṭrūḥ ist auch in APEL II 138_2 belegt. Ein Name mit *rasm* برايه (*yā'* ist im Text mehrmals punktiert) ist mir unbekannt; die Lesung *Barāyah* geht aus von براءة, mit *yā'* statt *hamzah*. Zu diesem Namen vgl. MAA S. 157. – Die Erwähnung des Kaufobjekts gleich nach den Namen der Vertragschließenden ist etwas ungewöhnlich; das übliche *ištarā minhu* ist hier ausgelassen.

3. Zu [*allatī hiya lahu wa-milkuhu bi-l-ǧ*]*ināni* vgl. *allaḏī huwa lahum wa-milkuhum bi-l-*.[BAU 21_6; *allatī hiya lahu wa-milkuhu wa-li-'iḫwatihi* CPA 54_7; *allaḏī huwa milkuhā 'irṯan li-wālidihā* APEL I 60_4; *allaḏī lahum bi-'Abū l-Ǧusūq* ABBOTT: *Monasteries* 2_3; *allatī fī yadihā wa-milkihā wa-taḥta ḥawzihā* PS $21_{19\text{-}20}$; *allatī li-fulānin hāḏā fī milkihi* aṭ-Ṭaḥāwī: *Ṣaǧīr* S. 416 und ferner ALAD 22_3, $24r_7$, 26_2, PS 24_4, ↓ 13_4. – Den Namen der Gärten habe ich nicht mit Sicherheit lesen können; daß der Anfang *ǧurf* ("Ufer, Steilhang") gewesen ist, scheint mir aber wahrscheinlich, weil dieses Wort besonders in Oberägypten öfters für Ortsbezeichnungen verwendet wird, vgl. RAMZĪ: *Qamūs* I S. 201f. Der vorletzte Buchstabe der anschließenden Nisba könnte statt *dāl*/*ḏāl* auch *rā'*/*zāy* oder *wāw* (vgl. *Maṭrūḥ* Z. 2) gewesen sein. – Mit *al-ḥayy al-ma'rūf bi-Barkūt* muß eine Gegend in der Nähe des Dorfes Barkūt gemeint sein. Zu diesem Dorf vgl. RAMZĪ: *Qamūs* I S. 155 und as-Sam'ānī: *'Ansāb* II S. 176. – Die *kūrat aš-Šarqīyah* ist mit den *bilād al-'Aṭfīḥīyah*, der Gegend der etwa 70 km südlich von Kairo gelegenen Stadt Aṭfīḥ, gleichzusetzen. Sie entspricht dem 'Αφροδιτοπολίτης der byzantinischen Zeit, vgl. GROHMANN: *Geographie* S. 38, 40, Beilage II und RAMZĪ: *Qāmūs* II-3 S. 7. Vgl. ferner ↓ 35_2. – Der Ausdruck *min 'arḍi ṣa'īdi Miṣra* ist auch in APEL I 64_4 und ↓ 24_2 belegt. Vgl. auch *min ṣa'īdi Miṣra* APEL I 54_3.

4. Der Anfang dieser Zeile könnte etwa [*wa-minhunna n-naḫlatāni llatāni tu'*]*rafāni* gelautet haben; auch weiter im Text wird immer mit dem Personalsuffix der 3. Person Plural feminin auf die Dattelpalmen zurückverwiesen. Vgl. HOPKINS: *Studies* § 145a. – Der Name der beiden erstgenannten Dattelpalmen läßt sich nicht mit Sicherheit lesen; wahrscheinlich sind sie nach ihrer Sorte benannt und ist mit al-Miṣrī also "die ägyptische Sorte (von Dattelpalmen)" gemeint. Zu Dattelpalmen im mittelalterlichen Ägypten vgl. MÜLLER-WODARG: *Landwirtschaft* II S. 60ff. – Man beachte die Pleneschreibung des *ā* in *bi-hātayni*; vgl. dazu HOPKINS: *Studies* § 11. – Die Ergänzung des Namens [لـ]ـبـ[ـيـ]ـبه am Ende der Zeile ist durch Z. 6 gesichert. Statt Labībah sind mit gleichem *rasm* noch mehrere andere Lesungen möglich, vgl. aḏ-Ḏahabī: *Muštabih* S. 438.

5. Zwischen *'ilā* und *'Isḥāq* ist wahrscheinlich das Wort *naḫl* ausgefallen. Das darauf folgende *hāḏā l-bay'* halte ich für einen Schreibfehler; es muß hier *hāḏā l-bā'i'* gemeint sein.

7. Statt *an-naǧǧār* ("der Tischler") sind bei gleichem *rasm* noch mehrere andere Lesungen möglich, vgl. aḏ-Ḏahabī: *Muštabih* S. 519.

8. *wa-'arḍihinna wa-hawā'ihinna*: Aus anderen Kaufverträgen ist der Ausdruck *wa-'arḍihā wa-samā'ihā* (vgl. APEL I 54_6, 60_7, 64_{12}, 72_7) bekannt, dessen juristische Bedeutung jedoch nicht ganz klar ist. Vgl. dazu: WAKIN: *Documents* S. 82f. Aṭ-Ṭaḥāwī schließt sich der Meinung von Yusūf b. Ḫālid und Hilāl b. Yaḥyā an, die den Kauf der Luft für unrechtmäßig (*fāsid*) halten, vgl. aṭ-Ṭaḥāwī: *Buyū'* S. 13. – Mit der Phrase *wa-l-madḫali 'ilayhinna wa-l-maḫraǧi minhunna* muß gemeint sein, daß der Käufer das Recht hat, im Garten ein- und auszugehen.

9. Zu den *ḥuqūq* der Dattelpalmen gehörte das Recht auf Wasser aus einer Quelle. Im verlorenen Anfang der Zeile war vielleicht die Rede von einem bestimmten Besitzanteil an

dieser Quelle, an der Wasserrinne und an dem später im Satz erwähnten Bewässerungsgerät, wie in *wa-n-niṣfi wa-ṯ-ṯulti mina s-sāqiyati* BAU 21_{11}. Ausdrücke wie *al-bi'r al-mā' al-maʿīnah* sind häufig belegt, wobei öfters auch von einer zur Wasserquelle gehörenden *sāqiyah* die Rede ist. Vgl. *wa-l-bi'ru l-mā'u l-maʿīnu l-murakkabu ʿalā fuwwahatihā sāqiyatun ḫašabun kāmilatu l-ʿuddati wa-l-'ālati* CDAC $8r_{21}$ (S. 468); *wa-bi'run mā'un maʿīnun murakkabun ʿalā fuwwahatihā sāqiyatun ḫašabun ṣāliḥatu l-'idārati* CDAC $5r_{45}$ (S. 413); *wa-ḏātu l-bi'rayni l-mā'i l-maʿīnayni 'iḥdāhumā ʿalayhā sāqiyatun ḫašabun murakkabatun ʿalay[hā]* ALAD 4_7 und ferner CDAC $1r_{16}$ (S. 339), $7r_{11,31}$ (S. 444, 447), ALAD 22_5, APEL I 70_{12}, 71_{15}, ADCC 6v VI_3, VII_2, CAHEN: *Achat* $1_{158\text{-}163}$. Zu *maʿīn* vgl. LANE: *Lexicon* S. 2218. Im modernen ägyptischen Dialekt gibt es *mayyah muʿyan* (oder *miʿyin*) für "Quellwasser", vgl. HINDS–BADAWI: *Dictionary* S. 614. Zu ägyptischen Bewässerungsgeräten vgl. MÜLLER-WODARG: *Landwirtschaft* I S. 188ff; WINKLER: *Volkskunde* S. 430ff und Tafel 51-55; HINDS–BADAWI: *Dictionary* S. 975. – Zu *allatī minhā šurbu hāḏihi l-ǧināni l-kabīrati* vgl. *allatī šurbu hāḏā l-karmi minhā* BAU 21_{12}; *wa-minhu saqyun li-hāḏā l-faddāni* PS $20_{8\text{-}9}$. – Zu *wa-masīli l-mā'i 'ilayhinna* vgl. ↓ 7_8.

11. Der Ausdruck *al-maʿrūf bi-l-muḥaqqaq* ("als geprüft bekannt") bezieht sich auf die in Z. 10 erwähnten Dinare des Kaufpreises. Vgl. *mina l-ʿayni l-wāzini l-ǧayyidi l-muḥaqqaqi* ALAD 25_{16}, 41_4; *dīnāran (...) muḥaqqaqatan ṣiḥāḥan ǧiyādan* ALAD 34_6; *dīnāran (...) maġsūlatan muḥaqqaqatan* ALAD 12_{11}; *mina d-dīnāri (...) al-muḥaqqaqi l-maḫtūmi l-mutanaffiḏi bi-d-diyāri l-Miṣrīyati* WMT I $37_{8\text{-}9}$. Wahrscheinlich ist auch der von GROHMANN erwähnte Ausdruck *muḥtaqq* (vgl. *Einführung* S. 200) eine Verlesung von *muḥaqqaq*. – Zu den Formeln, in denen die Vollkommenheit des Kaufs bestätigt wird, vgl. ↓ 7_{11}. Zu *wa-lā ḫiyāra* vgl. APEL I 54_7, 61_{13}, 64_{15}, 70_{17}, CPA 54_{17}, ABBOTT: *Monasteries* 2_{11}, SOURDEL: *Actes* 3_{14}, ALAD 13_{14}. *wa-lā raǧʿata* ist in APEL I 64_{15} belegt. Der Ausdruck *qawl* wird meisten zusammen mit *ḥuǧǧah* ("Einwand, Ausrede") und *yamīn* ("Eid") verwendet, vgl. *barā'ata qabḍin wa-stīfā'in bi-ǧamīʿihi min kulli qawlin wa-ḥuǧǧatin wa-yamīnin* APEL I 68_{14} (und ähnlich $64_{18\text{-}19}$, 65_{17}, 66_{14}); *bari'a bihā min kulli qawlin wa-yamīnin wa-ḥuǧǧatin* PS 2_4; *wa-lā li-'aḥadin bi-sababihā* (statt l. نسبتها) *fīhi ḥaqqun wa-lā qawlun wa-lā mawriṯun wa-lā daʿwatun wa-la ṭalabatun wa-yamīnun* APEL II $121_{5\text{-}6}$; *wa-lam yabqā(!) li-wāḥidin minhumā (...) qalīlun wa-l[ā kaṯī]run wa-lā daʿwā wa-lā ṭalibatun wa-lā qawlun wa-lā ḥuǧǧatun wa-lā yamīnun* APEL II $138_{6\text{-}9}$. Gemeint muß sein, daß es keine Möglichkeit gibt, den Kauf durch irgendeine Aussage oder Erklärung rückgängig zu machen. Mit *wa-lā yada fīhi* wird ausgedrückt, daß das Kaufobjekt ausschließlich dem Käufer gehört, vgl. *wa-lam yabqa lahā (...) yadun wa-lā milkun wa-lā mawriṯun wa-lā šarikatun* APEL II $75_{16\text{-}17}$[1]; *wa-lam yabqa lahumā (...) ḥaqqun wa-lā ṭalabun bi-sababi milkin wa-lā btiyāʿin wa-lā yadin* (statt l. *b-d*) ALAD $5v_{13}$ und ferner *lā yada ʿalā yadihi* BAU 20_8, APB $15_{8\text{-}9}$ (dort l. *lā yada* statt *li-'abadin*)[2], CPA 59_{13}, RĀĠIB: *Archives* $2_{10\text{-}11}$; *lā yada ʿalayhi ʿalayhi ġayra yadihi* aṭ-Ṭaḥāwī: *Ṣaġīr* S. 510. Statt *[wa-]lā [ʿalā sabī]li rahnin* ist auch *[wa-]lā [bi-sabī]li rahnin* möglich, vgl. APEL I 61_{13}, 64_{16}, 70_{17}, 72_8, BAU 20_{11}, CPA 54_{17}.

12. Eine mögliche Ergänzung der Lücke im Text wäre: *qad qabaḍa 'Isḥāq ibn Barāyah hāḏā [ṯ-ṯamana tāmman wāfiyan wa-huwa 'arbaʿatu dan]ānī[ra wa-ṯulṯu dīnārin wa-'abra'ahu min ǧamīʿihi baʿda qabḍihi 'iyyāhu] min[hu*. Sicher ist, daß die Zeile eine Entlastungsformel enthalten hat, vgl. ↓ $7_{10\text{-}11}$.

13-14 *[min ḫāliṣi] mālihi mā balaġa*: Der verlorene Teil von Z. 13 hat die Vindikationsklausel enthalten; *mā balaġa* steht hier statt dem üblichen Ausdruck *kā'inan*

---

[1] Die von Grohmann edierteTextlücke am Anfang von Z. 17 scheint mir im Ms. zu fehlen.

[2] In RĀĠIB: *Archives* $3_{7\text{-}8}$ ist diese Stelle wohl richtig gelesen.

mā kāna wa-bāliġan mā balaġa ("was auch immer sei und auf wieviel auch immer es sich belaufe"), vgl. *min ḫāliṣi mālihi kā'inan mā kāna wa bāliġan mā balaġa* CPA $54_{19\text{-}20}$ und ähnlich BAU 20_{10}, 21_{20}, APEL I 57_{17}, 60_{11}, 61_{15}, PS $20_{16\text{-}17}$, Frantz-Murphy: *Comparison* I 1_{13}, $2_{12\text{-}13}$, Rāġib: *Archives* 2_{13}, 8_{13}. – Die auf *ḥattā yuḫallisa* folgende Textlücke ist nicht mit Sicherheit zu ergänzen. Vgl. *ḥattā yuḫallisū* [...] *ʿalā ma yūǧibuhu l-ḥaqqu wa l-ḥukmu min raddi ṯamanin* [...][1] *wa-qalīlin wa kaṯīrin* APEL II $75_{15\text{-}16}$; *wa-tuḫalliṣu lahu ḏālika* (...) *ʿalā mā yūǧibuhu šarṭu bayʿi l-'islāmi wa-ʿuhdatihi* APEL I $61_{15\text{-}16}$; *ḥattā yuḫalliṣuhu min*[ALAD 8_{15}. Zu *ḫlṣ* II in diesem Kontext vgl. Frantz-Murphy: *Comparison* II S. 110 und ABPP S. 78. – Auf die Vindikationsklausel muß die Zeugnisklausel mit *šuhida ʿalā 'iqrāri* usw. gefolgt sein. Zwischen *Mūsā* und *ibn Maṭrūḥ* ist *ibn ʿUmar ibn al-Ḥasan* ausgefallen, vgl. Z. 2.

15-16 Zur Ergänzung dieser Zeilen vgl. ↓ $7_{14\text{-}16}$. *ṭā'iʿāni ġayra mukrahāni*(!) Z. 15 steht überkorrekt statt richtig *ṭā'iʿayni ġayra mukrahayni*, vgl. Hopkins: *Studies* § 85b. Die Größe der in Z. 16 nach der Identifikationsformel übrigbleibenden Lücke von etwa 30 Buchstaben würde genau für die Datierung ausreichen, und es scheint mir deshalb nicht unwahrscheinlich, daß der am Ende der Zeile noch erhaltene Buchstabe ـه zur [*mi'*]*ah* der Jahreszahl gehört hat.

10.

Vertrag über die Trennung des Eigentums zweier Häuser
(Tafel 10)

A. Ch. 10254 | Papier | 27 x 18 cm | Raǧab 451 d. H.
(13. VIII. – 12. IX. 1059 n. Chr.)

Gelbbraunes Hadernpapier, Schöpfgitterstäbe parallel zur Schrift. Das Blatt ist vollständig erhalten; die Ränder sind geschnitten. Waagerechte Faltungen bei 4,5; 8; 13; 18; 23 cm, vom oberen Rand gemessen; eine senkrechte Faltung bei 8 cm Abstand, vom rechten Rand gemessen. An den Faltlinien gibt es einige kleine Löcher. Schwarze Tinte. Verso ist leer.

Es handelt sich bei der Urkunde um die Trennung des Eigentums zweier Häuser zwischen dem Kopten Yuḥannis b. Sisinnah und seiner Schwester, deren Namen *Dwyz* geschrieben ist, beide Einwohner des Dorfes Ṭuṭūn in der Provinz al-Fayyūm. Es wird bezeugt, daß die beiden anerkannt haben, daß jeder von ihnen ein Haus bekommt: Yuḥannis das große Haus, bekannt als das Haus von Sisinnah, und seine Schwester das kleine Haus, bekannt als das Haus von Ismāʿīl, und die neben dem Haus gelegene Küche. Die beiden Häuser standen in einem koptischen Viertel, wie sich aus den Namen der angrenzenden Häuser ergibt. Eine zusätzliche Bedingung der Übereinkunft ist die Bezahlung eines halben Dinar durch die Schwester an Yuḥannis.

Der Hintergrund dieser Übereinkunft könnte eine Erbschaftsfrage gewesen sein. Wahrscheinlich gehörten die beiden Häuser dem Vater – vom erstgenannten Haus ist dies auch aus dem Text zu schließen – und wurden nach seinem Tod zwischen seinen Kindern verteilt. Vergleichbaren Inhalt bieten die Urkunden APEL II 138, APH 1, BAU 17, Rāġib:

[1] Grohmann hat an dieser Stelle [*bi*]*hi* ergänzt, was aufgrund der Größe der Lücke nicht stimmen kann. Eine bessere Möglichkeit scheint mir [*wa-qīma*]*tin*, vgl. *min raddi ṯamanin wa-qiyāmin bi-qīmatin wa-taslīmin min qalīlin wa-kaṯīrin* ALAD 4_{26}, 5_{22} und ähnliche Phrasen in ALAD 8_{15}, 11_{17}.

Documents 2, PS 3 und 4.

Die Urkunde ist in einer großen, deutlichen Kursivschrift geschrieben. Der Text enthält mehrere Auslassungen und Schreibfehler, von denen die orthographisch falsche Schreibung وبهى (Z. 8, 14) für *wa-bihi* am auffallendsten ist. Jedoch muß der mit Namen erwähnte Schreiber ein geübter Notar gewesen sein, weil von seiner Hand bereits mehrere Urkunden bekannt sind, vgl. den Kommentar. Diakritische Punkte sind an mehreren Stellen gesetzt; *sīn* wurde an einigen Stellen mit einer schrägen Linie auf dem Buchstaben markiert.

Text

١ صح ذلك عندى وكتب

٢ بسم الله الرحمن الرحيم الحسن بن ابرهيم بن رزق بخطه

٣ شهد الشهود ⟦الى⟧المسمون اخر هذا الكتاب منهم من كتب بخطه و⟨مـ⟩ـنهم ⟨من كتب⟩

٤ عنه بامره ومحضره على اقرار يحنس واخته /دويز\ ولدى سسنه الملقـ{ـلـ}ـب

٥ بالمغفل وهما جميعا من سكان ططون من قرا كورة الفيوم فصار لـ⟨ـيـ⟩ـحـ{ـيـ}ـنس
بن سسنه

٦ جميع المنزل الكبير المعروف بسسنه بحده وحدوده وسفله

٧ وعلوه وخشبه وابوابه وطيونه وحجارته حد حدود هذا ⟨ا⟩لمنزل

٨ حده الاول وهو القبلى ينتهى الى الطريق المار⟨ة⟩ وبهى يشرع الباب ومنه

٩ المدخل والمخرج وحده الثانى وهو البحرى ينتهى الى منزل سقيل

١٠ والحد الثالث وهو الشرقى ينتهى ⟨الى⟩ الطريق المارة وحده الرابع وهو الغربى

١١ ينتهى الى منزل تدوسه وصار لدويز ابنت سسنه المنزل

١٢ الصغير وهو المعروف باسمعيل والـ⟨ـمـ⟩ـطبخ الذى بحرى المنزل بحده

١٣ وحدوده حده الاول وهو القبلى ينتهى الى منزل سريه وحده الثانى وهو

١٤ البحرى ينتهى الى الطريق المارة وبهى يشرع الباب ومنه المدخل والمخرج

١٥ وحده الثالث وهو الشرقى ينتهى الى منزل يحنس قلقا وحده الرابع

١٦ وهو الغربى ينتهى الى الطريق المارة وكتب ذلك وبذلك اصطـ[ـلـ]ـحوا وانتصفوا

١٧ وكتب ذلك فى سلخ رجب سنة احدا وخمسين واربع ماية وعلى

١٨ ان دويز يدفع الى يحنس نصف دينار زيادة شهد طاهر بن عليان بجميع

ما فى هذا الكتاب

١٩ (linke Spalte) وكتب بخطه فى تاريجه شهد ابو الحسين

٢٠ (linke Spalte) بجميع ما فى هذا الكتاب وكتب عنه بامره

٢١ (linke Spalte) ومحضره شهد سعيد بن عليان بن ابرهيم

٢٢ (linke Spalte) بجميع ما فى هذا الكتاب وكتب

١٩ (rechte Spalte) شهد محمد بن موسى بن عبيد على اقرا<ر> يحنس واخته

٢٠ (rechte Spalte) بجميع ما فى هذا الكتاب وكتب عنه صالح بامره

٢١ (rechte Spalte) ومحضره شهد صالح بن محمد بن موسى بجميع

٢٢ (rechte Spalte) ما فى<هذا الكتاب> وكتب بجطه فى تاريخه

---

٣ شهد . المسمون – ٤ اقرار . دويز . الملقلب – ٥ قرا . فصار . لحينس – ٦ الكبير – ٧ حشه . ابوانه . حارته – ٨ الطربق . يشرع – ٩ سقيل ١٠. الغربى – ١١ تدوسه . لدويز – ١٥ الشرقى . قلقا – ١٨ الكباب – ٢١ علبان

Übersetzung

1-2 (linke Spalte) Dies ist bei mir beglaubigt geworden, und es hat al-Ḥasan b. Ibrahīm b. Rizq mit seinem Schriftzug geschrieben.

2. Im Namen Gottes, des Barmherzigen und Gnädigen!

3. Es bezeugen die am Ende dieser Urkunde genannten Zeugen - unter denen gibt es welche, die mit eigenem Schriftzug unterschrieben haben, und welche

4. an deren Stelle auf ihren Befehl und in ihren Anwesenheit <unterschrieben wurde> - das Anerkenntnis von Yuḥannis und seiner Schwester *Dwyz*, den beiden Kindern des Sisinnah, beigenannt

5. al-Muġaffal, beide wohnhaft in Ṭuṭūn, einem Dorf in der Provinz al-Fayyūm. Es fällt Yuḥannis b. Sisinnah

6. das ganze große Haus, bekannt als das (Haus) von Sisinnah, mit seinen Grenzen, seinem unteren

7. und oberen Teil, seinem Holz, seinen Türen, seinem Lehm und seinen Steinen zu. Von den Grenzen des Hauses

8. reicht die erste, die südliche, bis zur Durchgangsstraße zu der die Tür,

9. die Ein- und Ausgang (des Hauses) ist, Zugang bietet. Die zweite Grenze, die nördliche, reicht bis zum Haus von Siqīl,

10. die dritte und östliche Grenze reicht <bis zu> der Durchgangsstraße und die vierte und westliche Grenze

11. reicht bis zum Haus von Tidūsah. Es fällt *Dwyz*, Tochter von Sisinnah, das kleine Haus zu,

12. das bekannt ist als das (Haus) von Ismāʿīl, und die Küche, die nördlich vom Haus liegt, mit seinen (sc. des Hauses)

13. Grenzen. Die erste Grenze, die südliche reicht bis zum Haus von Sariyah. Die zweite Grenze,

14. die nördliche, reicht bis zur Durchgangsstraße, zu der die Tür, die Ein- und Ausgang (des Hauses) ist, Zugang bietet.

15. Die dritte Grenze, die östliche, reicht bis zum Haus von Yuḥannis Qalqā, und die vierte

16. und westliche Grenze reicht bis zur Durchgangsstraße. Dies wurde beurkundet, und über dies haben sie sich geeinigt und eine gerechte Vereinbarung getroffen.

17. Es wurde am Ende des (Monats) Raǧab des Jahres vierhunderteinundfünfzig geschrieben. Und es ist bedingt,

18. daß *Dwyz* an Yuḥannis zusätzlich einen halben Dinar bezahlen wird. Es bezeugt Ṭāhir b. ʿAlyān alles, was in dieser Urkunde steht,

19. (linke Spalte) und er hat mit seinem Schriftzug am Datum dieser Urkunde unterschrieben. Es bezeugt Abū l-Ḥusayn

20. (linke Spalte) alles, was in dieser Urkunde steht, und es wurde für ihn auf seinen Befehl

21. (linke Spalte) und in seiner Anwesenheit unterschrieben. Es bezeugt Saʿīd b. ʿAlyān b. Ibrāhīm

22. (linke Spalte) alles, was in dieser Urkunde steht, und er hat unterschrieben.

19. (rechte Spalte) Es bezeugt Muḥammad b. Mūsā b. ʿUbayd, daß Yuḥannis und seine Schwester

20. (rechte Spalte) alles, was in dieser Urkunde steht, anerkannt haben, und Ṣāliḥ hat für ihn unterschrieben auf seinen Befehl

21. (rechte Spalte) und in seiner Anwesenheit. Es bezeugt Ṣāliḥ b. Muḥammad b. Mūsā alles,

22. (rechte Spalte) was in <dieser Urkunde> steht, und er hat mit seinem Schriftzug am Datum dieser Urkunde geschrieben.

Kommentar

1-2 (linke Spalte): Legalisierungsvermerke dieser Art sind in Urkunden ab dem 4. Jahrhundert öfters belegt, vgl. Grohmann: *Einführung* S. 122ff. Der Notar al-Ḥasan b. Ibrāhīm b. Rizq hat auch die Urkunden BAU 22 (407 d. H.), PS 20 (dort l. *al-Ḥasan* Z. 2 statt *al-Ḥusayn*) und CPA 39, beide aus dem Jahr 456 d. H., geschrieben und auf ähnliche Art vermerkt.

3-4 Zwischen *ʾalif* und *lām* in *al-musammawna* Z. 3 ist noch deutlich لى zu erkennen. Wahrscheinlich ist zuerst *šahida š-šuhūdu ʿalā* geschrieben und dies dann gleich verbessert worden. – Es wird in der Einleitungsformel darauf hingewiesen, daß die Zeugenunterschriften zum Teil von den Zeugen selber (*bi-ḫaṭṭihi*) und zum Teil für sie auf ihren Befehl und in ihrer Anwesenheit (*ʿanhu bi-ʾamrihi wa-maḥḍarihi*) von anderen eingetragen wurden. Der Schreiber hat eine Formel wie *šahida š-šuhūdu l-musammawna ʾāḫira hāḏā l-kitābi wa-minhum man kataba bi-yadihi wa-minhum man kutiba ʿanhu bi-ʾamrihi wa-maḥḍarihi* PS 3_4 und ähnlich PS 4_{2-3}, BAU 14_{2-3} beabsichtigt. Vgl. auch *fa-šahidū bi-ḏālika* (...) *minhum man ʾaṯbata šahādatahu bi-ḫaṭṭihi wa-minhum man ʾuṯbita ʿanhu* Diem: *Rechtsurkunden* 3_{9-10}. Das *mīm* in *minhum* Z. 3 und die Wörter *man kutiba* sind im Ms. ausgefallen. – Einleitungsformeln nach dem Schema *šahida* ... *ʿalā ʾiqrāri fulānin* werden normalerweise mit *ʾanna* fortgesetzt. Im vorliegenden Text folgt aber *fa-ṣāra* Z. 5, eine juristisch nicht einwandfreie Formulierung, weil nicht explizit aus ihr hervorgeht, worauf sich das Anerkenntnis bezieht.

4-5 Yuḥannis steht für kopt. ⲒⲰϨⲀⲚⲚⲎⲤ. Dieser Name ist in arabischen Urkunden sehr häufig belegt, vgl. APEL II S. 251. Für den Namen der Schwester: دويز (hier und in Z. 11 diakritisch punktiert) ist mir kein koptisches Äquivalent bekannt. Am nächsten kommt noch ⲆⲞⲨⲈⲒ (vgl. Heuser: *Personennamen* S. 35), was aber für den letzten Buchstaben keine Erklärung bietet. Sisinnah gibt den koptischen Namen ⲤⲒⲤⲒⲚⲚⲀ wieder, vgl. APEL I S. 179. – *al-mulaqqab* wurde versehentlich اللقلب geschrieben. Statt al-Muġaffal sind für den *laqab* in Z. 5 bei gleichem *rasm* noch mehrere andere Lesungen möglich, vgl. aḏ-Ḏahabī:

Muštabih S. 493. – Zur Schreibung von *qurā* Z. 5 mit *'alif* statt *yā'* vgl. HOPKINS: *Studies* § 12a. – Das *yā'* in *li-Yuḥannis* Z. 5 ist versehentlich nach dem *ḥā'* statt davor geschrieben.

6. Die im Dokument verwendeten Begrenzungs- und Pertinenzformeln sind die gleichen wie in Kaufverträgen. – Die etwas merkwürdige Phrase *bi-ḥaddihi wa-ḥudūdihi* ist auch in APEL I 54_6, 57_5, 60_7, 62_7, 64_{12}, 67_{11} belegt und wurde von GROHMANN mit "to its limit and its boundaries" übersetzt. Statt dessen wird auch *bi-ḥudūdihā kullihā*: "mit allen seinen Grenzen" (vgl. aṭ-Ṭaḥāwī: *Buyū'* S. 3 und ↓ 7_7, 8_4) verwendet, in welchem Sinn auch vorliegende Stelle zu verstehen ist. Die paronomastische Beiordnung bildet den Ausdruck der Totalität, vgl. RECKENDORF: *Paronomasie* S. 144f. – Zu *wa-suflihi wa-'ulūwihi* vgl. ↓ 7_7.

7-8 *wa-ṭuyūnihi*: *ṭīn* kann neben "Lehm" auch "Ackerboden" bedeuten. Weil das Wort hier in Zusammenhang mit *ḫašab* ("Holz") und *ḥiǧārah* ("Steinen") verwendet wird, sind wahrscheinlich die aus Lehm hergestellten Teile des Hauses gemeint. Dafür spricht auch die Pluralform *ṭuyūn*, die statt *'aṭyān* ("Äcker, Ländereien") verwendet wird. – Das *ǧīm* in *ḥiǧāratihi* ist später eingefügt worden. – Die Phrase *ḥaddu ḥudūdi hāḏā l-manzili ḥadduhu l-'awwalu* ist ein Anakoluth. Es muß hier eine Konstruktion wie *ḥaddu ḥudūdi hāḏā l-manzili l-'awwalu* APEL I 62_5 gemeint sein, die aber durch *ḥadduhu* unterbrochen wurde. Vgl. auch die im Kommentar zu ↓ 7_4 erwähnten Belege. – In *aṭ-ṭarīqi l-mārr<ati>* Z. 8 ist die Femininendung, welche in Z. 10, 14 und 16 wohl geschrieben wurde, ausgefallen. Der Ausdruck ist ein Vulgarismus statt des üblichen *ṭarīq al-mārrah*, wie es z. B. in APEL I 54_4, 59_5, 70_{11} und ↓ 7_4, 8_2 belegt ist. Vgl. HOPKINS: *Studies* § 181b. – *bihi* Z. 8, 14 wird بهي geschrieben.[1] Für diese Schreibweise des Personalsuffix *-hi* sind mir keine weiteren Belege bekannt. Auch wird sie weder von HOPKINS (vgl. *Studies* § 4b) noch von BLAU (vgl. *Grammar* § 8.8) erwähnt. Bemerkenswert ist, daß *bihi* in PS 20_{11} vom gleichen Notar mit richtiger Orthographie geschrieben ist.

9. Siqīl entspricht dem koptischen Namen CIKIHλ, vgl. HEUSER: *Personennamen* S. 110.

10. Nach *yantahī* ist das Wort *'ilā* ausgefallen.

11. Tidūsah steht für kopt. ΘЄϢⲀϢCЄ, vgl. HEUSER: *Personennamen* S. 90.

12. Der Name Ismā'īl war sowohl unter Kopten (ICMⲀHλ) als unter Muslims verbreitet, vgl. HEUSER: *Personennamen* S. 107, MAA S. 77f. In Urkunden wird dieser Name meistens ohne *'alif* für *ā* geschrieben, vgl. HOPKINS: *Studies* § 9c.

13. سريه ist nach aller Wahrscheinlichkeit als *Sariyah* (kopt. CⲀPIⲀC) zu lesen. Eine Lesung als *Sarinah*, dem Frauennamen CЄPINЄ entsprechend, ist aber nicht ganz auszuschließen. Vgl. HEUSER: *Personennamen* S. 35, APEL I S. 190.

15. Qalqā steht für kopt. KЄλKЄ, vgl. HEUSER: *Personennamen* S. 97.

16. *wa-bi-ḏālika ṣṭa<la>ḥū wa-ntaṣafū*: Das *lām* in *iṣṭa<la>ḥū* ist ausgefallen. *ṣlḥ* VIII ("sich einigen, sich miteinander versöhnen") ist ein juristischer Ausdruck, der auch aus anderen Urkunden bekannt ist, vgl. APH 1_5, CPA 19_2. Es wäre zu *ṣlḥ* VIII die Präposition *'alā* zu erwarten; der im Text verwendeten Präposition *bi-* liegt vielleicht ein Zeugma der beiden Verben zugrunde. Durch *nṣf* VIII ("die Mitte erreichen") wird die Billigkeit der Übereinkunft angedeutet.

17-18 Zur Schreibung von *'iḥdā* mit *'alif* statt *yā'* vgl. HOPKINS: *Studies* § 12. – Mit der Datierung wird normalerweise der Vertragskörper abgeschlossen; daß darauf noch eine Klausel folgt, ist ungewöhnlich.

---

[1] Für unwahrscheinlich halte ich eine Lesung als *bihā*. Zwar kann *ṭarīq* sowohl maskulin als feminin sein, aber in den mir bekannten urkundlichen Belegen wird immer das Possesivsuffix der 3. Person Sing. mask. verwendet.

18-22 Ṭāhir b. ʿAlyān (Z. 18) ist auch Zeuge in CPA 39_{16}; Saʿīd b. ʿAlyān b. Ibrāhīm (Z. 21, linke Spalte) wird ein Bruder von ihm gewesen sein. Der Zeuge Abū l-Ḥusayn (Z. 19, linke Spalte), für den Ṭāhir b. ʿAlyān unterschrieben hat, tritt in PS 20_{21} unter dem Namen Abū l-Ḥusayn b. Anǧaḥ auf. Es hat dort sein Sohn (*waladuhu* PS 20_{22}) für ihn unterschrieben. Der Zeuge Ṣāliḥ b. Muḥammad b. Mūsā (Z. 21, rechte Spalte) hat auch die Unterschrift für seinen Vater Muḥammad b. Mūsā b. ʿUbayd (Z. 19, rechte Spalte) eingetragen. Die Lesung *Mūsā* (Ms. könnte auch *Mu'min* gelesen werden) ist gesichert durch PS 20_{18}, wo Ṣāliḥ b. Muḥammad b. Mūsā ebenfalls als Zeuge auftritt.

11.

Protokoll über die Wertermittlung einer Straßenüberdachung
(Tafel 11)

A. Ch. 23050 (PERF 1322)	Papier	19,3 x 27,7 cm	18. Ramaḍān 674 d. H. (6. III 1276 n. Chr.)

Kodexblatt, hellbraunes Hadernpapier, Schöpfgitterstäbe parallel zur Schrift. Die geschnittenen Ränder des Blattes sind erhalten. Einstichlöcher an der senkrechten Mittelfalte. Das Blatt ist rechts und links von dieser Falte beschrieben. Die rechte Seite ist an einigen Stellen durchlöchert. Waagerechte Faltungen bei 3,5; 7; 12,2; 13; 15; 17,2 cm, vom oberen Rand gemessen; senkrechte Faltungen bei 7; 14; 21 cm, vom linken Rand gemessen. Nach Angabe von KARABACEK war das Papier auf kunstvolle Weise lanzettförmig gefaltet, wie es auch die noch deutlich sichtbaren schrägen Faltlinien zeigen. Schwarze Tinte. Verso ist leer.

Zu dieser aus der frühen Mamlūkenzeit stammende Urkunde schrieb KARABACEK (PERF S. 271f): "Protokoll, vor dem Khādhi aufgenommen, über die Erklärung zweier Einwohner von el-Uschmūnein, ihren vertragsmäßigen Verpflichtungen nachkommen zu wollen. Dieselben betreffen den Ausbau eines gedecktenVerbindungsganges in der Höhe des Kreuzweges, welcher zur 'el-Hāddsch Chalīl-ibn-Hasān'-Straße, auch genannt 'Straße des Kreuzes' in el-Uschmunein führt."

KARABACEKS Interpretation wird durch den Text nicht bestätigt. Vielmehr handelt es sich um die Wertermittlung einer Straßenüberdachung (*sābāṭ*) in der Stadt al-Ušmūnayn durch zwei als Zeugen auftretende Sachverständige (*ʿārifīn bi-qiyam al-'amlāk*).

Die Überdachung wird nach ihrer Lage und ihren Ausmaßen in der Urkunde genau beschrieben. Sie überdachte einen etwa 8 Meter langen Teil einer in Nord-Süd-Richtung laufenden Straße, welche durch das Viertel des Ḥāǧǧ Ḫalīl b. Ḥassān, auch bekannt als Ḫaṭṭ aṣ-Ṣalīb, führte, und formte eine Verbindung zwischen den Häusern auf beiden Seiten der Straße. Diese waren die zwei einander gegenüberliegenden Häuser des Richters Taqīyaddīn Abū l-Faḍl Ǧaʿfar und ein weiteres Haus auf der östlichen Seite der Straße, das Farīd Abū Bakr b. al-Ḥāǧǧ Ḫalīl gehörte. Bei der Wertermittlung handelt es sich um die tragende Konstruktion dieser Überdachung, die wahrscheinlich bogenförmig gestaltet war, und deren Wert auf dreißig *nuqrah*-Dirham taxiert wird.

Hintergrund der Urkunde muß der Verkauf der Überdachung gewesen sein, wie aus *fī bayʿihi* II Z. 2 hervorgeht. In mamlūkischen Kaufverträgen ist öfters davon die Rede, daß der Wert eines Kaufobjekts von Sachverständigen festgestellt oder überprüft wird. Dieses Verfahren war besonders dann üblich, wenn das Kaufobjekt Besitz der Staatskasse (*bayt al-māl*) war, oder wenn es sich um den Verkauf aus einem *waqf* handelte (*istibdāl*).[1] Ein solcher Fall hat nach aller Wahrscheinlichkeit auch der vorliegenden Urkunde zugrunde gelegen.

Die Urkunde ist in einer deutlichen, etwas eckigen Kursivschrift mit zahlreichen Ligaturen geschrieben. Diakritische Punkte sind öfters gesetzt, wobei Doppelpunkte meistens zu einem kurzen Strich verbunden sind. An einigen Stellen sind schräge Striche, wahrscheinlich als eine Art von Verzierung, über die Buchstaben gesetzt.

Text

I

١ بسم الله الرحمن الرحيم

٢ شهد من يضع خطه اخره من العدول المرجوع الى اقوالهم

٣ شرعا العارفين بـ[ـقـ]ـيم الاملاك انهم صاروا الى الساباط

٤ التى على علو بعض الشارع المسلوك فى الحارة المعروفة

٥ بالحاج خليل بن حسان وتعرف ايضا بخط الصليب

٦ بمدينة الاشمونين وذرعه من الجهة القبلية اربعة اذرع ومن

٧ الجهة البحرية خمسة اذرع ومن الجهة الشرقية اثنا عشر ذراعا

٨ يقابله من الغرب مـ[ـثل ذلـ]ـك كل ذلك بذراع العمل ويشتمل

٩ عليه حدود اربعة [قبـ]ـليه الى الفضا من الشارع المذكور وبحريه

١٠ الى فضا الشارع المذكور وشرقيه الى علو منزل بيد القاضى

١١ الاجل الصدر الرييس العدل الامين تقى الدين ابو الفضل جعفر

١٢ ومن يشركه وبعضه الى علو منزل بيد فريد ابو بكر بن

١٣ الحاج خليل وغربيه الى علو منزل القاضى تقى الدين المذكور وعاينوا

---

[1] Vgl. z. B. WMT I 35 (743 d. H.): Verkauf eines Grundstücks aus dem Besitz des *bayt al-māl*; CDAC 8 (864 d. H.): Verkauf eines Badehauses aus dem *waqf* von Nūraddīn ʿAlī aṭ-Ṭanbadī; CDAC 9 (911 d. H.): Verkauf von Immobilien aus dem *waqf* von Bašbak al-Atābakī. Zum Verkauf von Besitztümern der Staatskasse durch den *wakīl bayt al-māl* vgl. auch an-Nuwayrī: *Nihāyat* IX S. 66f und al-Asyūṭī: *Ǧawāhir* I S. 100f.

١٤ ذلك وقوموا الـقـ[ـوس] الحامل للساباط المذكور القيمة المعادلة

١٥ فكانت القيمة عنه من [الدراهم] النقرة البيضا المسكوكة المتعامل بها

II

١ ثلثين (در)هما نصفها خمسة عشر (در)هما وانه ليس يضر بالمارة وان الحظ

٢ والمصلحة فى بيعه بالثمن المذكور يعلمون ذلك ويشهدون به

٣ ولما سالهم من جازت مسالته تسطير شهادتهم تلك اجابوا

٤ وسطر من ساله بتاريخ ثامن عشر شهر رمضان المعظم قدره

٥ من شهور سنة اربع وسبعين وستماية   اشهد بمضمونه

٦ اشهد بمضمونه وكتبه   وكتب على بن عبد الحميد بن على بخطه

٧ احمد بن على بن الفضل   فى (تار)يخه

٨ الاشمونى فى (تا)ريخه ذلك

I- ١ بسم – ٢ من . خطه . اخره . الي – ٣ شرعا . انهم . الي . الساباط – ٤ علي . الشارع .
المعروفة – ٥ حليل . حسان . بعرف . ابضا . الصليب – ٦ من . من . العبليه – ٧ الشرفه –
٩ اربعه . الفضا – ١٠ شرفه . الي . بيد . العاصي – ١١ جعفر – ١٢ بشركه . بعضه . الي –
١٣ العاصي . عاينوا – ١٤ قوموا . للساباط – ١٥ السضا

II- ١ ليس . يضر – ٢ المصلحة . به – ٣ مسالته . تسطر . احابوا – ٥ سنه . ستمابه –
٦ بمصمونه

Übersetzung

I

1. Im Namen Gottes, des Barmherzigen und Gnädigen!

2. Es bezeugen diejenigen, die am Ende dieser Urkunde unterschrieben haben - sie gehören zu den unbescholtenen Zeugen, deren Aussagen

3. gesetzesgemäß in Anspruch genommen werden, und zu den Kennern des Wertes der Besitztümer - daß sie sich begeben haben zu der Überdachung,

4. welche gelegen ist in der Höhe über einem Teil der Straße, die führt durch das Viertel, das bekannt ist

5. als das Viertel des Ḥāǧǧ Ḫalīl b. Ḥassān und auch bekannt ist als Ḫaṭṭ aṣ-Ṣalīb,

6. in der Stadt al-Ušmūnayn. Ihre Abmessungen sind auf der südlichen Seite vier Ellen, auf

7. der nördlichen Seite fünf Ellen, auf der östlichen Seite zwölf Ellen

8. und dagegenüberliegend im Westen [das gleiche], all dies gemäß der Werkelle. Es umschließen

9. sie vier Begrenzungen: nach dem Süden der offene Raum der erwähnten Straße, nach dem Norden

10. der offene Raum der erwähnten Straße, nach dem Osten der obere Teil eines Hauses im Besitz des erhabenen Richters,

11. des zuverlässigen und rechtschaffenen Vorgesetzten, Taqīyaddīn Abū l-Faḍl Ǧaʿfar

12. und seiner Genossen und zum Teil der obere Teil eines Hauses im Besitz von Farīd Abū Bakr b.

13. al-Ḥāǧǧ Ḫalīl, und nach dem Westen der obere Teil des Hauses des erwähnten Richters Taqīyaddīn. Sie haben dies in Augenschein genommen

14. und sie haben den tragenden Bogen(?) der erwähnten Überdachung nach seinem angemessen Wert geschätzt,

15. und der Wert dieses war in Form geprägter weißer *nuqrah*-[Dirhams], wie sie in Gebrauch sind,

II

1. dreißig Dirham, deren Hälfte fünfzehn Dirham beträgt. Er (sc. der Bogen) schadet den Passanten nicht, und

2. ein Verkauf für den erwähnten Preis ist als glücklich und vorteilhaft zu betrachten. Sie wissen dieses und bezeugen es,

3. und da jemand, der berechtigt war, eine solche Bitte zu äußern, sie gebeten hat, ihr Zeugnis niederzuschreiben, haben sie ihm (seiner Bitte) Folge geleistet,

4. und es haben diejenigen, die er gebeten hat, unterschrieben am Datum des achtzehnten des hochgeschätzten Monats Ramaḍān

5. des Jahres sechshundertvierundsiebzig. Ich bezeuge den Inhalt dieser Urkunde.

6. (linke Spalte) Es schrieb ʿAlī b. ʿAbdalḥamīd b. ʿAlī mit seinem Schriftzug

7. (linke Spalte) am Datum der Urkunde.

6. (rechte Spalte) Ich bezeuge den Inhalt dieser Urkunde. Es schrieb

7. (rechte Spalte) Aḥmad b. ʿAlī b. al-Faḍl

8. (rechte Spalte) al-Ušmūnī an jenem Datum der Urkunde.

KOMMENTAR

I

2-3 Zur Einleitungsformel *šahida man yaḍaʿu ḫaṭṭahu ʾāḫirahu* vgl. ↓ 6_1 und ferner *yašhadu man yaḍaʿu smahu ʾāḫirahu* CDAC $3r_{\text{Rand I Z. 1}}$ (S. 378), $4r_{\text{Rand I Z. 1}}$ (S. 395), $8r_{\text{Rand II Z. 2}}$ (S. 477), $9r_{\text{Rand II Z. 2}}$ (S. 495). – Zu *mina l-ʿudūli l-marǧūʿi ʾilā ʾaqwālihim šarʿan al-ʿārifīna bi-qiyami l-ʾamlāki* vgl. *šuhūduhu (...) min ʾahli l-ḫibrati bi-qiyami l-ʾamlāki bi-l-Qudsi š-šarīfi* WMT I $35_{11\text{-}12}$; *wa-ṣuḥbatahu ʿudūlu l-qīmati wa-ʾarbābu l-ḫibrati* al-Asyūṭī: *Ǧawāhir* I S. 100; *min šuhadāʾi l-qīmati ʾarbābi l-ḫibrati bi-qīmati l-ʾarāḍī wa-ʾaǧrihā wa-l-ʿaqārāti wa-qīmatihā wa-l-ʾabniyati wa-ʿuyūbihā* CDAC $8r_{\text{Rand II Z. 2}}$ (S. 477); *mina l-muhandisīna ʾarbābi l-ḫibrati bi-mā yašhadūna bihi fīhi* CDAC $9r_{\text{Rand II Z. 2}}$ (S. 495); *wa-yašhadu fī ʾāḫirihi šuhūdu l-qīmati miṯāluhu yaqūlu kullu wāḥidin min fulānin wa-fulānin al-muhandisayni ʿalā l-ʿaqāri bi-l-baladi l-fulānīyi* an-Nuwayrī: *Nihāyat* IX S. 67 und ferner CDAC $8r_{57}$ (S. 474), $9r_{19}$ (S. 488). Bei der Wertermittlung eines Kaufobjekts wurden die *šuhūd al-qīmah* einberufen. Diese häufig als *muhandisūn* bezeichneten Sachverständigen gehörten zu den beim Gericht registrierten Zeugen (*ʿudūl*), deren Unbescholtenheit von dem *qāḍī* anerkannt war. Vgl. SCHACHT: *Introduction* S. 125, 195 und ↓ $17_{8\text{-}10}$. Die mir bisher unbekannte Formel *al-marǧūʿ ʾilā ʾaqwālihim šarʿan* verweist auf die Möglichkeit, sich vor dem Gericht auf die Aussagen der *ʿudūl* zu berufen. – Zu *sābāṭ* vgl. LANE: *Lexicon* S. 1295: "A roof between two walls, or between two houses, having beneath it a road, or way, or passage."

4-5 Man beachte *allatī* Z. 4 statt *allaḏī* mit Bezug auf maskulines *sābāṭ*. Öfters belegt ist die Verwendung von *allaḏī* statt *allatī*, vgl. HOPKINS: *Studies* § 289-290. – KARABACEK meinte, es sei die Rede von einem gedeckten Verbindungsgang, "welcher zur 'el-Häddsch Chalīl-ibn-Hasān'-Straße, auch genannt 'Straße des Kreuzes' in el-Uschmunein führt." Etwas problematisch sind hier die Begriffe *ḥārah* und *ḫaṭṭ*, die sowohl mit der Bedeutung "Straße, Gasse" als auch mit der Bedeutung "Viertel" verwendet werden. Letztere Bedeutung ist, auf jeden Fall was *ḫaṭṭ* angeht, in ägyptischen Urkunden jedoch die übliche, also wird an vorliegender Stelle wahrscheinlich eine Straße (*šāriʿ*) gemeint sein, die durch das Viertel des Ḥāǧǧ Ḫalīl b. Ḥassān, auch bekannt als Ḫaṭṭ aṣ-Ṣalīb, führte. Zu den Begriffen *ḫaṭṭ* und *ḥārah* vgl. GARCIN: *Toponymie* S. 131f und ferner ↓ 7_3.

6-8 Zur Werkelle (*ḏirāʿ al-ʿamal*), vgl. ALAD S. 165 und GROHMANN: *Einführung* S. 173f. Nach Angabe von HINZ (*Masse* S. 55) entspricht sie etwa 66,5 cm, also ergibt sich aus den erwähnten Abmessungen, daß der überdachte Teil der Straße auf der nördlichen Seite eine Breite von ca. 332,5 cm hatte, während dort, wo die Überdachung etwa 8 Meter (12 Ḏirāʿ ~ 798 cm) weiter südlich wieder aufhörte, die Straße um einen Ḏirāʿ schmaler war. Die beiden Längsseiten müssen also fast gleich lang gewesen sein, was die Ergänzung *m[iṯlu ḏāli]ka* Z. 8 sehr wahrscheinlich macht.

10-11 *bi-yadi l-qāḍī l-'aǧalli ṣ-ṣadri r-ra'īsi l-ʿadli l-'amīni Taqīyaddīn*: Ein Vergleich mit al-Asyūṭīs Kapitel über Titulatur (*Ǧawāhir* II S. 582-599) zeigt, daß der erwähnte Richter keine sehr hohe Position hatte. Zum Titel *aṣ-ṣadr al-'aǧall* vgl. ↓ 6_2. Der Titel *ar-ra'īs al-'amīn* wird von al-Asyūṭī (*Ǧawāhir* II S. 595) als Bezeichnung für einen *faqīh* erwähnt. Vgl. ferner *mina l-qāḍī l-ʿadli l-'amīni* (statt l. *al-'amri*) APB 13_6; *'ilā dāri l-'aǧalli r-ra'īsi* ALAD $8r_9$; *'ašhadanī l-faqīhu l-'amīnu* ↓ $32v_1$. Zum *laqab* Taqīyaddīn vgl. al-Asyūṭī: *Ǧawāhir* II S. 584f.

12-13 Mit *wa-man yašrakuhu* sind wahrscheinlich Mitbesitzer (*šurakā'*) des Hauses Taqīyaddīns gemeint. – Farīd Abū Bakr b. al-Ḥāǧǧ al-Ḫalīl könnte ein Sohn des in I Z. 5 erwähnten Ḥāǧǧ Ḫalīl b. Ḥassān gewesen sein.

14. *wa-qawwamū l-q[awsa] l-ḥāmila*: Die Lücke ist nicht mit absoluter Sicherheit zu ergänzen; es steht nur fest, daß die tragende Konstruktion der Überdachung gemeint wurde. Aufgrund eines Vergleichs mit der Schreibung von z.B. *al-qīmah* in Z. 14 und 15, ist der noch erhaltene erste Buchstabe des fehlenden Wortes mit großer Wahrscheinlichkeit als *qāf* zu lesen. Das Wort *qaws* ("Bogen") hat in der Architektur u.a. die Bedeutung von "Bogengewölbe, Arkade" (vgl. DOZY: *Supplément* II S. 418) und ist in Zusammenhang mit *sābāṭ* (vgl. WEHR: *Wörterbuch* S. 547: "Bogengang") sehr plausibel. – Zum Ausdruck *al-qīmah al-muʿādilah* sind mir keine Belege bekannt. *ʿdl* III hat die Bedeutung von "gleichwertig sein, gleichkommen".

15. Zu *mina [d-darāhimi] n-nuqrati l-bayḍā'i l-maskūkati l-mutaʿāmali bihā* vgl. *mina darāhimi n-nuqrati l-maskūkati l-mutaʿāmali bihā yawma'iḏin bi-d-diyāri l-Miṣrīyati* PS $21_{17\text{-}18}$; *mina d-darāhimi n-nuqrati l-ǧayyidati l-mutaʿāmali bihā yawma'iḏin* ↓ 34_6; *mina d-darāhimi n-nuqrati l-mutaʿāmali bihā yawma'iḏin* an-Nuwayrī: *Nihāyat al-'arab* IX S. 10; *mina d-darāhimi l-fiḍḍati l-wāzinati l-mutaʿāmali bihā yawma'iḏin* WMT I $39_{7\text{-}8}$; *mina d-darāhimi l-mutaʿāmali bihā bi-l-Fusṭāṭi Miṣra* ALAD $38_{5\text{-}6}$. Die Lücke im Text scheint für das Wort *ad-darāhim* etwas zu klein, und wahrscheinlich wurde eine Kurzschreibung verwendet, wie auch in II Z. 1 für *(dir)haman*. Der *nuqrah*-Dirham ist ein Dirham mit hohem Silbergehalt. Das Attribut "weiß" ist, nach Angabe von GROHMANN, auch in PERF 1321 im Bezug auf Dirhams dieser Art belegt; dies im Gegensatz zum sog. "schwarzen Dirham" mit niedrigem Silbergehalt. Vgl. GROHMANN: *Einführung* S. 213.[1]

II

1. Zur Kurzschreibung هما für *(dir)haman* vgl. AGBW Indices, S. 465. – Die Angabe der Hälfte des Betrags (*tanṣīf aṯ-ṯaman*) diente dazu, die Zahl gegen spätere Fälschung zu sichern. Nach Angabe von GROHMANN war dies bereits in griechischen und demotischen Urkunden üblich. Jedoch gibt es in arabischen Dokumenten erst Beispiele ab dem 5. Jahrhundert d. H., und wird es dieses Verfahren auch von aṭ-Ṭaḥāwī nicht erwähnt. Vgl.

[1] Im Text der *Einführung* gibt es hier einen Druckfehler: statt PERF no. 1331 l. PERF no. 1321. In Fn. 9 auf der gleichen Seite wird mit der richtigen Nummer auf diese Urkunde verwiesen.

APEL I S. 152-3; WAKIN: *Documents* S. 53-4; an-Nuwayrī: *Nihāyat* IX S. 11; DIEM: *Rechtsurkunden* 4_4.

1-2 *wa-'inna l-ḥaẓẓa wa-l-maṣlaḥata fī bay'ihi bi-ṯ-ṯamani l-maḏkūri*: Formeln wie diese sind in mamlūkischen Urkunden häufig belegt. In Kaufverträgen werden sie dann verwendet, wenn der Besitzer des Kaufobjekts nicht persönlich am Vertrag beteiligt ist, wie es z. B. der Fall ist beim Verkauf von Besitz der Staatskasse durch den *wakīl bayt al-māl*, beim Verkauf aus einem *waqf* durch den Verwalter (*nāẓir*), oder beim Verkauf von Besitz einer Waise durch den Vormund. Durch die *maṣlahah*-Klausel wird ausdrücklich festgestellt, der Verkauf sei für den Besitzer vorteilhaft. Vgl. *wa-'anna l-ḥaẓẓa wa-l-maṣlaḥata wa-l-ġibṭata ẓ-ẓāhirata fī bay'i ḏālika bi-ṯ-ṯamani l-mu'ayyani bi-'a'ālīhi* CDAC $3r_{53}$ (S. 375); *wa-'anna l-ḥaẓẓa wa-l-maṣlaḥata fī bay'i ḏālika li-ǧihati bayti l-māli l-ma'mūri* CDAC $4r_{\text{Rand I Z. 2}}$ (S. 397); *wa-'anna fī bay'ihi ḥaẓẓan wāfiran wa-maṣlaḥatan ẓāhiratan li-ǧihati l-waqfi l-maḏkūri* al-Asyūṭī: *Ǧawāhir* I S. 122; *li-wuǧūdi l-ḥaẓẓa wa-l-maṣlaḥata li-bayti l-māli l-ma'mūri fī bay'i l-mabī'i l-'ātī ḏikruhu bi-ṯ-ṯamani l-'ātī ta'īnuhu* WMT I 35_9 und ferner CDAC $3r_{\text{Rand I Z. 3f}}$ (S. 378), $8r_{\text{Rand II Z. 3}}$ (S. 478), $9r_{\text{Rand II Z. 3}}$ (S. 495), al-Asyūṭī: *Ǧawāhir* I S. 101ff, an-Nuwayrī: *Nihāyat* IX S. 67, GUELLIL: *Akten* S. 121f.

2-4 Zur Zeugnisklausel vgl. ↓ 2 I_{8-10}. – Zum Ausdruck *šahr Ramaḍān al-mu'aẓẓam qadruhu* vgl. DIEM: *Rechtsurkunden* 4_5.

5-8 Zur Formel *'ašhadu bi-maḍmūnihi* vgl. ↓ 2 I_{12}. – KARABACEK hat das verschnörkelte *wa-kataba* vor dem Namen des linken Zeugen nicht erkannt und las deshalb *'Abū 'Alī* statt richtig: *wa-kataba 'Alī*. Was das Patronymikon dieses Zeugen angeht, so scheint mir KARABACEKS Lesung *'Abdalḥamīd* richtig; in ↓ $32r_{14}$ ist dieser Name ähnlich geschrieben. – Zur Nisba al-Ušmūnī vgl. ↓ 2 II_1. – Zu den Abkürzungen يخه und ريخه für *tārīḫihi* vgl. ↓ 2 II_{16}.

12.

Mietvertrag über einen Laden
(Tafel 12)

A. P. 5211v	Papyrus	14 x 24 cm	Tūt 290 d. H. (30. VIII. – 28. IX. 903 n. Chr.)

Die Urkunde bildet Verso des unter Nr. 22 edierten Verpflichtungsscheins. Zur Beschreibung des Papyrus vgl. die dort gemachten Angaben. – Der Text auf Verso ist von einer anderen Hand als der Text auf Recto geschrieben worden. Blattwendung: ⇒. Schwarze Tinte. Faserrichtung: ←. Sieben Zeilen des Vertragskörpers sind teilweise erhalten. Am Anfang der Zeilen 5-7 sind mehrere Wörter verloren, während auch der linke Teil der Zeilen 6-7 fehlt. Geringer Textverlust am Anfang der Zeilen 1-3. Die Schrift ist an mehreren Stellen verwischt.

Ein Mann namens Bakr b. Muḥammad, der Korbmacher (*al-qufafī*), vermietet Abū l-Faz' 'Abbās, dem Färber (*aṣ-ṣabbāġ*), einen Laden in der Stadt Ušmūn, der einem gewissen Muḥammad b. al-Ḥasan b. Muḥsin gehört. Der Mietpreis beträgt anderthalb Dinar für eine Periode von fünfeinhalb Monaten.

Das Formular der Urkunde entspricht dem üblichen Schema von Mietverträgen des 3. Jahrhunderts. Für die Mietpreise von Läden bieten die Mietverträge CPA 64, APRL X 4,

Khan: *Papyri* 13, PS 25, ALAD 21 und die Quittung ↓ 40 einen Vergleich. In CPA 64 (180 d. H.) beträgt die Jahresmiete für einen Laden einen halben Dinar; in APRL IX 4 (250 d. H.) werden zwei Läden für einen Dinar vermietet.[1] In Khan: *Papyri* 13 (281-9 d. H.), PS 25 (354 d. H.) und ALAD 21 (410 d. H.) sind die Jahresmieten für einen Laden jeweils ein drittel, anderthalb und eineinachtel Dinar. In ↓ 40 wird einzweidrittel Dinar als Jahresmiete bezahlt. Vgl. ferner Ashtor: *Prix* S. 88.

Die Schrift ist etwas eckig. Paläographisch bemerkenswert ist die altertümliche, oben nach rechts biegende Form des *dāl* (sehr deutlich in *bi-dīnār* Z. 5), während die Form des intialen *kāf* zwischen stark gebogen (*'akrāhu* Z. 3) und fast gerade (*as-sākin* Z. 2) schwankt. Es sind zwei Wörter diakritisch punktiert.

Text

١ [بسـ]ـم الله الرحمن الرحيم

٢ هذا ما اكرى بكر بن محمد القففى الساكن مدينة اشمون عـ[ـبا]س المكنا بابى
الفزع

٣ الصـ[ـبـ]ـاغ بـ[ـن] ا . [ ] . [ ]   ]ـبـ الساكن مدينة اشمون اكراه حانوت فى

٤ يده لمحمد بن الحسن بن محسن خمسة اشهر ونصف شهر واول الشهور النصف

٥ [   ] من[ع]دد ا[لـ]قبـ[ـط [من] سنة تسعين ومايتين بدينا‹ر› واحد
ونصف دينـ[ـا ر] مثـ[ـقـ]ـا[ل]

٦ [   ] . [ ] . فى كل شهر فى [سـ]ـلـ[ـخه

٧ [   ] توت من عدد القبط من سـ[ـنة تسعين ومايتين

٣ حانوت - ٤ يده

[1] Es muß hier die Jahresmiete und nicht, wie Margoliouth behauptet, die Monatsmiete gemeint sein.

Übersetzung

1. [Im Namen] Gottes, des Barmherzigen und Gnädigen!

2. Dies ist, was Bakr b. Muḥammad, der Korbmacher, wohnhaft in der Stadt Ušmūn, ʿAbbās, dem mit der Kunyah Abū l-Fazʿ benannten

3. Färber, Sohn des [...] ..., wohnhaft in der Stadt Ušmūn, vermietet hat. Er hat ihm einen Laden, der in

4. seiner Hand ist,[1] gehörend zu Muḥammad b. al-Ḥasan b. Muḥsin, für fünfeinhalb Monate - der Anfang dieser Monate ist [nach Ablauf] der Hälfte

5. [des Monats ... der koptischen Monate] des Jahres zweihundertneunzig - für (den Preis von) anderthalb Dinar des Miṯ[qālgewichts] vermietet.

6. [ ] am Anfang jedes Monats [

7. [Monat] Tūt der Koptischen Monate des Jahres [zweihundertneunzig

---

Kommentar

2. Die meisten bisher veröffentlichten Mietverträge aus dem 2. und 3. Jahrhundert werden durch die Formel *hāḏā mā ʾakrā* eingeleitet, vgl. CPA 63_2, 64_2, PS 38, APEL II 94_2, Rāǵib: *Deux baux* 1_2. In Mietverträgen ab dem 4. Jahrhundert ist dagegen *hāḏā mā staʾǧara* üblich.[2] Diese Entwicklung, auf die bereits Khan (vgl. ALAD S. 143f) hingewiesen hat, bedeutet erstens, daß Mietverträge späterer Zeit auf den Namen des Mieters statt auf den Namen des Vermieters ausgestellt wurden, zweitens, daß die Wurzel *kry* durch *ʾǧr* ersetzt wurde. Was den ersten Aspekt angeht, so ist dies vom juristischen Gesichtspunkt aus gesehen eine logische Entwicklung der *šurūṭ*. Ähnlich wie beim Kaufvertrag, der immer auf den Namen des Käufers ausgestellt wird, ist es der Empfänger des *ʿayn* (d. h. der individuell bestimmten Sache), also der Mieter, dessen Rechtsposition im Vertrag zentral steht. Die Verwendung von *ʾǧr* statt *kry* wird von aṭ-Ṭaḥāwī: *Šurūṭ* S. 417 damit begründet, daß diese Wurzel auch im Koran und Ḥadīṯ verwendet wird.[3] Wichtiger scheint mir, daß die Formel *hāḏā mā staʾǧara* bereits in früheren Urkunden belegt ist, und zwar in Arbeitsverträgen wie APEL II 96_2, David-Weill: *Contrat* Z. 2, PER A. P. 631_2.[4] Wahrscheinlich geht die spätere Verwendung der Formel im normalen Mietvertrag auf das Formular für Urkunden

[1] Zum Ausdruck *fī yadīhi* vgl. den Kommentar.

[2] Ein früher Beleg ist Kahn: *Papyri* 13_2, ein Mietvertrag aus den 80er Jahren des 3. Jahrhunderts.

[3] Von aṭ-Ṭaḥāwī wird auch die Formel *hāḏā mā ktarā* erwähnt, welche in PS 24_2 und APEL II 92_2 belegt ist.

[4] Vgl. auch *qadi staʾǧartu minka* CPA 62_2.

dieser Art zurück. – Der Name Bakr ist zwar teilweise zertört, aber scheint mir kaum anders zu lesen zu sein. – Der Name des Mieters ist nicht mit Sicherheit zu lesen. Initiales *ʿayn* ist noch deutlich erhalten, während die nächsten zwei oder drei Buchstaben fehlen. Der letzte Buchstabe ist wahrscheinlich finales *sīn*, weshalb ich *ʿA[bbā]s* lese. Bei gleichem *rasm* sind noch mehrere andere Lesungen möglich, vgl. aḏ-Ḏahabī: *Muštabih* S. 334ff. Auch die Lesung des letzten Worts der Zeile *al-Fazʿ* ist nicht ganz sicher. Der vorletzte Buchstabe sieht eher wie *wāw* aus, was aber keinem mir bekannten Namen entspricht. Vom letzten Buchstaben ist der obere Teil etwas beschädigt, aber die Lesung als finales *ʿayn* scheint mir doch sehr wahrscheinlich. Bei gleichem *rasm* sind noch mehrere andere Lesungen möglich, vgl. aḏ-Ḏahabī: *Muštabih* S. 402.

3. Die Lesung des teilweise zerstörten *aṣ-ṣabbāġ* (der Färber) ist nicht ganz sicher. Mit gleichem *rasm* kommen auch *aṣ-ṣannāʿ* (vgl. aḏ-Ḏahabī: *Muštabih* S. 311) und das von Grohmann (APEL II S. 9) erwähnte *aṣ-ṣayyāġ* in Betracht.

3-4 *ḥānūt*(!) *fī yadihi li-Muḥammad ibn al-Ḥasan ibn Muḥsin*: Grammatikalisch korrekt wäre *ḥānūtan* gewesen. Zum Ausfall des *tanwīn ʾalif* vgl. Hopkins: *Studies* § 167. Durch *fī yadihi* ("in seiner Hand") wird der Besitz, nicht aber das Eigentum (*milk*) einer Sache ausgedrückt, vgl. Bergsträsser: *Grundzüge* S. 50f. So heißt es in Mietverträgen, daß das Mietobjekt in die Hand des Mieters, d. h. in seine Gewalt, gelangt, vgl. *wa-ṣāra fī yadihi* ALAD $24r_{28}$; *wa-ṣāra fī yadihi wa-qabḍihi wa-ḥawzihi* ALAD $23r_{21}$; *wa-ṣāra bi-yadihi wa-qabḍihi ʿinda ʿuqdati hāḏihi l-ʾiǧārati* aṭ-Ṭaḥāwī: *Ṣaġīr* S. 416. Zu ähnlichen Phrasen in Kaufverträgen vgl. ↓ 8_8. An vorliegender Stelle wird das Eigentum durch die Präposition *li-* ausgedrückt, also gehörte der Laden Muḥammad b. al-Ḥasan b. Muḥsin. Wahrscheinlich hatte Bakr b. Muḥammad zuerst den Laden von Muḥammad b. al-Ḥasan gemietet und ihn dann an Abū l-Fazʿ ʿAbbās untervermietet.

4-5 Der verlorene Anfang von Z. 5 muß eine Phrase wie *wa-ʾawwalu š-šuhūri n-niṣfu* [*yamḍī min* ... (koptischer Monat) *min*] *ʿa*[*dadi*] *l-*[*Qib*]*ṭi* [*min*] *sanati* enthalten haben. Parallel zu *wa-ʾawwalu š-šuhūri* sind in Miet- und Arbeitsverträgen Phrasen wie *ʾawwalu ʾayyāmi* und *ʾawwalu sanatihi* belegt, vgl. ↓ 15_{2-3}. Zum in arabischen Papyri häufig verwendeten Ausdruck *min ʿadadi l-Qibṭi* vgl. Grohmann: *Einführung* S. 230. Von *ʿa*[*dad*] ist der obere Teil des intitialen *ʿayn* erhalten, während von *al-*[*Qib*]*ṭ* die Hasten des Artikels und des *ṭāʾ* noch übrig sind. In Z. 7 wird der gleiche Ausdruck nochmals verwendet. – Das *rāʾ* in *bi-dīnā<rin> wāḥidin* ist ausgefallen.

6. *fī kulli šahrin fī* [*sa*]*l*[*ḫihi*]: Obwohl der Raum für das *sīn* von [*sa*]*l*[*ḫihi*] ziemlich knapp ist, halte ich die Ergänzung aufgrund der vielen Belege in anderen Mietverträgen für sehr wahrscheinlich. Vgl. *fī salḫi kulli šahrin minhā* ALAD 22_9; *fī salḫi kulli šahrin yamḍī min tārīḫihi* Diem: *Rechtsurkunden* 1_{11}; *bi-ʾuǧrati kulli šahrin fī ġurratihi ʾaw fī salḫihi* al-Asyūṭī: *Ǧawāhir* I S. 276; *qisṭu kulli šahrin fī salḫihi* ALAD 25_{19}, an-Nuwayrī: *Nihāyat* IX S. 89; *qisṭu kulli šahrin salḫuhu* Rāġib: *Deux baux* 2_{13}.

7. Diese Zeile war wahrscheinlich die letzte des Vertragskörpers; die verlorenen Zeilen haben die Zeugenunterschriften enthalten. Das Datum bezieht sich auf die Urkunde; die Ergänzung der Jahreszahl ist aufgrund der Datierung in Z. 5 gesichert.

13.

Mietvertrag über eine Wohnung
(Tafel 13)

A. Ch. 3264 | Papier | 22 x 9,2 cm | Ṣafar 403 d. H.
(22. VIII. – 20. IX. 1012 n. Chr.)

Hellbraunes Hadernpapier. Das Blatt ist unten abgerissen; es sind dabei die letzten Wörter der unteren Zeugenunterschrift verloren. Vom linken Rand sind an den Ecken und etwas über der Mitte größere Stücke des Papiers von Würmern gefressen worden. Es sind hier 4 bis 6 Buchstaben am Ende der Zeilen verloren. An einigen Stellen ist das Papier durchlöchert. Die Schnittlinien am linken, rechten und oberen Rand sind zum größten Teil noch erhalten. Waagerechte Faltungen bei 3,5; 7; 11 cm, vom unteren Rand gemessen. Der Vertragskörper ist mit brauner Tinte, die Zeugenerklärungen sind mit schwarzer Tinte geschrieben. Die Schrift ist an mehreren Stellen verwischt. Verso ist leer.
Von Grohmann wurde auf den Umschlag, in dem das Dokument aufbewahrt wird, al-Ušmūnayn als Fundort angegeben.

Es handelt sich im Vertrag um eine Wohnung in einem Haus im westlichen Teil der Stadt al-Ušmūnayn. Ein Kopte namens Abadar b. Iṣṭafan hat diese Wohnung von ʿAbdalmuʿizz b. ʿAbdallāh al-Ušmūnī für eine Periode von einem Jahr gemietet. Entsprechend dem monatlich zu zahlenden Betrag von anderthalb Qīrāṭ muß die Jahresmiete dreiviertel Dinar betragen haben. Davon ist ein Vierteldinar (*rubāʿī*) dem Mieter bereits im voraus bezahlt worden.

Die Jahresmiete von dreiviertel Dinar ist sehr niedrig im Vergleich zu den Mieten, welche zu dieser Zeit für Häuser in al-Fusṭāṭ verlangt wurden, vgl. Ashtor: *Prix* S. 190. Weniger groß ist der Unterschied im Vergleich zu dem Mietvertrag PS 24 (383 d. H.) aus al-Ušmūnayn, worin für eine Wohnung 24 Dirham - also etwa eineindrittel Dinar[1] - als Jahresmiete bezahlt wird.

Das Formular der Urkunde entspricht dem aus anderen Mietverträgen des 4. und 5. Jahrhundert bekannten Schema. Große Ähnlichkeit mit der vorliegende Urkunde zeigt der bereits erwähnte Mietvertrag PS 24. Die beiden Zeugen ʿAlī b. Ḥafṣ b. Aḥmad und dessen Sohn Ḥafṣ b. ʿAlī sind die gleichen Personen, die auch ↓ 5 unterschrieben haben.

Die Urkunde ist mit kursiver Schrift geschrieben. Die an einigen Stellen gesetzten diakritischen Punkte sind nicht immer mit Sicherheit von den vielen Verunreinigungen zu unterscheiden.

Text

١ بسـم [الـ]ـله الرحمن الرحيم

٢ هذا ما استاجر ابدر بن اصطفن المقيم [يوميذ]

[1] Unter al-Ḥākim bi-amr Allāh (reg. 386-411/996-1020) wurde der Kurs des Dinars auf 18 Dirham festgesetzt.

[بمديـ]ـنة الاشمونين من عبد المعز بن عبد الله الاشمو[نى] [استاجر] منه جميع المنزل الذى له وبملكه فى الجانب الغربى [بـ]ـهذ[ه المد]ينة من سوقها الاعظم بخط يعرف بالشارع الـ[ـمسلوك] بسكته من الكنيسة وهو المنزل الذى فى الدار ذات المساكن لابا . . . . . يعرف عند اهل الخبرة بدار لعبد الغفار خارج الدرب المسلوك منه الى منزل . .[ ] . . [وا]لى مسجد عباس تستغنى شهرة هذا المنزل فى موضعه عن [تحديده] سنة كاملة اثنى عشر شهرا متواليات اولهن شهر تو[ت و]ا[خرهن] سلخ مسرى الجارى فى اهلة سنة ثلثة واربعماية [بنـ]ـصـ[ـف وربع] دينار حاكمية وازنة جياد حساب لكل شهر [يمضى من] هذه الشهور قيراط ونصف حاكمية وازنة جياد اجارة واجبة عرفها ابدر بن اصطفن واقر بها لعبد المعز بن عبد الله فاذا انقضت هذه السنة كان عليه رد هذا المنزل الى مالكه او الى من يقوم مقامه فيه خاليا من السكان نقيا من الترا[ب] بابوابه الخشب واغلاقه واشهد له على نفسه بذلك واقر عبد المعز بن عبد الله انه قبض من هذه الاجرة رباعى وازن جيد واشهدا على انفسهما بذلك فى شهر صفر من سنة ثلثة واربعماية شهد على ذلك شهد على بن حفص بن احمد على اقرار المـ[ـكـ]ـترى وحـ[ـد]ه بجميع ما فيه بخطه [فـ]ـى [تاريخه] شهد حفص بن على بن حفص على اقرار المكتر[ى] المسمين فى هذا الكتاب بجميع ما فيه و[كتب]

٢٦ بـ[خـ]طـ[ـه فى تار]يـ[ـخه]

---

٣ الاسمونس - ٦ بسكه - ١٣ نصف

Übersetzung

1. Im Namen Gottes, des Barmherzigen und Gnädigen!

2. Dies ist, was Abadar b. Iṣṭafan, [zu dieser Zeit] wohnhaft

3. [in der Stadt] al-Ušmūnayn, von ʿAbdalmuʿizz b. ʿAbdallāh al-Ušmū[nī] gemietet hat.

4. [Er mietet] von ihm die ganze Wohnung, die zu seinem Besitz gehört, im Stadtteil westlich

5. vom großen Markt [in dieser Stadt], im Viertel, das als das Viertel der Straße,

6. deren Seitenstraße zur Kirche führt, bekannt ist, - dies ist die Wohnung im Haus, worin sich die Wohnräume

7. des Abā ... befinden und das bei den Sachverständigen als eines der Häuser von

8. ʿAbdalġaffār bekannt ist, außerhalb der Gasse, welche von dort zum Haus des ...[ ]

9. [und zur] Moschee des ʿAbbās führt. Die Bekanntheit dieser Wohnung an diesem Ort macht die Erwähnung deren Begrenzungen überflüssig -

10. für ein Jahr, zwölf aufeinanderfolgende Monate, anfangend mit dem Monat Tūt [bis zum]

11. Ende des Monats Misrā von den Monaten des Jahres vierhundertdrei, für [dreiviertel]

12. *Ḥākimī*-Dinar, vollwichtig und von hervorragender Qualität, dementsprechend für jeden [verstrichenen] Monat

13. anderthalb hervorragende vollwichtige *Ḥākimī*-Qīrāṭ

14. als obligatorische Miete, die Abadar b. Iṣṭafan bekannt ist, und die er zu Gunsten des ʿAbdalmuʿizz

15. b. ʿAbdallāh anerkannt hat. Und wenn dieses Jahr verstrichen ist, so soll er diese Wohnung

16. an ihren Besitzer oder an denjenigen, der seine Stelle vertritt, leer von Bewohnern und frei von Staub

17. mit ihren hölzernen Türen und ihren Schlössern zurückgeben. Er hat dies zu dessen (sc. des ʿAbdalmuʿizz) Gunsten gegen sich selbst bezeugen lassen, und es hat

18. ʿAbdalmuʿizz b. ʿAbdallāh anerkannt, daß er von der Miete bereits einen

19. hervorragenden vollwichtigen Vierteldinar empfangen hat. Die beiden haben dies gegen sich selbst bezeugen lassen im Monat Ṣafar

20. des Jahres vierhundertdrei. Dies ist bezeugt worden.

21. Es bezeugt ʿAlī b. Ḥafṣ b. Aḥmad

22. das Anerkenntnis des Mieters allein

23. von all dem, was in dieser Urkunde steht, und er hat mit seinem Schriftzug am [Datum der Urkunde] unterschrieben.

24. Es bezeugt Ḥafṣ b. ʿAlī b. Ḥafṣ das Anerkenntnis des in dieser Urkunde erwähnten Mieters [und des Vermieters]

25. von all dem, was in dieser Urkunde steht, und [er hat]

26. [mit seinem Schriftzug am Datum der Urkunde unterschrieben.]

Kommentar

2. Zur Einleitungsformel *hāḏā mā staʾǧara* vgl. den Kommentar zu ↓ 12_2. – Der Name Abadar steht für kopt. ⲁⲡⲁⲧⲏⲣ, vgl. APEL III S. 221. Iṣṭafan gibt kopt. ⲤⲦⲈⲪⲀⲚ wieder, vgl. APEL II S. 9. – Der Ausdruck *al-muqīm bi-* ist in Urkunden ab dem 6. Jahrhundert statt des früheren *as-sākin* (*bi-*) üblich, vgl. z. B. APEL II 105_2, 111_2 WMT II 29_3, 30_{4-5}, 35_4, 36_2, 37_3, 38_3 und ↓ 30_2, $31r_2$, $32r_2$, 33_1. Vorliegende Stelle ist der früheste mir bekannte Beleg für diesen Ausdruck. – Zur Nisba al-Ušmūnī vgl. ↓ 2 II_1.

4-6 *manzil* wird sowohl für "Haus" als für "Wohnung" verwendet, vgl. FRANTZ-MURPHY: *Comparison* I S. 218-219. Aus *al-manzilu llaḏī fī d-dāri* Z. 6 wird klar, daß es sich hier um eine Wohnung handelt. – Zur Phrase *allaḏī lahu wa-bi-milkihi* vgl. *allaḏī bi-milkihi kulluhu bi-ʾasrihi* PS 24_4; *allatī bi-yadihi wa-fī milkihi* ALAD 22_3; *allatī li-fulānin hāḏā fī milkihi* aṭ-Ṭaḥāwī: *Ṣaġīr* S. 416 und ferner ↓ 9_3. – Zum großen Markt der Stadt al-Ušmūnayn vgl. ↓ 7_3. – *bi-š-šāriʿi l-[maslūki] bi-sikkatihi mina l-kinīsati*: Mit *sikkah* wird wahrscheinlich eine Seiten- oder Nebenstraße gemeint, welche zur Hauptstraße (*šāriʿ*) führte. Andere

Kirchen der Stadt al-Ušmūnayn sind in APEL I 64_7, 65_4, 66_4 (vgl. S. 216f) und PS 38_4 erwähnt. – Zu *wa-huwa l-manzilu fī d-dāri ḏāti l-masākini* vgl. *wa-huwa l-manzilu llaḏī yakūnu fī d-dāri maʿa ʾabānī* TORREY: *Papyrus*$_{3-4}$; *wa-hiya d-dāru ḏātu l-qāʿati wa-biʾri l-māʾi l-maʿīnati wa-l-maskanayni l-ʾaʿālī ʿalayhā* ALAD 22_{4-5} und ähnliche Phrasen in ALAD 1r(a)$_5$, 3_{3-4}, 4_6, $5r_{5-6}$, 11_3, 14_4, 24_{8-9}.

7-8 Den teilweise verwischten Namen am Anfang von Z. 7 vermag ich nicht zu entziffern. Der Anfang ist mit großer Wahrscheinlichkeit *li-ʾAbā* zu lesen, wobei *ʾAbā* für kopt. ⲁⲡⲁ steht. – Zum Ausdruck *ʾahl al-ḫibrah* vgl. ↓ 6_1. – Der teilweise verwischte Name am Ende von Z. 8 ist unleserlich.

9. Die Moschee des ʿAbbās im westlichen Stadtteil wird auch in APH $12b_2$ erwähnt. Dort l. *masǧid* statt DIETRICHS Lesung *Muḥammad*. – Zu *tastaġnī šuhratu hāḏā l-manzili fī mawḍiʿihi ʿan [taḥdīdihi]* vgl. *wa-tastaġnī šuhratu hāḏihi d-dāri fī mawḍiʿihā ʿan taḥdīdihā fī hāḏā l-kitābi* ALAD 22_{5-6}; *wa-šuhratuhu fī makānihi maʿrūfatun baynahumā taġnī ʿan taḥdīdihi* WMT I 34_5 und ähnliche Phrasen in ALAD $9v_{4-5}$, 11_5, 25_{10-11}, CDAC $5r_{40}$ (S. 416). Gemeint ist, daß die genaue Umschreibung des Hauses mit seinen Grenzen (*ḥudūd*) im Vertrag nicht erforderlich ist, weil die Lage bekannt ist. Eine solche Auslassung des *taḥdīd* wird nur in Mietverträgen praktiziert; in Kaufverträgen werden die Grenzen immer erwähnt, auch wenn der Vertrag eine *šuhrah*-Klausel enthält, wie z. B. in ALAD 11_{5ff}.

10-11 Phrasen wie *sanatan kāmilatan iṯnā ʿašara šahran mutawāliyātin* sind in Mietverträgen sehr üblich, vgl. *sanatan kāmilatan wāǧibatan iṯnā ʿašara šahran* CPA 63_6, DAVID-WEILL: *Contrat* Z. 3 (dort l. *wāǧibah* statt *wilāyah*); *sanatan kāmilatan iṯnā ʿašara šahran* APRL IX 4_{11-12}, PS 38_{4-5}; *sanatan kāmilatan mutawāliyatan* aṭ-Ṭaḥāwī: *Ṣaġīr* S. 416; *ʾarbaʿata ʾaʿšara*(!) *šahran mutawāliyātin* PS 24_6 und ähnliche Phrasen in APEL II 89_3, ALAD 21_{5-6}, 22_6, $24r_{20-21}$, DIEM: *Rechtsurkunden* 1_{10-11}, an-Nuwayrī: *Nihāyat al-ʾarab* IX S. 89, WMT I 34_{5-6}. – Im Jahr 403 d. H. fiel der Anfang des koptischen Monats Tūt auf den 8. Ṣafar, also in den gleichen Monat, in dem der Vertrag geschrieben wurde. Der Ausdruck *al-ǧārī fī ʾahillati sanati* (wörtl.: "laufend in den Neumonden des Jahres") wird öfters dann verwendet, wenn bei koptischen Monaten die islamische Jahreszahl erwähnt wird, vgl. CPA $45_{4,5}$, PS 24_7 und ↓ 15_4, 24_5, $27_{11,15}$.

11-12 *[bi-ni]ṣ[fi wa-rubʿi] dīnārin Ḥākimīyatin wāzinatin ǧiyādin*: Die Ergänzung der Jahresmiete ergibt sich aus dem in Z. 13 erwähnten monatlich zu zahlenden Betrag von anderthalb Qīrāṭ. Zum *Ḥākimī*-Dinar, nach dem Fāṭimidenkalifen al-Ḥākim bi-amr Allāh (reg. 386/996-411/1020) vgl. GROHMANN: *Einführung* S. 197f. – *ḥisāb li-kulli šahrin*: Richtig wäre *ḥisāban*, wie in *ḥisāban li-kulli šahrin* ALAD $24r_{23-24}$, al-Asyūṭī: *Ǧawāhir* I S. 276, 290, RĀĠIB: *Deux baux* 2_{12}; *ḥisāban li-kulli sanatin* ALAD 25_{17}; *ḥisāban li-s-sanati* ALAD $23r_{19}$; *ḥisāban ʿan kulli šahrin yamḍī minhā* WMT II 34_{8-9}. Vgl. ferner *fī kulli ʾusbūʿin fī salḫihi bi-ḥisābihi* ↓ 34_9.

13. Der Qīrāṭ macht 1/24 des Gewichts des Dinars aus, vgl. GROHMANN: *Einführung* S. 146f.

14-15 Zu *ʾiǧāratan wāǧibatan* vgl. *ʾiǧāratan ṣaḥīḥatan ǧāʾizatan wāǧibatan* aṭ-Ṭaḥāwī: *Ṣaġīr* S. 416; *ʾiǧāratan ṣaḥīḥatan ǧāʾizatan* ALAD 22_{10}; *ʾiǧāratan ṣaḥīḥatan māḍiyatan* ALAD $24r_{24}$, 25_{18}; *ʾiǧāratan ṣaḥīḥatan šarʿīyatan* WMT I 34_5; *ʾiǧāratan ṣaḥīḥatan* RĀĠIB: *Deux baux* 2_{13}. – *ʿarafahā ʾAbadar ibn Iṣṭafan wa-ʾaqarra bihā li-ʿAbdalmuʿizz ibn ʿAbdallāh*: Die Rechtsverbindlichkeit der Mietübereinkunft wird durch das Anerkenntnis des Mieters gesichert. Zu ähnlichen Formeln vgl. ↓ 5_{9-10}.

15-17 *fa-ʾiḏā nqaḍat hāḏihi s-sanatu kāna ʿalayhi raddu hāḏā l-manzili ʾilā mālikihi ʾaw ʾilā man yaqūmu maqāmahu fīhi ḫāliyan mina s-sukkāni naqīyan mina t-turā[bi] bi-ʾabwābihi l-ḫašabi wa-ʾaġlāqihi*: Ähnliche Klauseln bezüglich der Rückgabe des Mietobjekts sind in einigen Mietverträgen belegt, vgl. *fa-'iḏā nqaḍat hāḏihi s-sanatu fa-ʿalā Muḥsin ibn Mūsā raddu hāḏayni l-ḥānūtayni 'ilā Muršid ibn Yaḥyā ḫāliyatan mina s-sukkāni naqīyatan mina t-turābi ka-mā qabaḍahā wa-tasallamahā* APRL IX $4_{16\text{-}20}$; *fa-'iḏā nqaḍat hāḏihi š-šuhūru l-maḏkūr<atu> fī hāḏā l-kitābi kāna ʿalā 'Iqbāl ibn al-Ḫayr an-Naḥrīrī raddu hāḏā l-manzili 'ilā ʿAlī ibn 'Aḥmad* (...) *'aw 'ilā man yaqūmu maqāmahu ḫāliyan mina* [*s-*]*sukkā*[*ni*] *naqīyan mina t-turā*[*bi*] *bi-'abwābihi wa-'aġlāqihi ka-mā qabaḍahu wa-sakanahu* PS $24_{8\text{-}11}$[1]; *fa-'iḏā n*[*qa*]*ḍ*[*at hāḏihi s-sanatu fa-ʿalā Bamūn al-ḥā*]*risi raddu hāḏā l-manzili 'ilā Sisinnah ibn Basi*[*nnah li-ibnatihi 'Arsahiyūh ibnat*] *Sisinnah ḫāliyan mina s-sukkāni naqīyan mina t-tu*[*r*]*ā*[*bi* PS $38_{10\text{-}12}$[2] und ferner APRL IX $3_{6\text{-}8}$, wo der Satz nur fragmentiert erhalten ist. Nach der Meinung von aṭ-Ṭaḥāwī sind Bedingungen dieser Art nicht richtig, weil die Rückgabe des Mietobjekts nicht unter allen Umständen vom Mieter verlangt werden kann, vgl. aṭ-Ṭaḥāwī: *Ṣaġīr* S. 420. Zur Phrase *'ilā mālikihi 'aw 'ilā man yaqūmu maqāmahu fīhi* vgl. ↓ $27_{9\text{-}10}$.

18-19 Man beachte das Fehlen der Akkusativendung in *rubāʿī wāzin ǧayyid*. Zum Vierteldinar (*rubāʿī*) vgl. Grohmann: *Einführung* S. 188.[3]

21-26 Ähnliche Formeln werden von den Zeugen des Mietvertrags PS $24_{13\text{-}16}$ verwendet. Die Ergänzung *waḥ*[*da*]*hu* Z. 22 ist auf PS 24_{13} (vgl. auch PS 24_{15}) begründet, wo mir trotz gewisser Bedenken keine andere Lesung möglich scheint.[4] – Aus *al-musammayni* Z. 25 ergibt sich, daß in Z. 24 nicht nur der Mieter, sondern auch der Vermieter erwähnt sein muß. – Zu den Zeugen ʿAlī b. Ḥafṣ b. Aḥmad und dessen Sohn Ḥafṣ b. ʿAlī b. Ḥafṣ, vgl. ↓ $5_{17\text{-}23}$.

---

[1] Diese Stelle ist von Grohmann und Khoury in mehreren Punkten verlesen worden. Statt *waṣala* (Z. 9) l. *kāna*; statt *niṣfu* (Z. 9 - stark verwischt) l. *raddu hāḏā*; statt *aš-širā'i* (Z. 10) l. *at-turā*[*bi*].

[2] Bei der Edition in PS 38 sind die Lücken in dieser Stelle nicht ergänzt worden. Auch einige noch erhaltene Wörter sind offengelassen oder als Lücke ediert worden. Die in der Urkunde erwähnte Arsahiyūh bt. Sisinnah ist selbstverständlich nicht die Schwester des Vermieters Sisinnah b. Basinnah, wie Grohmanns bzw. Khourys Lesung *li-'uḫtihi* Z. 3 es will, sondern seine Tochter, also l. dort *li-bnatihi*.

[3] Bei den von Grohmann erwähnten Belegstellen (Note 5) ist ein Druckfehler unterlaufen: statt APEL II S. 226f muß APEL I S. 226f gelesen werden.

[4] Die Lesung von Grohmann bzw. Khoury als شهده stimmt auf keinen Fall, genausowenig wie die Behauptung, dieses Wort sei "sichtlich von anderer Hand - wohl der des Urkundenschreibers - hierhergesetzt worden, bevor noch die Zeugen gefertigt hatten", vgl. PS S. 89. Das Wort ist eindeutig von dem Zeugen selbst geschrieben worden. Die falsche Lesung ist deshalb entstanden, weil der verlängerte Strich des *kāf* in *al-muktarī* als *šīn* gelesen wurde, während die ligierten Buchstaben *wāw-ḥā'* für übergroßes ـهـ angesehen wurden.

IV. Arbeit

14.

Anerkenntnis der Verpflichtung zu Drescharbeit
(Tafel 14)

A. P. 1721v | Papyrus | 12 x 15,5 cm | Ḏū l-Ḥiǧǧah, 277 d.H. (16. III - 14. IV 891 n.Chr)

Hellbrauner Papyrus. Recto (Faserrichtung: ↓) enthält das Fragment einer Steuerliste. Das Blatt ist rechts unter Textverlust abgeschnitten und unten abgebrochen. Die geschnittenen Ränder sind abgebröckelt; am rechten Rand und im Inneren, der senkrechten Mittelfalte entlang, ist der Papyrus ausgebrochen. Waagerechte Faltungen bei 1,6; 3,4; 5,1 cm, vom oberen Rand gemessen. – Von der Urkunde auf Verso sind die ersten neun Zeilen erhalten. Die letzten ein oder zwei Zeilen des Vertragskörpers und die Zeugenunterschriften sind verloren. Geringer Textverlust am Ende der Zeilen 5-9 und in der Mitte der Zeilen 5, 6 und 9. Blattwendung: ⇒. Schwarze Tinte. Am Anfang der Zeile 9 ist die Schrift verwischt.

Ein Mann namens Azhar b. Mūsā verpflichtet sich Atanās b. Mīnā, dem Wächter, gegenüber, die Drescharbeit von zwölf Feddan Weizen auf sich zu nehmen. Er ist für diese Arbeit bereits von Atanās bezahlt worden. Letzterer war Einwohner der Stadt Ušmūn, während der andere in einem von mir nicht indentifizierbaren Ort, vermutlich in der gleichen Gegend, lebte. Es wird im Vertrag bestimmt, daß Azhar b. Mūsā die Arbeit mit seinen Leuten, auf seinen Dreschplätzen und Tennen (*bi-nafarihi wa-madārisihi wa-'aǧrānihi*) zu leisten hat.

Ähnliche Urkunden sind APPh 31 I-IV (268 d. H.), worin die Verpflichtung mehrerer Landarbeiter zur Ernte von Luzerne und Weizen beurkundet wird. Drei von diesen Urkunden (I, II und IV) sind *'aḏkār ḥuqūq*,[1] während eine in der Form des *'iqrār* geschrieben ist.

Der Text ist in einer für das 3. Jahrhundert typischen Kursivschrift geschrieben. Das *dāl* ist vor dem *rā'* in *dirās* Z. 5 und *darasa* Z. 6 in einer eckigen Form auf die Zeile geschrieben, während es an anderen Stellen die Form eines nach unten verlängerten gebogenen Strichs hat. Die Form des initialen *kāf* schwankt zwischen fast gerade (*as-sākin* Z. 3) und stark gebogen (*kirā* Z. 3). Diakritische Punkte sind nicht gesetzt. *šīn* in *aš-šuhūd* Z. 2 ist mit einem kurzen Strich über dem Buchstaben markiert. Der Vergleich mit dem im gleichen Jahr geschriebenen Mietvertrag PS 38 zeigt, daß diese und die vorliegende Urkunde mit Sicherheit von derselben Hand stammen.[2]

---

[1] Diese *'aḏkār ḥuqūq* sind von Levi Della Vida verkannt worden, weil er ذكــــر حق am Anfang zu وعرض verlesen hatte, vgl. Plate XXV.

[2] Die Jahreszahl in PS 38_5 ist *sab'in wa-sab'īna* statt *sab'in wa-sittīna* zu lesen. Die Lesung ist durch ähnlich geschriebenes *wa-sab'īna* in der vorliegenden Urkunde (Z. 4) gesichert.

Text

١ بسم الله الرحمن الرحيم

٢ شهد الشهود المسمون فى هذا الكتاب

٣ ان ازهر بن موسى الـ[ســ]ـاكن ـوفه اقر لهم فى صحته وجواز

٤ امره فى ذى الحجة من سنة سبع وسبعين ومايتين ان لاتناس

٥ بن مينا الحارس الساكن مـ[دينة اشمـ]ـون عليه دراس اثنا عـ[ـشر]

٦ فدان قمح يدرسها بنفـ[ـر]ه ومدارسه واجرانه درس عـ[ـليها]

٧ قبض ازهر بن موسى من اتناس بن مينا كرى ذلك وصار اليه هذا فى [يده]

٨ ولزمه هذا الدراس متى شا اتناس بن مينا حالة عليه لا حجة فيه و . . [

-- --

٩ . . . [. اتنـ]ـاس بن مينا . . . [ ] . الحـ[ ]ـر الذى يعرف الدراس هـ[

Übersetzung

1. Im Namen Gottes, des Barmherzigen und Gnädigen!
2. Es bezeugen die in dieser Urkunde erwähnten Zeugen,
3. daß Azhar b. Mūsā, wohnhaft in …, ihnen gegenüber im Zustand seiner Gesundheit und
4. Geschäftsfähigkeit im (Monat) Ḏū al-Ḥiǧǧah des Jahres zweihundertsiebenundsiebzig, anerkannt hat, daß ihm zu Gunsten von Atanās
5. b. Mīnā, dem Wächter, wohnhaft in [der Stadt Ušm]ūn, das Dreschen von zwölf
6. Feddan Weizen obliegt, die er dreschen wird mit seinen Leuten, auf seinen Dreschplätzen und Tennen, [worauf] er zu dreschen pflegt.
7. Azhar b. Mūsā hat den Arbeitslohn dafür von Atanās b. Mīnā in Empfang genommen, und es gelangte in [seinen Besitz.]
8. Er ist verpflichtet diese Drescharbeit zu leisten, wann immer Atanās b. Mīnā es will,

wobei sie (sc. die zwölf Feddan) zu seinen Lasten fällig sind, ohne Einspruch und ...[ ]

9. ...[... Atan]ās b. Mīnā ...[ ]..., der bekannt ist mit dem Dreschen [ ]

Kommentar

2. Zur Einleitungsformel vgl. ↓ 4_2 .

3. Der Ort بوفه ist mir nicht nachweisbar. – Bemerkenswert ist die Verwendung von *'aqarra lahum* statt des üblichen Ausdrucks *'aqarra ʿindahum*, wodurch ausgedrückt wird, daß das Anerkenntnis in Anwesenheit der Zeugen gemacht wurde. *qrr* IV *li*-pers. hat normalerweise die Bedeutung von "etwas zugunsten von jemandem anerkennen", was hier aber nicht gemeint sein kann.

4-5 Der Name Atanās steht für kopt. ⲁⲑⲁⲛⲁⲥ, vgl. APEL III S. 204 und ↓ $36_{2, 4}$. Mīnā gibt kopt. ⲘⲒⲚⲀ, ⲘⲈⲚⲀ wieder, vgl. APEL I S. 226. – Die Berufsbezeichnung *ḥāris* ("Wächter") ist in Papyri bezüglich der Landwirtschaftsverwaltung häufig belegt, vgl. APEL III 203_6, $204_{8, 9}$, IV 233_{11}, 237_{11}, 262_{13}, VI 373_6, $377_{65, 69}$, $378r_{8, 10, 12}$, $385_{5, 9}$. Auch in dem Mietvertrag PS $38_{2, 8}$ (vgl. die Einleitung zur Urkunde) ist von einem *ḥāris* die Rede. In Rāġib: *Archives* sind acht Urkunden aus dem Archiv eines Wächters (*ḫafīr*) des Klosters von Qalamūn veröffentlicht worden.

6. *bi-nafa*[*ri*]*hi wa-madārisihi wa-'aǧrānihi darasa ʿa*[*layhā*]: Vom *rā'* in *bi-naf*[*ar*]*ihi* ist unter dem *hā'* noch der Rest des Bogens erhalten. In juristischen Urkunden wird der Begriff *nafar* meistens in Bezug auf eine aus mehreren Personen bestehende Vertragspartei verwendet, vgl. APEL II 73_{32}, 74_8, Frantz-Murphy: *Comparison* I 2_{18}, Grohmann: *Papyri Milano* 2_4. Zu *madāris* (Plural von *madrasah*: "Dreschplatz") vgl. Dozy: *Supplément* I S. 434. Zu *'aǧrān* (Plural von *ǧurn*: "Tenne") vgl. *wa-lā tadaʿ 'an* [...] *al-ǧāriyata fī badraqatin ʿalā l-'aǧrāni* APRL VI 15_{7-8}.[1] Der nach *darasa* noch erhaltene Teil eines Buchstabens ist nach aller Wahrscheinlichkeit als *ʿayn* von *ʿa*[*layhā*] zu lesen. Bemerkenswert ist, daß dieser Relativsatz asyndetisch konstruiert ist, obwohl die Antezedenten determiniert sind. Vgl. dazu Hopkins: *Studies* § 288.

7. Zur Formel *qabaḍa* (...) *wa-ṣāra 'ilayhi hāḏā fī* [*yadihi*] vgl. ↓ 8_8. – Zur Schreibung كرى für *kirā'* mit *yā'* statt *'alif* vgl. Hopkins: *Studies* § 21b. Die Höhe des Lohns wird im Text nicht erwähnt, wie es auch in den vergleichbaren Urkunden APPh 31 I-IV nicht gemacht wird.

8. Zu *lzm* I *-hu* pers. vgl. ↓ 5_{9-10}, 7_{13}. Die Femininform *ḥāllatan* stimmt nicht zu *ad-dirās*; das Bezugswort ist impliziertes *iṯnā ʿašara faddāna qamḥin*. Vgl. auch *yadrusuhā* Z. 6. – Zum Ausdruck *lā ḥuǧǧata fīhi* vgl. ↓ 20_{5-6}. Die Lücke am Zeilenende läßt sich nicht mit Sicherheit ergänzen.

9. Der Inhalt dieser Zeile läßt sich nicht mehr rekonstruieren; auch ist nicht klar, auf wen sich *allaḏī yaʿrifu d-dirāsa* bezieht.

---

[1] Von Margoliouth mit "and do not fail to [send] the slave-girl with escort to the threshingfloors" übersetzt.

15.

Arbeitsvertrag über das Ernten von Zuckerrohr
(Tafel 6)

A. Ch. 12178v (PERF 987) Papier 10,2 x 8,4 cm 340 d. H. (951–952 n. Chr.)

Mittelbraunes Hadernpapier. Recto enthält das sechszeilige Fragment eines Briefes. Schöpfgitterstäbe senkrecht zur Schrift. Das Blatt ist aus der Mitte des Briefes herausgeschnitten; an allen vier Rändern ist Text verloren. Die Schnittlinien sind rechts und unten ganz scharf, links und oben etwas unregelmäßig. Die Ecke links unten ist etwas beschädigt; an einigen Stellen ist das Papier durchlöchert. In 2 cm Abstand vom linken Rand ist eine senkrechte Faltung zu erkennen. – Nach Blattwendung ist das Papier um 90 Grad gedreht, so daß die Zeilen der von einer anderen Hand geschriebenen Urkunde auf Verso senkrecht auf den Zeilen des Briefes stehen, wobei der obere Rand von Verso dem rechten Rand von Recto entspricht. Der Text auf Verso ist vollständig erhalten. Schwarze Tinte. Oben am linken Rand sind die Überreste zweier Buchstaben erhalten, die wahrscheinlich zur Adresse des Briefes gehörten.

Ein Mann namens Maymūn hat ab dem 11. des koptischen Monats Kiyahk bestimmte Arbeit "im Zuckerrohr" (*fī l-qaṣabi*) zu leisten, wofür er einen Lohn von einem Dinar pro Monat erhalten wird. Davon ist ihm ein drittel Dinar bereits ausbezahlt worden.

Daß es sich im Vertrag um das Ernten von Zuckerrohr handelt, ist deshalb sehr wahrscheinlich, weil dies nach landwirtschaftlichen Quellen immer im Monat Kiyahk stattfand. Nachdem das Rohr geschnitten und die Überreste verbrannt waren, wurde das Feld wieder bewässert und neues Rohr angepflanzt.[1] Die Tatsache, daß im Text von einem Lohn "für jeden Monat" (*fī kulli šahrin*) die Rede ist, macht es wahrscheinlich, daß Maymūn auch an diesem weiteren Anbau beteiligt war.

Arbeitsverträge sind bisher erst in geringer Zahl veröffentlicht worden. Zwei aus dem 3. Jahrhundert stammende Verträge über Landarbeit (APEL II 96, David-Weill: *Contrat*) sind in der Form des durch *ista'ǧara* eingeleiteten Mietvertrags geschrieben. Ebenfalls aus dem 3. Jahrhundert sind die in APPh 31 I-IV veröffentlichten Verpflichtungsscheine zur Ernte von Luzerne und Weizen (vgl. die Einleitung zu ↓ 14) und das Anerkenntnis der Verpflichtung zu Drescharbeit ↓ 14. Größere Ähnlichkeit mit der vorliegenden Urkunde weist die Anstellung eines *farrāš* für eine Moschee APEL II 97 (356 d. H.) auf, dessen Anfang aber verloren ist. Im übrigen ist noch die durch *yaqūlu* eingeleitete Anstellungsurkunde eines Koranrezitators WMT II 59 (774 d. H.) zu erwähnen.

Der Lohn von einem Dinar pro Monat entspricht genau dem Betrag, der in APEL V 353 (303 H.) als Monatsgehalt für eine nicht spezifizierte Arbeit erwähnt wird. Nach der Meinung von Ashtor: *Prix* S. 92 ist dies als das Minimum für diese Epoche zu betrachten.

Die Urkunde ist in einer deutlichen Kursivschrift geschrieben. Diakritische Punkte sind an mehreren Stellen gesetzt. In PERF ist das Dokument (PERF 987) nicht beschrieben worden.

---

[1] Vgl. Müller-Wodarg: *Landwirtschaft* II S. 46.

Text

بسم الله الرحمن الرحيم
اول ايام ميمون فى القصب يوم
الاحد لعشر ليال خلت من شهر
كيهك الجارى فى اهلة سنة اربعين وثلثماية
له من الاجرة دينار واحد جواز فى كل شهر
قبض من [ذ]لك ثلث دينار ان شا الله

---

٢ ميمون . القصب – ٣ حلت . شهر – ٤ سنه . بلىمايه – ٥ شهر

Übersetzung

1. Im Namen Gottes, des Barmherzigen und Gnädigen!
2. Der erste Tag, daß Maymūn im Zuckerrohr arbeitet, ist am
3. Sonntag, nachdem zehn Nächte des Monats
4. Kiyahk des Jahres dreihundertvierzig verstrichen sind.
5. Ihm steht ein gültiger Dinar als Lohn für jeden Monat zu.
6. Davon hat er eindrittel Dinar empfangen, wenn Gott es will.

Kommentar

2-3 Obwohl nicht explizit erwähnt wird, daß es sich um Arbeit handelt, geht dies aus der Feststellung des Lohns in Z. 5 eindeutig hervor. Der Ausdruck *ʾawwalu ʾayyāmi Maymūn* ist als "der erste Arbeitstag des Maymūn" zu verstehen; eine parallele Phrase *ʾawwalu sanatihi* ist in mehreren Arbeits- und Mietverträgen belegt, vgl. *ʾawwalu sanatihi li-ṯnā ʿašara yawman maḍayna min ʾAtīr* CPA 64_6; *wa-ʾawwalu sanatihi ʾawwalu yawmi Misrā* APEL II 89_4; *wa-ʾawwalu sanatihi* (statt l. *sanatin*) *ʾawwalu yawmin min Bašans* David-Weill:

Contrat Z. 4; *wa-'awwalu sanatihi*] *'awwalu yawmin min šahri Barmūdah* APEL II 97_{1-2}. Vgl. ferner *wa-'awwalu š-šuhūri n-niṣfu* [*yamḍī min* ↓ 7_{4-5}. – Zum Namen Maymūn vgl. MAA S. 1711f. – Belege für Zuckerrohr (*qaṣab*) gibt es in APEL IV 216_{12ff}, 234_{10}, VI 367_{2}, APW 4_{7}, TWÄ 26_{4}(= PERF 704), PERF 705, 707. Zum Anbau von Zuckerrohr im mittelalterlichen Ägypten vgl. Müller-Wodarg: *Landwirtschaft* II S. 45ff. – Zur Datierung nach verstrichenen Nächten vgl. Grohmann: *Einführung* S. 223f. Der 11. Kiyahk 340 d. H. entspricht dem 8. Dezember 951 n. Chr. Zur arabischen Orthographie des Monatsnamens Kiyahk (kopt. ⲬⲞⲒⲀⲔ, ⲔⲒⲀϨⲔ) vgl. Grohmann: *Einführung* S. 226f.

4. Zum Ausdruck *al-ğārī fī 'ahillati sanati* vgl. ↓ 13_{11}.

5. Zum *dīnār ğawāz* („gültig") vgl. Grohmann: *Einführung* S. 202, ABPP S. 167f.

V. Schulden

a) Verpflichtungsscheine (*'aḏkār ḥuqūq*)

Verpflichtungsscheine (*'aḏkār ḥuqūq*) sind zusammen mit Quittungen (*barā'āt*) die ältesten arabischen Rechtsurkunden, von denen Originalzeugnisse erhalten sind. Als ältestes Zeugnis eines *ḏikr ḥaqq* ist von RĀĠIB eine Urkunde aus dem Jahr 42 d. H. aus der Sammlung des Louvre erwähnt worden.[1] Die bisher veröffentlichten *'aḏkār ḥuqūq* datieren mit Ausnahme von APH 4 (314 d. H.) und RĀĠIB: *Vente à livrer* (320 d. H.) alle aus dem 3. Jahrhundert. Die frühesten edierten Stücke sind CPA 29 (231 d. H.) und APEL I 48 (233 d. H.). Unter den in diesem Band edierten *'aḏkār ḥuqūq* gibt es vier Urkunden von früherem Datum, wovon die älteste (Nr. 16) sich auf das Jahr 172-3 d. H. datieren läßt. Die Urkunden Nr. 23 und Nr. 24 aus den Jahren 331 und 335 d. H. sind wiederum die spätesten bisher bekannten Belege für *'aḏkār ḥuqūq*.

Der *ḏikr ḥaqq* beurkundet einen Rechtsanspruch (*ḥaqq*) von einer der vertragschließenden Parteien (*lahu*) der anderen gegenüber (*ʿalayhi*). Meistens handelt es sich um eine Zahlungsverpflichtung zu Lasten der mit *ʿalayhi* angedeuteten Partei. Der *ḏikr ḥaqq* hat dann die Funktion eines Schuldscheins. Es konnte aber auch die Lieferungsverpflichtung von Waren, oder die Verpflichtung zur Leistung von Arbeit im *ḏikr ḥaqq* festgelegt werden.[2] Deshalb fand der *ḏikr ḥaqq* bei unterschiedlichen Rechtsgeschäften seine Verwendung: beim Abschließen eines Darlehens, beim Kredit- und Terminkauf (*bayʿ salam*), bei der Festlegung des nach der Eheschließung zu bezahlenden Brautgelds (*ṣadāq*) und bei der Vorausbezahlung von Lohn.[3] Übrigens wird der Entstehungsgrund des Rechtsanspruchs im Vertragstext meistens nicht erwähnt. Dies ließ die Möglichkeit offen, den *ḏikr ḥaqq* auch für juristisch fragliche Geschäfte zu verwenden. Durch eine Zessionsklausel konnte der Schein übertragbar gemacht werden (*ḥawālah*) und also als Inhaberpapier verwendet werden.[4]

Unter den Dokumenten auf Papyrus, die ich in der Sammlung der Österreichischen Nationalbibliothek vorfand, war der *ḏikr ḥaqq* die am meisten belegte Art von Rechtsurkunde. In seinem *al-Ǧāmiʿ al-kabīr fī š-šurūṭ* hat der ḥanafitische Rechtsgelehrte aṭ-Ṭaḥāwī (st. 321/933) *'aḏkār ḥuqūq* ausführlich behandelt.

---

[1] Vgl. MEF I S. 8

[2] Zu Verpflichtungscheinen über Arbeit vgl. die Einleitung zu ↓ 14.

[3] Zum Kreditkauf vgl. ↓ 16; zum Terminkauf (*bayʿ salam*) vgl. ↓ 17. Ein *ḏikr ḥaqq* über Brautgeld (*ṣadāq*) ist in APEL I 48 belegt.

[4] Vgl. den Kommentar zu ↓ $16_{5\text{-}6}$.

16.

Verpflichtungsschein über einen Dinar für empfangenen Weizen
(Tafel 15)

A. P. 893 (PERF 617) Papyrus 13,5 x 28,5 cm 172–173 d. H. (789 n. Chr.)

Dunkler, an den Rändern sowie im Inneren ausgebrochener Papyrus. Faserrichtung: ↓. Das Blatt ist unten unter Textverlust abgebrochen. Die Schnittlinie am rechten Rand ist teilweise erhalten. Geringer Textverlust an den ausgebrochenen Stellen im linken Bereich. Schwarze Tinte. Verso ist leer.

Karabacek hat die Urkunde in mehreren Punkten verlesen, als er in PERF S. 159 zu deren Inhalt schrieb: "Schuldschein, ausgestellt im Rebiʿ II. 173 H. = September 789 n. Chr. von Aḳīḳa, der Tochter des Jūsuf, dem Türken Tīgisch, Freigelassenen des Thuleib, Sohnes des Haijān. Sie schuldet ihm ein vollwichtiges courantes Goldstück (...) für gelieferten Weizen, welcher von ihr in dem genannten Monate desselben Jahres in Empfang genommen wurde."

Anders als Karabacek behauptet, ist das Datum der Urkunde nicht mehr genau festzustellen. Der im Text erwähnte Monat Rabīʿ II des Jahres 173 d. H. ist auch nicht das Empfangsdatum des Weizens, sondern der Fälligkeitstermin (*maḥill* Z. 4) des von einer Frau namens ʿAqīlah (statt l. Aqīqah), Tochter von Yusūf, geschuldeten Dinars. Gehen wir von einer Zahlungsfrist von kürzer als einem Jahr aus, so läßt die Urkunde sich auf den Anfang dieses, oder die zweite Hälfte des vorigen Jahres datieren.

Was den Namen des Gläubigers angeht, so könnte Karabacek mit seiner Lesung als Tikīš, für türk. *tégiš*,[1] recht haben. Es sind mir jedoch keine Belege für diesen Namen bekannt. Für wahrscheinlicher halte ich den ebenfalls türkischen Namen Bākīš, der in mamlūkischen Quellen belegt ist, vgl. Wiet: *Biographies* S. 931. Der Name des Patrons dieses Freigelassenen (*mawlā*) ist Ṭulayb b. Abī Ṣāʾim (statt l. b. Ḥayyān) zu lesen.

Hintergrund der Urkunde war der Verkauf einer im Vertrag nicht spezifizierten Menge Weizens von Bākīš an ʿAqīlah für den Preis von einem Dinar. Es wird im Vertrag erwähnt, daß ʿAqīlah den Weizen bereits empfangen und sich einverstanden erklärt hat. Die Urkunde enthält eine Zessionsklausel. Die Zeugenerklärungen sind größtenteils verloren.

Die Schrift ist durch altertümliche Züge gekennzeichnet. Bemerkenswert sind die horizontal verlängerte Form des *kāf* (*ḏikr* Z. 2, 5; *Bākīš* Z. 2, 3), der nach rechts verlängerte horizontale Strich des intitialen *ʿayn* (sehr deutlich in *ʿAqī[lah]* Z. 2) und die Punktierung des *qāf* mit einzelnem Punkt (*ḥaqq* Z. 2; *wa-qad* Z. 4; *al-ḥaqq* Z. 6). Weitere diakritische Punkte sind an mehreren Stellen gesetzt.

---

[1] Zu *tégiš* vgl. Clauson: *Dictionary* S. 487. Das Wort hat u. a. die Bedeutung "Preis, Wert"; ob es auch als Name verwendet wurde, ist jedoch nicht klar. Die Schreibung *kāf* für türk. *g* entspricht dem Mamlūk-Kiptschakischen.

Text

١ بسم الله الرحمن الرحيم

٢ ذكرحق بكيش مولى طليب بن ا[بـ]ـى صايم على عقيـ[ـلة]

٣ ابنت يوسف عليها دينر قايم من ثمن قمح [اشـ]ـــترته من بكـ[ـيـ]ـش

٤ وقد [قـ]ـبضت القمح ورضيت ومحل الديـ[ـنر] لـ[ـلـ]ـيال تمضى

٥ من شهر ربيع الاخر من سنة ثلث وسبعين ومايـ[ـة و من قام بـ]ـذكر

٦ الحق اقتضا به ومن احال عليها اقر/ت\ له ان شـ[ـا الله شـ]ـهـ[ـ]ـد عبد الرحمن

٧ . . . .[ ]-[—]-[

- -

١ بسم . الرحمن – ٢ حق . بكيس . مولي . علي – ٣ عليها – ٤ وفد . [قـ]ـبصت – ٥ من . سبعين –
٦ الحق . من . عليها

Übersetzung

1. Im Namen Gottes, des Barmherzigen und Gnädigen!

2. Verpflichtungsschein von Bākīš, dem Freigelassenen von Ṭulayb b. Abī Ṣā'im, zu Lasten von ʿAqīlah,

3. Tochter von Yūsuf. Zu ihren Lasten ist ein Dinar vorschriftsmäßigen Gewichts wegen des Preises des Weizens, den sie von Bākīš gekauft hat.

4. Sie hat den Weizen bereits in Empfang genommen und war einverstanden. Der Zahlungstermin des Dinars ist, wenn [ ] Nächte

5. des Monats Rabīʿ al-Āḫir des Jahres hundertdreiundsiebzig vergangen sind. [Und wer] diesen Verpflichtungsschein [vorweist,]

6. der kann ihn (sc. den Betrag) einfordern. Und wenn er (sc. der Gläubiger) jemandem (den Schein) überträgt, so wird sie ihm (sein Recht) anerkennen, so [Gott es will.] Es bezeugt ʿAbdarraḥmān(?)

7. . . . .[ ].[

- -

Kommentar

2. Verpflichtungsscheine fangen immer mit einer Einleitungsformel nach dem Schema *ḏikru ḥaqqi fulānin ʿalā fulānin* an. – Zum Namen Bākīš vgl. die Einleitung zur Urkunde. Karabaceks Behauptung, Ṭulayb sei ein "Sohn des Haijān" gewesen, geht auf eine falsche Lesung zurück. Erstens hat er das Wort *'A[b]ī*, wovon das *'alif* und *yā'* noch teilweise erhalten sind, übersehen; zweitens ist der Anfang des folgenden Wortes mit Sicherheit *ṣād* (oder *ḍād*) und nicht *ḥ-y* zu lesen. Der letzte teilweise zerstörte Buchstabe des Namens ist noch deutlich als *mīm* (vgl. *qā'im* Z. 3) zu erkennen. Im Fastenmonat Ramaḍān geborene Kinder werden häufig Ṣā'im ("fastend") genannt. Vgl. Schimmel: *Names* S. 22, MAA S. 982. – Den Namen der Schuldnerin las von Karabacek als ʿAqīqah, einen Namen, für den mir keine Belege bekannt sind. Außerdem gibt es über dem Loch am Ende des Namens noch den winzigen Überrest eines Buchstabens, der nach aller Wahrscheinlichkeit *lām* war. Also ist ʿAqīlah, ein Name, der schon aus frühislamischer Zeit belegt ist, zu lesen. Statt dessen kommen mit gleichem *rasm* noch die Namen Ǧufaylah oder ʿUqaylah in Betracht. Vgl. aḏ-Ḏahabī: *Muštabih* S. 368, Gratzl: *Frauennamen*, S. 30, 42, 59, MAA S. 1195.

3. Die Erwähnung des Schuldbetrags wird durch *ʿalayhā* ("zu ihren Lasten") eingeleitet. Aṭ-Ṭaḥāwī ist der Meinung, es sei besser, Phrasen wie diese mit *lahu ʿalayhā* anzufangen. Nach seiner Angabe geht die Verwendung der kürzeren Phrase auf frühe Rechtsgelehrte wie Abū Ḥanīfah, Abū Yūsuf und Muḥammad aš-Šaybānī zurück, während zusätzliches *lahu* ("zu seinen Gunsten") im 3. Jahrhundert von dem Rechtsgelehrten Abū Zayd Aḥmad b. Zayd introduziert wurde, vgl. aṭ-Ṭaḥāwī: *'Aḏkār* S. 3f.[1] Tatsächlich wird in früheren *'aḏkār ḥuqūq* (vgl. ↓ 17_3, 18_3, CPA 29_5, APEL I 48_3) immer nur *ʿalayhi* verwendet. Dagegen ist *lahu ʿalayhi* in *'aḏkār ḥuqūq* ab der zweiten Hälfte des 3. Jahrhunderts üblich. Als frühester Beleg dieser Formel ist MEF I 5_3 aus dem Jahr 256 d. H. zu erwähnen. – Zu *dīnār qā'im* vgl. Grohmann: *Einführung* S. 200, APEL II S. 77.

4. Die Formel *wa-qad qabaḍati l-qamḥa wa-raḍiyat* hat zum Zweck, die Rechtsgültigkeit des in Z. 3 erwähnten Kaufs zu sichern. Aṭ-Ṭaḥāwīs Formular für *'aḏkār ḥuqūq* aufgrund eines geschuldeten Kaufpreises (*ḥaqq min ṯaman bayʿ*) enthält noch weitere, dem Kaufvertrag entliehene Klauseln. Die Bestätigung der Inbesitznahme des Kaufobjekts durch den Käufer ist nach seiner Meinung unerläßlich, weil sonst, falls der Käufer behauptet, das Kaufobjekt nicht empfangen zu haben, nicht klar ist, ob er zur Bezahlung der von ihm anerkannten Schuld verpflichtet ist.[2] Vgl. aṭ-Ṭaḥāwī: *'Aḏkār* S. 7ff. – Zur Verwendung des Ausdrucks *maḥill* ("Fälligkeitstermin") in Schuldscheinen vgl. *wa-maḥillu hāḏā l-qamḥi* ↓ 18_4; *wa-'awwalu maḥillin yaḥillu lahu ʿalay[hi* APEL II 101_3; *fī l-maḥilli l-maḏkūri fī hāḏā l-kitābi* Grohmann: *Papyri Milano* 3_5; *'ilā maḥilli l-'aǧali l-musammā fī hāḏā l-kitābi* MEF I 6_7; *ʿinda maḥilli l-'aǧali l-masammā fī hāḏā l-kitābi* MEF I $5_{8\text{-}9}$, APPh 31 I_4; *ʿinda maḥilli l-'aǧali l-maḏkūri fīhi* BAU $14_{10\text{-}11}$; *ʿinda maḥilli 'aǧalihi* PS 9_{10}; *ʿinda maḥilli 'aǧalihā* ↓ 24_7. – *li-[... lay]ālin tamḍī*: Zur Datierung nach verstrichenen Nächten vgl. Grohmann: *Einführung* S. 223f.

5-6 [*wa-man qāma bi-*]*ḏikri l-ḥaqqi qtaḍā bihi wa-man 'aḥāla ʿalayhā 'aqarra\t/ lahu 'in š[ā'a llāhu*]: Zessionsklauseln wie diese sind in *'aḏkār ḥuqūq* häufig belegt, vgl. *wa-man*

[1] Zu Abū Zayd Aḥmad b. Zayd, genannt aš-Šurūṭī, vgl. Wakin: *Documents* S. 19f.

[2] Aṭ-Ṭaḥāwī erwähnt die in diesem Punkt entgegengesetzten Meinungen von Abū Ḥanīfah einerseits, Abū Yūsuf und Muḥammad aš-Šaybānī andererseits. Vgl. aṭ-Ṭaḥāwī: *'Aḏkār* S. 8.

qāma bi-ḏ-ḏikri(!)[1] *l-ḥaqqi qtaḍāhu wa-man 'aḥālat ʿalayhi 'aqarra lahā bi-ḥaqqihā* APEL I 48_{6-7}; *wa-man qāma [bi-ḏi]kri [l-ḥaqqi qtaḍā mā fīhi 'in šā'a llāhu] wa-man 'aḥāla ʿalayhi 'aqarra lahu bi-ḥaqqi[hi* APEL II 102_{4-5}; *[wa-man qāma bi-ḏikri l-ḥaqqi] qtaḍā mā fīhi wa-man 'aḥāla ʿalayhi 'aqarra lahu bi-ḥa[qqihi* PS 9_{10-11}; *[wa-man qāma] bi-ḏikri l-ḥaqqi qtaḍā bi-mā fīhi wa man 'aḥāla ʿa[layhi 'aqarra lahu bi-ḥaqqihi]* ↓ 19_{10-11} und ferner APH 4_4, GROHMANN: *Papyri Milano* 2_2, GROHMANN: *Ostraka* $2b_{3-4}$, aṭ-Ṭaḥāwī: *'Aḏkār* S. 4, ↓ 17_{6-7}, 20_{6-7}, 21_{3-4}, 22_6.[2] Es handelt sich bei diesen Klauseln um das Recht des Gläubigers als Zedent (*muḥīl*) aufzutreten und die Forderung an den Schuldner einem Zessionar (*al-muḥtāl*) zu übertragen. Der erste Teil der Klausel bestätigt das Recht jedes Trägers des Schuldscheins, die Bezahlung des Schuldbetrags vom Schuldner zu verlangen. Nach Angabe von GROHMANN sind Formeln wie diese bereits in demotischen Urkunden belegt, vgl. APEL I S. 116. Aṭ-Ṭaḥāwī dagegen vermeidet absichtlich, solche Formeln zu verwenden. Nach seiner Meinung sind diese juristisch mangelhaft (*ḍaʿīf*), weil sie die Verwendung des Schuldscheins von jemandem, der dazu nicht berechtigt ist, zulassen.[3] Der zweite Teil der Klausel enthält das Anerkenntnis des Schuldners (*al-muḥtāl ʿalayhi*) bezüglich seiner Schuldverpflichtung dem *muḥtāl* gegenüber. Laut aṭ-Ṭaḥāwī ist dies erforderlich, weil nach der Meinung einiger Rechtsgelehrten der Schuldner die *ḥawālah* nur dann akzeptieren muß, wenn der Gläubiger ihm dies mittels einer Klausel bereits auferlegt hat.[4] Weil in der vorliegenden Urkunde die Schuld zu Lasten einer Frau ist, muß *qrr* IV hier als 3. Pers. Sing. fem. gelesen werden. Zuerst hat der Notar gewohnheitsmäßig *'aqarra* geschrieben und dies dann mit einem über das Wort gesetzen *tā'* korrigiert. Nicht ganz klar ist, an wen der Schuldner den *'iqrār* zu machen hat; mit anderen Worten: auf wen sich das mit *li-* verbundene Personalsuffix bezieht. Logischerweise sollte dies der *muḥtāl* sein, wie es auch aus aṭ-Ṭaḥāwīs Text hervorgeht.[5] In *wa-man 'aḥalat ʿalayhi 'aqarra lahā bi-ḥaqqihā* APEL I 48_7 kann sich *lahā* jedoch nur auf die als *muḥīl* auftretende Frau beziehen. Gemeint muß sein, daß der *muḥtāl ʿalayhi* das Recht des *muḥīl*, die Forderung zu übertragen, anerkannt hat.[6] – Zur Schreibung von *iqtaḍā* mit *'alif* statt *yā'* vgl. HOPKINS: *Studies* § 12c und ↓ 19_{11}, 20_6.

6-7 Nach der Zessionsklausel fangen die Zeugenerklärungen an. Zur Form des teilweise erhaltenen *hā'* in [*ša*]*hida* vgl. *šahr* Z. 5. Das *mīm* des Zeugennamen ʿAbdarraḥmān Z. 6 ist nicht deutlich erkennbar. Eine andere Lesung scheint mir aber kaum möglich. Die letzten Zeilen sind ziemlich dicht aufeinander geschrieben, was darauf hindeutet, daß der untere Rand des Papyrus wahrscheinlich fast erreicht war.

---

[1] Zur vulgären Genitivverbindung *aḏ-ḏikr al-ḥaqq* vgl. HOPKINS: *Studies* § 181b und ↓ 20_6.

[2] Von GROHMANN sind aus unedierten Urkunden noch die Belegstellen PER A. P. 272_4, 8140_{1-2} und P. Berol. 6625_4 erwähnt worden, vgl. APEL I S. 116.

[3] *iḥtamala 'an yaqūma bihi man lā yağibu lahu l-qiyāmu bihi* aṭ-Ṭaḥāwī: *'Aḏkār* S. 4. Aṭ-Ṭaḥāwīs Kritik richtet sich gegen die von Abū Ḥanīfah, Abū Yūsuf und Muḥammad aš-Šaybānī verwendete Formel *wa-man qāma bi-hāḏā ḏ-ḏikri l-ḥaqqi fa-huwa walīyu mā fīhi.*

[4] *lā yağibu ʿalā l-muqirri qabūlu l-ḥawālati ʿalayhi* (..) *'illā 'an yakūna l-muqarru lahu qadi štaraṭa ḏālika ʿalayhi* aṭ-Ṭaḥāwī: *'Aḏkār* S. 5.

[5] *wa-kullamā 'aḥāla fulānu bnu fulānin ʿalā fulāni bni fulānin bi-hāḏihi l-kaḏā kaḏā d-danānīri l-musammāti fī hāḏā l-kitābi 'aw bi-šay'in minhā 'aḥadan mina n-nāsi 'aqarra li-man yuḥīluhu ʿalayhi bihi bi-mā yuḥīluhu ʿalayhi bihi min ḏālika* aṭ-Ṭaḥāwī: *'Aḏkār* S. 3.

[6] GROHMANNS Übersetzung mit: ".. and he to whom she cedes (the bill) thereby recognizes her right (to obtain payment)," halte ich nicht für richtig.

17.

Verpflichtungsschein über hundertsechsundsiebzig Artaben Weizen
(Tafel 16)

A. P. 1682r Papyrus 17,7 x 15,5 cm Ḏū l-Qaʿdah 178 d. H. (27. I. – 26. II. 795 n. Chr.)

Hell- bis mittelbrauner Papyrus. Das Blatt ist rechts und unten abgebrochen; die Schnittlinien oben und links sind noch teilweise erhalten. Im rechten Bereich ist Text verloren. Der Papyrus ist an mehreren Stellen eingerissen und durchlöchert. Waagerechte Faltungen bei 1,8; 4; 6; 11 cm, vom unteren Rand gemessen; eine senkrechte Faltung bei 6,6 cm, vom linken Rand gemessen. Faserrichtung: ↓. Schwarze Tinte. Die Schrift ist an einigen Stellen verwischt. – Verso enthält das Fragment eines zweiten Verpflichtungsscheins auf Namen des gleichen Gläubigers als Recto. Blattwendung: ⇒. Es sind hier nur die ersten Wörter der Zeilen 1-3 und die Anfangsbuchstaben der Zeilen 4-5 erhalten.

Ein Mann namens Saʿīd b. Zakarīyāʾ hat ʿAbdallāh b. ʿAbdarraḥmān im vorletzten Monat des Jahres 178 einen im Vertrag nicht spezifizierten Preis bezahlt für 176 Artaben Weizen, den ʿAbdallāh nach einem halben Jahr, am Ende des Monats Rabīʿ II 179 d. H., in der Stadt al-Fayyūm auszuhändigen hat.

Juristisch handelt es sich also um einen Terminkauf (*bayʿ salam*). Verpflichtungsscheine wurden oftmals für die Beurkundung derartiger Geschäfte verwendet.[1] Nach Angabe von RĀĠIB stammt diese Praxis noch aus vorislamischer Zeit; im arabischen Zeitalter blieb sie weiterhin üblich.[2] Bemerkenswert ist, daß aṭ-Ṭaḥāwī die Verwendung des *ḏikr ḥaqq* ausschließlich auf Geldforderungen beschränkt. Für Terminkauf verwendet er einen anderen Vertragstypus, worin die spezifischen Bedingungen des *bayʿ salam* berücksichtigt werden.[3] Gerade diese Bedingungen sind im islamischen Recht vielfach und unter den Rechtsschulen umstritten.[4] Die Verwendung eines Verpflichtungsscheins oder einer Schuldanerkenntnis bot die Möglichkeit, die Lieferungsverpflichtung ohne Erwähnung des zugrundeliegenden Rechtsgeschäfts zu beurkunden und so juristische Fragen zu vermeiden, oder sogar das Gesetz absichtlich zu umgehen.[5]

Vorliegendes Dokument ist meines Wissens die älteste arabische Rechtsurkunde, welche von den Zeugen eigenhändig (*bi-yadihi*) geschriebene Unterschriften enthält. Weitere Belege für solche Zeugenunterschriften aus dem späten zweiten Jahrhundert gibt es in CPA 64/PERF 630 (180 d. H.), PS 10-14 (185-190 d. H.)[6], APEL I 95 (195 d. H.) und in einem von KHAN

[1] Vgl. die Urkunden MEF I 2-9, RĀĠIB: *Vente à livrer* und ↓ 18, 19, 20.

[2] Vgl. RĀĠIB: *Vente à livrer* S. 138.

[3] Vgl. aṭ-Ṭaḥāwī: *Buyūʿ* S. 193ff.

[4] Vgl. al-Asyūṭī: *Ǧawāhir* I S. 144f, BERGSTRÄSSER: *Grundzüge* S. 71, SALEH: *Profit* S. 71ff.

[5] In diesem Zusammenhang ist auf RĀĠIB: *Trois documents* 1 hinzuweisen, wo eine der wichtigsten Bedingungen des *bayʿ salam*: die genaue Bestimmung des Lieferungstermins, nicht erfüllt wird. Häufig wird auch der Empfang des Kaufpreises im Vertragstext außer Betracht gelassen, vgl. MEF I 7, 8, 9, RĀĠIB: *Vente à livrer* und ↓ 20. Vgl. ferner MEF I S. 6f.

[6] KHOURY hat diese zusammengehörenden Urkunden fehlerhaft in die Jahren 184-189 d. H. datiert, vgl. PS S. 41. Die richtige Datierung 185-190 d. H. geht aus den Zeilen PS 10_6 und $14_{1,7}$ hervor.

erwähnten Mietvertrag aus dem Jahr 180 d. H.[1] In Urkunden des früheren zweiten Jahrhunderts sind die Zeugennamen am Ende der Urkunde immer vom Notar eingetragen worden.[2] Wie KHAN bereits festgestellt hat, liegt dieser Entwicklung wahrscheinlich die Institutionalisierung professioneller Zeugen, der sogenannten *ʿudūl*, durch den *qāḍī* Ibn Fuḍālah im Jahr 174 d. H. zugrunde.[3]

Die Urkunde ist in einer deutlichen Kursivschrift geschrieben. Die Datierung der Urkunde am Anfang des Dokuments ist in einer stärkeren Schrift wahrscheinlich von der gleichen Hand geschrieben, wobei die Jahreszahl mit griechischen Buchstaben angegeben ist. Diakritische Punkte sind nicht gesetzt außer vielleicht unter *fī* Z. 1, wo ein einzelner Punkt erkennbar ist.

Text

١ [ ] فى ذى القعدة سنة ροη

٢ [بسم الله] الرحـ[ـمـ]ـن الرحيم

٣ [ذكر حـ]ـق سعيد بن زكريا على عبد الله بن عبد الرحمن

٤ عـ[ـليه ما]ية اردب وستة و سبعين اردب
[ ] . . . .

٥ [قـ]ـمح نصيل جيد يوفيه ذلك بمدينة الفيوم في سلخ

٦ [ربيـ]ـع الاخر سنة تسع وسبعين و ماية ومن قام

٧ [بذكر الحق اقتضا به[4]] ان شا [ا]لله وقد قبض الثمن

٨ [ ] وكتب شهادته بيده

٩ [وكتب] شـ[ـهـ]ـادته بيده

١٠ [ ] وكتب [شـ]ـهادته بيده

---

[1] Vgl. KHAN: *Deeds* S. 173.

[2] Vgl. z. B. KHAN: *Papyri* 9, PAL III 24 und ↓ 36.

[3] Vgl. KHAN: *Deeds* S. 173.

[4] Bei der Ergänzung dieser Phrase habe ich die in Urkunden jener Zeit übliche Schreibung von *iqtaḍā* mit finalem *'alif* berücksichtigt, vgl. ↓ 16_6, 19_{11}, 20_6.

Übersetzung

1. [ ] im Monat Ḏū l-Qaʿdah des Jahres 178.

2. [Im Namen Gottes,] des Barmherzigen und Gnädigen!

3. [Verpflichtungsschein] von Saʿīd b. Zakarīyāʾ zu Lasten von ʿAbdallāh b. ʿAbdarraḥmān.

4. [Zu dessen Lasten sind hundert] Artaben und sechsundsiebzig Artaben

5. hervorragenden geschälten Weizens, die er ihm voll auszuhändigen hat in der Stadt al-Fayyūm am Ende des Monats

6. [Rab]īʿ al-Āḫir des Jahres hundertneunundziebzig. Und wer

7. [diesen Verpflichtungsschein] vorweist, [der kann ihn (den Weizen) einfordern,] so Gott es will. Er (sc. ʿAbdallāh) hat den Preis bereits in Empfang genommen

8. [ ] und er hat sein Zeugnis mit seiner Hand geschrieben.

9. [ ] und er hat sein Zeugnis mit seiner Hand [geschrieben.]

10. [ ] und er hat sein Zeugnis mit seiner Hand geschrieben.

Kommentar

1. Der fehlende Anfang dieser Zeile ist nicht mit Sicherheit zu ergänzen. Wahrscheinlich hat der Notar hier mit einer Phrase nach dem Schema *kataba fulānu bnu fulānin fī* usw. die Urkunde beglaubigt. Vgl. ↓ 19_{23}.

4-5 Das *ʿayn* von *ʿa[layhi* am Anfang von Z. 4 ist teilweise erhalten; auch der Verbindungstrich zwischen *yāʾ* und finalem *hāʾ* ist noch erkennbar. Die Lücke bietet genau Platz für die fehlenden Buchstaben des Worts *mi]ʾah*. – Zwischen den Zeilen 4 und 5 sind am Anfang der Zeile noch einige Überreste wahrscheinlich nachträglich eingefügter Wörter sichtbar. Es könnte sich hier um eine weitere Angabe der Menge des Weizens handeln. – *naṣīl* ("geschält") ist in Zusammenhang mit Weizen in APPh 31V_4, VI_{17}, VII_{30}[1] und APEL II 105_8, 106_8, 107_7, 108_8, 109_7, 110_7 belegt. Grohmanns Lesung *ṣall* ist nach meiner Meinung zurecht von Levi Della Vida kritisiert worden, vgl. APPh S. 79. Zu weiteren Attributen für Weizen vgl. den Kommentar zu ↓ 18_4.

5-6 Zu *yūfīhi ḏālika bi-madīnati l-Fayyūm fī salḫi Rabīʿi l-ʾāḫiri* vgl. *yūfīhi ḏālika ʿalā sāḥili Sadmant fī šahri Hātūr* Rāġib: *Vente à livrer* Z. 3; *yūfīhi ḏālika bi-l-waybati l-Ibrāhīmīyati bi-hāḏihi l-madīnati (...) fī Barmūdah* ↓ 24_4; *yūfūhu ʾiyyāhā ʿinda muṣallā*

[1] Es ist darauf hinzuweisen, daß Levi Della Vida an den beiden erstgenannten Stellen fehlerhaft *ʾird(abb) min qamḥ* statt richtig *ʾirdabbay* (oder vielleicht *ʾirdabbayn*) *qamḥ* gelesen hat.

madīnati l-Fayyūm RĀĠIB: *Trois documents* 1_8; *yūfīhi ḏālika fī Ba'ūnah* APPh 31 V_5, VI_{18}, VII_{31f}, VIII_{48f}; *yūfīhi ḏālika fī*[↓ 20_4; *yūfīhi ḏālika*[APEL II 102_2. Vgl. ferner ↓ 23_7.

6-7 Zur Formel *wa-man qāma* [*bi-ḏikri l-ḥaqqi qtaḍā bihi*] *'in šā'a llāhu* vgl. ↓ $16_{5\text{-}6}$.

7-8 Der Anfang von Z. 8. ist nicht mit Sicherheit zu ergänzen. Es wäre hier eine Fortsetzung des in Z. 7 abgebrochenen Satzes mit *wa-qad qabaḍa ṯ-ṯamana* [*tāmman wāfiyan wa-bari'a minhu 'ilayhi*] zu erwarten, vgl. *qad qabaḍa ʿAbdarraḥmān min 'Abī Ḥurayrah ṯamana hāḏā l-ḫayši tāmman wāfiyan wa-bari'a minhu 'ilayhi* MEF I $3_{5\text{-}6}$ und ähnliche Phrasen in MEF I $4_{6\text{-}7}$, $5_{11\text{-}12}$, $6_{5\text{-}6}$, RĀĠIB: *Trois documents* $1_{8\text{-}9}$. Weil die Lücke auch noch den durch *šahida* eingeleiteten Namen des ersten Zeugen enthalten hat, scheint mir der Platz für eine solche Phrase etwas zu knapp.

8-10 Zu den Zeugenunterschriften vgl. die Einleitung zur Urkunde.

Zwei Verpflichtungsscheine über Getreide

Die Urkunden Nr. 18 und 19 gehören insoweit zusammen, als die vertragschließenden Personen in beiden Dokumenten dieselben sind. Auch ist der Vertragstext beider Urkunden von derselben Hand geschrieben und sind es zum Teil die gleichen Zeugen, die in beiden Dokumenten unterschrieben haben.

Die Urkunden stammen aus dem Anfang des 3. Jahrhunderts aus der Provinz al-Fayyūm, wo GROHMANN sie 1930 erworben hat.[1] Das unter Nr. 19 edierte Dokument (A. P. 11046) hat bereits GROHMANNS Aufmerksamkeit erregt und ist von ihm an mehreren Stellen zitiert worden.[2] Beide Papyri sind senkrecht abgebrochen, wobei die rechte, bzw. die linke Hälfte des Texts verloren sind. Durch Kombination war es möglich, den Text von nr. 18 fast vollständig zu rekonstruieren. Bei der größeren Urkunde Nr. 19 gibt es viele Lücken im Text, deren genauer Wortlaut sich nicht zweifelsfrei ergänzen läßt. Mögliche Ergänzungen sind im Kommentar besprochen.

18.

(Tafel 17)

A. P. 11047	Papyrus	15,5 x 14 cm	Šawwāl 207 d. H. (17. II. – 18. III. 823 n. Chr.)

Mittelbrauner, am rechten Rand senkrecht abgebrochener Papyrus. In Anbetracht der Größe des fehlenden Texts ist wahrscheinlich etwas weniger als die Hälfte des Blattes verloren. Die geschnittenen Ränder oben und unten sind gut erhalten; der linke Rand ist etwas ausgefranst. An mehreren Stellen gibt es kleine Löcher. Waagerechte Faltungen bei 2; 6,6; 10 cm, vom oberen Rand gemessen. Der mittleren Faltlinie entlang gibt es über fast die ganze Breite des Papyrus einen Riß. In 3,5 cm Abstand vom linken Rand ist der Papyrus einer senkrechten Faltlinie entlang von oben eingerissen. Schwarze Tinte. Faserrichtung: ↓. Verso ist leer.

[1] Vgl. GROHMANN: *Einführung* S. 18 Fn. 3.

[2] Vgl. GROHMANN: *Einführung* S. 18, 117, 159, 228, APEL II S. 118, 127, CPA S. 121.

Die Gläubiger des Verpflichtungsscheins, Rabīʿah b. Sulaymān, Ḥannūn b. Isḥāq, ʿUṯmān b. ʿĪsā und dessen Bruder al-Ḫalīl, haben einem Mann namens Šinūdah b. Ǧirǧah, Einwohner des Orts Narmūdah in der Provinz al-Fayyūm, im Monat Šawwāl des Jahres 207 einen Dinar für vier Artaben und zweieinhalb Waybas Weizen bezahlt. Šinūdah hat ihnen diesen Weizen nach vier Monaten, im koptischen Monat Baʾūnah des nächsten Jahres, auszuhändigen.

Ebenso wie bei ↓ 17 handelt es sich bei der vorliegenden Urkunde um einen Terminkauf von Weizen. Bemerkenswert ist die Tatsache, daß die Höhe des Kaufpreises im Vertragstext erwähnt wird, was bei Verpflichtungsscheinen über Terminkauf nicht üblich ist. Zum Weizenpreis vgl. Ashtor: *Prix* S. 77ff.

Die Urkunde ist in einer deutlichen geübten Schrift geschrieben. Paläographisch bemerkenswert sind die altertümliche, oben nach rechts biegende Form des *dāl* (sehr deutlich in *ad-dīnār* Z. 4) und die horizontal verlängerte Form des initialen und mittleren *kāf* ([*su*]*kkān* Z. 3; *wa-ka*(*taba*) Z. 7). Typisch für frühe Urkunden ist auch die Punktierung des finalen *yāʾ* ([*ʿĪs*]*ā* Z. 2; *miʾatayn* Z. 5) mit über den Bogen gesetzten Punkten. Die Zeugen al-Walīd b. al-ʿAbbās al-Hamdānī und Naṣr b. ʿAbdallāh al-Maʿāfirī, die in Z. 5-7 unterschrieben haben, treten auch in ↓ 19 auf.

Text

١ [بسم اللـ]ـه الرحمن الرحيم

٢ [ذكر حق عثمن بن عيسـ]ـي والخليل بن عيسى وربيعة بن سليمن وحنون بن
اسحق على

ونصف
٣ [شنوده بن جرجه من سـ]ـكان نرموده عليه اربعة ارادب قمح وويبتين قمح يوسفى

٤ [جيد نقى من الـ . . . والتبـ]ـن وقد قبض شنوده الدينار ومحل هذا القمح في بونه

٥ [من اشهر العجم من سنة ثمـ]ـان ومايتي شهد على ذلك الوليد بن العباس

٦ [الهمدانى وكتب] شهادته بخطه فى شوال سنة سبع ومايتين

٧ [ونصر بن عبد الله] المعافرى وكـ(ـتب شـ)ـهادته بخطه (Zeichen)

---- - ----

٨ [وميمون بن فريد ا]لقرشى وكتب شهادته بيده (Zeichen)

---

٢ [عيسـ]ـي – ٤ في – ٥ مايتي

Übersetzung

1. [Im Namen Gottes,] des Barmherzigen und Gnädigen!

2. [Verpflichtungsschein von ʿUṯmān b. ʿĪs]ā, al-Ḫalīl b. ʿĪsā, Rabīʿah b. Sulaymān und Ḥannūn b. Isḥāq zu Lasten von

3. [Šinūdah b. Ǧirǧah,] wohnhaft in Narmūdah. Zu dessen Lasten sind vier Artaben und zweieinhalb Waybas [hervorragenden] Josephsweizens,

4. [rein von ... und Stroh.] Šinūdah hat den Dinar bereits in Empfang genommen, und der Lieferungstermin dieses Weizens ist im (Monat) Baʾūnah

5. [der koptischen Monate des Jahres] zweihundertacht. Es bezeugen dies al-Walīd b. al-ʿAbbās

6. [al-Hamdānī, und er schrieb] sein Zeugnis mit seinem Schriftzug im Šawwāl des Jahres zweihundertsieben,

7. [und Naṣr b. ʿAbdallāh] al-Maʿāfirī, und er schrieb sein Zeugnis mit seinem Schriftzug (Zeichen),

8. [und Maymūn b. Farīd (?)] al-Qurašī, und er schrieb sein Zeugnis mit seiner Hand. (Zeichen)

Kommentar

2. Die Ergänzung der Zeile ist durch ↓ 19_2 gesichert. Zur Defektivschreibung des *ā* in Personennamen mit der Endung *-ān* vgl. Hopkins: *Studies* § 10b. Zum Namen Ḥannūn vgl. MAA S. 473. Mit gleichem *rasm* kommen auch die Namen Ǧabbūn, oder Ḥayyūn in Anmerkung, vgl. aḏ-Ḏahabī: *Muštabih* S. 91.

3. Šinūdah b. Ǧirǧah ist der Schuldner in ↓ 19. Daß es sich an vorliegender Stelle um dieselbe Person handelt ergibt sich aus Z. 4. Zu den Namen Šinūdah (kopt. ϢΕΝΟΥΤΕ) und Ǧirǧah (kopt. ΓΕѠΡΓΕ) vgl. Heuser: *Personennamen* S. 51, 90. – Narmūdah steht nach aller Wahrscheinlichkeit für Ναρμουθις, den alten Namen des heutigen Madīnat Māḍī. Der gleiche Ort ist auch in APB 15_4 belegt. Es kann aber dort sowie an der vorliegenden Stelle auch Tarmūdah, nach dem ebenfalls in der Fayyūm gelegenen Ort Ταρμουθεως, gelesen werden. Vgl. APB S. 68, Rāġib: *Archives* S. 38, Grohmann: *Einführung* S. 18. – Bruchteile wie *wa-niṣf* an vorliegender Stelle sind häufig über oder unter der Zeile geschrieben, vgl. ↓ 27_3, 31_6 und AGBW S. 432f. – Josephsweizen (*qamḥ Yūsufī*) wird in literarischen Quellen der ʿAbbāsidenzeit öfters erwähnt. "Es ist der Weizen mit den größten Körnern, den längsten Halmen und dem höchsten Ertragsgewicht," laut al-Masʿūdī. Vgl.

MÜLLER-WODARG: *Landwirtschaft* II S. 17 und ferner APRL VIII 7_6, ↓ 19_{4-5}, aṭ-Ṭaḥāwī: *Buyūʿ* S. 195.

4. Die Lücke am Anfang der Zeile ist analog zu [*qamḥin*] *Yūsufīyin ǧayyidin naqīyin mina t-tibni wa-t-turābi*[↓ 19_{4-5} zu ergänzen. Vgl. auch *qamḥin naṣīlin ṭayyibin naqīyin mina t-tibni* (statt l. *an-našš*)[1] *wa-t-turābi wa-l-madari salīmin min ǧamīʿi l-ʿāhāti* APPh 31 VII$_{30f}$ (u. ä V$_4$, VI$_{17}$); *qamḥin mudawwarin naqīyin ǧayyidin bi-ġayri šay'in mina t-tibni* (statt l. *an-našš*) *wa-t-turābi wa-l-quṣālati* (statt l. *wa-l-ʿaṭālah*) *wa-l-ʿalaṭi*[2] *wa-š-šaʿīri wa-min ǧamīʿi l-ʿāhāti kullihā* PS 7_{3-4} (= PERF 846); *'irdabban qamḥ*(!)[3] *mudawwar 'asmar samīn ṭayyib* [*naqīy min* ...] *wa-ṭ-ṭīni wa-l-madari barī' min ǧamīʿi l-ʿāhā*[*ti*] *kullih*[*ā* (statt l. *mina l-ġallati llat*[*ī*] *kān*[*at*) APW 6_{3-4}[4]; *'irdabban qamḥ*(!) *naqīy ǧayyid 'asmar mudawwar yābis* aṭ-Ṭaḥāwī: *Buyūʿ* S. 193; *'irdabban qa*[*mḥ*(!)] *mudawwar 'asmar naqīy ṭayyib* ↓ 27_{4-5}; *qamḥin samīnin ǧayyidi l-ḥabbati* ↓ 24_4; *mina l-qamḥi l-ǧayyidi n-naqīyi s-sālimi mina t-tibni wa-l-quṣālati* (statt l. *wa-l-ʿuqlah*) CPA 33_4[5]; *mina l-qamḥi ṭ-ṭayyibi n-naṣīli* (statt l. *aṣ-ṣall*) *s-sālimi mina l-ʿalaṭ* APEL II 106_{7-8}, 107_7, 108_8, 109_{7-8}, 110_7; *mina l-qamḥi ṭ-ṭayyibi n-naṣīli s-sālimi mina l-ʿalaṭi wa-ṭ-ṭīni* ↓ 30_{8-9}, APEL II 105_{8-9}; *mina l-qamḥi ṭ-ṭayyibi t-tāmmi* (statt l. *an-nāqī*) *n-naqīyi* APEL 111_{7-8} und ferner PS 6_4, CPA 34_5, APEL II 112_{7-8}, ↓ 17_5, 19_8, 26_3, 28_5, 29_4. Nach der Meinung von aṭ-Ṭaḥāwī ist es besser das Attribut *naqīy* („rein") nicht weiter zu spezifizieren. Schreibt man z. B. *naqīy mina l-qaṣli wa-l-madari wa-l-ġalaṭi* („rein von Spreu, Lehm und Mischung"), so könnte dies interpretiert werden, als seien sonstige Arten von Verunreinigung wohl erlaubt. Vgl. aṭ-Ṭaḥāwī: *Buyūʿ* S. 195.

4-5 Die Ergänzung der Lücke am Anfang von Z. 5 geht aus ↓ 19_{10} hervor. Zum Ausdruck *'ašhur al-ʿaǧam* (wörtl.: „die Monate der Nicht-Araber"), der in arabischen Urkunden häufig für „die koptischen Monate" verwendet wird, vgl. GROHMANN: *Einführung* S. 230. – Weizen wurde in den Monaten April (Oberägypten) bis Mai-Juni (Delta) geerntet. Dies erklärt die Tatsache, daß in Schuldscheinen über Weizen der Lieferungstermin oftmals im Monat Baʾūnah (26. Mai - 24. Juni), also kurz nach der Ernte, festgesetzt wurde, vgl. CPA 33, 34, APPh 31 V, VI, VII, APW 6[6], ↓ 26, 27.

5-8 Al-Walīd b. al-ʿAbbās al-Hamdānī tritt auch in ↓ 19_{19} als Zeuge auf. Statt al-ʿAbbās kann auch al-ʿAyyāš gelesen werden, vgl. aḏ-Ḏahabī: *Muštabih*, S. 334. Daß der zweite

---

[1] Die Phrase *mina n-našši wa-t-turābi* ist zuerst von GROHMANN in Bezug auf PERF 846_3 erwähnt worden und geht noch auf die Lesung von KARABACEK zurück, vgl. APEL II S. 127, PERF S. 226f. Bei der Edition dieser Urkunde in PS 7 hat KHOURY die Lesung von GROHMANN übernommen. LEVI DELLA VIDA hat sich bei seiner Lesung von APPh 31 V$_4$, VI$_{17}$, VII$_{30f}$, VIII$_{47}$ nach aller Wahrscheinlichkeit ebenfalls auf GROHMANN gestützt, vgl. APPh S. 79. Nach meiner Meinung ist an all diesen Stellen *mina t-tibni wa-t-turābi*, eine in Zusammenhang mit Weizen häufig belegte Formel, zu lesen. Die falscheLesung ist deshalb entstanden, weil *at-tibn* in PS 7_3 mit einem Häckchen zuviel geschrieben ist, vgl. S. 245 (Tafel VII).

[2] Statt *al-ʿalaṭ* kann auch *al-ġalaṭ*, wie in *naqīy mina l-madari wa-l-ġalaṭi wa-l-qaṣli* aṭ-Ṭaḥāwī: *Buyūʿ* S. 195 und *mina l-ġallāti ṭ-ṭayyibati n-naqīyati s-sālimati mina l-ʿuyūbi wa-l-ġalaṭi* an-Nuwayrī: *Nihāyat* IX S. 10 gelesen werden. Die Begriffe *ʿalaṭ* und *ġalaṭ* sind in Wörterbüchern mit der gleichen Bedeutung von „Mischung" belegt.

[3] Zu der syntaktisch unklaren Konstruktion *'irdabban qamḥ* vgl. HOPKINS: *Studies* §167h (S. 166) und den Kommentar zu ↓ 27_{4-5}.

[4] GROHMANNS Lesung dieser Stelle ist bereits von LEVI DELLA VIDA kritisch besprochen worden, vgl. APPh S. 79.

[5] Bei der neuen Herausgabe dieser Urkunde in RĀĠIB: *Archives* 1 ist GROHMANNS Lesung bereits verbessert worden, vgl. S. 30.

[6] Wie LEVI DELLA VIDA in APPh S. 97 bereits feststellte, ist APW 6_{4-5} [*yūfīhi ḏālika*] *fī* (statt l. *'ilā*) *Ba'ūnah* zu lesen.

Zeuge mit Naṣr b. ʿAbdallāh al-Maʿāfirī aus ↓ 19_{18} identisch ist, zeigt die ähnliche Schreibung كـــــهادته für *ka(taba ša)hādatahu.* Ob der letzte Zeuge mit Maymūn b. Farīd al-Qurašī, der in ↓ 19_{23} unterschrieben hat, identisch ist, ist nicht ganz sicher. Möglicherweise war er der Schreiber der beiden Urkunden, vgl. den Kommentar zu ↓ 19_{23}. Zu den Nisben der Zeugen vgl. den Kommentar zu ↓ 19_{16ff}. – Die Bedeutung der Zeichen am Ende der Zeilen 7 und 8 ist mir nicht klar. Zu denken wäre an griechische Buchstaben für irgendwelche Zahlen, aber daraus ergibt sich nichts Sinnvolles. Wahrscheinlich sind es Vermerke zur Registrierung oder Beglaubigung der Urkunde gewesen.

19.

(Tafel 18)

A. P. 11046 Papyrus 29 x 12 cm Anfang des 3. Jahrhunderts d. H. (9. Jahrhunderts n. Chr.)

Dunkelbrauner, an den Rändern sowie im Inneren ausgebrochener Papyrus. Am linken Rand fehlt ein Streifen in der Größe von etwas weniger als der Hälfte des Blattes. Die geschnittenen Ränder sind rechts und unten zum größten Teil, oben noch zum geringeren Teil erhalten. Im rechten Bereich gibt es an drei Stellen größere Löcher; sonst gibt es mehrere kleine Löcher und Risse. Waagerechte Faltungen bei 1,4; 5,2; 9,8; 13,8; 17,3; 21,6; 25,8 cm, vom oberen Rand gemessen. Schwarze Tinte. Faserrichtunng: ↓. Verso ist leer.

Šinūdah b. Ǧirǧah schuldet den gleichen Gläubigern des Verpflichtungsscheins ↓ 18 eine größere Menge an Weizen und Gerste, welche er ihnen im Ort Narmūdah in der Provinz al-Fayyūm im Monat Bašanš auszuhändigen hat. Eine Person, deren Name nicht erhalten ist, leistet für Šinūdah b. Ǧirǧah Bürgschaft.

Der genaue Umfang der Schuld läßt sich dem Dokument nicht mehr entnehmen. Beim Weizen geht es auf jeden Fall um eine Menge, die größer als zwanzig Artaben ist. Daß der Verpflichtungsschein wie ↓ 18 einen Terminkauf als Hintergrund hat, ist sehr wahrscheinlich, obwohl keine Erwähnung des Kaufpreises erhalten ist. Von besonderem Interesse ist der in Z. 6 erwähnte Name Ibn as-Sarīy, weil es sich hier wahrscheinlich um einen Sohn des Statthalters as-Sarīy b. al-Ḥakam handelt. Vgl. dazu den Kommentar.

Die Urkunde ist von derselben Hand wie ↓ 18 geschrieben. Abgesehen von den dort bereits erwähnten paläographischen Einzelheiten, ist noch auf die Punktierung des *qāf* (*ḥaqq* Z. 2) mit einzelnem Punkt und die Markierung des *sīn* (*Musāfir* Z. 21) mit einer über den Buchstaben gesetzten unterbrochenen Linie hinzuweisen. Weitere diakritische Punkte sind an einigen Stellen gesetzt. Es sind die Namen von acht Zeugen erhalten, die mit eigener Hand unterschrieben haben.

Text

بسم الله الرحمن الرحيم

ذكر حق عثمن بن عيسى والخلـ[ـيل بن عيسى وربيعة بن سليمن]

وحنون بن اسحق على شنودة بن جرجة [من سكان نرموده عليه]

[. . . . و. . . . . يـ]ـن اردبا الا ويبة [قمح]

يوسفى جيد نقى من التبن والتراب[

بن السري ابقاه الله وعليه ا[يضا

شعير وعليه ايضا تسعة ارادب [

جيد نقى من المدر والتبن والقصل [

بنرموده من كورة الفيوم و[

فى بشانس من اشهر العجم من سـ[ـنة . . . . ومايتين ومن قام]

بذكر الحق اقتضا بما فيه ومن احال عـ[ـليه اقر له بحقه ولا حول]

ولا قوة الا بالله وكفا بالله شـ[ـهيدا

ضامن لشنودة بن جرجة حتا يسـ[

كفيل ضامن غارم حتا يستوفـ[ـى عثمن والخليل وربيعة]

و[حنـ]ـون فى بشانس من اشهر العجم شـ[ـهد

وحسن بن الصباح المعافرى وشهادته بخطه [

وزكير بن يحيى الازدى وكتب شهادته بيده [

ونصر بـ[ـن] عبد الله المعافرى وكـ(ـتب شـ)ـها[دته بخطه

والوليد بن العباس الهمدانى وكتب [شهادته بخطه

الوليد بن القاسم التجيبى وكتب بخطه [فـ]ـى [

[و]عبد الرحمن بن مسافر المعافرى وكتـ[ـب

٢٢ وجلبة بن نـ[ـمـ]ـير الحمصى وكتب شهادته بخـ[ـطه

٢٣ وميمون بن فريد القرشى وكتب فى شوا[ل سنة .... ومايتين]

---

١ الرحيم – ٢ حق – ١٧ بحبي – ٢٠ الحمصي

Übersetzung

1. Im Namen Gottes, des Barmherzigen und Gnädigen!

2. Verpflichtungsschein von ʿUṯmān b. ʿĪsā, al-Ḫalīl [b. ʿĪsā, Rabīʿah b. Sulaymān]

3. und Ḥannūn b. Isḥaq zu Lasten von Šinūdah b. Ǧirǧah, [wohnhaft in Narmūdah. Zu dessen Lasten sind]

4. [ ] Artaben minus eine Waybah [

5. hervorragenden Josephs[weizens], rein von Stroh und Erde [

6. b. as-Sarīy, Gott erhalte ihn, und zu dessen Lasten sind auch [

7. Gerste, und zu dessen Lasten sind auch neun Artaben [

8. hervorragenden [Weizens (?)] rein von Lehm, Stroh, und Spreu [Er hat ihnen dies auszuhändigen]

9. in Narmūdah in der Provinz al-Fayyūm und [der Lieferungstermin

10. im (Monat) Bašans der koptischen Monate des Jahres [zweihundert... und wer]

11. diesen Verpflichtungsschein [vorweist,] der kann einfordern was darin steht, und wenn er (sc. einer der Gläubiger) jemandem (den Schein) übertragen wird, [so wird er (sc. Šinūdah) ihm sein Recht anerkennen. Es gibt keine Macht]

12. und keine Stärke außer bei Gott, und Gott ist uns als Zeuge genug [und N. N. ist]

13. Bürge für Šinūdah b. Ǧirǧah bis [

14. gewährleistender Bürge, der zahlungspflichtig ist, bis [ʿUtmān, al-Ḫalīl, Rabīʿah]

15. und Ḥannūn (dies) vollständig erhalten haben im (Monat) Bašans der koptischen Monate. [Es bezeugen

16. und Ḥasan b. aṣ-Ṣabāḥ al-Maʿāfirī und er schrieb sein Zeugnis mit seinem Schriftzug [

17. und Zakīr b. Yaḥyā al-Azdī und er schrieb sein Zeugnis mit seiner Hand [

18. und Naṣr b. ʿAbdallāh al-Maʿāfirī und er schrieb sein Zeugnis [mit seinem Schriftzug

19. und al-Walīd b. al-ʿAbbās al-Hamdānī und er schrieb [sein Zeugnis mit seinem Schriftzug

20. und al-Walīd b. al-Qāsim at-Tuǧībī und er schrieb mit seinem Schriftzug im [

21. und ʿAbdarraḥmān b. al-Musāfir al-Maʿāfirī und er schrieb [

22. und Ǧalabah b. Nu[m]ayr al-... und er schrieb sein Zeugnis mit seinem Schriftzug[

23. und Maymūn b. Farīd al-Qurašī. Geschrieben im Šawwāl [des Jahres zweihundert...]

Kommentar

2-3 Die Ergänzung dieser Zeilen ist durch ↓ $18_{2\text{-}3}$ gesichert. Die Größe der Textlücke läßt sich also ziemlich genau auf die Hälfte der Zeilengröße feststellen. Dies entspricht auch der relativ sicheren Ergänzung der Zeilen 10 und 11.

4-5 Der Anfang von Z. 4 muß eine Zahl zwischen zwanzig und hundert enthalten haben. Der untere Teil des *wāw* in der Mitte und das *nūn* am Ende der Zahl sind noch erhalten. Zur Phrase *qamḥin*] *Yūsufīyin ǧayyidin naqīyin mina t-tibni wa-t-turābi* vgl. ↓ $18_{3\text{-}4}$. Die Lücke zwischen *waybah*[und *qamḥ*] Z. 4 hat wahrscheinlich eine weitere Angabe der Menge des Weizens enthalten.

5-6 Der Anfang von Z. 6 bietet kaum einen Anhaltspunkt für die Ergänzung der Lücke in Z. 5. Der hier erwähnte Ibn as-Sarīy, dessen Namen die Eulogie *ʾabqāhu llāhu* nachgestellt ist, wird ein Sohn des Statthalters as-Sarīy b. al-Ḥakam (reg. 200-205 d. H.) gewesen sein. Zwei seiner Söhne, Muḥammad b. as-Sarīy und ʿUbaydallāh b. as-Sarīy, sind in historischen Quellen erwähnt und spielten als Nachfolger ihres Vaters eine politische Rolle. Muḥammad b. as-Sarīy war nach dem Tod von as-Sarīy im Ǧumādā I 205 d. H. (XI. 820 n. Chr.) für vierzehn Monate Statthalter von Ägypten und starb im Šaʿbān 206 d. H. (I. 822 n. Chr.). Der Name Muḥammad b. as-Sarīy ist in zwei Papyri (ABW 1, CPA 65) aus der Zeit seiner Herrschaft belegt. Die Steuerquittung ABW 1 ist von seinem Finanzdirektor in der Povinz al-Fayyūm (*ʿāmili l-ʾāmiri ʾayyadahu llāhu* [*Mu*]*ḥammad ibn as-Sarīy ʿalā kūrati l-Fayyūm* ABW 1_2) ausgestellt, während im Mietvertrag über eine Ölpresse CPA 65 ein Freigelassener und Bevollmächtigter über seine Domäne in al-Fayyūm (*mawlā l-amīri Muḥammad ibn as-Sarīy wa-wakīlihi ʿalā ḍiyāʿihi bi-kūrati l-Fayyūm* CPA $65_{5\text{-}7}$) als Vermieter auftritt. Von diesen Domänen könnte auch in der vorliegenden Urkunde Z. 5 die Rede gewesen sein. Wenn das Dokument aber erst im Šawwāl 206 d. H. oder ebenso wie ↓ 18 noch ein Jahr später geschrieben ist, dann muß statt Muḥammad b. as-Sarīy sein Bruder, ʿUbaydallāh b. as-Sarīy, der in den Jahren 206-211 d. H. Statthalter war, gemeint sein. Vgl. Wüstenfeld:

Statthalter II S. 32f, al-Kindī: *Governors* S. 172f. – Die Ergänzung des Worts *'a[yḏan* Z. 6 ist durch Z. 7 gesichert. Der fehlende Teil der Zeile hat eine Angabe über die Menge der Gerste (*ša'īr* Z. 7) enthalten.

7-8 Durch *wa-'alayhi 'ayḏan* Z. 7 wird eine weitere Lieferungsverpflichtung zu Lasten von Šinūdah eingeleitet. Es könnte sich hier um eine dritte Sorte Getreide handeln. Die Attribute *ǧayyidin naqīyin mina l-madari wa-t-tibni wa-l-qaṣli* Z. 8 deuten dagegen wieder auf Weizen hin, vgl. ↓ 18_{3-4}.

8-10 Nach der Feststellung der Größe und Art der Schuld wird der Ort der Lieferung erwähnt. Es ist hier eine Phrase wie *yūfīhim ḏālika*] *bi-Narmūdah* Z. 8-9 zu erwarten, vgl. ↓ 17_{5-6}. Zum Ort Narmūdah vgl. ↓ 18_3. – In den Zeilen 9-10 wird der Lieferungstermin festgestellt. Die Lücke ist vielleicht als *wa-[maḥillu hāḏā l-qamḥi wa-hāḏā š-ša'īri] fī Bašans* Z. 9-10 zu ergänzen, vgl. ↓ 18_4. Zum Ausdruck *'ašhur al-'aǧam* für "die koptischen Monate" vgl. ↓ 18_5. – Die Jahreszahl am Ende von Z. 10 ist verloren. Zweifelsohne stammt die Urkunde wie ↓ 18 aus dem ersten Dezennium des 3. Jahrhunderts.

10-11 Zur Zessionsklausel vgl. ↓ 16_{5-6}.

11-12 Zu den religiösen Formeln, welche meistens an den Schluß der Urkunde gestellt sind, vgl. Grohmann: *Einführung* S. 116ff, wo auch die vorliegende Stelle zitiert wird. Für *wa-kafā bi-llāhi šahīdan* sind außer den von Grohmann vorgeführten Belegstellen noch ↓ 26_{5-6} und 38_{6-7} zu erwähnen.

12-15 Die mir bekannten Belege für Bürgschaft (*ḍamān*) bieten wenig Anhaltspunkte für eine Ergänzung der an vorliegender Stelle verwendeten Formeln. Die Bürgschaftklausel muß mit dem Namen des Bürgen im verlorenen Teil von Z. 12 angefangen haben. – Bemerkenswert ist die Phrase *ḍāminun li-Šinūdah* Z. 13, weil bei *ḍmn* I die Präposition *li-* denjenigen bezeichnet, zu dessen Gunsten die Garantie eingegangen wird (*maḍmūn lahu*). Weil aus dem Kontext eindeutig hervorgeht, daß die Garantie nicht gegenüber Šinūdah, sondern für ihn gegenüber den Gläubigern eingegangen wurde, wäre die Präpostion *'an* zu erwarten. Die Konstruktion *ḍmn* I mit *li-* statt *'an* ist in Papyri jedoch nicht unüblich; ein weiterer Beleg ist *fa-ḍamintu lahā 'an 'uḫriǧahā* ABW 19_{21}, was mit "Da leistete ich für sie die Garantie, daß ich sie wegbringen würde" zu übersetzen ist.[1] Im Ehevertrag APEL I 39_6 wird mit *ḍamānan lāziman lahu* Z. 6 eine Garantie, die der Bürge für den Ehemann (*lahu*) gegenüber seiner Frau eingeht, gemeint. Vgl. ferner *ḍāminan wa-kafīlan li-ṣāḥibihi* ↓ $32r_{10}$. – Der Anfang des auf *ḥattā* Z. 13 folgenden Verbs ist mit großer Wahrscheinlichkeit *y-s*[zu lesen. Vielleicht ist hier *ḥattā yus*[*allima ḏālika 'ilayhim* zu ergänzen. Zur Schreibung von *ḥattā* mit *'alif* statt *yā'* vgl. Hopkins: *Studies* § 12d und ↓ 21_6. – Die in Z. 14 verwendeten Begriffe *kafīl*, *ḍāmin* und *ǧārim* haben alle die gleiche Bedeutung von "Bürge, Garant", vgl. al-Asyūṭī: *Ǧawāhir* I S. 181, Dozy: *Supplément* II S. 210. Durch *wfy* X wird die Entgegennahme einer geschuldeten Leistung oder Zahlung ausgedrückt, vgl. *ḥattā yastawfiya ǧamī'a hāḏihi l-kaḏā kaḏā d-dīnāra* aṭ-Ṭaḥāwī: *'Aḏkār* S. 16 und ferner ↓ 7_{10-11}. Weil der Anfang von Z. 15 mit Sicherheit *wa-*[*Ḥann*]*ūn* zu lesen ist, sind im verlorenen Teil von Z. 14 die Namen der anderen Gläubiger zu erwarten. Also ist die Phrase nach aller Wahrscheinlichkeit *wa-huwa*] *kafīlun ḍāminun ǧārimun ḥattā yastawf*[*iya 'Uṯmān wa-l-Ḫalīl wa-Rabī'ah*] *wa-*[*Ḥann*]*ūn fī Bašans* Z. 13-15 zu ergänzen. – Zu Bürgschaft vgl. ferner ↓ 30_{12-14}, $32r_{10-11}$, 36_{2-3}.

15-16 Der Anfang von Z. 16 zeigt, daß der verlorene Teil von Z. 15 bereits den Namen des ersten Zeugen enthalten hat. Weil die Lücke keinen Platz für sowohl die Jahreszahl als

[1] In ABW S. 54 ist diese Stelle fehlerhaft mit "Da garantierte ich ihr (!), daß ich sie wegbringen würde" übersetzt worden, vgl. auch den Kommentar auf S. 55. Diese falsche Übersetzung ist mit Rücksicht auf vorliegendem ↓ 19_{13} bereits von Diem emendiert worden, vgl. AABW S. 373f.

den vermutlich durch *šahida ʿalā ḏālika* eingeleiteten Zeugennamen bietet, ist der letzte noch teilweise erhaltene Buchstabe wahrscheinlich nicht *sīn* von *sa[nah*, sondern *šīn* von *ša[hida* zu lesen.

16-23 Die Nisben al-Maʿāfirī, al-Azdī, al-Hamdānī, at-Tuǧībī und al-Qurašī beziehen sich auf arabische Stämme. In Zeugenunterschriften aus dem zweiten und Anfang des dritten Jahrhunderts sind diese Nisben, sowie die Nisben anderer arabischen Stämme frequent belegt, vgl. PS 10_{10}, 11_{13ff}, 14_{10ff}, CPA 65_{18ff}, 72_{10}, 77_{16}, APEL I $51_{1, 7, 24ff}$, II 96_{6}, $126_{4, 11}$, PAL II 16_{14ff}, III 24_{5}, PERF 736 und ↓ $25_{10, 11}$ 36_{7}, 37_{11ff}. Dies zeigt, daß die ersten *ʿudūl* (vgl. ↓ 17), die ab dem Jahr 174 d. H. in Ägypten registriert wurden, meistens eingewanderte Araber waren. In Urkunden späterer Zeit sind keine solchen Zeugennamen mehr belegt. – Die Zeugen al-Walīd b. al-ʿAbbās al-Hamdānī Z. 19 und Naṣr b. ʿAbdallāh al-Maʿāfirī Z. 18 haben auch in ↓ 18 unterschrieben. – Von dem auf *bi-ḫaṭṭihi* Z. 20 folgenden Wort ist noch ein horizontaler Strich erhalten, der zweifelsohne als die rückwärtige Schleife des zu *[f]ī* gehörenden *yā'* zu lesen ist. Der verlorene Teil der Zeile hat also eine Datierung enthalten, vgl. Z. 23. – Der teilweise zerstörte Name am Anfang von Z. 22 läßt sich relativ sicher ergänzen. Zum Namen Ǧalabah vgl. aḏ-Ḏahabī: *Muštabih* S. 110. Statt Numayr kann auch Ṭumayr gelesen werden, vgl. aḏ-Ḏahabī: *Muštabih* S. 536. Für die Nisba الــحـــصي ist mir keine entsprechende Lesung bekannt. – Die letzte Zeile steht mit einem Zwischenraum von ca. 2 cm separat von den anderen Unterschriften. Ich halte es für nicht unwahrscheinlich, daß der Notar an dieser Stelle unterschrieben und datiert hat, vgl. ↓ 17_{1}.

20.

Verpflichtungsschein über hundert Bündel Flachs.
(Tafel 19)

A. P. 1722 | Papyrus | 23,3 x 24,5 cm | Ḏū l-Qaʿdah, 277 d. H. (14. II. – 16. III. 891 n. Chr.)

Hellbrauner, an den Rändern sowie im Inneren ausgebrochener und beschädigter Papyrus. Geringer Texverlust am Anfang der Zeilen 4-12 und an einigen durchlöcherten Stellen. Die geschnittenen Ränder sind noch an einigen Stellen zu erkennen. Waagerechte Faltungen bei 1; 2,5; 3,5; 5; 6,2; 7,4; 9,6; 11,5; 14,5; 19,4 cm, vom oberen Rand gemessen; senkrechte Faltungen bei 7; 12; 15; 19,8 cm, vom linken Rand gemessen. Schwarze Tinte. Faserrichtung: ↓. Verso ist leer.

Der Ziegelbrenner ʿAlī b. Muḥammad, wohnhaft in der Stadt Ušmūn, schuldet dem Händler Muḥammad b. Idrīs hundert Bündel Flachs, die er ihm im nächsten Jahr auszuhändigen hat.

Flachs (*kattān*) ist in Papyri häufig belegt; von Bündeln (*ḥuzmah*) Flachs ist die Rede in APEL II 115_{2} und PERF 891. Interessant ist, daß in der vorliegenden Urkunde auch das Gewicht von zehn Raṭl pro Bündel erwähnt wird. Wahrscheinlich hatte der Händler für den Flachs im voraus bezahlt; in diesem Fall würde im Verpflichtungsschein also ein Terminkauf beurkundet.

Die Urkunde ist in einer deutlichen Kursivschrift geschrieben. Es sind keine diakritischen Punkte gesetzt.

Text

١ [بسـ]ـــــــ[ـم اللـ]ـه الرحمن الرحيم

٢ ذكر حق محمد بن ادريس التاجر على على بن محمد [الطـ]ـواب [الـ]ـساكن مدينة اشمون له علـ[ـيه]

٣ مايه حزمة كتان معطب مصنوع جيد تام برى من القصر والسواد وا[لـ] . [ ] . .

٤ [وكـ]ـل عاهة وزن كل حزمة عشرة [[.]]ارطال بالعيار الكبير الوافى يوفيه ذلك فى

٥ [ ] من شهور القبط من سنة ثمان سبعين ومايتين لا يدافع بذلك ولا يحتج فيه بحجـ[ـة]

٦ [على الو]جوه والاسباب كلها ومن اقتضا هذا الذكر الحق اخذ ما فيه ومن احاله عليـ[ـه]

٧ [اقر له] شهد على اقرا[ر] علـ[ـى] بن محمد الطواب بجميع ما فـ[ـى] هذا الكتاب وذلك فى

٨ [ذي القعـ]ـدة من سنة سبع وسبعين ومايتين شهد محمد بن حسن بن على على اقرار

٩ [على بن محمد الـ]ـطواب بجميع ما فى هذا الكتاب فى ذى القعدة [سنة] سبع وسبعين ومايتين

١٠ [شهد عـ]ـبيد الله بن . . . . الـ[ ] . . على اقرار على بن محمد الطواب

١١ [بجميع ما فى هـ]ـذا الكتاب وذلك فى ذى القعدة سنة سبع وسبعين ومايتين //

١٢ [شـهـ]ـد عبد الله بن ادريس العداس على اقرار على بن محمد

١٣ الطواب بما فى هذا الكتاب و كـ(ـتب شـ)ـهادته فى ذى القعدة سنة سبع

١٤ سبعين ومايتين بخطه

Übersetzung

1. [Im Namen Gottes,] des Barmherzigen und Gnädigen!

2. Verpflichtungsschein von Muḥammad b. Idrīs, dem Händler, zu Lasten von ʿAlī b. Muḥammad, dem Ziegelbrenner, wohnhaft in der Stadt Ušmūn. Ihm stehen zu dessen Lasten

3. hundert Bündel vollkommenen hervorragenden verarbeiteten eingeweichten Flachses, frei von kurzem und schwarzem (Fasermaterial), von [...]

4. [und von jedem] Defekt zu. Das Gewicht jedes Bündels ist zehn Ratl gemäß des vollständigen großen Eichgewichts. Er hat ihm dies im (Monat)

5. [. . . .] der Monate der Kopten des Jahres zweihundertachtundsiebzig auszuhändigen. Er (sc. ʿAlī b. Muḥammad) wird ihn damit nicht hinhalten, und keine Einsprüche erheben [in]

6. [irgendeiner Hinsicht] oder aus irgendeinem Grund. Und wer (den Schuldbetrag) dieses Verpflichtungsscheins einfordert, der kann nehmen was darin steht. Und wenn er (sc. Muḥammad b. Idrīs) jemandem (den Schein) überträgt,

7. [so wird er (sc. ʿAlī b. Muḥammad) ihm (sein Recht) anerkennen.] Es wurde bezeugt, daß ʿAlī b. Muḥammad, der Ziegelbrenner, all das, was in dieser Urkunde steht, anerkannt hat, und dies im (Monat)

8. [Ḏū l-Qaʿ]dah des Jahres zweihundertsiebenundsiebzig. Es bezeugt Muḥammad b. Ḥasan b. ʿAlī, daß

9. [ʿAlī b. Muḥammad,] der Ziegelbrenner, all das, was in dieser Urkunde steht, im Ḏū l-Qaʿdah [des Jahres] zweihundertsiebenundsiebzig anerkannt hat.

10. [Es bezeugt ʿUba]ydallāh b. ... al-[ ]..., daß ʿAlī b. Muḥammad, der Ziegelbrenner,

11. [all das, was in] dieser Urkunde steht, anerkannt hat, und dies im Ḏū l-Qaʿdah des Jahres zweihundertsiebenundsiebzig. \\

12. [Es bezeugt] ʿAbdallāh b. Idrīs, der Linsenhändler, daß ʿAlī b. Muḥammad,

13. der Ziegelbrenner, all das, was in dieser Urkunde steht, anerkannt hat, und er hat sein Zeugnis im Ḏū l-Qaʿdah des Jahres

14. zweihundertsiebenundsiebzig mit seinem Schriftzug geschrieben.

Kommentar

2. Die Ergänzung der Berufsbezeichnung [*aṭ-ṭa*]*awwāb* ist durch Z. 7, 10, 13 gesichert. – Man beachte die Fortsetzung der Einleitungsformel mit *lahu ʿalayhi* statt des in früheren *ʾaḏkār ḥuqūq* üblichen *ʿalayhi*. Vgl. den Kommentar zu ↓ 16_3.

3. *miʾatu ḥuzmati kattānin muʿaṭṭabin maṣnūʿin ǧayyidin tāmmin*: Zu *ḥuzmah* ("Bündel") vgl. die Einleitung zur Urkunde und Grohmann: *Einführung* S. 166. Die ersten zwei Buchstaben von *muʿaṭṭab* sind beschädigt und daher nicht zweifelsfrei zu lesen. Zu erwarten wäre eher *muʿaṭṭan*, was an vorliegender Stelle aber kaum zu lesen ist. *ʿṭn* II ist in Zusammenhang mit Flachs mehrfach belegt und bezeichnet das Verfahren, wobei durch Einweichung des Flachses ein Gärprozeß herbeigeführt wird ("Rotten" oder "Rösten"). Es scheint mir nicht unwahrscheinlich, daß *ʿṭb* II (Hinds–Badawi: *Dictionary* S. 583: "to rot") mit der gleichen Bedeutung verwendet wurde, umsomehr weil auch *ʿfn* II ("verfaulen lassen, zersetzen") für diesen Arbeitsvorgang belegt ist. Vgl. Müller-Wodarg: *Landwirtschaft* II S. 36-37. Die Lesung *maṣnūʿ* ist nur möglich, wenn wir davon ausgehen, daß ein Häkchen zu wenig gesetzt ist, was aber bei medialem *ṣād* nicht ungewöhnlich ist und auch in *al-qaṣr* Z. 3 vorkommt. Von Goitein wird "flax of the workers, *ṣunnāʿ*" erwähnt, im Gegensatz zu "flax of the farmers, *muzāriʿīn*". Das Einweichen des Flaches wurde von den Bauern gemacht, das Brechen und Klopfen danach von den Flachsarbeitern. Vgl. Goitein: *Society* I S. 105 und Fn. 30. Die Attribute *ǧayyid* und *tāmm* sind auch für Weizen belegt, vgl. ↓ 18_4.

3-4 *barīʾin mina l-qaṣri wa-s-sawādi wa-*[*l-... wa-ku*]*lli ʿāhatin*: Mit *al-qaṣr* ist nach aller Wahrscheinlichkeit kurzes unbrauchbares Fasermaterial gemeint. Es kann auch *al-qaṣṣ* ("Schnitzel") gelesen werden, was sinngemäß auf dasselbe hinausläuft. Mit *as-sawād* wird schwarzes (verfaultes?) Fasermaterial gemeint sein. Für den Ausdrück *barīʾ min* (...) *kulli ʿāhatin* gibt es parallele Phrasen im Bezug auf Weizen, vgl. ↓ 18_4. – *ʿašaratu ʾarṭālin bi-l-ʿiyāri l-kabīri l-wāfī*: Der Anfang des Worts *ʾarṭāl* ist vom Schreiber verbessert worden. Die Lesung *bi-l-ʿiyāri l-kabīri l-wāfī* ist durch die Legenden mehrerer ägyptischer Glasgewichte, wo von einem *raṭl kabīr wāfin* die Rede ist, gesichert. Das Gewicht des Raṭls unterlag im 2. und 3. Jahrhundert starken Schwankungen. Vgl. Morton: *Stamps* 28ff, Grohmann: *Einführung* S. 152. – Zu *yūfīhi ḏālika fī* [vgl. ↓ 17_{5-6}.

5-6 *lā yudāfiʿu bi-ḏālika wa-lā yaḥtaǧǧu fīhi bi-ḥuǧǧ*[*atin ʿalā l-wu*]*ǧūhi wa-l-ʾasbābi kullihā*: Diese und ähnliche Klauseln gegen Zahlungsaufschub (*mudāfaʿah*) und Einsprüche (*iḥtiǧāǧ*) des Schuldners sind in Schuldscheinen sehr häufig belegt, vgl. *lā yudāfiʿu bi-ḏālika wa-lā yaḥtaǧǧu fīhi bi-ḥuǧǧatin ʿalā l-wuǧūhi wa-l-ʾasbābi kullihā* PS 7_5 (u. ä. APEL II 99_{6-7}, 102_{3-4}, 103_{4-5}, APPh 31 III_{29-31}, APH 4_3); *lā yudāfiʿu bi-ḏālika wa-lā yaḥtaǧǧu fīhi bi-ḥuǧǧatin bi-waǧhin mina l-wuǧūhi wa-lā sababin mina l-ʾasbābi kullihā* CPA 33_7 (u. ä. Grohmann: *Papyri Milano* 3_4, ↓ 22_{4-5}, 24_{5-6}); *lā yudāfiʿu bi-ḏālika wa-lā yaḥtaǧǧu bi-ḥuǧǧatin bi-waǧhin wa-lā sababin* CPA 34_{7-8}, Rāġib: *Vente à livrer* Z. 4; *bi-ġayri mudāfaʿatin wa-lā mumānaʿatin wa-lā iḥtiǧāǧin bi-ḥuǧǧatin* APEL II 105_{10-11}, 106_{10-11}, 107_9, 109_{10-11}, 110_{9-10}; *min ġayri mudāfaʿatin wa-lā mumānaʿatin* ↓ 31_8. Vgl. ferner APEL II 100_5, 101_{4-5}, 111_{10}, APW 7_3, BAU 13_{7-8}, 14_{10-12}, ALAD 35_5, 38_{6-9}, 40_{7-9}, 42_8 und ↓ 21_6, 23_{7-8}, 27_{7-8}, 28_8, 29_7.

6-7 Zur Zessionsklausel vgl. ↓ 16_{5-6}. Man beachte die vulgäre Genitivverbindung *hāḏā ḏ-ḏikra l-ḥaqqi* statt *ḏikra l-ḥaqqi hāḏā*. Diese syntaktisch falsche Konstruktion ist nicht nur in Papyri belegt, sondern wird auch von aṭ-Ṭaḥāwī verwendet, vgl. *wa-man qāma bi-hāḏā ḏ-ḏikri l-ḥaqqi* aṭ-Ṭaḥāwī: *ʾAḏkār* S. 4 und Hopkins: *Studies* § 181b.

11. Zu den schrägen Strichen am Schluß der Subskription, die spätere Hinzufügungen und Einschübe unmöglich machen sollen, vgl. APEL I S. 82.

14. Das letzte Wort *bi-ḫaṭṭihi* ist in stark kursivierter Form an *wa-mi'atayni* festgeschrieben. Ähnliche Schreibungen sind in PER A. P. 6675$_{7,8}$ belegt. Vgl. auch die Schreibung in ↓ 11 II$_{6\ (\text{linke Spalte})}$ und ↓ 21$_{10}$.

21.

Verpflichtungsschein über zwei Dinar
(Tafel 20)

A. P. 11022	Papyrus	25 x 23 cm	Ḏū l-Ḥiǧǧah 290 d. H. (26. X. – 24. XI. 903 n. Chr.)

Mittelbrauner, an den Rändern sowie im Inneren ausgebrochener Papyrus. Das Blatt ist am oberen und unteren Rand abgebrochen. Es sind etwa anderthalb Zeilen Text am Anfang des Dokuments verloren. Die geschnittenen Ränder rechts und links sind noch teilweise erhalten. Im oberen Bereich ist der Papyrus an einigen Stellen gerissen; sonst gibt es zahlreiche kleine Löcher. Das Blatt ist senkrecht durch die Mitte gefaltet. Waagerechte Faltungen bei 6,7; 8,8; 10; 11,2; 14; 17; 20 cm, vom unteren Rand gemessen. Schwarze Tinte. Faserrichtung: ↓. Verso ist leer.

Eine Frau namens ʿAdīn(?), Tochter von ʿAbdallāh, hat eine Schuldforderung von zwei Dinar an Yusr b. Yaḥyā. Sie kann diesen Betrag zu jeder Zeit einfordern und hat dazu den Sohn ihrer Tante mütterlicherseits, Ḥudayd b. al-Ḥasan, zum Bevollmächtigten (*wakīl*) gemacht.

Der Vertragstext weicht in seinem Aufbau und in der verwendeten Phraseologie vom üblichen Formular des *ḏikr ḥaqq* ab. Die Urkunde ist in einer deutlichen Kursivschrift geschrieben. Diakritische Punkte sind vereinzelt gesetzt. Drei von den vier Zeugenerklärungen sind von der gleichen Hand geschrieben.

Text

[بسم الله الرحمن الرحيم]

[ذكر حق عدين ابنت] عبد [الله] على يسر بن يحيى لهـ[ـا عـ]ـليه دينار
[يـ]ـن [ ]. . .[ ]ـال معجلين اى وقت شـ[ـا]ت اخذتهم منه ومن قام بهذا الحق

علـ[ـى] يسـ[ـر ا]خذه متا شات عدين ا[بنـ]ـت عبد الله اخذت هاذين الدينارين
من يسر بن [يـ]ـحيى وقد وكلت بن خالتها حديد⟦ـس⟧ متا شا حديد بن الحسن
اخذ هاذين الدينارين من يسر بن [يـ]ـحـ[ـيى] بلا مدافعة ولا صبر حتا يريد

٧ حديد بن الحسن ذلك وذلك فى شهر ذى الحجة من سنة تسعين وميتين

٨ شهد عليهم بجميع ما فى هذا الكتاب من اوله الى اخره وذلك فى ذى الحجة

٩ وشهد على {على}اقرار يسر به{ـذ}اذين الدينارين (Zeichen) شهد احمد بن محمد

العقدى

١٠ [بمـ]ـا فى هذا الكتاب وكتب بخطه شهد سعيد بن ميمون الحبال بجميع

١١ ما فى هذا الكتاب وذلك فى ذى الحجة من سنة تسعين وميتين

١٢ شهد غليس بن *vacat* الكيال بجميع ما فى هذا الكتاب

- -- ---

١٣ شهد حسن بن ابى تمام بجميع ما فى هذا الكتاب وذلك فى

١٤ شهر ذى الحجة من سنة تسعين ومايتين

---

٣ منه - ٤ متا . الحسن - ٦ الحسن

Übersetzung

1. [Im Namen Gottes, des Barmherzigen und Gnädigen!]

2. [Verpflichtungsschein von ʿAdīn(?), Tochter von] ʿAbd[allāh], zu Lasten von Yusr b. Yaḥyā. Ihr stehen zu dessen Lasten zwei

3. sofort zahlbare [ ]...[ ].. Dinare zu. Zu jeder Zeit, wenn sie will, kann sie diese von ihm nehmen. Und wer diesen Verpflichtungsschein zu Lasten von Yusr vorweist,

4. der kann es (sc. das Geld) nehmen. Wann auch immer ʿAdīn(?), Tochter von ʿAbdallāh, will, so kann sie diese zwei Dinare

5. von Yusr b. Yaḥyā nehmen. Sie hat den Sohn ihrer Tante, Ḥudayd, zum Bevollmächtigten gemacht, und wenn Ḥudayd b. al-Ḥasan will,

6. so kann er diese zwei Dinare von Yusr b. Yaḥyā nehmen, ohne Aufschub und ohne Stundung, außer wenn

7. Ḥudayd b. al-Ḥasan dies will. Dies (wurde geschrieben) im Monat Ḏū l-Ḥiǧǧah des Jahres zweihundertneunzig.

8. Es wurde zu ihren Lasten all das, was in dieser Urkunde steht, vom Anfang bis zum Ende, bezeugt, und dies im Monat Ḏū l-Ḥiǧǧah,

9. und es wurde bezeugt, daß Yusr die zwei Dinare anerkannt hat. (*Zeichen*) Es bezeugt Aḥmad b. Muḥammad al-ʿUqadī

10. das, was in dieser Urkunde steht, und er hat mit seinem Schriftzug unterschrieben. Es bezeugt Saʿīd b. Maymūn, der Seiler, all das,

11. was in dieser Urkunde steht, und dies im (Monat) Ḏū l-Ḥiǧǧah des Jahres zweihundertneunzig.

12. Es bezeugt Ġulays b. *vacat*, der Kornmesser, all das, was in dieser Urkunde steht.

13. Es bezeugt Ḥasan b. Abī Tammām (?) all das, was in dieser Urkunde steht, und dies im

14. Monat Ḏū l-Qaʿdah des Jahres zweihundertneunzig.

Kommentar

2. Zum Namen ʿAdīn vgl. Z. 4. – Statt Yusr sind bei gleichem *rasm* noch mehrere andere Namen möglich, vgl. aḏ-Ḏahabī: *Muštabih* S. 92f.

2-3 Das finale *nūn* von *dīnāra*[*y*]*ni* ist am Anfang von Z. 3 noch teilweise erhalten. Die Ergänzung ist durch *muʿaǧǧalayni* Z. 3 gesichert. Daß Zeilenende und Wortende nicht zusammenfallen, kommt in Papyri öfters vor, vgl. Grohmann: *Einführung* S. 102. Zur Verdrängung des Nominativs durch den Casus obliquus im Dual vgl. Hopkins: *Studies* § 85. – Das auf *dīnāra*[*y*]*ni* folgende, teilweise zerstörte Wort vermag ich nicht zu lesen. Für die noch erhaltenen Buchstaben *'alif-lām* ist die Ergänzung [*miṯq*]*āl* zu erwägen. – Der Ausdruck *muʿaǧǧalayni* ist an dieser Stelle ungewöhnlich. Statt dessen wird meistens das Partizip Aktiv von *ḥll* I verwendet, und es wäre also *ḥāllayni* ("fällig") zu erwarten, vgl. ↓ 22_{3}. *ʿǧl* II wird in Eheverträgen als Ausdruck für den vor der Ehe zu zahlenden Teil des Brautgelds (*muʿaǧǧal aṣ-ṣadāq*) verwendet und steht im Gegensatz zu dem im nachhinein zu zahlenden Teil (*al-mu'aḫḫar*), vgl. ↓ 1_{5}. In Schuldscheinen ist *mu'aḫḫar* auch belegt als Ausdruck für einen nach bestimmter Frist zu zahlenden Schuldbetrag, vgl. APH 4_{2}, Diem: *Rechtsurkunden* 4_{4}. Parallel zu dieser Verwendung von *mu'aḫḫar* wird an vorliegender Stelle mit *muʿaǧǧal* "sofort zahlbar" ausgedrückt. – Zu *'ayya waqtin šā'at 'aḫaḏathum minhu* vgl. *ya'ḫuḏuhu minhu matā šā'a wa-'ayya waqtin šā'a* ALAD 38_{7}; *yadfaʿā ḏālika* (...) *'ayya waqtin ṭalaba minhumā* ↓ 28_{6-7} und ferner ↓ 22_{3-4}. Das Personalsuffix-*hum* steht vulgär statt des Duals -*humā*, vgl. Hopkins: *Studies* § 84a.

3-4 *wa-man qāma bi-hāḏā l-ḥaqqi ʿal*[*ā*] *Yus*[*r 'a*]*ḫaḏahu*: *bi-hāḏā l-ḥaqqi* wird hier statt des in diesem Kontext öfters belegten *bi-hāḏā ḏ-ḏikri l-ḥaqqi* verwendet, vgl. ↓ 20_{6-7}. Der gleiche Ausdruck ist in *wa-man 'aqāma bi-hāḏā l-ḥaqqi qtaḍāhu* APH 4_{4} belegt. Gemeint ist, daß jeder Träger des Verpflichtungsscheins den Schuldbetrag einfordern kann, vgl. ↓ 16_{5-6}.

4-5 Die mit *matā šāʾat* anfangende Bedingung bezüglich der Fälligkeit des Schuldbetrags scheint mir eine überflüssige Wiederholung von dem, was in Z. 3 bereits stipuliert wurde, zu sein. Zur Schreibung von *matā* mit *ʾalif* statt *yāʾ* vgl. Hopkins: *Studies* § 12d und ↓ 22_3, 36_3. – Den Frauennamen, für den der Text عـــدن gibt, weiß ich nicht mit Sicherheit zu lesen. Nach aller Wahrscheinlichkeit liegt hier der Morphemtyp *faʿīl* oder *fuʿayl* vor. Weil finales *nūn* und *rāʾ* im Text ähnlich geschrieben sind, kommen statt *ʿdn* noch die Wurzeln *ʿḏr* und *ġdr* in Betracht. – Zur Pleneschreibung des *ā* in *hāḏayni* vgl. Hopkins: *Studies* § 11.

5. Statt ابن ist بن geschrieben. – Der letzte Buchstabe des Namens Ḥudayd (nach *ḫālatihā*) ist vom Schreiber korrigiert worden. Mit gleichem *rasm* kommen auch die Namen Ḥadīd, Ǧadīd und Ǧudayd in Betracht, vgl. aḏ-Ḏahabī: *Muštabih* S. 151, MAA S. 302, 404.

6. *bi-lā mudāfaʿatin wa-lā ṣabrin ḥattā yurīda Ḥudayd ibn al-Ḥasan ḏālika*: Zu *mudāfaʿah* ("Aufschub") vgl. ↓ $20_{5\text{-}6}$. Meistens wird *dfʿ* III zusammen mit *ḥǧǧ* VIII verwendet. Mit *ṣabr* ist "Stundung" gemeint, wie in *bāʿa š-šayʾa ṣabran* ("er verkaufte die Sache auf Kredit"), vgl. Dozy: *Supplément* I S. 815. Es sind mir keine urkundlichen Belege für diesen Ausdruck bekannt. Nach *ḥattā* wäre *yūfiya* zu erwarten, vgl. ↓ 23_7. An vorliegender Stelle muß gemeint sein, daß dem Schuldner nur auf Wunsch von Ḥudayd b. al-Ḥasan Zahlungsaufschub gewährt wird. Für unwahrscheinlich halte ich die Lesung *ḥattā yazīda*, womit gemeint sein könnte, daß dem Schuldner eine Erhöhung des Schuldbetrags in Aussicht gestellt wird, falls er seiner Zahlungsverpflichtung nicht sofort nachkommen würde. Eine solche Bedingung wäre aufgrund des koranischen Wucherverbots im islamischen Recht nicht erlaubt. Zur Schreibung von *ḥattā* mit *ʾalif* statt *yāʾ* vgl. ↓ 19_{13}.

7. Zur Orthographie von *miʾatayn*, das hier und in Z. 11 ohne *ʾalif* geschrieben worden ist, vgl. Hopkins: *Studies* § 101.

8. Zur Formel *min ʾawwalihi ʾilā ʾāḫirihi* vgl. ↓ 7_{14}.

9. Das rosettenförmige Zeichen ist in Papyri öfters als Schlußzeichen belegt, vgl. z. B. Khan: *Papyri* S. 110.

9-14 Nur die erste Zeugenaussage enthält die Angabe, sie sei mit eigener Hand geschrieben worden (*wa-kataba bi-ḫaṭṭihi* Z. 10). Die darauffolgenden Zeugenerklärungen stammen von einer Hand; sie könnten von einem der Zeugen oder von einer im Text nicht erwähnten Person geschrieben sein. – Für die Nisba العقدي Z. 9 kommen mehrere Lesungen in Betracht, vgl. as-Samʿānī: *ʾAnsāb* IX S. 334. Die Lesung *al-ʿuqadī* (Nisba von *ʿuqad*: "Knoten") halte mit Rücksicht auf die Berufsbezeichnung *al-ḥabbāl* Z. 10 ("der Seiler") für relativ wahrscheinlich. Statt *al-ḥabbāl* könnte im Prinzip auch *al-ḫayyāl* ("der Reiter") oder das öfters belegte *al-ḥammāl* ("der Lastträger") gelesen werden, vgl. ↓ 34_2. – Zum Namen Ǧulays Z. 12 vgl. MAA S. 1281. Dort, wo nach *ibn* das Patronymikon zu erwarten wäre, hat der Schreiber wahrscheinlich mit der Absicht, den Namen später zu ergänzen, einen Freiraum offengelassen. Das Patronymikon muß dem Schreiber also unbekannt gewesen sein, während der Zeuge offenbar nicht anwesend war, als die Urkunde unterschrieben wurde. Die Lesung *al-kayyāl* ("der Kornmesser") ist durch *al-kitāb* Z. 11, 12, 13 paläographisch gesichert. – Der Lesung des Patronymikons *ibn ʾAbī Tammām* Z. 13 bin ich mir, obwohl eine andere Lösung sich kaum anbietet, nicht ganz sicher. Der obere Teil des *ʾalif* in *ʾAbī* ist verloren. Zu alternativen Lesungen des Namens Tammām vgl. aḏ-Ḏahabī: *Muštabih* S. 74.

22.

Verpflichtungsschein über einen Dinar
(Tafel 21)

A. P. 5211r — Papyrus — 14 x 24 cm — Ende des 3. Jh. d. H. (10. Jahrhundert n. Chr.)

Mittelbrauner, an den Rändern sowie im Inneren ausgebrochener Papyrus. Das Blatt ist unten unter Verlust der letzten Zeilen abgebrochen. An den übrigen Rändern sind die Schnittlinien noch teilweise erhalten. Die Ecken rechts oben, rechts unten und links unten sind abgebrochen. Es sind dabei mehrere Wörter am Anfang der Zeilen 1-2 und 6-7, sowie der linke Teil der Zeilen 5-7 verloren. Im linken oberen Bereich haben sich die vertikalen Fasern abgelöst; es sind dort mehrere Wörter der Zeilen 2-4 verloren. Sonst ist der Papyrus an einigen Stellen durchlöchert. Waagerechte Faltungen bei 6,7; 8,8; 10; 11,2; 14; 17; 20 cm, vom oberen Rand gemessen; senkrechte Faltungen bei 4,5; 9; 12,5; 15,5 cm, vom linken Rand gemessen. Schwarze Tinte. Faserrichtung: ↓. Am Anfang der Zeilen 4-5 ist die Tinte verschmiert. – Verso enthält den unter Nr. 12 edierten Mietvertrag über einen Laden. Blattwendung: ⇒. Der Text auf Verso ist von einer anderen Hand als Recto geschrieben worden.

Ein Mann namens al-Yasaʿ b. Idrīs b. Ḫarūf, der Bäcker, wohnhaft in der Stadt Ušmūn, hat eine Schuldforderung von einem Dinar an eine Person, deren Name im Text nicht erhalten ist. Dieses Geld ist zu Lasten des Schuldners fällig (*ḥāll*) und kann durch den Gläubiger zu jeder Zeit von ihm verlangt werden.

Der Vertragstext ist nach dem üblichen Schema des späteren *ḏikr ḥaqq* gestaltet. Aufgrund der Datierung des Mietvertrags auf Verso in das Jahr 290 d. H. (vgl. ↓12), muß vorliegendes Dokument aus diesem oder aus einem früheren Jahr stammen.

Die Urkunde ist in einer deutlichen Kursivschrift geschrieben. Bemerkenswert ist die Form des medialen *hā'* in *nahār* Z. 4. Diakritische Punkte sind nicht gesetzt. Eine wahrscheinlich vom Zeugen selbst geschriebene Zeugenaussage ist noch teilweise erhalten; weitere Unterschriften sind verloren.

Text

١ [بسم] الله الرحمن الرحيم

٢ [ذكر حق اليسع بـ]ـن ادريس بن خروف الخباز الساكن مدينة اشمـ[ـون على] . . [

]ـس الساكن مدينة

٣ اشمون له عليه دينار واحد مثقال طرى جيد حال له عليه متا شا الـ[ـيسع بن

ادريس ا]خذه بـ[ـهذ]ا

٤ الدينار الواحد من ليل او نهار لا يدافع بذلك ولا يحتج بحجة .[بوجه من الوجوه ولا]

٥ سبب من الاسباب الا بالخروج من هذا الدينار الواحد الى ا[ليسع بن ادريس

٦ [ ] ومن احاله اليسع بن ادريـ[ـس عليه اقر له

٧ [ ] شهد عبد الرحمن بـ[ـن

Übersetzung

1. [Im Namen] Gottes, des Barmherzigen und Gnädigen!

2. [Verpflichtungsschein von al-Yasaʿ] b. Idrīs b. Ḫarūf, dem Bäcker, wohnhaft in der Stadt Ušmūn [zu Lasten von] . . [...] . , wohnhaft in der Stadt

3. Ušmūn. Ihm steht zu dessen Lasten ein guter neugeprägter Dinar des Miṯqālgewichts, fällig zu seinen Gunsten und dessen Lasten, zu. Wann auch immer [al-Yasaʿ b. Idrīs] will, kann er [diesen] einen Dinar von ihm einfordern,

4. sei es bei Nacht oder am Tag. Er (sc. der Schuldner) wird ihn damit nicht hinhalten und keine Einsprüche erheben .[... in irgendeiner Hinsicht oder aus]

5. irgendwelchem Grund, sondern [al-Yasaʿ ibn Idrīs] den einen Dinar zahlen [

6. [ ] und wenn al-Yasaʿ ibn Idrīs jemandem den Schein überträgt, [so erkennt er (sc. der Schuldner) ihm sein Recht an.]

7. [ ] Es bezeugt ʿAbdarraḥmān b. [

Kommentar

2. Die Ergänzung des Namens des Gläubigers ergibt sich aus Z. 6. Statt al-Yasaʿ kann auch an-Nasaʿ gelesen werden, vgl. aḏ-Ḏahabī: *Muštabih* S. 557.

3. *dīnārun wāḥidun miṯqālun ṭarīʾun ǧayyidun ḥāllun lahu ʿalayhi*: Zu *ṭarīʾ* ("neugeprägt") als Attribut für Dinare vgl. Grohmann: *Einführung* S. 200. Zu *ḥāllun lahu ʿalayhi* vgl. *ʿašaratu darāhima* [... *ǧi*]*yādin ḥāllatin lahu ʿalayhi* APEL II 99_5; *wa-hāḏā*(!) *l-ʿašaratu d-danānīri ḥāllatun li-Yūnah ibnat Ḥalīṣā ʿalā zawǧihā* APEL I 48_4; *daynan lahu ʿalayhi ṯābitan wa-ḥaqqan wāǧiban lāziman ḥāllan lahu ʿalayhi* ALAD 39_5 (u. ä. ALAD 35_4, 38_6,

45_5); *daynan ṯābitan lāziman ḥāllan* aṭ-Ṭaḥāwī: *'Aḏkār* S. 3. Vgl. ferner ↓ 2 II_3 und die in Diem: *Rechtsurkunden* S. 237f erwähnten Belegstellen.

3-4 *matā šā'a l-[Yasa' ibn Idrīs 'a]ḫaḏahu bi-[hā]ḏā d-dīnāri l-wāḥidi*: Zu *'ḫḏ* I *-hu* pers. *bi-* rei mit der Bedeutung "von jemandem etwas einfordern" vgl. Dozy: *Supplément* I S. 12: "ordonner à quelqu'un de payer une somme". Für diesen Ausdruck sind mir folgende Belege bekannt: *<'in> šā'a Mūsā 'aḫaḏahu bi-ḥaqqihi* CPA 29_{10}; *matā šā'at 'aḫaḏathu bihimā* APB 9_4; *matā šā'at 'aḫaḏathu bi-hāḏa l-mahri* APEL I 39_7; *'in šā'a 'aḫaḏahumā bihi ǧamī'an* aṭ-Ṭaḥāwī: *'Aḏkār* S. 16; *ya'ḫuḏuhu bihā wa-bi-mā šā'a minhā* ALAD 35_5; *ta'ḫuḏuhu bihi wa-bi-mā šā'at minhu* ALAD 39_5; *wa-tūfiyāhu 'iyyāhu bi-'aḫḏihimā bi-ḏālika ǧamī'an* Siourdel: *Actes* 2_{14}. Zur Schreibung von *matā* mit *'alif* statt *yā'* vgl. ↓ 21_4. – *min laylin 'aw nahārin*: Daß die Bezahlung "bei Nacht oder am Tag" vom Schuldner verlangt werden kann, wird öfters in Schuldscheinen erwähnt, vgl. *'ayya waqtin ṭalaba minhumā min laylin 'aw nahārin* ↓ 28_{6-7}; *matā šā'a wa-'iḏā šā'a laylan kāna 'am nahār* ALAD 35_5; *wa-ta'aqqada lahu min laylin 'aw nahārin* ALAD 38_7; *[šā']at wa-rā'at min laylin 'aw nahārin ṣabāḥin 'aw masā'in* ALAD 39_6; *matā 'aḥabbā min laylin 'aw nahārin* ALAD 45_6.

4-5 Zur Klausel gegen Zahlungsaufschub und Einsprüche des Schuldners vgl. ↓ 20_{5-6}. Durch *'illā bi-l-ḫurūǧi min hāḏā d-dīnāri* usw. wird ausgedrückt, daß der Schuldner sich nur durch Bezahlung (*ḫurūǧ*) des geschuldeten Betrags von seiner Schuldverpflichtung befreien kann. In Schuldscheinen aus dem späten 3. bis zum 6. Jahrhundert gehören Phrasen wie diese zum festen Formular, vgl. *'illā bi-l-ḫurūǧi [min hāḏā] d-dīnāri tāmman wāfiyan* APEL II 100_{5-6}; *'illā bi-l-ḫurūǧi minhā 'ilayhi* APEL II 99_7; *'illā bi-l-ḫurūǧi* (*bi-* fehlt in der Edition) *min ḏālika fī l-maḥilli l-maḏkūri* Grohmann: *Papyri Milano* 3_5; *dūna l-ḫurūǧi mina l-mablaġi l-maḏkūri 'alā tamāmihi wa-kamālihi* APEL II 105_{12-13}, 106_{10-11}, 107_{9-10}, 109_{10-11}, 110_{10-11} und ferner APW 7_4, CPA 33_{7-8}, 45_6, APEL II 143_{3-4}, Rāġib: *Vente à livrer* Z. 4, ↓ 24_{6-7}, 27_{8-9}, 28_9, 29_{7-8}.

6. Zur Zessionsklausel vgl. ↓ 16_{5-6}.

23.

Verpflichtungsschein über acht Dinar

(Tafel 22)

A. Ch. 3577r (PERF 962)	Papier	17,4 x 22 cm	Barmūdah/Ša'bān 331 d. H. (10.–25. IV. 943 n. Chr.)

Mittelbraunes Hadernpapier, Schöpfgitterstäbe parallel zur Schrift. Am unteren Rand ist ein gerader Streifen unter Textverlust vom Blatt abgerissen. Die Ecken links oben und rechts unten sind abgerissen, wobei es geringen Textverlust am Anfang der Zeilen 9-15 gibt. Sonst sind die geschnittenen Ränder noch erhalten. Im Inneren ist das Papier an einigen Stellen durch Wurmfraß beschädigt. Das Blatt ist in 8,8 cm Abstand vom rechten Rand senkrecht gefaltet; waagerechte Faltungen bei 3; 6; 9; 13; 15 cm, vom oberen Rand gemessen. Schwarze Tinte. Die Schrift ist an mehreren Stellen etwas verblaßt; an anderen Stellen ist das Papier durch dunkle Flecke verunreinigt. – Verso enthält den unter nr. 24 edierten Entwurf eines Verpflichtungsscheins über Weizen, der vier Jahre später von einer anderen Hand geschrieben wurde. Blattwendung: ⇒. Nach einer Wendung um 180 Grad ist diese Seite von wieder einem anderen Schreiber für eine Schreibübung verwendet worden. Obwohl im wesentlichen erhalten, ist der Text im Vergleich mit Recto in einem viel schlechteren Zustand. Die Schrift ist an manchen Stellen verwischt oder durch Verunreinigung des Papiers schwer leserlich.

Der Schneider Abū l-Ḫudayd al-Aṣfar an-Nūbī b. Abī l-Aswad aus Fusṭāṭ, zu jener Zeit wohnhaft in der Stadt Ušmūn, schuldet einer in derselben Stadt lebenden Frau mit dem koptischen Namen Tūsāqah(?), Tochter des Schneiders Babusṭulus, acht Dinar, die er in monatlichen Raten von je einem viertel Dinar abzuzahlen hat. Die erste Rate ist am Ende des Monats Bašans des Jahres 331 d. H. fällig.

Die Urkunde ist von Karabacek in PERF S. 253 kurz besprochen worden, wobei er den Namen des Schuldners zu Abū Aḥmad verlesen hat.

'Aḏkār ḥuqūq aus dem vierten Jahrhundert der Hiğrah sind, wie es in der Einleitung zum vorliegenden Kapitel bereits bemerkt wurde, relativ selten belegt. Die vorliegende Urkunde und der Entwurf auf Verso sind die spätesten mir bekannten Beispiele dieser Art von Rechtsurkunde. In späterer Zeit ist der *ḏikr ḥaqq* außer Gebrauch gekommen und haben Schuldscheine meistens die Form eines Anerkenntnisses (*'iqrār*) des Schuldners. Vgl. dazu die Einleitung zur Kapitel V b).

Das Formular des Vertragstexts fällt durch seine im Vergleich zu früheren *'aḏkār ḥuqūq* ausführliche juristische Phraseologie auf. Die meisten verwendeten Phrasen stimmen mit dem von aṭ-Ṭaḥāwī vorgeschriebenen Formular für *'aḏkār ḥuqūq* genau überein, was als ein Indiz für den ab dem Ende des dritten Jahrhunderts zunehmenden Einfluß der juristischen Urkundenlehre (*ʿilm aš-šuruṭ*) auf die notarielle Praxis zu betrachten ist. Für einige Phrasen aus dem Dokument gab es bisher nur spätere Belege.

Die Urkunde ist mit einer geläufigen kursiven Hand geschrieben worden. An mehreren Stellen sind Wörter und einzelne Buchstaben durch Ligaturen verbunden. Paläographisch bemerkenswert sind die unterschiedlichen Formen des intialen *kāf*, wie sie z. B. in *ḏikr* Z. 2, *as-sākinah* Z. 2 und *kāna* Z. 11 erscheinen. Diakritische Punktierung ist durch die vielen Flecke nicht immer mit Sicherheit festzustellen.

Text

١ بسم الله الرحمن الرحيم

٢ ذكر حق توسقه ابنت ببسطلس الخياط الساكنة مدينة اشمون على المعروف بابى الحديد

٣ الاصفر النوبى بن ابى الاسود الخياط الفسطاطى ومسكنه يوميذ مدينة اشمون لها عليه

٤ ثمانية دنا(نيـ)ـر مثاقيل ذهبا قطع جياد دينا ثابتا لازما له فى ذمته وماله ومحياه ومماته منجمة لها

٥ عليه اثنين وثلثين شهرا متوالية لكل شهر منها ربع د(ينا)ر واول شهر يحل عليه فيه دفع اول ربع د(ينا)ر

٦ سلخ الشهر المعروف ببشنس من شهور القبط من سنة احدى وثلثين وثلثماية وفى سلخ كل شهر

٧ يلى هذا الشهر يدفع اليها ربع د(ينا)ر حتى يوفيها هذه الثمانية الدنا(نيـ)ـر المذكورة فى هذا الكتاب لا يدافع بذلك

٨ ولا يحتج عليها بحجة من جميع الوجوه والاسباب كلها وذلك بامر حق واجب لازم عرفه المعروف بابى الحديد

٩ [ا]لاصفر النوبى بن ابى الاسود فاقر به لتوساهه ابنت ببسطلس ولزمه الاقرار لها واقر انه ملى

١٠ [و]لى هذه الثمانية الدنا(نيـ)ـر المذكور امرها ونجومها فى هذا الكتاب واضعافها بمخاطبة منه اياها

١١ [على ذ]لك وكان اقراره بكل ما سمى ووصف فى هذا الكتاب فى صحة عقله وبدنه وجواز امره طايع غير

١٢ [مكره] على معرفته بعينه واسمه ونسبه وذلك فى برموده وهو من شعبان من سنة احدى وثلثين وثلثماية

١٣ [شهد] عبد الله بن محمد بن عبد العزيز على اقرار المعروف بابى الحديد الاصفر بن ابى الاسود الخياط الفسطاطى

١٤ (rechte Spalte) [ ] . . . . فى شعبان من سنة احدى وثلثين وثلثماية

١٤ (linke Spalte) شهد ابرهيم بن حمد بن احمد بن رجا على اقرار المعروف

١٥ (linke Spalte) بابى الحديد الاص[فر

١٥ (rechte Spalte) [شهد] بن محمد بن بشر البصرى على اقرار

١٦ (rechte Spalte) [ ] . . . . . . [

- -

---

١ بسم - ٢ توساقه - ١٠ بشر

Übersetzung

1. Im Namen Gottes, des Barmherzigen und Gnädigen!

2. Verpflichtungsschein von Tūsāqah(?), Tochter von Babusṭulus, dem Schneider, wohnhaft in der Stadt Ušmūn, zu Lasten des als Abū l-Ḫudayd

3. al-Aṣfar b. Abī l-Aswad an-Nūbī, der Schneider aus Fusṭāṭ, bekannten (Mannes), zu dieser Zeit wohnhaft in der Stadt Ušmūn. Ihr stehen zu dessen Lasten

4. acht Golddinar des Miṯqālgewichts in Form hervorragender Münzbruchstücke zu, als feststehende und verbindliche Verpflichtung, in seiner Schuld, von seinem Geld, bei seinen Lebzeiten oder nach seinem Tode, in Raten zu ihren Gunsten

5. und seinen Lasten über zweiunddreißig aufeinanderfolgende Monate zu zahlen. Für jeden Monat (zahlt er) einen viertel Dinar, und der erste Monat, in dem er den ersten viertel Dinar zu zahlen hat,

6. ist am Ende des Monats, der als Bašans von den Monaten der Kopten bekannt ist, des Jahres dreihunderteinunddreißig. Und am Ende jedes folgenden Monats

7. wird er ihr einen viertel Dinar zahlen, bis er ihr die in dieser Urkunde erwähnten acht Dinar völlig bezahlt hat. Er wird sie damit nicht hinhalten

8. und keine Einsprüche gegen sie erheben in irgendeiner Hinsicht und aus irgendwelchen Gründen. Und dies aufgrund eines verbindlichen obligatorischen Rechtsanspruchs, von dem der als Abū l-Ḫudayd

9. al-Aṣfar an-Nūbī b. Abī l-Aswad Bekannte Kenntnis genommen hat, und den er zugunsten von Tūsānah, Tochter von Babusṭulus, anerkannt hat, wobei sein Anerkenntnis zu ihren Gunsten für ihn verbindlich ist. Und er hat anerkannt, daß er zahlungsfähig ist,

10. und daß er über die acht Dinar, deren Angelegenheit und Zahlungsraten in dieser Urkunde erwähnt sind, und über das Vielfache dieses verfügt, indem er ihr eine entsprechende mündliche Mitteilung

11. gemacht hat. Und sein Anerkenntnis von all dem, was in dieser Urkunde genannt und beschrieben ist, erfolgte im Zustand seiner geistigen und körperlichen Gesundheit und seiner Geschäftsfähigkeit, freiwillig und ohne

12. [Zwang,] wobei man ihn kannte nach Person, Name und Abstammung, und dies im (Monat) Barmūdah, das ist im (Monat) Šaʿbān des Jahres dreihunderteinunddreißig.

13. [Es bezeugt] ʿAbdallāh b. Muḥammad b. ʿAbdalʿazīz das Anerkenntnis des als Abū l-Ḥudayd al-Aṣfar b. Abī l-Aswad, der Schneider aus Fusṭāṭ, bekannten (Mannes)

14. (rechte Spalte) [ ] ... im (Monat) Šaʿbān des Jahres dreihunderteinunddreißig.

14. (linke Spalte) Es bezeugt Ibrāhīm b. Ḥamd b. Aḥmad b. Raǧāʾ das Anerkenntnis des bekannten (Mannes)

15. (linke Spalte) als Abū l-Ḥudayd al-Aṣfar [

15. (rechte Spalte) [Es bezeugt] b. Muḥammad b. Bišr al-Baṣrī das Anerkenntnis

16. (rechte Spalte) [ ] ... [

- -

Kommentar

2. Die Lesung des Namens Tūsāqah ist nicht ganz sicher. Der erste Buchstabe ist diakritisch punktiert und also mit Sicherheit als *tāʾ* zu lesen. Weil der vorletzte Buchstabe keine Punktierung aufweist, könnte hier statt *qāf* auch *fāʾ* gemeint sein. Durchaus falsch ist die von Abbott vorgeschlagene Lesung des gleichen Namens in Abbott: *Monasteries* 1_2, 2_7 und 3_2 als Tūsānah, vgl. Abbott: *Monasteries* S. 12 Fn. 5. Sonst ist dieser Name mir nicht nachweisbar. – Babusṭulus steht für kopt. ⲠⲀⲠⲞⲤⲦⲞⲖⲞⲤ, vgl. Heuser: *Personennamen* S. 92 und APEL III S. 122. Weitere Belege für diesen Namen in arabischen Papyri sind APEL III 175_4, $211v_5$, IV 270_{15}, 271_1, APG 1_7, APRL XI 3_8. – Vorliegende Stelle gehört zusammen mit ↓ 7_2 zu den spätesten mir bekannten Belegen für die Stadt Ušmūn, vgl. den Kommentar zu ↓ 7_2.

3. Statt an-Nūbī ("der Nubier") sind bei gleichem *rasm* noch mehrere andere Lesungen möglich, vgl. aḏ-Ḏahabī: *Muštabih* S. 62.

4. Bemerkenswert ist die Kurzschreibung دنار für *danā(nī)r*, die auch in Z. 8 und 10 vorkommt. Im Singular wird در für *d(īnā)r* Z. 5, 7 geschrieben. Zu ähnlichen Abkürzungen vgl. AGBW S. 465. – Daß die Verwendung von Münzbruchstücken im Geschäftsverkehr nicht unüblich war, zeigen uns mehrere andere Urkunden, wo ebenfalls von *qiṭaʿ* die Rede ist. Allerdings war dieses Verfahren unter den Rechtsgelehrten umstritten. Vgl. Grohmann: *Einführung* S. 211f, 201 Fn. 5 und Wakin: *Documents* S. 87. – Die Formel *daynan ṯābitan lāziman* wird auch von aṭ-Ṭaḥāwī in seinem Formular für *ʾaḏkār ḥuqūq* vorgeschrieben, vgl. aṭ-Ṭaḥāwī: *ʾAḏkār* S. 3. Ab dem vierten Jahrhundert sind diese und ähnliche Phrasen sehr frequent belegt; die früheste mir bekannte Stelle ist *daynan lāziman lahu* APEL II 98_4 aus dem Jahr 236 d. H. Vgl. ferner *daynan lāziman wa-ḥaqqan wāǧiban ṣaḥīḥan lahu ʿalayhi* APH 4_4; *daynan wāǧiban wa-ḥaqqan ṯābitan* BAU 13_4; *daynan ṯābitan wa-ḥaqqan* *lāziman* APEL II 105_{6-7}. 106_6, 107_6, 108_{6-7}, 109_6, 110_6 und ähnliche Formeln in ALAD 35_4, 37_{5-6}, 38_6, 39_5, 41_4, 45_5, WMT II 27_7, 30_6, 31_{11-12}, AMC 1_6, ↓ 30_{6-7}, 31_4, $32r_4$. – Für die Formel *fī ḏimmatihi wa-mālihi wa-maḥyāhu wa-mamātihi* sind mir nur Belege aus Kaufverträgen des 5. und 6. Jahrhunderts bekannt, vgl. *fī ḏimmatihi wa-maḥyāhu wa-mamātihi wa-ḫāliṣi mālihi* APEL 68_{17-18} (u. ä. APEL 65_{21}, 66_{17}, 71_{28-29}); *fī maḥyāhu wa-mamātihi fī ḏimmatihi wa-ḫāliṣ mālihi* ALAD 5_{22}. Vgl. ferner *fī ḏimmatihi wa-mālihi* APEL I 39_6; *fī mālihi wa-ḏimmatihi* APEL I 61_5, ALAD 8_{15} und die in Schuldanerkenntnissen sehr häufig belegte Formel *wa-fī ḏimmatihi wa-ḫāliṣi mālihi* CPA 33_3, 34_4, BAU 13_4, APEL II 105_6, 106_6, 107_{5-6}, 108_6, 109_5, 110_5, 111_{5-6}, ALAD 37_4, 39_3, 40_4, 41_3, 42_{5-6}, ↓ 30_6; *wa-fī ḏimmatihimā wa-ḫāliṣi mālihimā* WMT II 31_7, ↓ 32_{3-4}.

4-5 Zu *munaǧǧamatin lahā ʿalayhi* vgl. ↓ 2 II_4.

6. Aus Z. 12 ergibt sich, daß die Urkunde im Monat Barmūdah (27. März – 25. April) geschrieben wurde; die erste Rate war also am Ende des nächsten Monats Bašans (26. April – 25. Mai) fällig.

7. Zu *ḥattā yūfiyahā hāḏihi ṯ-ṯamāniyata d-danānīri l-maḏkūrati fī hāḏā l-kitābi* vgl. *ḥattā yūfiyahu hāḏā l-ḫayša l-musammā fī hāḏā l-kitābi* MEF I 3_{4-5}; *ḥattā yūfiyahu ʾAbū Hurayrah ʿalā mā summiya wa-fussira* MEF I 4_{9-10}[1]; *ʾilā ʾan tūfiyanī bāqiya d-dīnāri l-Muʿizzīyi* ↓ 42_5.

7-8 Zur Klausel gegen Zahlungsaufschub und Einsprüche des Schuldners vgl. ↓ 20_{5-6}.

8-9 Zu *wa-ḏālika bi-ʾamri ḥaqqin wāǧibin lāzimin* usw. vgl. ↓ 5_{9-10}.

9-10 *wa-ʾaqarra ʾannahu malīʾun [wa]līyu hāḏihi ṯ-ṯamāniyati d-danānīri* (...) *wa-ʾaḍʿāfihā*: Die Ergänzung *[wa]līy* am Anfang von Z. 10 geht auf *fa-huwa walīyu mā fīhi* aṭ-Ṭaḥāwī: *ʾAḏkār* S. 4 zurück. Klauseln der Zahlungsfähigkeit des Schuldners sind mir sonst erst in Rechtsurkunden ab dem 5. Jahrhundert nachweisbar, vgl. *wa-baʿda ʾan ʾašhada ʿalā nafsihi ʾannahu malīʾun* (statt l. يلى) *bi-ṯamanihinna wa-ʾaḍʿāfihi* (statt l. واضعا فيه) *wa-qādiran*(!) *ʿalayhi* CPA 54_{12-13}; *wa-ʾaqarra ʾannahu malīʾun bi-miṯli ṯ-ṯamani l-maḏkūri fī hāḏā l-kitābi wa-bi-[ʾaḍʿāfihi* (in der Edition nicht ergänzt) ALAD 11_{17}; *wa-huwa malīʾun bi-hāḏā d-dayni l-maḏkūri fīhi* (...) *[wa-ʾa]ḍʿāfi ḏālika* (*wa-* fehlt in der Edition)[2] ALAD 39_{7-8}; *wa-ʾaqarra* (...) *hāḏā l-muqirru ʾannahu malīʾun bi-ḏālika* (...) *wa-[ʾaḍʿāfihā]* (in der Edition nicht ergänzt) ALAD 41_6; *ʾaqarrā ʾannahumā qādirāni malīʾāni bi-mā ʿalayhimā wa-bi-mā kafalāhu* WTM II 31_{15}; *wa-ʾaqarra l-muqirru l-maḏkūru bi-ʾannahu malīʾun bi-d-dayni l-muʿayyani qādirun ʿalayhi* an-Nuwayri: *Nihāyat* IX S. 11 und ferner ALAD 4_{27}, 36_{13-14}, 38_{12}, WMT I 39_{13}, al-Asyūṭī: *Ǧawāhir* I S. 27. Vgl. auch ↓ 34_{9-10}.

10-11 *bi-muḫāṭabatin minhu ʾiyyāhā [ʿalā ḏ]ālika*: Formeln wie diese sind besonders in Eheverträgen üblich, vgl. ↓ 2 II_{8-9}. Aus sonstigen Rechtsurkunden sind noch *bi-muḫāṭabatin minhu ʾiyyāhā ʿalā ǧamīʿi ḏālika* aṭ-Ṭaḥāwī: *ʾAḏkār* S. 3, *Ṣaġīr* S. 533ff; *bi-muḫāṭabatin minhu ʾiyyāhā* (statt l. مخاطبه منه اباها) *ʿalayhi* AMC 2_{10}; *bi-muḫāṭabatin ǧarrat ʿalayhi baynahumā* ALAD 39_{12}, $40v_{14-15}$; *bi-muḫāṭabatin ǧarat baynahumā ʿalā ḏālika* ALAD 8_{16} als Belege zu erwähnen.

12. Zu *ʿalā maʿrifatihi bi-ʿaynihi wa-smihi wa-nasabihi* vgl. ↓ 7_{14-15}. – Zu Doppeldatierungen nach islamischen und koptischen Monaten, vgl. GROHMANN: *Einführung* S. 231. Weil der Monat Šaʿbān im Jahr 331 d. H. am 10. April anfing und der letzte Tag des koptischen Monats Barmūdah der 25. April war, läßt die Urkunde sich zwischen diesen beiden Tagen datieren.

[1] Zu dieser verbesserten Lesung von MEF I 4_{9-10} vgl. DIEM: *Neues zur arabischen Papyrologie* S. 274.

[2] KHANS Übersetzung dieser Stelle zeigt, daß er gemeint hat, *ʾa]ḍʿāfi ḏālika* sei einer Zahl vorangestellt worden. Vielmehr handelt es sich hier um eine phraseologische Wendung, wie es aus den sonstigen Belegen eindeutig hervorgeht.

15 (rechte Spalte) Statt Bišr (mit diakritisch punktiertem *šīn*) sind bei gleichem *rasm* noch mehrere andere Lesungen möglich, vgl. aḏ-Ḏahabī: *Muštabih* S. 44f. Auch für die Nisba al-Baṣrī, nach der irakischen Stadt al-Baṣra, gibt es mehrere Alternativen, vgl. aḏ-Ḏahabī: *Muštabih* S. 47f.

24.

Entwurf eines Verpflichtungsscheins über Weizen
(Tafel 23)

A. Ch. 3577v	Papier	17,4 x 22 cm	Ǧumādā II 335 d. H. (28. XII. – 25. I. 946–947 n. Chr.)

Zur Formalbeschreibung vgl. die Angaben unter Nr. 23.

Ein Mann namens Ṣāliḥ al-Aswad, der Fußsoldat, Freigelassener eines Mannes namens al-Hāšimī, wohnhaft in der Stadt al-Ušmūnayn, schuldet einem Mann namens Muḥammad b. al-Ḥasan b. ar-Rabbān ar-Rāfiʿī fünf Artaben und sieben Waybas Weizen, die er ihm nach drei Monaten, im koptischen Monat Baramūdah des laufenden Jahres, auszuhändigen hat.

Die Urkunde ist der späteste mir bekannte Beleg eines *ḏikr ḥaqq*. Die Tatsache, daß auf die Zeugnisformel *šuhida ʿalā ḏālika* keine Unterschriften folgen, obwohl fast die Hälfte der Seite noch leer ist, deutet darauf hin, daß der Text nur ein Entwurf war. Das Formular enthält die üblichen Phrasen. Nach aller Wahrscheinlichkeit wurde die Urkunde in Zusammenhang mit dem Terminkauf des erwähnten Weizens aufgestellt. Der Kaufpreis wird aber im Text nicht erwähnt. Die Schreibübung unten am Blatt enhält die ersten Verse der koranischen Sure *al-Fātiḥah*.

Die Schrift ist kursiv. Diakritische Punkte scheinen an mehreren Stellen gesetzt, sind aber von den vielen Verunreinigungen kaum zu unterscheiden. Nur den vor die Basmalah gesetzten Punkt und die Punktierung des *šīn* in *al-Hāšimī* Z. 3 halte ich für absolut sicher. Die Schreibübung unten am Blatt ist mit lockerer Hand geschrieben und stark ligiert. Bemerkenswert ist die der kūfischen Schrift ähnliche Form des finalen *kāf* in *malik* Z. 1 und *ʾiyyāka* Z. 2.

Text

١ بسم الله الرحمن الرحيم

٢ ذكر حق لمحمد بن الحـ[ـسـ]ـن بن الربان الرافعى الساكن يوميذ مدينة الاشمونين من

ارض صعيد مصر

٣ على صلح الاسود الراجل مولى الهاشمى الساكن ا[لـ]ـمدينة المذكورة فى هذا
[الكتا]ب له عليه

٤ سبعة ويبات ‹و›خمسة ا‹ر›ا‹د›ب قمح سمين جيـ[ـد] الحبة يوفيه [ذ]لك بالويبة
الابراهـ[ـيـ]ـمية بهذه المدينة

٥ المذكورة فى هذ[ا ا]لكتاب فى برموده الجارى فى اهلة سنة خمس [وثـ]ـلثين
وثلثـ[ـماية] لا يدافعه بذلك ولا

٦ يحتج عليه بحجة بوجه من الوجوه ولا سبب من الاسباب الا بالخروج من هذه
السبع .[ ] . . [

٧ عند محل اجلها وذلك فى جمدى الاخر من سنة خمس وثلثين وثلثماية شهد على ذلك

Unten

١ بسم الله الرحمن الرحيم الحمد لله رب العالمين الرحمن الرحيم ملك

٢ يوم الدين اياك [نـ]ـعبـ[ـد] واياك نستعين . . .

---

١ بسم – ٣ الهاشمى

Übersetzung

1. Im Namen Gottes, des Barmherzigen und Gnädigen!

2. Verpflichtungsschein zugunsten von Muḥammad b. al-Ḥa[s]an (?) b. ar-Rabbān ar-Rāfiʿī, zu jener Zeit wohnhaft in der Stadt al-Ušmūnayn in Oberägypten,

3. zu Lasten von Ṣāliḥ al-Aswad, dem Fußsoldaten und Freigelassenen von al-Hāšimī, wohnhaft in der in dieser Urkunde erwähnten Stadt. Ihm stehen zu dessen Lasten

4. sieben Waybas(?) und fünf Artaben fetten Weizens mit hervorragenden Körnern zu, die er ihm in Form der Waybah Ibrāhīmīyah in der in dieser Urkunde erwähnten Stadt

5. im Monat Barmūdah des Jahres dreihundertfünfunddreißig vollständig auszuhändigen hat. Er soll ihn damit nicht hinhalten und keine

6. Einwände gegen ihn erheben, in irgendeiner Hinsicht, oder aus irgendwelchem Grund, sondern diese sieben [ ]

7. an ihrem Fälligkeitstermin aushändigen. Und dies (wurde geschrieben) im Monat Ǧumādā al-Āḫir des Jahres dreihundertfünfunddreißig. Es wurde bezeugt.

unterer Rand

1. Im Namen des barmherzigen und gütigen Gottes. Lob sei Gott, dem Herrn der Menschen in aller Welt, dem Barmherzigen und Gütigen,

2. der am Tag des Gerichts regiert. Dir dienen wir, und Dich bitten wir um Hilfe.[1] ...

Kommentar

2. Das Patronymikon des Gläubigers *al-Ḥa[s]an* ist teilweise verwischt und nicht mit absoluter Sicherheit zu lesen. Der Name ar-Rabbān gestattet bei gleichem *rasm* noch mehrere andere Lesungen, vgl. aḏ-Ḏahabī: *Muštabih* S. 232. Das *yā'* der Nisba ar-Rafiʿī ist nicht ganz deutlich; es sieht aus, als habe der Schreiber das Wort zuerst mit finalem *ʿayn* beenden wollen, und habe dann die Schleife, als sie fast zu Ende geschrieben war, nach links umgebogen. Diese Nisba ist auch in Khan: *Papyri* 11_4 belegt, vgl. dort den Kommentar auf S. 110. – Zum Ausdruck *min 'arḍi ṣaʿīdi Miṣra* vgl. ↓ 9_3.

3. Zur Defektivschreibung des *ā* in dem Namen Ṣāliḥ vgl. Hopkins: *Studies* § 10b. Zum Namen al-Aswad vgl. MAA S. 79f. Ein "Fußsoldat" (*rāǧil*) wird auch in APH 4_5 erwähnt. Weil die Lesung von Dietrich durch den Kontext gesichert ist, halte ich sie auch an der vorliegenden Stelle für wahrscheinlicher als Grohmanns Lesung in APEL V 348_3: *ar-rāḥil* ("the caravan-leader").

4. Der Anfang der Zeile ist etwas problematisch. Es wäre zu erwarten, daß zuerst die Artaben und dann die Waybas erwähnt würden. Die Stelle ist durch Beschädigung und Verunreinigung des Papiers undeutlich. Weil das erste Wort *sabʿah* durch *as-sabʿ* Z. 6 gesichert ist und das dritte Wort wohl kaum anders als *ḫamsah* zu lesen ist, sehe ich keine andere Lösung. Die Kurzschreibung الب für *'a<r>ā<d>ib* ist belegt in APEL II 105_{10}, 106_8, 107_8, 108_9, 109_8, 110_8. Vgl. ferner AGBW S. 465. – Zu *qamḥin samīnin ǧayyidi l-ḥabbati* vgl. ↓ 18_4. – Zur Phrase *yūfīhi ḏālika bi-l-waybati l-Ibrāhīmīyati bi-hāḏihi l-madīnati* vgl. ↓ 17_5. Zur Waybah Ibrāhīmīyah vgl. Grohmann: *Einführung* S. 158, APEL II S. 231 und ↓ 27_6, 29_7.

5-7 Zum Ausdruck *al-ǧārī fī 'ahillati sanati* vgl. ↓ 13_{11}. – Zur Klausel gegen Zahlungsaufschub vgl. ↓ $20_{5\text{-}6}$. – Zur Formel *'illā bi-l-ḫurūǧi min* vgl. ↓ 22_5. – Zu *ʿinda maḥilli 'aǧalihā* vgl. ↓ 16_4.

[1] Die Übersetzung ist aus Paret: *Der Koran* S. 7.

unterer Rand

2. Die auf *nasta'înu* folgenden Buchstaben am Ende der Zeile vermag ich nicht mit Sicherheit zu lesen. Vielleicht sind sie als Schlußzeichen zu betrachten, vgl. FWAP S. 91.

b) Schuldanerkenntnisse (*'iqrārāt*)

Während der Verpflichtungsschein (*ḏikr ḥaqq*) wahrscheinlich noch bis zum Anfang des 4. Jahrhunderts der Hiǧrah die am meisten verwendete Form für Schuldverschreibung war, ist der spätere Vertragstypus der Schuldanerkenntnis (*'iqrār*) bereits seit der ersten Hälfte des 3. Jahrhunderts belegt. Nachdem *'aḏkār ḥuqūq* im Laufe des 4. Jahrhunderts außer Gebrauch kamen, wurden Schuldscheine fast ausschließlich in Form des *'iqrār* aufgestellt.

Unterscheiden wir die Urkunden des *'iqrār* ihrer Form nach, so können sie in zwei Vertragstypen eingeteilt werden. Der erste Typus, der wahrscheinlich auch der früheste ist, wird durch eine Einleitungsformel nach dem Schema *šahida š-šuhūdu l-musammawna fī hāḏā l-kitābi ʿalā 'iqrāri fulānin* oder durch eine ähnliche Formel wie *šahida š-šuhūdu l-musammawna fī hāḏā l-kitābi 'anna fulānan 'aqarra ʿindahum* gekennzeichnet. Es folgt dann die Erwähnung der Gesundheit, Geschäftsfähigkeit und Freiwilligkeit des *muqirr*, bevor der Text zum Inhalt des Anerkenntnisses übergeht. In literarischen Quellen sind Urkunden dieser Art von aṭ-Ṭaḥāwī behandelt worden.[1] Die urkundlichen Belege gehen bis zur ersten Hälfte des 3. Jahrhunderts zurück, während die spätesten mir bekannten Belege aus dem 5. Jahrhundert datieren.[2]

Der zweite Vertragstypus unterscheidet sich insofern vom ersten, da die Einleitungsformel gleich mit dem *'iqrār* anfängt. Also gibt es Einleitungsformeln nach dem Schema *'aqarra fulānun wa-'ašhada ʿalā nafsihi* mit Varianten wie *'aqarra fulānun ʿinda šuhūdi hāḏā l-kitābi* oder einfach *'aqarra fulānun.* Für diesen Typus gibt es einige frühe Belege aus der zweiten Hälfte des 3. Jahrhunderts.[3] In Urkunden des 4. Jahrhunderts nimmt die Zahl der Belege bereits rasch zu, während Urkunden des *'iqrār* ab dem 6. Jahrhundert immer in dieser Form aufgestellt sind. In Šurūṭ-Büchern der mamlūkischen Zeit sind Urkunden dieser Art ausführlich erörtert worden.

Was ihren juristischen Inhalt angeht, sind die beiden Vertragstypen des *'iqrār* im Prinzip gleich. Dagegen unterscheidet der *'iqrār* sich im wesentlichen vom *ḏikr ḥaqq*. Während im *ḏikr ḥaqq* der Rechtsanspruch (*ḥaqq*) zu Lasten des Schuldners als eine in der Urkunde vertraglich festzulegende Tatsache dargestellt wird, beurkundet der *'iqrār* die Aussage des *muqirr*, welche er in Anwesenheit der von ihm aufgerufenen Zeugen gemacht hat. Da für die Verbindlichkeit der Schuldverpflichtung nicht die Beurkundung der Schuld, sondern das Anerkenntnis des Schuldners entscheidend ist, bietet die Urkunde des *'iqrār* eine größere Rechtssicherheit. Die zunehmende Bedeutung des *'iqrār* in Schuldverschreibungen macht sich bereits in späteren *'aḏkār ḥuqūq* bemerkbar, wo ab der zweiten Hälfte des 3. Jahrhunderts Zeugenunterschriften nach dem Schema *šahida fulānun ʿalā 'iqrāri fulānin* üblich sind.[4] Der *'iqrār* gilt im islamischen Recht als das sicherste Mittel zum Zustandebringen einer Obligation, da er weder widerrufen, noch in Zweifel gezogen werden kann.[5]

---

[1] Vgl. aṭ-Ṭaḥāwī: *'Aḏkār* S. 18, *Ṣaġīr* S. 539, 701.

[2] Vgl. die unter ↓ 4_2 erwähnten Belege.

[3] Z. B. APEL II 99, APW 6 und ↓ 26.

[4] Vgl. ↓ 20_{7-12}, 21_9, 23_{13-15}. Diese Formel ist bereits in APEL I 48_{12ff} aus dem Jahr 233 d. H. belegt.

[5] Vgl. Schacht: *Introduction* S. 151, al-Asyūṭī: *Ǧawāhir* I S. 18.

Urkunden des *'iqrār* fanden bei unterschiedlichen Rechtsgeschäften ihre Verwendung.[1] Die meisten Belege sind aber entweder Schuldscheine oder Quittungen. Wie Khan bereits nachgewiesen hat, ersetzte die Urkunde des *'iqrār* im 4. Jahrhundert das ältere Quittungsformular der *barā'ah.*[2] Im Formular für Quittungen und Schuldscheine hat sich also eine parallele Entwicklung vollzogen.

25.

Beurkundung einer Schuld in Gold
(Tafel 24)

A. P. 700 (PERF 701) | Papyrus | 21 x 10,6 cm | Ramaḍān 205 d. H. (8. II. - 9. III. 821 n. Chr.)

Mittelbrauner, am rechten Rand ausgebrochener Papyrus. Die Ecke rechts oben ist unter Verlust der ersten Wörter der Zeilen 1-4 ausgebrochen. In 3,5 cm Abstand vom linken Rand gibt es einen vertikalen Riß. Sonst mehrere Löcher im rechten Bereich. Die geschnittenen Ränder links, oben und unten sind im wesentlichen erhalten. Senkrechte Faltungen bei 3,5 und 6,6 cm, vom linken Rand gemessen. Faserrichtung: ←. Schwarze Tinte. Verso ist leer.

Ein Mann namens ʿUnqūd b. al-Qāsim schuldet einem anderen Mann, dessen Name im Text nicht erhalten ist, einen Betrag in Gold, der zwischen elf und zwanzig Qīrāṭ ausgemacht haben muß. Der Schuldner hat den Betrag nach Ablauf von dreißig Tagen, am 9. Šawwāl des Jahres 205, zurückzuzahlen.

Bei der Inhaltsbeschreibung, die Karabacek in PERF S. 182 zu dieser Urkunde gemacht hat, sind die Angaben der Zahlungsfrist nicht richtig gelesen worden, vgl. den Kommentar zu Z. 5-7.

Das Dokument ist von besonderem Interesse, weil es einen Vertragstypus vertritt, von dem bisher nur Belege aus späterer Zeit veröffentlicht sind.

Die Urkunde ist in einer deutlichen Kursivschrift geschrieben. Bemerkenswert sind die stark verlängerten letzten Buchstaben der Zeilen 2, 4, 6, 7 und 11. Diakritische Punkte sind nicht gesetzt. *sīn* in *li-sabʿin* Z. 5 ist mit einem kurzen Strich über dem Buchstaben markiert.

Text

١ [بسم اللـ]ـه الرحمن الرحيم

٢ [شهد الشهود ا]لمسمون فى هذا الكتاب

---

[1] Vgl. z. B. die im vorliegenden Band edierten Urkunden Nrr. 3- 5 und 14.

[2] Vgl. Khan: *Deeds* S. 174.

٣ [ان لـ . . . . بـ]ـن [ ]ـر على عنقود بن القسم

٤ [ ] عشر قيراطا ذهب

٥ الى ثلـ[ـثيـ]ـن ليلة اولها لسبع خلون من شهر

٦ رمضان من سنة خمس ومايتين واخرها

٧ لتسع [مضـ]ـين من شوال شهد على ذلك

٨ عبد الرحمن بن عبد الله وكتب شهادته فى {ر}

٩ رمضان سنة خمس وميتين

١٠ [وعـ]ـبد الله بن راشد الجمرى وكتب شهادته بخطه سنة خمس ومايتين

١١ وجميل بن موسى الخولانى وكتب

١٢ فى شهر رمضان سنة خمس ومايتين

Übersetzung

1. [Im Namen Gottes,] des Barmherzigen und Gnädigen!
2. [Es bezeugen] die in dieser Urkunde erwähnten [Zeugen,]
3. [daß N. N. ib]n [N. N. zusteht] zu Lasten von ʿUnqūd b. al-Qāsim
4. [...[1]]zehn Qīrāṭ in Gold
5. auf (eine Frist von) dreißig Nächten, deren erste nach sieben verstrichenen (Nächten) des Monats
6. Ramaḍān des Jahres zweihundertfünf ist, und deren letzte
7. nach neun verstrichenen (Nächten) des (Monats) Šawwāl ist. Es bezeugen dies:
8. ʿAbdarraḥmān b. ʿAbdallāh, und er hat sein Zeugnis geschrieben im
9. (Monat) Ramaḍān des Jahres zweihundertfünf,

[1] Fehlende Zahl: 1-9.

10. [und] ʿAbdallāh b. Rāšid al-Ǧamrī, und er hat sein Zeugnis mit seinem Schriftzug geschrieben im Jahr zweihundertfünf,

11. und Ǧamīl b. Mūsā al-Ḫawlānī, und er hat unterschrieben

12. im Monat Ramaḍān des Jahres zweihundertfünf.

Kommentar

2-3 Zur Einleitungsformel [*šahida š-šuhūdu*] *l-musammawna fī hāḏā l-kitābi* vgl. ↓ 4_2. Der früheste mir bisher bekannte Beleg für einen durch diese Formel eingeleiteten Schuldschein war APEL II 98 aus dem Jahr 236 d. H. Interessant ist, daß im vorliegenden Text das Anerkenntnis (*ʾiqrār*) des Schuldners nicht erwähnt wird, wie das in vergleichbaren späteren Schuldscheinen immer der Fall ist. Es könnte somit sein, daß die vorliegende Urkunde eine ältere Form des Vertragstypus vertritt, und daß sich der *ʾiqrār* erst im Laufe des 3. Jahrhunderts zu einem festen Element des Formulars entwickelt hat. – Zur Defektivschreibung des *ā* in *al-Qāsim* Z. 2 vgl. Hopkins: *Studies* § 10b.

4. Zum Qīrāṭ vgl. ↓ 13_{13}. – Man beachte die Konstruktion *qīrāṭan ḏahab* statt richtig *qīrāṭan ḏahaban* oder *qīrāṭa ḏahabin*. Vgl. dazu Hopkins: *Studies* S. 166 und ↓ $27_{4\text{-}5}$.

5-7 Zur Verwendung von *ḫlw* I und *mḍy* I in Datierungen vgl. Grohmann: *Einführung* S. 223. Die Lesung *ṯal*[*āṯī*]*n* Z. 5 ist durch den Kontext gesichert. Karabacek las *li-tisʿin* Z. 5 statt *li-sabʿin*. Seine Angabe, die Zahlungsfrist laufe am 22. Šawwāl ab, muß auf eine falsche Lesung von Z. 7 zurückgehen.

8-9 Beim Zeilenwechsel hat der Zeuge in Z. 9 nochmals mit dem am Ende von Z. 8 bereits geschiebenen *rāʾ* von *Ramaḍān* angefangen. – Zur Orthographie von *miʾatayn* vgl. ↓ $21_{7,11}$.

10. Die Nisba al-Ǧamrī bezieht sich auf den in Ägypten eingewanderten arabischen Stamm Ǧamrah, vgl. Kaḥḥālah: *Qabāʾil* I S. 203. Mit gleichem *rasm* sind noch mehrere andere Lesungen möglich, vgl. aḏ-Ḏahabī: *Muštabih* S. 115.

11. Der Zeuge Ǧamīl b. Mūsā al-Ḫawlānī hat auch in der Quittung Karabacek: *Papyrusfund* 2_8 aus dem Jahr 203 d. H. unterschrieben. – Zur Nisba al-Ḫawlānī nach dem südarabischen Stamm Ḫawlān vgl. APEL II S. 180f.

26.

Anerkenntnis einer Schuld von fünfeinhalb Artaben Weizen
(Tafel 25)

A. P. 11738r (PERF 796) Papyrus 23,5 x 13 cm 251–252 d. H. (865–866 n. Chr.)

Helles mittelbraunes Papyrusblatt. Am linken Rand ist der Papyrus an zwei Stellen ausgebrochen; es fehlen dort die letzten Wörter der Zeilen 2, 3 und 5. Im übrigen sind die geschnittenen Ränder erhalten. Waagerechte Faltungen bei 3,5; 7,2; 11,2; 14,2; 16,2; 20; 22 cm, vom unteren Rand gemessen; senkrechte Faltungen bei 4; 10 cm, vom rechten Rand gemessen. Faserrichtung: ↓. Schwarze Tinte. – Verso enthält einen stark verwischten sechszeiligen Text, wovon nur noch die Basmalah am Anfang und die letzten Wörter *'in šā'a llāhu* mit Sicherheit zu lesen sind. Blattwendung: ⇒.

Karabacek schreibt in PERF S. 216 zu dieser Urkunde: "Zahlungsobligation. P-Kām, Sohn des Schenūthi, verpflichtet sich dem Stephanos auf Grund der von ihm empfangenen 5 1/2 Artaben (Scheffel) Weizen, den Kaufpreis im Payni (26. Mai – 24. Juni) des Jahres 258 H. (= 872 n. Chr.) zu bezahlen. Eigenhändig unterfertigt von P-Kām nebst einer Zeugenunterschrift (welche jedoch zum Teil zerstört ist)."

Das meiste hiervon beruht auf einer falschen Lesung des Texts, den ich folgendermaßen verstehe: Ein Mann namens Bqām b. Šinūdah b. Iṣṭafan schuldet einem anderen Mann, dessen Name nicht erhalten ist, fünfeinhalb Artaben Weizen, die er ihm im koptischen Monat Ba'ūnah des Jahres 252 auszuhändigen hat.

Im Formular der Urkunde geht die objektive Form (*'aqarra* Z. 2) in die subjektive Form (*ʿindī* Z. 3) über. Während die subjektive Form in Quittungen, Pachtverträgen und Freilassungsurkunden häufig verwendet wird, ist dies in Schuldscheinen eher die Ausnahme, vgl. Grohmann: *Einführung* S. 115f und den Kommentar zu ↓ 27_2. Im vorliegenden Dokument ist die Verwendung der subjektiven Form dadurch bedingt, daß die Urkunde vom Schuldner selbst geschrieben worden ist. Weitere Beispiele solcher selbstgeschriebenen Schuldanerkenntnisse liegen mit CPA 37, 45 und 46 vor, wobei in CPA 37 und 45 die Gläubiger in der 2. Person angeredet werden (*laka qibalī* CPA 37_2; *laka ʿindī* CPA 45_2). Typisch für Urkunden dieser Art scheint das Fehlen von Zeugenunterschriften zu sein, an deren Stelle eine religiöse Formel wie *ḥasbunā llāhu wa-niʿma l-wakīlu* CPA 45_8, *tawfīqī bi-llāhi* CPA 46_9 und im vorliegenden Dokument *wa-'ašh[ada llāha ʿalā ḏālika wa-kafā] bi-llāhi šahīdan* Z. 5-6 tritt. Da eine Urkunde im islamischen Recht ihre Beweiskraft erst durch die Bezeugung des Inhalts erhält, konnten solche Schuldscheine nicht als Beweismittel verwendet werden.

Die Schrift der Urkunde ist ausgesprochen kursiv. Besonders die Jahreszahl in Z. 4 ist mit starker Vereinfachung der Schriftformen geschrieben. Diakritische Punkte sind an einigen Stellen gesetzt. *sīn* ist an drei Stellen (*bi-smi* Z. 1; *ḫamsah* Z. 3, 6) mit einer schrägen Linie über dem Buchstaben markiert.

Text

١ بسم الله الرحمن الرحيم

٢ اقر بقام بن شنوده بن اصطفن ان لز .[

٣ عندى خمسة ارادب قمح نقى جياد [ادفـ]ـع [ذلـ]ـك
ونصف

٤ اليه فى باونه من سنة اثنين وخمسين ومايتـ[ـين] وكتب

٥ بقام بن شنوده بخطه واشهـ[ـد الله على ذلك وكفى]

٦ بالله شهيدا وهو خمسة ارادب ونصف

---

٢ لز[– ٣ قمح – ٤ ٮاونه – ٦ شهدا

Übersetzung

1. Im Namen Gottes, des Barmherzigen und Gnädigen!
2. Es hat Bqām b. Šinūdah b. Iṣṭafan anerkannt: Ich schulde Z[...]
3. fünfeinhalb Artaben reinen, hervorragenden Weizens, [die ich] ihm
4. im (Monat) Baʾūnah des Jahres zweihundertzweiundfünfzig [aushändigen werde]. Es hat
5. Bqām b. Šinūdah (dies) mit seinem Schriftzug geschrieben, und [er hat Gott hierfür zum Zeugen angerufen, und]
6. Gott ist als Zeuge [genug]. Es sind fünfeinhalb Artaben.

Kommentar

2. Der Name Bqām steht für kopt. ⲠⲔⲀⲘ, vgl. APEL II S. 63, wo auch Bifām als mögliche Lesung erwähnt wird. Iṣṭafan gibt kopt. ⲤⲦⲈⲪⲀⲚ wieder, vgl. APEL II S. 9. Die Einleitungsformel ist nach dem üblichen Schema *'aqarra fulānun 'anna li-fulānin* gebildet; Karabaceks Interpretation, Iṣṭafan sei der Name des Gläubigers, kann deshalb nicht stimmen.

3. Wahrscheinlich hat Karabacek den Ausdruck *ʿindī* ("bei mir") so verstanden, als hätte Bqām den Weizen in seinem Besitz, und meinte deshalb, die Urkunde sei eine Zahlungsobligation über den Kaufpreis. Wenn dies der Fall gewesen wäre, so hätte der Preis jedoch erwähnt sein müssen. Vielmehr ist die Präposition *ʿinda* an dieser Stelle, sowie meistens in Schuldscheinen, mit der Bedeutung "zu Lasten von" verwendet worden. In diesem Zusammenhang bedeutet *dfʿ* I nicht "bezahlen (von Geld)", sondern "aushändigen (von Waren)". – Zum unter der Zeile geschriebenen *wa-niṣf* vgl. ↓ 18_3. – Zu Weizen vgl. ↓ 18_4. Der Plural *ǧiyād* statt des zu erwartenden *ǧayyid* bezieht sich syntaktisch auf *ḫamsatu ʾarādiba*, vgl. HOPKINS: *Studies* § 145. – Von [*ʾadfa*]*ʿu* sind noch die Überreste der Buchstaben *ʾalif-dāl* und die Schleife des finalen *ʿayn* erhalten. Am Ende der Zeile ist noch etwas vom finalen *kāf* von *ḏāli*]*ka* übrig.

4-5 Die Jahreszahl ist äußerst kursiv geschrieben. KARABACEK hat sie als 258 gelesen; jedoch kann das erste Zahlwort nach meiner Meinung unmöglich *ṯamānin* gewesen sein. Eher scheint es mir als *iṯnayni* (statt richtig *iṯnatayni*, vgl. HOPKINS: *Studies* § 92) zu interpretieren, wobei die Buchstaben ثنين zu einem einzelnen am *ʾalif* festgeschriebenen Strich kursiviert sind. Auch könnte die Form *ṯanayni* gemeint sein, für deren Verwendung in Jahreszahlen es noch weitere urkundliche Belege gibt, vgl. HOPKINS: *Studies* § 92. Weil die Urkunde sonst nicht datiert ist, kann sie sowohl in diesem als im vorhergehenden Jahr geschrieben sein. – Mit der Formel *wa-kataba* (...) *bi-ḫaṭṭihi* wechselt der Text wieder zur 3. Person, ähnlich wie in CPA 37_9, 45_7, $46_{7\text{-}8}$.

5-6 Zur Formel *wa-ʾašha*[*da llāha ʿalā ḏālika wa-kafā*] *bi-llāhi šahīdan* vgl. GROHMANN: *Einführung* S. 117 und ↓ 19_{12}. KARABACEK hat diese Stelle nicht richtig gelesen und meinte, die Lücke habe eine Zeugenunterschrift enthalten.

27.

Anerkenntnis einer Schuld von fünfunddreißig Artaben Weizen
(Tafel 26)

A. Ch. 12189r (PERF 1001)	Papier	31,7 x 17,5 cm	Šawwāl 344 d. H. (18. I. – 15. II. 956 n. Chr.)

Mittelbraunes Hadernpapier, Schöpfgitterstäbe parallel zur Schrift. Vom linken Rand ist von oben über etwa drei Viertel der Länge des Papiers ein Streifen abgerissen. Die letzten Buchstaben der Zeilen 2-8 und 11 sind verloren; am Ende der Zeilen 9 und 10 fehlen mehrere Wörter. Im übrigen sind die Schnittlinien des Papiers erhalten. Waagerechte Faltungen bei 3; 6; 10; 16; 19; 22; 25; 27,5; 29,5 cm, vom oberen Rand gemessen. Schwarze Tinte. Der Text ist von drei verschiedenen Händen geschrieben. Z. 1-11 enthält den vom Notar geschriebenen Vertragskörper, während Z. 12-16 eine mit eigener Hand geschriebene Zeugenerklärung aufweist. Am rechten Rand des Papiers hat der Gläubiger senkrecht zu den Zeilen eine Quittung geschrieben. – Verso enthält einen literarischen Text in Reimprosa (*saǧʿ*). Blattwendung: ⇒.

Ein Mann namens Muḥammad b. ʿAbdallāh, genannt "der Freund (*mawlā*) des Propheten", schuldet Abū l-Ḥasan ʿAlī b. al-Ḥusayn, dem Feldmesser, fünfunddreißig Artaben Weizen, die er ihm nach etwa fünf Monaten, im koptischen Monat Baʾūnah des Jahres 345 d.H., in der Stadt al-Ušmūnayn auszuhändigen hat. Aus der Datierung der Quittung (Ramaḍān 345) ergibt sich, daß der Gläubiger den Weizen erst ein halbes Jahr nach Ablauf dieser Zahlungsfrist erhalten hat.

Der Vertragstext hat die Form einer durch *yaqūlu* eingeleiteten, in der 1. Person geschriebenen Erklärung des Schuldners. Schuldanerkenntnisse in dieser Form sind bisher noch nicht veröffentlicht worden; die Einleitungsformel *yaqūlu* ist aber aus anderen Rechtsurkunden bereits bekannt, vgl. den Kommentar.

Von besonderem Interesse ist die im Vertrag (Z. 5-6) aufgenommene Bedingung, daß der Schuldner zur Lieferung einer Waybah weniger verpflichtet ist, falls der Weizen gesiebt wird. Ähnliche Bedingungen gibt es in den unter Nr. 28 und 29 edierten Schuldanerkenntnissen über Weizen.

Im übrigen ist bemerkenswert, daß die Urkunde nur von einem einzigen Zeugen unterschrieben ist, während für die Rechtsgültigkeit einer Rechtsurkunde nach dem islamischen Recht zwei Zeugen erforderlich sind. Wahrscheinlich ist die Rechtsgültigkeit der Urkunde dennoch gesichert, da im Fall einer Überprüfung auch der Notar als zweiter Zeuge einberufen werden konnte. Auch die unter Nr. 31 edierte Schuldanerkenntnis ist nur von einem Zeugen unterschrieben worden. Vgl. ferner ↓ $30_{16\text{-}20}$ wo der Notar selbst als Zeuge unterfertigt hat.

Der Vertragskörper ist in einem großen schwungvollen Duktus mit starker Vereinfachung der Schriftformen geschrieben. Die Zeugenerklärung und die Quittung sind in kleineren Kursivschriften geschrieben. Diakritische Punkte sind an einigen Stellen gesetzt, und *sīn* ist häufig mit einem schrägen Strich über dem Buchstaben markiert.

In PERF ist die Urkunde (PERF 1001) nicht beschrieben worden.

Text

بسم الله الرحمن الرحيم
يقول محمد بن عبد الله مولى النبى صلى الله على [النبى]
وعلى اله وسلم تسليما ان لابى الحسن على بن الحـ[ـسين]
الماسح عندى وقبلى خمسة وثلثين اردبا قـ[ـمح]
--- --
مدور اسمر نقى طيب بنقص وينة مدحس اذا
غربلت ادفع ذلك اليه بالويبة الابراهـ[ـيمية]
الوافية بمدينة الاشمونين لا ادافعه بذ[لك]
ولا احتج بحجة الا بالخروج من هذا الـ[ـقمح]
المذكور فى هذا الكتاب اليه [او الى من يقوم]
مقامه ممن يحضر هذا الخط [فى بوونه]

١١ الجارى فى اهلة سنة {اربع} ‹خمس› واربعين وثلثم[اية]

١٢ اشهدنى ابو الحسن محمد بن عبد الله مولى النبى صلى الله على النبى وعلى

١٣ اله على نفسه ان لابى الحسن على بن الحسين الماسح عليه خمسة

١٤ وثلثين اردب قمح بالابراهيمية مدور يدفعها اليه فى بوونه

١٥ الجارى فى اهلة سنة خمس واربعين وثلثماية بمدينة الاشمونين وكتب على

١٦ بن محمد بن الحسن بن محسن بخطه فى مستهل شوال من سنة اربع واربعين

وثلثماية

rechter Rand

قبضت جميع ما فى هذا الخط ولم يبق منه شى وكان ذلك فى مستهل رمضان

سنة خمس واربعين وثلثماية وكتب على بن الحسين بخطه

---

١٢ اسهدنى – ١٣ نعسه – ١٤ قمح . فى ٮوونه – ١٥ سنه
rechter Rand منه . سنه

Übersetzung

1. Im Namen Gottes des Barmherzigen und Gnädigen!

2. Es erklärt Muḥammad b. ʿAbdallāh, der Freund des Propheten - Gott segne [den Propheten]

3. und seine Familie und spende ihnen Heil - : Ich schulde Abū l-Ḥasan ʿAlī b. al-Ḥu[sayn,]

4. dem Feldmesser, fünfunddreißig Artabe

5. guten reinen braunen runden [Weizens] mit dem Manko einer Waybah … , wenn

6. sie gesiebt werden. Ich werde ihm dies in Form der vollen Waybah Ibrāhī[mīyah]

7. in der Stadt al-Ušmūnayn aushändigen. Ich werde ihn [damit] nicht hinhalten

8. und keine Einsprüche erheben, sondern ihm [oder demjenigen, der]

9. seine Stelle [vertritt,] nämlich dem, der diese Urkunde vorweist,

10. den in dieser Urkunde erwähnten [Weizen] [im (Monat) Baʾūnah]

11. des Jahres drei[hundert]{vier}<fünf>undvierzig aushändigen.

12. Mich hat Abū l-Ḥasan Muḥammad b. ʿAbdallāh, der Freund des Propheten - Gott segne den Propheten und

13. seine Familie -, gegen sich bezeugen lassen, daß Abū l-Ḥasan ʿAlī b. al-Ḥusayn, dem Feldmesser, fünfunddreißig

14. Artaben runden Weizens in Form der (Waybah) Ibrāhīmīyah zustehen, die er ihm im (Monat) Baʾūnah

15. des Jahres dreihundertfünfundvierzig in der Stadt al-Ušmūnayn aushändigen wird. Es hat ʿAlī

16. b. Muḥammad b. al-Ḥasan b. Muḥsin am Anfang (des Monats) Šawwāl des Jahres dreihundertvierundvierzig mit seinem Schriftzug unterschrieben.

rechter Rand

Ich habe all das, was in dieser Urkunde steht, in Empfang genommen, und es bleibt davon nichts (als Schuldforderung) übrig. Dies geschah am Anfang des Monats Ramaḍān des Jahres dreihundertfünfundvierzig, und es hat ʿAlī b. al-Ḥusayn mit seinem Schriftzug unterschrieben.

Kommentar

2. Die Einleitungsformel *yaqūlu* ist in APEL I 37_4, CPA 42_2, BAU 12_4, WMT I 30_2, II 59_2, ALAD 54_2, 55_2, 56_2 und ↓ 41_2 belegt. Über die Hälfte dieser Urkunden sind Quittungen; daneben gibt es eine Freilassungsurkunde (APEL I 37), eine Zeugenerklärung über einen vermißten Mann (WMT I 30), einen Anstellungsvertrag (WMT II 59) und eine Erklärung über den Verkauf einer Sklavin (ALAD 56). Nur in APEL I 37 und in WMT I 30 geht der Text in der 3. Person weiter; in den übrigen Urkunden ist die Erklärung, wie im vorliegenden Dokument, in der 1. Person geschrieben. Zur Verwendung der subjektiven Form in Schuldanerkentnissen vgl. die Einleitung zu ↓ 26. – Der *laqab* des Schuldners *mawlā n-nabīy* ist mir unbekannt; in Personennamen wird der Terminus *mawlā* normalerweise mit der Bedeutung "Klient, Freigelassener" verwendet, vgl. ↓ 16_2, 24_3, $36_{6,7}$. Sonst sind die Titel

mawlāya und *mawlānā* bekannt. Die anschließende Eulogie (*taṣlīyah*) ist eine obligatorische Stilfigur.

4-5 Der Feldmesser (*māsiḥ* oder *massāḥ*) gehörte zu den an der Landvermessung beteiligten Beamten. Diese Vermessung bildete die Grundlage für die Berechnung der Steuern. Vgl. Frantz-Murphy: *Agrarian Administration* S. 13ff, 23, 36, 74; ABPP S. 32. – Man beachte die syntaktisch unklare Konstruktion *'irdabban qa[mḥ] mudawwar* usw. statt richtig *'irdabban qa[mḥan] mudawwaran* oder *'irdabba qa[mḥin] mudawwarin*. Vgl. dazu Hopkins: *Studies* S. 166 und die im Kommentar zu ↓ 18_4 erwähnten Belegstellen. Bemerkenswert ist, daß Phrasen wie diese nicht nur in Urkunden belegt sind, sondern auch von aṭ-Ṭaḥāwī verwendet werden, vgl. aṭ-Ṭaḥāwī: *Buyūʿ* S. 193.

5-6 *bi-naqṣi waybatin* مدحىں *'iḏā ġurbilat*: Weil sich beim Sieben des Weizens die gesamte Menge verringert, wird vom geschuldeten Weizen eine Waybah abgezogen. Gehen wir von sechs Waybas pro Artabe aus (vgl. Grohmann: *Einführung* S. 156), so entspricht eine Waybah ca. 0,5 % der beurkundeten 35 Artaben. Für die an der vorliegenden Stelle verwendete Formel sind mir sonst nur *bi-naqṣi* [...] . . *'iḏā ġurbilat* مدحىں ↓ 28_{5-6}, 29_{4-5} als Belege bekannt. Der Ausdruck *bi-naqṣi* wird auch bei der Erwähnung von Geldbeträgen verwendet, vgl. Grohmann: *Einführung* S. 187f. Problematisch ist allerdings das Wort مدحىں, wofür ich keine Lösung habe. Daß die ersten zwei Buchstaben *mīm-dāl* zu lesen sind, zeigt sich in ↓ 28_6; die Form der beiden letzten Buchstaben ist in ↓ 29_5 deutlich erkennbar. In ↓ 28_6 gibt es unter dem Wort zwei diakritische Punkte, weshalb der vorletzte Buchstabe mit großer Wahrscheinlichkeit als *yā'* zu lesen ist. *'iḏā ġurbilat* in ↓ 28_{5-6} und ↓ 29_5 zeigt, daß in der vorliegenden Urkunde, abgesehen von einem Teil des *'alif* am Ende von Z. 5, kein Text verloren ist. Für *ġrbl* sind mir die Belege *way[bāt muġar]balah* ALAD 54_5; *waybāt bi-l-ġurbāl* ALAD 54_6 und *fa-ḫaraġa fī ġarbalatihā* PERF 641_4[1] bekannt. – Zur Waybah Ibrāhīmīyah vgl. ↓ 24_4.

7-10 Zur Klausel gegen Zahlungsaufschub vgl. ↓ 20_{5-6}. – Zu *'illā bi-l-ḫurūġi* usw. vgl. vgl. ↓ 22_5. – Zur Formel *'ilayhi ['aw 'ilā man yaqūmu] maqāmahu mimman yuḥḍiru hāḏā l-ḫaṭṭa* vgl. *['ilayhimā 'aw ilā man] yaqūmu maqāmahumā fī hā[ḏihi] ḍ-ḍiyāʿi* APEL II 100_5; *lahu (...) 'aw 'ilā man yaqūmu maqāmahu mimman yuḥḍiru 'ilayhi hāḏihi l-ḥuǧǧata* APEL II 111_{8-10}; *'ilayhā 'aw 'ilā man yaqūmu maqāmahā* Grohmann: *Papyri Milano* 3_3; *lahu bi-ḏālika 'aw 'ilā man yaqūmu maqāmahu* CPA 33_{5-6}; *lahu bi-hāḏihi l-ġallati 'aw 'ilā man yaqūmu maqāmahu* CPA 34_6; *'ilayka 'aw 'ilā man yaqūmu maqāmaka* CPA 45_{2-3}; *man 'aḥḍara hāḏā l-ḫaṭṭa sallamtu 'ilayhi* CPA 46_2; *'ilā 'Aḥmad (...) 'aw 'ilā man yaqūmu maqāmahu fī ḏālika* Rāġib: *Vente à livrer* Z. 5; *'ilā mālikihi 'aw 'ilā man yaqūmu maqāmahu fīhi* ↓ 13_{16} und *'ilā man yaqūmu maqāmahu fī n-nāḥ[iyati]* ↓ 29_6. Diese Formel hat zum Zweck, den Schuldschein übertragbar zu machen.

10-11 *[fī Ba'ūnah] al-ǧārī fī 'ahillati sanati {'arbaʿin}<ḫamsin> wa-'arbaʿīna wa-ṯalāṯum[i'atin]* : Die Ergänzung von Z. 10 ist durch Z. 14 gesichert. Der Schreiber hat versehentlich die Jahreszahl der Urkunde (vgl. Z. 16) statt der Jahreszahl des Lieferungstermins (vgl. Z. 15) geschrieben. Zum Ausdruck *al-ǧārī fī 'ahillati sanati* vgl. vgl. ↓ 13_{11}.

12-16 Der Schuldner hat, wie sich in Z. 12 zeigt, die gleiche Kunya wie der Gläubiger: Abū l-Ḥasan. – Es ist ungewöhnlich, daß in einer Zeugenerklärung fast der ganze Inhalt des Vertrags wiederholt wird. Meistens wird statt dessen eine zusammenfassende Formel wie *'ašhadanī bi-ḏālika* oder *šahida ʿalā 'iqrāri fulānin bi-ǧamīʿi mā fī hāḏā l-kitābi* verwendet.

---

[1] Vgl. Karabacek: *Papiergeschichte* S. 107.

rechter Rand Zu einleitendem *qabaḍtu* in Quittungen vgl. ↓ 42_2. – Zu *wa-lam yabqa minhu šay'un* vgl. die zu ↓ $38_{3\text{-}5}$ und $45_{11\text{-}12}$ erwähnten Belegstellen. – Der Monat Ramaḍān 345 d. H. entspricht der Zeit vom 7. XII. 956 bis zum 5. I. 957 n. Chr. Weil der koptische Monat Baʾūnah ungefähr dem Monat Juni entspricht, ist die Quittung also erst ein halbes Jahr nach dem Ablauf des Lieferungstermins ausgestellt worden.

Zwei Schuldanerkenntnisse über Weizen

Die unter Nr. 28 und 29 edierten Urkunden bilden Recto und Verso eines Blattes und stammen nach aller Wahrscheinlichkeit aus demselben Archiv wie die von Grohmann veröffentlichten Pachtverträge EBU 2 (PERF 967) und 4 (PERF 984). Dieses Archiv muß zur Kanzlei der iḫšīdischen Privatdomänen (*al-ḫāṣṣah al-Iḫšīdīyah*) gehört haben. Alle diese Urkunden sind im Zeitraum der Jahren 328-356 d.H., also während der Herrschaft der Iḫšīdendynastie, geschrieben worden. Während EBU 2 im Namen des Bruders des Statthalters Muḥammad b. Ṭuġǧ al-Iḫšīd (reg. 323-334/934-946), Abū l-Muẓaffar al-Ḥasan, ausgestellt ist, tritt in EBU 4, wie in den vorliegenden Urkunden, ein gewisser Emir Abū l-Ḥasan, oberster Verwalter der iḫšīdischen Privatdomänen, als Vertragspartei auf. Diese Person ist von Grohmann und Karabacek mit dem Statthalter Abū l-Ḥasan ʿAlī b. al-Iḫšīd Muḥammad (reg. 349-355/990-966) gleichgestellt, vgl. EBU S. 92f, PERF S. 255. Weil der Statthalter aber im Jahr 355 starb, und der in den Urkunden erwähnten Abū l-Ḥasan im Jahr 356, als die beiden vorliegenden Dokumente geschrieben wurden, noch lebte, ist diese Möglichkeit wohl auszuschließen, oder wir müssen annehmen, daß die historischen Quellen sich um fast zwei Jahre oder mehr irren. Daß Abu l-Ḥasan auf jeden Fall eine hochgestellte Person war, zeigen sowohl seine Titel als auch die seinem Namen nachgestellten Eulogien.

Die vorliegenden Urkunden sind in den Monaten Ḏu l-Qaʿdah und Ḏū l-Ḥiǧǧah des Jahres 356, d. h. im Zeitabstand von etwa einem Monat, geschrieben worden. Beide enthalten sie das Anerkenntnis einer Schuld von zweieinsechstel Artaben Weizen zu Gunsten des erwähnten Abū l-Ḥasan. Einer der Schuldner, ein Mann namens Šaʿbān b. Muzāḥim, wird ebenfalls in beiden Urkunden erwähnt. In der Urkunde auf Recto bildet er zusammen mit einem gewissen ʿAqīl b. ʿUbayd die anerkennende Partei, während das Anerkenntnis auf Verso von ihm und einem Mann namens ʿAmmār b. ʿUbayd, wahrscheinlich einem Bruder von ʿAqīl, gemacht wird. Im Vertrag auf Recto wird explizit erwähnt, daß die Schuld zu jeder Zeit einforderbar sei; das nämliche ist auch für die Schuld auf Verso, bei welcher keine Zahlungsfrist erwähnt wird, anzunehmen. Verso enthält eine Bestimmung über die Haftung jedes Schuldners für einen bestimmten Teil der Schuld.

Zum Hintergrund der Urkunden ist folgendes zu bemerken: Die Schuldner waren wahrscheinlich Pächter von Ackerland, das zu den iḫšīdischen Domänen gehörte. Die Verpflichtung zur Lieferung des Weizens folgte aus einer Zahlung, die der Verwalter dieser Domänen ihnen im koptischen Monat Baʾūnah für die *ʿamārah* der beiden vorhergehenden Jahre geleistet hatte (*ʿammā 'aṭlaqahu lahumā bi-Ba'ūnah li-ʿamārati sanati ḫamsin wa-ḫamsīna wa-ṯalāṯimi'atin* ↓ $28_{6\text{-}7}$; *ʿamm*]*ā*(?) *qabaḍā*[*hu fī Ba'*]*ūnah li-ʿamārati sanati* [*'a*]*rbaʿin wa-ḫa*[*msī*]*na wa-ṯalāṯimi'atin* ↓ $29_{5\text{-}6}$). Der Begriff *ʿamārah* ist in der Beziehung zur Landwirtschaft in APEL II 86_{15}, IV 237_{10}, Grohmann: *Papyri Milano* 10_4, APRL XI 16_4 und PER A. Ch. $12479r_8$ belegt. Grohmann (vgl. APEL II S. 64) hat diesen Terminus stets im

Sinne von “Verbesserung, Instandsetzung (von Boden, Bewässerungsanlagen usw.)” verstanden, eine Interpretation, die neuerdings von Frantz-Murphy kritisiert worden ist. Nach ihrer sich auf al-Maḫzūmīs *Minhāǧ fī ʿilm ḫarāǧ Miṣr* stützenden Meinung kann *ʿamārah*, neben der unmittelbar von *ʿmr* I hergeleiteten Bedeutung “Anbau, Kultivierung” (“cultivation”), auch die Bedeutung “Steuerveranlagung” (“assessment”) haben, vgl. *Agrarian Administration* S. 41 Fn. 4. Sicher ist, daß *ʿamārah* als Terminus technicus für bestimmte von den Pächtern zu leistende Abgaben verwendet wurde.

Die Vertragskörper der Urkunden sind von verschiedenen Händen geschrieben, wobei die Schrift auf Recto etwas rundere, fließendere Formen hat. Es sind an mehreren Stellen diakritische Punkte gesetzt, welche aber besonders auf Verso nicht immer deutlich von kleineren Beschädigungen und Verunreinigungen zu unterscheiden sind. Die Zeugen der beiden Urkunden sind die gleichen Personen.

28.

(Tafel 27)

A. Ch. 7871r	Papier	23,6 x 14 cm	Ḏū l-Qaʿdah 356 d. H. (8. X. – 6. XI. 967 n. Chr.)

Mittelbraunes, durch Wurmfraß beschädigtes Hadernpapier, Schöpfgitterstäbe parallel zur Schrift. Das Blatt ist oben abgerissen; es fehlen hier die Basmalah und ein Teil der ersten Zeile des Vertragskörpers. Der linke Rand ist im oberen Bereich unter Textverlust ausgefranst; im unteren Bereich ist die Schnittlinie noch erhalten. Die geschnittenen Ränder rechts und unten sind im wesentlichen erhalten. Das Papier ist an zahlreichen Stellen durchlöchert. Waagerechte Faltungen bei 1,6; 7; 10 cm, vom oberen Rand gemessen; eine senkrechte Faltung bei 5,6 cm, vom linken Rand gemessen. Schwarze Tinte. – Verso enthält die unter Nr. 29 edierte Urkunde. Blattwendung: ⇒. Von der ersten Zeile des Verträgskörpers sind noch die Überreste dreier Buchstaben erhalten; auch die folgende Zeile ist zum Teil verloren. Geringer Textverlust am Anfang der Zeilen 3-7. Schwarze Tinte. Die Schrift ist an vielen Stellen verblaßt.

Text

١ [بسم الله الرحمن الرحيم]

٢ [ا]قر شـ[ـعبـ]ـان بن مزاحم و[عقيـ]ـل [بـ]ـن [عبيـ]ـد [ ] . . . [عنـ]ـد [شـ]ـهود هذا

الكتـ[ـاب فى صحة]

٣ من عقلهما وبدنهما وجواز امورهما ان للامير ابى الحـ[ـسن عزيز]

٤ الخاصة الاخشيدى اطال الله بقاه { . } عندهما وعليهما وفى

٥ ذمتهما اردبين وسدس اردب قمح نقى جيد هما بنقص [ ] . . اذا

– – – –

٦ غربلت مدحين يدفعا ذلك الى وكيله بهده الناحية اى وقت

٧ طلب منهما من ليل او نهار وذلك عما اطلقه لهما ببونه لعمارة

٨ سنة خمس وخمسين وثلثماية لا يدافعا بذلك ولايحتجا فيه بحجـ[ـة]

٩ الا بالخروج من هذا الـ[ـقمـ]ـح فى ‹ا›ى وقت طلب منهما وكتب فى ذى

١٠ القعدة من سنـ[ـة] ست وخمسين و ثلثمايـــة شهد على ذلك

١١ شهد هبة الله بن محبوب بن على بن اسمعيل على اقرار شعبان بن

١٢ مزاحم وعقيل بن [عبـ]ـيد بجـ[ـميـ]ـع ما فى هذا الكتاب وكتب بخطه

١٣ شهد عبيـ[ـد بن] علـ[ـى بن] اسمعيل على اقرارهما بما فى هذا الكتاب

١٤ وكتب بخطه فى [تاريخه]

١٥ شهد يو[سـ]ـف بن حمدان [بـ]ـجميع ما فى هذا الكتاب وكتب عنه حمدان

١٦ بن الـ .[ ]ـرى بامره ومحضره

١٧ شهد اسحق بن حمدان بن سليمن بن بشار بجميع ما فى هذا الكتاب

١٨ و[كـ]ـتب بخطه

---

٣ للامير – ٤ الاحسيدى – ٥ دمتهما – ٦ وكيله . الباحيه – ٧ طلب – ٨ بلىمايه
٩ منهما – ١٠ خمسس – ١٣ اسمعيل

ÜBERSETZUNG

1. [Im Namen Gottes, des Barmherzigen und Gnädigen!]

2. Es haben Šaʿbān b. Muzāḥim und [ʿAqī]l b. [ʿUbay]d [ ]... in Anwesenheit der Zeugen dieser Urkunde

3. im Zustand ihren geistigen und körperlichen Gesundheit und Geschäftsfähigkeit anerkannt, daß sie dem Emir Abū l-Ḥasan, dem obersten Verwalter

4. der iḫšīdischen Domänen, - Gott lasse ihn lange leben - {...}

5. zweieinsechstel Artaben hervorragenden reinen Weizens schulden, mit dem Manko

[ ]... wenn sie

6. gesiebt werden. Dies werden sie seinem (sc. des Abū l-Ḥasan) Stellvertreter in diesem Distrikt aushändigen,

7. wann auch immer er dies von ihnen verlangt, sei es bei Nacht oder am Tag, und zwar für das, was er ihnen ausgezahlt hat für die *ʿamārah*[1]

8. des Jahres dreihundertfünfundfünfzig. Sie werden ihn damit nicht hinhalten und keine Einsprüche dagegen erheben,

9. sondern ihm diesen Weizen aushändigen, wann auch immer er dies von ihnen verlangt. Es wurde geschrieben im (Monat) Ḏū

10. l-Qaʿdah des Jahres dreihundertsechsundfünfzig, und es wurde bezeugt.

11. Es bezeugt Hibatallāh b. Maḥbūb b. ʿAlī b. Ismaʿīl, daß Šaʿbān b.

12. Muzāḥim und ʿAqīl b. [ʿUba]yd all das, was in dieser Urkunde steht, anerkannt haben. Und er hat mit seinem Schriftzug unterschrieben.

13. Es bezeugt ʿUbay[d b.] ʿAl[ī b.] Ismaʿīl, daß sie beide all das, was in dieser Urkunde steht, anerkannt haben.

14. Und er hat mit seinem Schriftzug am [Datum dieser Urkunde] unterschrieben.

15. Es bezeugt Yū[su]f b. Ḥamdān all das, was in dieser Urkunde steht. Und es hat an seiner Stelle Ḥamdān

16. b. al-. [ ]. . ī auf seinen Befehl und in seiner Gegenwart geschrieben.

17. Es bezeugt Isḥāq b. Ḥamdān b. Sulaymān b. Baššār all das, was in dieser Urkunde steht.

18. Und er hat mit seinem Schriftzug unterschrieben.

Kommentar

2. Die Einleitungsformel *ʾaqarra* (...) *ʿinda šuhūdi hāḏā l-kitābi* ist in APEL II $111_{2\text{-}3}$, ALAD $37_{2\text{-}3}$, 39_{2}, $40r_{2\text{-}3}$, 41_{2}, $42_{2\text{-}4}$, $46_{2\text{-}4}$ belegt. Vgl. ferner *ʿinda šuhūdi hāḏā l-faṣli l-maktūbi fī hāḏā ẓ-ẓahri* ALAD $40v_{3}$; *ʿinda šuhūdi hāḏihi l-ḥuǧǧati* ALAD 43_{3}; *wa-l-ḥāḍiru l-ʾāna ʿinda šuhūdihā bi-madīnati l-ʾU[š]mū[n]ayni* ↓ 30_{3}; [*ʿinda*] *šuhūdihi bi-l-Qāhirati l-maḥrūsati* ↓ 35_{3}; *ʿinda šuhūdihi bi-l-Qudsi š-šarīfi* WMT II 39_{2}; *ʿinda šuhūdihi* Khan: *Acknowledgement* Z. 2, an-Nuwayrī: *Nihāyat* IX S. 10.

[1] Zum Begriff *ʿamārah* vgl. die Einleitung zur Urkunde.

3-4 *li-l-'amīri 'Abī l-Ḥ[asan ʿazīzi] l-ḫāṣṣati l-Iḫšīdīyi* : Die gleiche Person wird auch in EBU 4_3 und ↓ $29_{2\text{-}3}$ erwähnt, vgl. die Einleitung zur Urkunde. Zum Titel *ʿazīz* vgl. EBU S. 93; zu *ḫāṣṣah* ("Privatdomäne") vgl. APW $46r_9$. Man beachte die umgangssprachliche Kongruenz in *al-ḫāṣṣah al-Iḫšīdī*, vgl. Hopkins: *Studies* § 142a. Zur Dynastie der Iḫšīden vgl. EBU S. 86f und Wüstenfeld: *Statthalter* IV S. 24-56. – Zwischen *baqāhu* und *ʿindahumā* Z. 4 befindet sich noch ein unleserlicher Schriftzug, der aussieht, als sei er verbessert oder gestrichen worden.

5-6 Zu Weizen vgl. ↓ 18_4. – Zu *humā bi-naqṣi* [...] . . *'iḏā ġurbilat* مدحين vgl. ↓ $27_{5\text{-}6}$. Das teilweise zerstörte Wort vor *'iḏā* läßt sich nicht mit Sicherheit ergänzen. – Der Dual des Imperfekts *yadfaʿā* Z. 6, *yudāfiʿā* Z. 8 und *yaḥtaǧǧā* Z. 8 wird im vorliegenden Text, sowie in ↓ $29_{6\text{-}7}$, stets mit dem Suffix *-ā* statt *-āni* geschrieben. Eine ähnliche Form (*yursilā* statt *yursilāni*) wird von Blau: *Grammar* I S. 212 erwähnt. Diese Form ist wahrscheinlich in Analogie zum Suffix der 3. Pers. Pl. Impf. *-ū* statt *-ūna* in der Vulgärsprache entstanden. – Der oberste Verwalter eines Besitzes der Größe der iḫšīdischen Domäne (vgl. EBU S. 93) konnte sich nicht selbst mit der Einforderung der einzelnen Schulden beschäftigen; deshalb wurde dies seinem Stellvertreter überlassen. Die Lesung des Wortes *an-nāḥiyah* ist durch ↓ 29_6 gesichert.

6-7 Zur Phrase *'ayya waqtin ṭalaba minhumā min laylin 'aw nahārin* vgl. ↓ $22_{3\text{-}4}$. – Zu *ṭlq* IV: "freigeben, ausbezahlen (von Geldern)" vgl. ABPP $69v_4$, CPA 25_2. – Zum Begriff *ʿamārah* vgl. die Einleitung zur Urkunde.

8-9 Zur Klausel gegen Zahlungsaufschub vgl. ↓ $20_{5\text{-}6}$. – Zu *'illā bi-l-ḫurūǧi* usw. vgl. vgl. ↓ 22_5.

11-18 Die gleichen Zeugen treten auch in ↓ $29_{12\text{-}18}$ auf. Der Zeuge ʿUbayd b. ʿAlī b. Ismaʿīl (Z. 13 und ↓ 29_{17}) muß ein Onkel von Hibatallāh b. Maḥbūb (Z. 11 und ↓ 29_{17}) gewesen sein. Die Zeugen Yūsuf (Z. 15 und ↓ 29_{15}) und Isḥāq b. Ḥamdān b. Sulaymān b. Baššār (Z. 17 und ↓ 29_{12}) waren Brüder. Statt *Baššār* kann auch *Yasār* gelesen werden, vgl. aḏ-Ḏahabī: *Muštabih* S. 43. Daß Ḥamdān, der in Z. 15-16 für Yūsuf b. Ḥamdān unterschrieben hat, dessen Vater war, ist, nach dem teilweise zerstörten Patronymikon zu urteilen, weniger wahrscheinlich. In ↓ $29_{15\text{-}17}$ ist Yūsufs Zeugnis von ʿUbayd b. ʿAlī geschrieben worden. Außerdem ergibt sich aus ↓ 29_{13}, daß Ismāʿīl und Sulaymān Brüder waren. Also ist die Verwandtschaft der Zeugen folgendermaßen zu rekonstruieren:

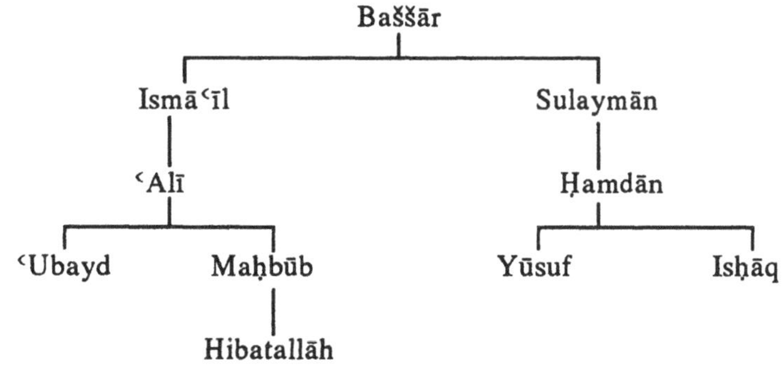

29.

(Tafel 28)

A. Ch. 7871v | Papier | 23,6 x 14 cm | Ḏū l-Ḥiǧǧah 356 d. H. (7. XI. – 6. XII. 967 n. Chr.)

Zur Beschreibung vgl. die zu Nr. 28 gemachten Angaben.

Text

١ [ ] . [سعـ]ـبا[ن بن مزاحـ]ـم

٢ [وعما]ر بن عبيد من [سكا]ن [ ] . .يه ان لـ[ـلامير ابى الـ]ـحسن عزيز الخاصة

٣ [الاخـ]ـشيدى ادام الله عزه عندهما وقبلهما وفى ذمتهما اردبين

٤ [قمـ]ـح وسدس اردب نقى طيب سا‹لم› من التبن ‹و›التراب والعلث هما بنقص

٥ [ ] . . اذا غربلت مدحس عـ[ـمـ]ـا قبـ[ـضـ]ـاه [فى بـ]ـونه لعمارة سنة

٦ [ا]ربع وخـ[ـمسيـ]ـن وثلثماية يدفعـ[ـا] ذلك الى من يقوم مقامه فى الناحـ[ـية]

٧ [بـ]ـالويبة الابراهيمية الوافية لا يدافعا بذلك ولا يحتجا بحجة الا بالخروج

٨ من هذا القمح المسما مبلغه فى هذا الكتاب تاما وافيا وكتب

٩ فى مستهل ذى الحجة من سنة ست وخـ[ـمسيـ]ـن وثلثماية

١٠ على شعبان بن مزاحم من ذلك اردب واحـ[ـد وسـ]ـدس اردب

١١ وعلى عمار بن عبيد ا[رد]ب واحــــــــ[ـد] . . [ ] . [ ] . .

١٢ [شـ]ـهد ا[سـ]ـحق بن حمدان بن سليمن بن بشار بجميع [مـ]ـا فى هذا الكـ[ـتـ]ـاب
و[كتب بخـ]ـطه

١٣ شهد عـ[ـبيـ]ـد بن على بن اسمعيل بن بشـ[ـ]ـا[ر علـ]ـى ا[قرار]هـ[ـما] بجميع ما فى

١٤ هذا الكـ[ـتـ]ـاب وكتب بخطه فى تاريخه

١٥ شهد يوسف بن حمدان بن سليمن بن بشـ[ـا]ر على [اقرار] شـ[ـعبـ]ـان بن مزا[حـ]ـم

١٦ وعما[ر بن عبيـ]ـد بجميع ما فى هذا الكتا[ب وكتب] عنه عـ[ـبيـ]ـد بن [علـ]ـى

١٧ بامره رمحـ[ـضـ]ـره شهد هبة الله بن محـ[ـبـ]ـوب بن على

١٨ على اقرا[ر]هما بجميع ما فى هذا الكتاب وكتب شهادته بخطه

---

٣ اردب – ٥ سنه – ٦ بلـمايه – ٨ الكـاب – ٩ الحجه . سنه – ١٦ عنه

ÜBERSETZUNG

---

1. [Es bezeugen die in dieser Urkunde erwähnten Zeugen daß Šaʿ]bā[n b. Muzāḥi]m

2. [und ʿAmmā]r b. ʿUbayd, [Einwohner von ...] ... anerkannt haben, daß sie [dem Emir Abū l-]Ḥasan, dem obersten Verwalter der

3. [iḫ]šīdischen Domäne, - Gott lasse sein Ansehen andauern - zweieinsechstel

4. Artaben guten reinen Weizens frei von Stroh, Erde und Mischung schulden, mit dem Manko

5. [ ]... wenn sie gesiebt werden, für das, was sie [im (Monat) Baʾ]ūnah empfangen haben für die *ʿamārah*[1] des Jahres

6. dreihundervierund[fünfzig]. Dies haben sie demjenigen, der ihn (sc. Abū l-Ḥasan) in diesem Distrikt vertritt, auszuhändigen

7. in Form der vollen Waybah Ibrahīmīyah. Sie werden ihn damit nicht hinhalten und keine Einsprüche erheben, sondern

8. diesen Weizen, dessen Menge in dieser Urkunde genannt ist, ganz und vollständig aushändigen. Es wurde geschrieben

9. am Anfang des Monats Ḏū l-Ḥiǧǧah des Jahres dreihundertsechsundfünfzig.

10. Von diesem (Weizen) schuldet Šaʿbān b. Muzāḥim eineinsechstel Artabe,

11. und ʿAmmār b. ʿUbayd eine Artabe. [Es wurde bezeugt.]

---

[1] Zum Begriff *ʿamārah* vgl. die Einleitung zur Urkunde.

12. Es bezeugt I[s]ḥāq b. Ḥamdān b. Sulaymān b. Baššār all das, was in dieser Urkunde steht, und er hat mit seinem Schriftzug [unterschrieben].

13. Es bezeugt ʿU[bay]d b. ʿAlī b. Ismāʿīl b. Baššār, daß sie beide all das, was in

14. dieser Urkunde steht, anerkannt haben, und er hat mit seinem Schriftzug am Datum der Urkunde unterschrieben.

15. Es bezeugt Yusūf b. Ḥamdān b. Sulaymān b. Bašš[ā]r, daß Ša[ʿb]ān b. Muzā[ḥ]im

16. und ʿAmmār [b. ʿUbay]d all das, was in dieser Urkunde steht, [anerkannt haben], und es hat an seiner Stelle ʿUb[ay]d b. [ʿAl]ī

17. auf seinen Befehl und in seiner Gegenwart [geschrieben]. Es bezeugt Hibatallāh b. Maḥbūb b. ʿAlī,

18. daß sie beide all das, was in dieser Urkunde steht, anerkannt haben, und er hat sein Zeugnis mit seinem Schriftzug geschrieben.

Kommentar

1. Weil der Namen des *muqirr* Šaʿbān b. Muzāḥim ganz am Ende der Zeile steht, ist der verlorene Text nach aller Wahrscheinlichkeit als [*šahida š-šuhūdu l-musammawna fī hāḏā l-kitābi ʿalā ʾiqrāri Šaʿ*]*bā*[*n ibn Muzāḥi*]*m* zu ergänzen. Zu dieser Einleitungsformel vgl. ↓ 4_{2}.

4-5 Zu Weizen vgl. ↓ 18_{4}. – Zu *humā bi-naqṣi* [...] . . *ʾiḏā ġurbilat* مدحس vgl. ↓ $27_{5\text{-}6}$. – Die Ergänzung *ʿa*[*mm*]*ā qaba*[*ḍ*]*āhu* [*fī Baʾ*]*ūnah* ist auf ↓ 28_{7} begründet.

6-9 Zum Dualsuffix *-ā* statt *-āni* vgl. ↓ 28_{6}. – Zur Formel *ʾilā man yaqūmu maqāmahu* vgl. ↓ $27_{9\text{-}10}$. – Zur Waybah Ibrāhīmīyah vgl. ↓ 24_{4}. – Zur Klausel gegen Zahlungsaufschub vgl. ↓ $20_{5\text{-}6}$. – Zu *ʾillā bi-l-ḫurūǧi* usw. vgl. vgl. ↓ 22_{5}. Man beachte die Schreibung von *al-musammā* Z. 8 mit finalem *ʾalif* statt *yāʾ*.

10-11 Wenn das Anerkenntnis einer Schuld von mehreren Personen gemacht wird, haftet jeder von ihnen entweder für das Ganze, für einen gleichen Teil wie die anderen, oder für einen bestimmten, im Vertrag festgelegten Teil, wie es in der vorliegenden Urkunde der Fall ist. Im Fall der Haftung jedes einzelnen für das Ganze wird im Vertrag eine Bürgschaftsklausel aufgenommen, vgl. ↓ $32r_{10\text{-}11}$. – Der verwischte Text am Ende Z. 11 hat wahrscheinlich die Formel *šuhida ʿalā ḏālika* enthalten.

12-18 Zu den Zeugenunterschriften vgl. ↓ $28_{11\text{-}18}$.

30.

Anerkenntnis einer Schuld von dreieinsechstel Artaben Weizen
(Tafel 29)

A. Ch. 13380 (PERF 1290) Papier 24,3 x 8 cm 20.–29. Ḏū l-Ḥiǧǧah 583 d. H.
(20.–29. II. 1188 n. Chr.)

Hellbraunes Hadernpapier, Schöpfgitterstäbe senkrecht zur Schrift. Das Blatt ist an der Ecke links oben leicht beschädigt. Dort gibt es ein kleines Loch; am Ende der Zeilen 2 und 3 sind einige Wörter teilweise verwischt. Die geschnittenen Ränder sind erhalten. Am rechten Rand ist die Schnittlinie etwas unregelmäßig; wahrscheinlich ist das Papier dort von einem größeren Blatt abgeschnitten. Waagerechte Faltungen bei 3; 5; 7,5; 10; 10,5; 13; 16; 18,8; 21,5 cm, vom oberen Rand gemessen. Schwarze Tinte. Am Anfang von Z. 16 ist die Tinte verschmiert. Verso ist leer.

Ein Einwohner des Dorfes Mantūt namens Ṣāliḥ b. ʿAbdarraḥmān al-Ušmūnī schuldet Murhaf b. Ḥusnī aus al-Ušmūnayn dreieinsechstel Artaben Weizen, die er ihm nach drei Monaten, am Ende des Monats Rabīʿ I des Jahres 584, auszuhändigen hat. Eine dritte Person namens Šaʾw Rizqallāh leistet für Ṣāliḥ b. ʿAbdarraḥmān Bürgschaft.

Karabacek gibt in PERF S. 269 eine Inhaltsbeschreibung zu dieser Urkunde. Vergleichbare Schuldanerkentnisse aus dem 6. Jahrhundert liegen mit APEL II 105-112 vor.

Die Urkunde ist in einer ligierten Kursivschrift geschrieben. Diakritische Punkte sind vereinzelt gesetzt. Paläographisch bemerkenswert ist, daß die Buchstabengruppe الا an drei Stellen (*al-ʾān* Z. 3; *al-ʾiqrār* Z. 7; *al-ʾawwal* Z. 11) mit einer Haste zu wenig (etwa لل) geschrieben ist.

Text

بسم الله الرحمن الرحيم
اقر صالح بن عبد الرحمن الاشمـ[ـونى] المقـ[ـيـ]ـم بمنتوت
والحاضر الان عند شهودها بمدينة الا[شـ]ـمو[نـ]ـين و
اشهد على نفسه فى صحة منه وجواز امر طايعا غير مكره
ولا مجبر ولا جاهل بما اقر به فيه ان عليه وعنده
وفى ذمته وخالص ماله دينا ثابتا وحقا واجبا
لازما عرفه ولزمه الاقرار به لمرهف بن حسنى المقيم بالمدينة
المذكورة من القمح الطيب النصيل السالم من

----

٩ العلث والطين بالكيل الدوار ثلثة ارادب وسدس

١٠ النصف من ذلك . . . . ⟦. . . . ار‹د›ب⟧ . . . . ار‹د›ب يقوم له بذلك

١١ فى سلخ ربيع الاول من شهور سنة اربع وثمنين وخمسماية

----

١٢ وحضر بحضوره واذنه شاو رزق الله الدالى

١٣ المقيم بمنتوت ايضا وضمن وتكفل بالقمح المذكور فى

١٤ ذمته وخالص ماله وبذلك اقرا واشهدا على انفسهما

١٥ فى العشر الاخر من ذى الحجة من شهور سنة ثلث وثمنين وخمسماية

١٦ [ا]شهدانى بذلك اشهدنى المقر والكفيل

١٧ وكتب حاتم بن خزعل على انفسهما بذلك

١٨ فى تاريخه والمبلغ من القمح ثلثة ارادب

١٩ وسدس ار‹د›ب وكتب على بن خربوش

٢٠ فى (تار)يخه

---

٢ اقر . بمسوب – ١٧ ىارىخه

Übersetzung

1. Im Namen Gottes, des Barmherzigen und Gnädigen!
2. Es hat Ṣāliḥ b. ʿAbarraḥmān al-Ušm[ūnī], wohnhaft in Mantūt
3. und zu dieser Zeit bei den Zeugen dieser Urkunde in der Stadt al-U[š]mū[n]ayn anwesend, anerkannt,
4. und er hat im Zustand seiner Gesundheit und Geschäfsfähigkeit, freiwillig, nicht gezwungen,
5. nicht genötigt und nicht unwissend über das, was er hierbei anerkannt hat, gegen sich bezeugen lassen, daß er

6. zu seinen Lasten und von seinem Besitz, als feststehende Verpflichtung und verbindlicher obligatorischer Rechtsanspruch,

7. der ihm bekannt ist, und der, aufgrund seines Anerkenntnisses, für ihn verbindlich ist, Murhaf b. Ḥusnī, wohnhaft in

8. der bereits erwähnten Stadt, an geschältem gutem Weizen, frei von

9. Mischung und Lehm in Form des Kayl *ad-dawwār*(?) dreieinsechstel Artaben schuldet,

10. deren Hälfte ...⟦... Artabe⟧ ... Artabe beträgt. Er wird ihm dies aushändigen

11. am Ende des Monats Rabīʿ I des Jahres fünfhundertvierundachtzig.

12. Zusammen mit ihm war mit seiner Erlaubnis Šaʾw Rizqallāh al- ...,

13. ebenfalls wohnhaft in Mantūt, anwesend, und dieser hat für den erwähnten Weizen Garantie geleistet, in

14. seiner Schuld, von seinem Geld. Dies haben die beiden anerkannt und gegen sich bezeugen lassen

15. in der letzten Dekade des Monats Ḏū l-Ḥiǧǧah des Jahres fünfhundertdreiundachtzig.

16. (rechte Spalte) Die beiden haben mich zum Zeugen hiervon gemacht

17. (rechte Spalte) und es hat unterschrieben Ḥātim b. Ḫazʿal

18. (rechte Spalte) am Datum der Urkunde.

16. (linke Spalte) Der Schuldner und der Bürge haben mich zum Zeugen

17. (linke Spalte) hiervon gegen sich selbst gemacht,

18. (linke Spalte) und die Menge des Weizens beträgt dreieinsechstel

19. (linke Spalte) Artabe. Es hat geschrieben ʿAlī b. Ḫarbūš

20. (linke Spalte) am Datum der Urkunde.

Kommentar

2. Zur Nisba al-Ušmūnī vgl. ↓ 2 II_1. – Zum Dorf Mantūt vgl. Ramzi: *Qāmūs* II-3 S. 180.

3. Zu *wa-l-ḥāḍiru l-ʾāna ʿinda šuhūdihā bi-madīnati l-ʾU*[*š*]*mū*[*n*]*ayni* vgl. *al-ḥāḍiratu ʿinda šuhūdihi bi-l-Qudsi š-šarīfi* WMT II 39_2 und ferner WMT II 40_2, 42_2, ↓ 28_2. Das mit *šuhūd* verbundene Personalsuffix bezieht sich auf die Urkunde; bei femininem Personalsuffix ist an Bezugswörter wie *ḥuǧǧah* oder *waṯīqah* zu denken.

4. Die frühesten mir bekannten Belege für die Phrase *fī ṣiḥḥatin minhu wa-ǧawāzi 'amrin* datieren aus dem 5. Jahrhundert, vgl. ALAD 36_{14}, ALAD 39_{3}, APEL I 72_{14}. Zu weiteren Belegstellen vgl. Diem: *Rechtsurkunden* 4_{7}. In Urkunden ab dem 6. Jahrhundert ist diese Formel statt des älteren *fī ṣiḥḥati ʿaqlihi wa-badanihi wa-ǧawāzi 'amrihi* üblich. Grohmann hat die Phrase an mehreren Stellen falsch gelesen, vgl. CPA 43_{4} (dort l. *'amr* statt *'aqarra*), APEL II 106_{4} (dort l. *ǧawāz 'amr* statt *ʿaqlihi 'aqarra*), 111_{4} (dort l. *minhu* statt *badanihi*) und APEL II 105_{4}, $109_{3\text{-}4}$, 110_{3} (ähnlich verlesen wie APEL II 106_{4}).

5 Zu *wa-lā ǧāhilin bi-mā 'aqarra bihi fīhi* vgl. ALAD 40_{4}, 41_{2}, 42_{5}, 46_{4}, APEL II 108_{5}, 111_{5} (Ms. hat بجاهل) und *wa-lā ǧāhilan*(!) *bi-mā 'aqarra bihi fīhi* APEL II 105_{5}, 106_{5}, $107_{4\text{-}5}$, $109_{4\text{-}5}$, 110_{4}. Alle diese Urkunden sind aus dem 6. Jahrhundert.

6-7 Zu *wa-fī ḏimmatihi wa-ḫāliṣi mālihi daynan ṯābitan wa-ḥaqqan wāǧiban lāziman* vgl. ↓ 23_{4}. – Zu *ʿarafahu wa-lazimahu l-'iqrāru bihi* vgl. ↓ $5_{9\text{-}10}$. – Der Name Murhaf ist mir unbekannt; ich sehe jedoch keine andere mögliche Lesung. Zum Namen Ḥusnī (vielleicht auch Ḥasanī zu lesen) vgl. MAA S. 422.

8-9 Zu Weizen vgl. ↓ 18_{4}. – Der Ausdruck *bi-l-kayli d-dawwār*(?) ist im Bezug auf Weizen auch in APEL II 111_{8} (vgl. Tafel XVII) belegt, wo Grohmann das zweite Wort offengelassen hat. Der Kayl *ad-dawwār*(?) ist mir sonst nicht nachweisbar. Zum Trockenmaß Kayl vgl. Grohmann: *Einführung* S. 165, Hinz: *Masse* S. 40.

10. Beim *tanṣīf* (vgl. ↓ 11 II_{1}) wäre eine Angabe wie *'irdabbun wa-niṣfun wa-niṣfu sudsi 'irdabbin* (vgl. Wright: *Grammar* I S. 264) zu erwarten. Die Stelle im Text vermag ich nicht zu entziffern; nur das Wort *'ir<d>abb* scheint mir aufgrund eines Vergleichs mit Z. 19 (linke Spalte) mit Sicherheit zu lesen. Etwa zwei Wörter sind vom Schreiber gestrichen und anschließend wiederholt worden.

11. Vom Namen des Monats ist das erste Wort unleserlich. Weil das zweite Wort zweifellos *al-'awwal* (zur Schreibung ـلـل für الا vgl. die Einleitung zur Urkunde) ist, gibt es nur die Möglichkeiten *Rabīʿ* oder *Ǧumādā*, wovon mir *Rabīʿ* (wie es auch Karabacek gelesen hat) dem *rasm* am meisten zu entsprechen scheint.

12-14 Ähnliche Klauseln für Bürgschaft (*ḍamān*) sind in Šurūṭ-Büchern belegt, vgl. *wa-ḥaḍara bi-ḥuḍūri l-muqirri l-maḏkūri fulānu bnu fulānin al-fulānīyu wa-ḍamina wa-kafala fī ḏimmatihi wa-mālihi mā fī ḏimmati l-muqirri l-maḏkūri mina d-dayni l-muʿayyani 'aʿlāhu li-l-muqarri lahu 'aʿlāhu ʿalā ḥukmihi ḍamānan šarʿīyan* al-Asyūṭī: *Ǧawāhir* I S. 26-7; *wa-ḥaḍara bi-ḥuḍūri l-muqirri l-maḏkūri fulānun wa-'ašhada ʿalayhi ṭawʿan minhu 'annahu ḍamina mā fī ḏimmati l-muqirri l-maḏkūr mina d-dayni l-muʿayyani li-l-muqarri lahu ʿalā ḥukmihi* an-Nuwayrī: *Nihāyat* IX S. 13; *wa-ḥaḍara fulānun* (...) *wa-ḍamina wa-kafala ǧamīʿa d-dayni l-muʿayyani 'aʿlāhu ʿani l-muqirri li-l-muqarri lahu l-musammā 'aʿlāhu ʿalā ḥukmihi fī mālihi wa-ḏimmatihi ḍamānan ṣaḥīḥan šarʿīyan bi-'iḏnihi* Guellil: *Akten* S. 83; *wa-ḥaḍara fulānu bnu fulānin al-fulānīyu* (...) *qirā'ata hāḏā l-kitābi fa-ʿarafahu wa-'aqarra 'anna ǧamīʿa mā fīhi ḥaqqun ʿalā mā summiya wa-wuṣifa fīhi wa-ḍamina ʿan fulāni bni fulānin bi-'amrihi li-fulāni bni fulānin hāḏihi l-kaḏā kaḏā d-dīnāra l-musammāta fī hāḏā l-kitābi 'ilā 'aǧlihā l-musammā fī hāḏā l-kitābi ḍamānan lāziman wāǧiban* aṭ-Ṭaḥāwī: *'Aḏkār* S. 16. Vgl. ferner ↓ $19_{13\text{-}14}$ und $32\text{r}_{10\text{-}11}$. – Der Name Ša'w Z. 12 ist mir unbekannt; die Lesung halte ich aber für paläographisch gesichert. Das Wort *ša'w* hat eine Bedeutung von "Gipfelpunkt, Ziel". Zum Namen Rizqallāh vgl. MAA S. 659f. Die Nisba am Ende der Zeile ist nicht mit Sicherheit zu lesen. – Statt *'anfusihimā* Z. 14 wurde zuerst *nafsihi* geschrieben und dies nachher verbessert.

15. Zur Datierung nach Dekaden des Monats vgl. Grohmann: *Einführung*, S. 224f.

16-20 (linke Spalte) Der Vertragskörper und die Zeugenerklärung in der linken Spalte sind von der gleichen Hand geschrieben worden; also war ʿAlī b. Ḫarbūš auch der Schreiber der Urkunde. Zum Namen Ḫarbūš vgl. MAA S. 506.

17. (rechte Spalte) Zum Namen Ḥātim vgl. MAA S. 373. Dieser Name ist auch in APEL I 48_{39} belegt. – Zum Namen Ḫazʿal vgl. ↓ 2 II_1.

31.

Anerkenntnis einer Schuld von siebzehn Dirham
(Tafel 30)

A. Ch. 12441 (PERF 1300) Papier 21,5 x 8,5 cm 2. Ramaḍān 616 d. H. (11. XI. 1219 n. Chr.)

Hellbraunes Hadernpapier, Schöpfgitterstäbe senkrecht zur Schrift. Das Papier ist im oberen Bereich etwas verunreinigt. Der untere Rand ist leicht beschädigt, sonst sind die geschnittenen Ränder erhalten. Waagerechte Faltungen bei 2,5; 6; 8; 13; 15; 18; 20 cm, vom oberen Rand gemessen. In 2,6 cm Abstand vom linken Rand ist eine senkrechte Faltlinie erkennbar. Schwarze Tinte. Der Text ist vollständig erhalten. – Verso enhält die von einer anderen Hand geschriebene Quittung über einen Teil des Schuldbetrags. Blattwendung: ⇒.

Es hat ein Mann namens ʿAbdalqādir b. ʿAbdalḥākim b. al-Ḥasan, wohnhaft in der Stadt al-Ušmūnayn, anerkannt, daß er Nuṣayr b. ʿAlī b. Ḥammūd siebzehn Dirham schuldet. Er hat diesen Betrag in vier wöchentlichen Raten von viereinviertel Dirham zu bezahlen.

In seiner Form entspricht die Urkunde dem bereits aus Schuldanerkenntnissen des 6. Jahrhunderts bekannten Formular. Die stark ligierte Schrift zeigt stilistisches Können. Diakritische Punkte sind nicht gesetzt; an einer Stelle sind Vokalzeichen gesetzt.

In PERF ist die Urkunde (PERF 1300) nicht beschrieben worden.

Text

Recto

١ بسم الله الرحمن الرحيم

٢ اقر عبد القادر بن عبد الحاكم بن الحسن المقيم بمدينة

٣ الاشمونين واشهد على نفسه طوعا فى صحة منه وجواز امر

٤ ان عليه وعنده وفى ذمته دينًا لازما وحقا واجبا

٥ لنصير بن على بن حمود بالورق نقد مصر سبعة عشر (در)هما

٦ النصف من ذلك ثمانية دراهم يقوم له بذلك على حكم ونصف

٧ التقسيط فى سلخ كل اسبوع اربعة دراهم وربع

٨ من استقبال تاريخه من غير مدافعة ولا ممانعة وبذلك

٩ شهد عليه فى الثانى من شهر رمضان المعظم

١٠ قدره من شهور سنة ست عشر وستماية

١١ اشهدنى بذلك

١٢ وكتب على بن ثعلب بن على

١٣ فى تا(ر)يخه

Verso

١ قبض مما فى باطنها

٢ اربعة دراهم

---

٤ دينًا

ÜBERSETZUNG

Recto

1. Im Namen Gottes, des Barmherzigen und Gnädigen!

2. Es hat ʿAbdalqādir b. ʿAbdalḥākim b. al-Ḥasan, wohnhaft in der Stadt

3. al-Ušmūnayn, anerkannt, wobei er freiwillig, im Zustand seiner Gesundheit und Geschäftsfähigkeit gegen sich bezeugen ließ,

4. daß er zu seinen Lasten, als verbindliche Verpflichtung und obligatorischen Rechtsanspruch

5. Nuṣayr b. ʿAlī b. Ḥammūd siebzehn *waraq*-Dirham ägyptischer Währung schuldet,

6. wovon die Hälfte achteinhalb Dirham beträgt. Er wird ihm diese zahlen in

7. Raten von viereinviertel Dirham am Ende jeder Woche

8. ab dem Datum dieser Urkunde ohne Aufschub und ohne Widerstand. Dies

9. ist gegen ihn bezeugt worden am Zweiten des hochgeschätzten Monats Ramaḍān

10. des Jahres sechshundertsechzehn.

11. Er hat mich zum Zeugen hiervon gemacht,

12. und es hat unterschrieben ʿAlī b. Ṯaʿlab b. ʿAlī

13. am Datum dieser Urkunde.

Verso

1. Er hat von dem, was auf Recto dieses (Papiers) steht, in Empfang genommen:

2. vier Dirham.

Kommentar

Recto

3. Der Ausdruck *ṭawʿan* wird in Urkunden ab dem 5. Jahrhundert neben *ṭāʾiʿan* verwendet, vgl. APEL 111_4, 112_4, ALAD 4_{28}, $9v_3$, $38_{3,13}$, 45_4, WMT II 32_3, 37_3, 38_3, 43_4, Khan: *Acknowledgement* Z. 3 (dort l. *ṭawʿan* statt *ṭāʾiʿan*), Diem: *Rechtsurkunden* 3_6, an-Nuwayrī: *Nihāyat* IX S. 10, ↓ 34_4 und ferner *ṭawʿan wa-ḫtiyāran* WMT I $39_{4\text{-}5}$; *fī ṣiḥḥatin wa-ṭawāʿīyatin* WMT II 29_3; *fī ṣiḥḥatihā wa-ṭawāʿīyatihā* WMT II 40_3; *fī ṣiḥḥatihi wa-salāmatihi wa-ṭawāʿīyatihi wa-ḫtiyārihi* al-Asyūṭī: *Ǧawāhir* I S. 25; *ṭawʿan minhumā wa-raġbatan* ↓ 32_3.

5. Statt Nuṣayr sind bei gleichem *rasm* noch mehrere andere Lesungen möglich, vgl. aḏ-Ḏahabī: *Muštabih* S. 530f. Zum Namen Ḥammūd vgl. MAA S. 462. – Zu *bi-l-waraqi naqdi Miṣra* vgl. *mina l-waraqi l-wāḍiḥi naqdi Miṣra* ↓ 33_3; *mina l-waraqi l-ǧayyidi* Rāġib: *Deux baux* $2_{11\text{-}12}$; *mina l-waraqi* APB 14_8; *dirhaman waraqan* ALAD $24r_{23}$. Der *waraq*- oder "schwarze" Dirham hatte einen niedrigeren Silbergehalt als der *nuqrah*- oder "weiße" Dirham, vgl. ALAD S. 171f und ↓ 11 I_{15}. Zur Abkürzung همـا‹در› vgl. ↓ 11 II_1.

6. *wa-niṣf* ist in stark kursivierter Form unter die Zeile gesetzt, vgl. ↓ 18_3.

6-7 Zum Ausdruck *ʿalā ḥukmi t-taqsīṭi* vgl. *ǧumlatan wāḥidatan ḥāllan ʾaw ʿalā ḥukmi l-ḥulūli ʾaw muqassaṭan ʿalayhi* al-Asyūṭī: *Ǧawāhir* I S. 26; *ʿalā ḥukmi l-ḥulūli wa-sabīlihi ʾaw at-tanǧīmi* an-Nuwayrī: *Nihāyat* IX S. 11; *ʿalā ḥukmi tanǧīmihā* ALAD $40v_{12}$; *bi-ḥukmi l-ḥawālati* WMT II $34_{5,10}$.

8. Der Ausdruck *mina stiqbāli tārīḫihi* ist auch in an-Nuwayrī: *Nihāyat* IX S. 95, 100 belegt; in APEL II 139_{11} ist die gleiche Phrase von Grohmann zu *mina ntiqāli tārīḫihi* verlesen worden. Vgl. ferner *mina stiqbāli l-yawmi l-fulānīyi* al-Asyūṭī: *Ǧawāhir* I S. 52; *fī* *stiqbāli sanati tārīḫihi* WMT II 34_8; *ʿalā stiqbāli Šaʿbān* ALAD 37_7; *'ilā stiqbāli Ramaḍān* ALAD $24v_1$; *'awwaluhunna stiqbālu Šawwāl* ALAD 41_5 und ALAD 42_8, RĀĠIB: *Deux baux* 2_{10}, RĀĠIB: *Archives* 2_4. – Zur Formel *min ġayri mudāfaʿatin wa-lā mumānaʿatin* vgl. ↓ 20_{5-6}.

9-10 Zum Ausdruck *šahr Ramaḍān al-muʿaẓẓam qadruhu* vgl. ↓ 11 II_4.

11-13 Nur ein Zeuge hat unterschrieben, vgl. die Einleitung zu ↓ 27. Statt Ṯaʿlab kann auch Taġlib gelesen werden, vgl. aḏ-Ḏahabī: *Muštabih* S. 72f. Der gleiche Name ist in ↓ 43_3 belegt.

Verso

1-2 Zum Quittungsvermerk *qabaḍa mimmā fī bāṭinihā* vgl. *qabaḍa mimmā fī bāṭinihi* APB $14_{7,\,11}$, ↓ $44v_4$; *qabaḍa mimmā fī bāṭini hāḏā ṣ-ṣadāqi* APB 14_{20}; *qabaḍa baqīyata mimmā baqiya fī bāṭini hāḏā l-kitābi* APB 14_{26-27}; *qabaḍa min yadi 'Aḥmad ibn ʿAlī l-Miṣrī mā ʿalayhi bāṭinahā* WMT II $30v_{1-2}$; *qabaḍtu ǧamīʿa mā fī bāṭini hāḏihi l-ḥuǧǧati* ALAD $24v_3$. Mit *bāṭin* wird die Urkunde auf der anderen Seite (Recto) des Papiers angedeutet. – Falls die Quittung sich auf die Zahlung der ersten Rate bezogen hat, so ist ein viertel Dirham zu wenig bezahlt worden.

32.

Anerkenntnis einer Schuld von Knoblauch und Weintrauben
(Tafel 31)

A. Ch. 3089	Papier	15,4 x 8,6 cm	20. Ǧumādā I 629 d. H. (15. III. 1232 n. Chr.)

Mittelbraunes Hadernpapier, Schöpfgitterstäbe parallel zur Schrift. Das Blatt ist oben unter Textverlust abgerissen. Es fehlt die erste Zeile des Vertragskörpers, während von der zweiten Zeile nur die Überreste einiger Buchstaben erhalten sind. Die Ecke links unten ist abgerissen; es fehlen hier einige Buchstaben der linken Zeugenunterschrift. Die geschnittenen Ränder links und rechts sind im wesentlichen erhalten. An einigen Stellen ist das Papier durchlöchert. Das Blatt ist senkrecht durch die Mitte gefalten. Waagerechte Faltungen bei 1,2; 2,4; 3,7; 5; 6,2; 7,4; 9; 10,8; 12,7 cm, vom oberen Rand gemessen. Schwarze Tinte. An einigen Stellen ist die Schrift etwas verwischt, oder durch Verunreinigung des Papiers schwer zu lesen. – Verso enthält die in der linken oberen Ecke geschriebene Quittung über einen Teil der auf Recto beurkundeten Schuld. Blattwendung: ⇒. Am Ende der ersten Zeile sind wenige Buchstaben verloren. Die Schrift ist an manchen Stellen stark verblaßt, und die Tinte hat auf das zusammengefaltete Papier abgefärbt.

Es haben zwei Bewohner der Gegend Bū Marqūs anerkannt, daß sie al-ʿAsalī, Sohn des Rechtsgelehrten Šamsaddīn Muḥammad b. ʿUbayd b. Muḥammad b. ʿAbdallāh, zweieinhalb Artaben Knoblauch und hundertsechzig Raṭl Weintrauben schulden. Der Knoblauch sollte von einem der beiden Schuldner namens Ḥannā am Ende des nächsten Monats geliefert werden, während die Weintrauben erst nach drei Monaten vom anderen Schuldner namens Abū l-Faraǧ zu liefern sind. In einer Klausel am Ende der Urkunde wird bestimmt, daß die beiden Schuldner füreinander Garantie leisten. In der Quittung auf Verso wird der Empfang des Knoblauchs bestätigt.

Die Urkunde ist in einer sehr kleinen ligierten Kursivschrift von einer geübten Hand geschrieben. Diakritische Punkte sind an einigen Stellen gesetzt. Der Schreiber der Quittung auf Verso ist der aus anderen Urkunden bereits bekannte Zeuge Ibrāhīm b. ʿAlī b. ʿAbdaṣṣamad b. Muḥammad b. ʿUmrūs, vgl. den Kommentar.

Text

Recto

١] ±35 [.] [.] [.] [.

٢ بن بنين المقيمان بالناحية المعروفة ببو مرقوس واشهدا على انفسهما فى صحة

٣ عقلهما وبدنهما وجواز امر طوعا منهما ورغبة ان عليهما وعندهما وفى ذمتهما وخالص

٤ مالهما دينا ثابتا وحقا واجبا [شـ]ـرعيا للعسلى بن الفقيه شمس الدين محمد بن عبيد بن محمد بن عبد الله

٥ من الثوم الروس الابيض السالم من الطين والقش اردبين ونصف ومن

٦ العنب الابيض الطيب السالم من الخمرة والعطب ماية وستين رطلا بالمصرى النصف من الثوم

٧ المذكور اردب واحد وربع ومن العنب ثمانين رطلا بالمصرى من ذلك ما هو باسم حنا

٨ المبدا باسمه اردبين ونصف ثوم المذكورفيه يقوم بها فى سلخ جمادى الاخر سنة تسع

٩ وعشرين وستماية والعـ[نـ]ـب المذكور باسم ابو الفرج المثنا باسمه يـ[قوم] به فى سلخ

١٠ شعبان من شهور السنة المذكورة وكل منهما ضامنا وكفيلا لصاحبه فى الذمة بدينه له جميعا

١١ وفرادا وبه شهد بتاريخ العشرين من جمادى الاول من السنة المذكورة اعلاه

١٢ شهد بذلك خضر بن اشهدانى بذلك

١٣ على بن عمر الشافعى وكتب عبد الحـ[ـميـ]ـد [بن] على

١٤ فى(تار)يخه [فى تاريخه]

Verso

١ اشهدنى الفقيه الامين ابرا[هيم] بن عـ[

٢ عبد الله انه قبض وتسلم واستوفـ[ـى]

٣ [كل الـ]ـثوم المذكور باطنها

٤ وهو اردبين ونصف اردب وابرا

٥ حنا من الثوم المذكور ولم يبق منها

٦ سوى العـ[ـنـ]ـب المذكور باطنها وشهد

٧ عليه بذلك بتاريخ ثانى ذى الحجة سنة

٨ تسع و{ثلثين} ‹عشرين› وستماية وكتب

٩ اشهدنى بذلك كتب ابرا[هـ]ـيم بن على بن عبد الصمد

١٠ . . . . بن عـ[ـبد] الحميد . . . . . بن محمد بن عمروس (فى تا)ريخه

Recto ٣ منهما – ٥ القس – ٧ حنا – ٨ ثوم . بقوم – ١١ وفرادا

Übersetzung

Recto

- -

1. [ ].[ ].[ ].[ ].

2. ibn Banīn, beide wohnhaft in der Gegend, die bekannt ist als Bū Marqūs, und sie haben gegen sich bezeugen lassen, im Zustand ihren vollen

3. geistigen und körperlichen Gesundheit und ihrer Geschäftsfähigkeit, freiwillig, auf eigenen Wunsch, daß sie zu ihren Lasten und von

4. ihrem Besitz, als feststehende Verpflichtung und gesetzlichen obligatorischen Rechtsanspruch al-ʿAsalī, Sohn des Rechtgelehrten Šamšaddīn Muḥammad b. ʿUbayd b. Muḥammad b. ʿAbdallāh,

5. zweieinhalb Artaben weißer Knoblauchzwiebeln, frei von Lehm und Stroh, und

6. hundertsechzig ägyptische Raṭl guter weißer Weintrauben, frei von Gärung und Fäulnis schulden. Die Hälfte des erwähnten Knoblauchs

7. ist eineinviertel Artabe, und die Hälfte der Weintrauben sind achtzig ägyptische Raṭl. Von diesem gehen auf Namen Ḥannā,

8. der zuerst genannt ist, die erwähnten zweieinhalb Artaben Knoblauch, die er am Ende des Monats Ǧumādā II des Jahres

9. sechshundertneunundzwanzig aushändigen wird, während die erwähnten Weintrauben, auf Namen des als zweiten erwähnten Abū l-Faraǧ, von ihm am Ende des Monats

10. Šaʿbān des erwähnten Jahres auszuhändigen sind. Jeder von den beiden ist gewährleistender Bürge für den anderen bezüglich dessen Schuld zu seinen (sc. des Gläubigers) Gunsten, gemeinsam

11. und als einzelne Person. Dies wurde gegen die beiden am Datum des zwanzigsten Ǧumādā I des oben erwähnten Jahres bezeugt.

12. (rechte Spalte) Zeuge hiervon ist Ḫaḍir b.

13. (rechte Spalte) ʿAlī b. ʿUmar aš-Šāfiʿī

14. (rechte Spalte) am Datum der Urkunde.

12. (linke Spalte) Die beiden haben mich zum Zeuge hiervon gemacht

13. (linke Spalte) und es hat unterschrieben ʿAbdalḥamīd [b.]ʿAlī

14. (linke Spalte) [am Datum der Urkunde]

Verso

1. Mich hat der zuverlässige Rechtsgelehrte Ibrā[hīm] b. . [

2. ʿAbdallāh bezeugen lassen, daß er in Besitz genommen, empfangen und vollständig erhalten hat:

3. [den ganzen] auf Recto dieses (Papiers) erwähnten Knoblauch,

4. und zwar zweieinhalb Artaben. Und er hat

5. Ḥannā vom erwähnten Knoblauch entlastet und es bleibt von der Schuld nichts übrig

6. außer den auf Recto dieses (Papiers) erwähnten Weintrauben. Dies wurde

7. gegen ihn bezeugt am Datum des zweiten Ḏū l-Ḥiǧǧah des Jahres

8. sechshundertneunund{dreißig}<zwanzig>. Es hat geschrieben

9. (linke Spalte) Ibrāhīm b. ʿAlī b. ʿAbdaṣṣamad

10. (linke Spalte) b. Muḥammad b. ʿUmrūs am Datum dieser Urkunde.

9. (rechte Spalte) Er hat mich zum Zeuge hiervon gemacht und es hat unterschrieben

10. (rechte Spalte) … b. ʿAbdalḥamīd …

Kommentar

Recto

1. Diese Zeile muß die auf die Basmalah folgende Anfangszeile des Vertragskörpers gewesen sein. Der letzte Buchstabe der Zeile, dessen unteren Teil noch erhalten ist, könnte sehr wohl *ǧīm* von [*'Abū l-Fara*]*ǧ* gewesen sein, vgl. Z. 9.

2. Zum Namen Banīn vgl. aḏ-Ḏahabī: *Muštabih* S. 57. – Der Ort Bū Marqūs ist mir nicht nachweisbar. Wahrscheinlich ist hier ein Kloster namens Bū Marqūs gemeint. Kloster

mit ähnlichen Namen sind wohlbekannt, z. B. Bū Šanūda in Grohmann: *Geographie* S. 38 und Bū Yuḥannis in ABPP $2v_2$. *Bū* steht vulgär für *'Abū*.

3. Zu *ṭaw'an minhumā wa-raġbatan* vgl. *ṭā'i'ayni ṭālibayni rāġibayni* APEL II 74_{11} und ähnliche Phrasen in APEL I 57_{20}, 58_{13}, II 73_{28}, 76_{8}, 105_{3}, 106_{3}, 107_{3}, 108_{3}, 109_{3}, 110_{3}, Frantz-Murphy: *Comparison* I 1_{16}, 2_{15}. Vgl. ferner ↓ $31r_{3}$.

4. Zum Namen al-'Asalī vgl. MAA S. 1167. Die Haste vom *lām* des Artikels ist relativ kurz, ähnlich wie z. B. in *as-sālim* Z. 5, 6 und *as-sanah* Z. 10. Zum *laqab* Šamsaddīn vgl. al-Asyūṭī: *Ǧawāhir* II S. 584.

5. Zu *as-sālimi mina ṭ-ṭīni wa-l-qašši* vgl. die zu ↓ 18_4 erwähnten Phrasen im Bezug auf Weizen. Das *šīn* in *al-qašš* ("Stroh") hat genau die gleiche Form wie das finale *sīn* in *Šamsaddīn* Z. 4, weshalb diese Lesung vor *al-qašr* ("Hülse") zu bevorzugen ist.

6. Zum ägyptischen Raṭl vgl. Hinz: *Masse* S. 28f und Grohmann: *Einführung* S. 149ff.

7-8 Zu *mā huwa bi-smi Ḥannā al-mubda'i bi-smihi* vgl. *wa-yaḫuṣṣu 'Aḥmad al-mubda'a bi-ḏikrihi* WMT II 30_7; *allatī hiya naẓīru l-ḥiṣṣati l-mubda'i bi-ḏikrihā* ALAD 4_9; *bi-d-duwayrati l-mubda'i bi-waṣfihi fīhi* ALAD 4_{12}; *bi-s-sāḥati l-mubda'i bi-ḏ-ḏikrihā fīhi* ALAD 28_9. – Zum Namen Ḥannā vgl. MAA S. 468f. – Es sieht aus, als wurde in Z. 8 zuerst *aṯ-ṯūm* geschrieben und dies nachher zu *ṯūm* geändert. Auch das folgende *al-maḏkūr* zeigt, daß der Schreiber am Anfang eine determinierte Konstruktion vor Augen hatte.

9. Man beachte die kasusindifferente Form *'Abū* in *bi-smī 'Abū l-Faraǧ*. Statt Abū l-Faraǧ sind noch andere Lesungen wie Abū l-Faraḥ und Abū l-Farḫ möglich, vgl. aḏ-Ḏahabī: *Muštabih* S. 402. – *al-muṯannā bi-smihi* schließt an *al-mubda'i bi-smihi* Z. 8 an, ähnlich wie in *mā huwa milku fulānin al-mubda'i bi-ḏikrihi* (...) *wa-mā huwa milku fulānin al-muṯannā bi-ḏikrihi* al-Asyūṭī: *Ǧawāhir* I S. 40. In Diem: *Rechtsurkunden* 3_6 ist *al-muṯannā bi-ḏikrihi* zu *al-munabba' bi-ḏikrihi* verlesen worden. – Die Ergänzung des teilweise zerstörten *ya[qūmu] bihi* ist auf Z. 8 begründet.

10-11 *wa-kullun minhumā ḍāminan*(!) *wa-kafīlan*(!) *li-ṣāḥibihi fī ḏ-ḏimmati bi-daynihi lahu ǧamī'an wa-furādan*: Klauseln wie diese werden dann verwendet, wenn jeder einzelne Schuldner für den gesamten Schuldbetrag haftet. Vgl. *wa-kullu wāḥidin minhumā ḍāminun wa-kafīlun li-mā fī ḏimmati ṣāḥibihi bi-l-ḥiṣṣati lahu fī ḏālika wa-fī l-'adā'i 'anhu wa-r-ruǧū'i 'alayhi ḍamānan ṣaḥīḥ<an> šar'īy<an>* WMT II $31_{13\text{-}15}$; *wa-kullu wāḥidin minhum maṭlūbun bi-ḏālika wa-ḍāminun li-rafīqayhi* II $32_{10\text{-}11}$; *'aqarra kullu wāḥidin minhum 'annahu kafala l-mablaġa l-maḏkūra 'an ṣāḥibihi l-muqirri ma'ahu bi-ḏ-ḏimmati lahu fī ḏālika wa-fī l-'adā'i 'anhu kafālatan ṣaḥīḥatan šar'īyatan* WMT I $39_{11\text{-}13}$; *wa-kullun mina r-ru'asā'i ḍāminan*(!) *wa-kafīlan*(!) *li-r-ra'īsi l-'āḫari wa-li-'aṣḥābihi fīmā yuṭlabu minhu wa-minhum* WMT II 22_{13}; *wa-kullu wāḥidin minhum ḍāminun fī ḏimmatihi mā fī ḏimmati l-'āḫari min ḏālika li-l-muqarri lahum bi-'iḏni kulli wāḥidin minhum li-l-'āḫari fī ḏ-ḍamāni wa-l-'adā'i wa-r-ruǧū'i* an-Nuwayrī: *Nihāyat* IX S. 13. *ḍāminan wa-kafīlan* steht mit falscher Kasusendung statt richtig *ḍāminun wa-kafīlun*, vgl. Hopkins: *Studies* § 170. Zum Ausdruck *ǧamī'an wa-furādan* vgl. *šahidū ǧamī'an wa-furādan* PS 3_5. Zu *ḍāmin li-ṣāḥibihi* statt *'an ṣāḥibihi* vgl. ↓ 19_{13}.

12-14 Zum Namen Ḫaḍir vgl. aḏ-Ḏahabī: *Muštabih* S. 187.

Verso

1-2 Der Knoblauch wurde nicht vom Gläubiger, sondern von dem auf Recto nicht erwähnten Faqīh Ibrāhīm in Empfang genommen. Zum Titel *al-faqīh al-'amīn* vgl. ↓ 11 $I_{10\text{-}11}$.

3. Das *lām* von [*kull* am Anfang der Zeile ist noch teilweise erhalten. – Zum Ausdruck *bātinahā* vgl. ↓31v_1. **4-5** *wa-'abra'a Ḥannā mina ṯ-ṯūmi l-maḏkūri*: Auf die Bestätigung des Empfangs folgt eine mit *br'* IV anfangende Entlastungsformel, vgl. dazu ↓ 41_6. Zu ähnlichen Formeln in Kaufverträgen vgl. ↓ 7_{10-11}.

7-8 Auf Recto (Z. 8-9) wird Ǧumādā II des Jahres 629 als Lieferungstermin genannt; die Quittung ist dagegen am 2. Ḏū l-Ḥiǧǧah des Jahres 639 datiert. Es ist wohl sehr unwahrscheinlich, daß um zehn Jahre zu spät geliefert wurde, und deshalb muß die Jahreszahl entweder an der vorliegenden Stelle, oder auf Recto falsch sein.

9-10 Ibrāhīm b. ᶜAlī b. ᶜAbdaṣṣamad b. Muḥammad b. ᶜUmrūs hat auch in ↓ 2 II_{15-16} und 33_{8-9} als Zeuge unterschrieben.

33.

Anerkenntnis einer Schuld von dreißig Dirham
(Tafel 32)

A. Ch. 12782	Papier	13,2 x 12,3 cm	20. Raǧab 639 d. H. (24. I. 1242 n. Chr.)

Mittelbraunes Hadernpapier, Schöpfgitterstäbe parallel zur Schrift. Die Urkunde ist oben abgerissen; es fehlen dort die ersten zwei Zeilen und der Anfang der dritten Zeile. Die Ränder links und rechts sind im oberen Bereich etwas ausgefranst, sonst sind die Schnittlinien erhalten. Das Blatt ist in 6,6 cm Abstand vom linken Rand senkrecht gefaltet. Waagerechte Faltungen bei 2; 4; 5,5; 7; 9; 11 cm, vom oberen Rand gemessen. Auf den Faltlinien des Papiers gibt es einige kleinere Löcher. Schwarze Tinte. In gefaltetem Zustand hat die Schrift auf die gegenüberliegende Seite des Papiers abgefärbt. Verso ist leer.

Ein Einwohner des Dorfes Nawāy, dessen Name nicht erhalten ist, schuldet dem Schreiber Buqṭur b. Ḥannūn dreißig *waraq*-Dirham, die er ihm nach drei Monaten, am Ende des Monats Šawwāl, zu zahlen hat.

Das Formular der Urkunde folgt dem üblichen Schema. Der Text enthält einige orthographische Besonderheiten, vgl. dazu den Kommentar.

Der Duktus ist schwungvoll und ligiert. Paläographisch bemerkenswert ist die sehr häufige Verwendung von diakritischen Punkten, ferner die Form des finalen *kāf* (*ḏālika* Z. 4, 5) und die Schreibung *lām-'alif* (*ṯalāṯīn* Z. 4, 5, 7), wobei das *'alif* mit einem winzigen kurzen Strich ohne Verbindung zum *lām* geschrieben ist. Die beiden Zeugen haben auch in ↓2 II_{11-16} unterschrieben.

Text

---

١ [ ]ـع المقيم بنواى واشهد على نفسه فى صحة من

٢ [عـ]ـقله وبدنه ان علـ[ـيه] وعنده وفى ذمته لبقطر

٣ [بـ]ـن حنون الكاتب من الورق الواضح نقد مصر

٤ تلاتين درهما النصف من ذالك خمسة تعشر درهما

٥ يقوم له بذالك فى سلخ شوال من شهور سنة تسع وثلاثين وستماية

٦ وبه شهد عليه فى العشرين من شهر رجب الرحمن من شهور سنة

٧ تسع وثلاثين وستماية اشهدنى بذلك وكتب   اشهدنى بذلك وكتب

٨ صادق بن عمروس   ابراهيم بن على بن عبد الصمد

٩ بن محمد عمروس (فى تا)ريخه

Übersetzung

---

1. [...] wohnhaft in Nawāy, und er hat im Zustand seiner
2. geistigen und köperlichen Gesundheit gegen sich bezeugen lassen, daß er Buqṭur
3. b. Ḥannūn, dem Schreiber, dreißig vollwichtige(?) *waraq*-Dirham ägyptischer Währung schuldet,
4. deren Hälfte fünfzehn Dirham beträgt.
5. Er wird ihm dies am Ende des Monats Šawwāl des Jahres sechshundertneununddreißig zahlen.
6. Dies wurde gegen ihn bezeugt am zwanzigsten des gnädigen Monats Rağab des Jahres
7. sechshundertneununddreißig. Er hat mich zum Zeugen hiervon gemacht, und es hat unterschrieben
8. (rechte Spalte) Ṣādiq b. ʿUmrūs.

7. (linke Spalte) Er hat mich zum Zeuge hiervon gemacht, und es hat unterschrieben

8. (linke Spalte) Ibrāhīm b. ʿAlī b. ʿAbdaṣṣamad

9. (linke Spalte) b. Muḥammad b. ʿUmrūs am Datum dieser Urkunde.

Kommentar

1. Der Abdruck, den die beiden verlorenen Zeilen unten am Dokument hinterlassen haben, ist nicht deutlich genug, um den fehlenden Text zu rekonstruieren. Nur die Basmalah der ersten Zeile ist noch deutlich erkennbar. Die zweite Zeile hat nach aller Wahrscheinlichkeit mit *ʾaqarra* angefangen, worauf der Name des *muqirr* folgte. – Zum Ort Nawāy vgl. APEL II S. 63.

2. Der Name Buqṭur steht für kopt. ΒΙΚΤⲰΡ, vgl. Heuser: *Personennamen* S. 100, 111 und APEL I S. 217.

3. Zum Namen Ḥannūn vgl. ↓ 18_2. – *mina l-waraqi l-wāḍiḥi naqdi Miṣra*: Zum *waraq*-Dirham vgl. ↓ $31r_5$. Für *wḍḥ* in Zusammenhang mit Dirhams ist mir als Beleg nur *dirhaman fiḍḍatan ǧiyādan waḍaḥan* ALAD 38_5 bekannt. Khan hat seine Übersetzung mit "silver dirhams of excellent quality and standard weight" nicht weiter begründet.

4. Die diakritische Punktierung der Zahl *ṯalāṯīn* weist *talātīn* mit *tāʾ* statt *ṯāʾ* auf (das ganz kurz geschriebene *ʾalif* sollte nicht für einen Punkt gehalten werden). Ähnliche Punktierung des *ṯā* ist in ↓ 35_{13}, 36_6, $44r_6$ belegt. Diese Schreibung reflektiert das Verschwinden der Interdentalen in der Vulgärsprache, vgl. Hopkins: § 30a. – Zur Pleneschreibung von *ā* in *ḏālika*, vgl. Hopkins: *Studies* § 11, ABPP S. 299. – In der hybriden Schreibung خمسة تعشر für *ḫamsata ʿašara* steht das *tāʾ marbūṭah* als klassisches Element neben dem *tāʾ* des umgangssprachlichen *ḫamastāšar*. Vgl. Hopkins: *Studies* § 95a und ↓ 44_5.

6. Trotz gewisser Bedenken sehe ich für das auf *Raǧab* folgende Adjektiv keine andere Lesung als *ar-raḥmān*. Das übliche Epitethon des Monats Raǧab ist *al-fard*, vgl. WMT I 36_8, II 19_{10}, 21_{14}, 48_2.

7-9 Die Schrift des rechten Zeugen ist extrem verschnörkelt. Die Lesung des Namens ist jedoch durch ↓ 2 $II_{11\text{-}16}$, wo die gleichen Personen unterschrieben haben, gesichert. Zum linken Zeugen Ibrāhīm b. ʿAlī b. ʿAbdaṣṣamad b. Muḥammad b. ʿUmrūs vgl. auch ↓ $32v_{9\text{-}10}$.

34.

Anerkenntnis einer Schuld von sechzehn Dirham
(Tafel 33)

A. Ch. 10393 Papier 17,5 x 13,3 cm 8.–9. Jahrhundert d. H. (14.–15. Jahrhundert n. Chr.)

Mittelbraunes Hadernpaier, Schöpfgitterstäbe parallel zur Schrift. Die Ecke links unten ist abgerissen, wobei die letzten vier Zeilen zum größeren Teil verloren sind. Am rechten Rand ist in gefaltetem Zustand ein Streifen des Papiers ohne Textverlust abgerissen. Sonst sind die Schnittlinien des Papiers erhalten. Das Blatt ist senkrecht durch die Mitte gefaltet. Waagerechte Faltungen bei 2; 4,2; 6,7; 9; 11,2; 13,4 cm, vom oberen Rand gemessen. Schwarze Tinte. Verso ist leer.
Die Urkunde wurde 1930 von Grohmann erworben.

Ein Mann namens ʿUṯmān b. ʿAbdallāh b. Muḥammad, der Lastträger und Fächermacher, schuldet Muḥammad b. ʿAbdallāh, dem Fächermacher aus Fusṭāṭ, sechzehn Dirham, die er ihm in wöchentlichen Raten über eine Periode von drei Monaten zu zahlen hat.

Obwohl das Datum verloren ist, läßt die Urkunde sich aufgrund des verwendeten Formulars und der Paläographie in die Mamlūkenzeit datieren. Eine Besonderheit der Urkunde ist die Personalbeschreibung (*ḥilyah*) des Schuldners in den Zeilen 2–4. Abgesehen von Pässen und Steuerquittungen früherer Zeit[1], sind solche Beschreibungen hauptsächlich aus den von Khan veröffentlichten arabischen Urkunden des Geniza-Funds (ALAD) bekannt.[2] In anderen Veröffentlichungen, wie in dem reichhaltigen juristischen Material der Egyptian Library, das von Grohmann (APEL I-II) ediert wurde, sind sie dagegen nicht belegt.

Die Verwendung von Personalbeschreibungen in juristischen Urkunden hat einen unverkennbaren Zusammenhang mit der geographischen Herkunft der Dokumente. Während die Urkunden in APEL fast ausschließlich oberägyptischer Herkunft sind, stammen die in ALAD edierten Stücke alle aus Fusṭāṭ und Umgebung. Letzteres gilt auch für den von Rāġib edierten Mietvertrag *Deux baux* 2 und – nach der Ortsangabe *Miṣr al-maḥrūsah* Z. 5 zu urteilen – ebenfalls für die vorliegende Urkunde. Über die Ursache dieses Zusammenhangs kann ich nur Vermutungen äußern. Nach dem ḥanafītischen Rechtsgelehrten aṭ-Ṭarsūsī soll eine Personalbeschreibung nur dann verwendet werden, wenn eine Person den Zeugen unbekannt ist.[3] Dies war natürlich im Raum einer Großstadt wie Fusṭāṭ-Kairo eher der Fall als in den kleineren Städten und Dörfern Oberägyptens. Eine andere mögliche Erklärung bietet al-Maḫzūmīs Behauptung, die Personalbeschreibungen nach äußerlichen Kennzeichen hätten ihren Ursprung in der Registrierung der Soldaten der arabischen Armee unter Marwān II (127-132/744-750).[4] Weil die Armee in Fusṭāṭ (und später in Kairo) stationiert war, ist dieser Brauch vielleicht gerade dort vom Justizwesen übernommen worden. Schließlich könnte die Verwendung von Personalbeschreibungen damit zusammenhängen, daß in Ober- und Unterägypten unterschiedliche Rechtsschulen herrschen, und zwar die mālikitsche

[1] Vgl. dazu ALAD S. 20 und EFAU S. 144.

[2] Vgl. ALAD $6_{3\text{-}6}$, 18_{3}, $24_{2\text{-}4}$, $25_{2\text{-}4}$, $27_{4\text{-}5}$, $35_{2\text{-}3}$, $37_{2\text{-}3}$, $38_{2\text{-}3}$, $40_{2\text{-}3}$, $42_{2\text{-}3}$, $45_{2\text{-}3}$, $46_{2\text{-}3}$, $57_{3\text{-}5}$, $62_{1\text{-}2}$, Khan: *Acknowledgement* Z. 1-2. Das einzige mir sonst bekannte Beispiel ist Rāġib: *Deux Baux* $2_{2\text{-}4}$.

[3] Vgl. Guellil: *Akten* S. 240.

[4] Vgl. ALAD S. 15.

sind. – Zu Personalbeschreibungen in juristischen Urkunden vgl. ALAD S. 14-20 und die Einleitung zur Urkunde. Neben den von KHAN erwähnten literarischen Quellen (vgl. ALAD S. 15) ist noch al-Asyūṭī zu nennen, der in seinem Kapitel über *ḥilā* (*Ǧawāhir* II S. 572-581) sehr ausführlich auf die Terminologie eingeht. Das übliche Schema der *ḥilyah* ist: 1. Geschlecht und Alter; 2. Statur und Hautfarbe; 3. Beschreibung des Gesichts und sonstiger Kennzeichen. – Zu *wa-<huwa> rağulun šābbun* vgl. *wa-huwa šābbun* ALAD 35_3, 38_2; *wa-huwa yawma'iḏin rağulun šābbun* ALAD 37_2, RĀĠIB: *Deux baux* 2_2; *wa-ḥilyatuhu šābbun* ALAD 57_3. – Der Ausdruck *šadīd as-sumrah* wird auch von al-Asyūṭī: *Ǧawāhir* II S. 574 erwähnt. Vgl. ferner *raqīqu s-sumrati* ALAD 40_2, 62_2, RĀĠIB: *Deux baux* 2_3, al-Asyūṭī: *Ǧawāhir* II S. 574; *raqīqu as-sumrati ta'lūhu l-ḥumratu* ALAD 24_3; *ṣāfī s-sumrati ta'lūhu l-ḥumratu* ALAD 25_3, al-Asyūṭī: *Ǧawāhir* II S. 574; *ṣāfin*(!) *as-sumrati* ALAD 46_3; *naqīyu s-sumrati ta'lūhu l-ḥumratu* ALAD 37_2. – Zum Ausdruck *mu'tadil al-qāmah li-t-tamām* vgl. *mu'tadilu l-qāmati 'ilā t-tamāmi* al-Asyūṭī: *Ǧawāhir* II S. 575; *mu'tadilu l-qāmati* ALAD 6_5, 24_2, 35_2, 37_3, 38_2, 40_2, 42_3, 57_3, al-Asyūṭī: *Ǧawāhir* II S. 575; *murabba'u l-qāmati li-l-i'tidāli* ALAD 46_3; *dūna l-i'tidāli* ALAD 62_2, al-Asyūṭī: *Ǧawāhir* II S. 575. – Zu *bi-wağnatihi ğudarīyun* vgl. *bi-wağnatihi 'āṯārun min ğudarīyin ḫafīyin* ALAD 35_3; *wa-bi-wağhihi nubaḏu ğudarīyin* ALAD 46_3; *wa-'in kāna bi-wağhihi ğudarīyun mundarisun 'aw ẓāhirun* al-Asyūṭī: *Ǧawāhir* II S. 580. – Der Ausdruck *mustadīr al-liḥyah* wird auch in ALAD 6_5, 18_3, 24_4, 25_3, 27_4, 57_4, 62_3 und al-Asyūṭī: *Ǧawāhir* II S. 578 verwendet. – Nach Angabe von al-Asyūṭī wird der Ausdruck *'akšaf al-'anfaqah* dann verwendet, wenn es unter der Unterlippe kein Haar gibt, vgl. al-Asyūṭī: *Ǧawāhir* II S. 578.[1] Vgl. ferner *ḫālin*(!) *ğānibayi l-'anfaqati* ALAD 57_{4-5}. – Zu (*'aqarra...*) *'inda šuhūdihā ṭaw'an* vgl. ↓ 28_2, 30_3, $31r_3$.

4-5 Die Phrase *fī ḏimmatihi bi-ḥaqqin ṣaḥīḥin šar'īyin li-*(*fulānin*) ist typisch für Schuldanerkenntnisse der Mamlūkenzeit. Sie ist in WMT II 27_4, 29_4, 30_4, DIEM: *Rechtsurkunden* 4_3, al-Asyūṭī: *Ǧawāhir* I S. 25 und an-Nuwayrī: *Nihāyat* IX S. 10 belegt. Vgl. auch *wa-fī ḏimmatihi bi-ḥaqqin šar'īyin* WMT II 28_3; *wa-fī ḏimmatihimā min wağhi ḥaqqin ṣaḥīḥin šar'īyin* WMT I 38_{6-7}; *fī ḏimmatihi bi-wağhin šar'īyin* APPh 34_4 und *fī* [*ḏimmatihi bi-ḥaqqin ša*]*r'īyin* ↓ 35_{3-4}. – *bi-Miṣra l-maḥrūsati*: Mit Miṣr ist die Stadt Fusṭāṭ gemeint, vgl. ALAD S. 562. *al-maḥrūsah* ("die Beschützte") ist ein festes Attribut für Fusṭāṭ und Kairo, vgl. ↓ 35_3 und ferner ABPP S. 92.

6. Zu *mina d-darāhimi n-nuqrati l-ğayyid<ati> l-muta'āmali bihā yawma'iḏin* vgl. ↓ 11 I_{15}. In *al-muta'āmal* ist durch extreme Kursivität die ganze Buchstabengruppe *mīm-tā'-'ayn* ausgefallen, und die Haste des finalen *lām* erscheint stark verkürzt. Jedoch halte ich die Lesung durch den Kontext für gesichert. Gerade bei festen Phrasen wie dieser sind auch die stärksten Vereinfachungen zu erwarten.

8-9 Zu *munağğaman 'an kulli šahrin yamḍī min tārīḫihi* vgl. ↓ 2 II_4 und ferner *muqassaṭan 'alayhim fī salḫi kulli šahrin yamḍī min tārīḫihi* WMT II 30_{6-7}; *muqassaṭan 'alayhi fī ğurrati kulli šahrin 'aw fī salḫi kulli šahrin yamḍī min tārīḫihi* al-Asyūṭī: *Ǧawahir* I S. 26; *bi-qisṭihi fī kulli šahrin* ALAD 42_{7-8}. Das Wort *'an* ist vom Schreiber korrigiert worden, vgl. dazu Z. 12. Aus der Größe des monatlichen Betrags ergibt sich, daß die ganze Summe in drei Monaten zu bezahlen war. – Die Bedingung, die Schuld sollte dementsprechend (*bi-ḥisābihi*) in wöchentlichen Raten bezahlt werden, ist nachträglich in den Text eingefügt. Zu *bi-ḥisābihi* vgl. ↓ 13_{12}.

---

[1] *wa-'in lam yakun fī 'anfaqatihi ša'run wa-hiya n-nuqratu llatī taḥta š-šafati l-'ulyā qīla 'akšafu l-'anfaqati* al-Asyūṭī: *Ǧawāhir* II S. 578.

9-10 Zu *wa-'aqarra bi-l-malā'ati wa-l-qudrati wa-qabḍi l-ʿiwaḍi ʿan ḏālika* vgl. *wa-'aqarra bi-l-malā'ati wa-l-qudrati ʿalā ḏālika wa-bi-qabḍi l-ʿiwaḍi š-šarʿīyi ʿan ḏālika* al-Asyūṭī: *Ǧawāhir* I S. 26; *'aqarrū bi-l-malā'ati wa-qabḍi l-ʿiwaḍi š-šarʿīyi ʿan ḏālika* WMT II 30_9; *wa-'aqarra bi-qa[b]ḍi l-ʿiwaḍi š-[šar]ʿīyi ʿan ḏālika wa-ʿtarafa bi-l-qudrati wa-l-malā'ati li-wafā'i ḏālika* APPh $34_{8\text{-}9}$ (der Anfang dieser Stelle wurde von Levi Della Vida als Textlücke ediert); *'aqarra bi-l-malā'ati wa-l-maqdurati ʿalā ḏālika wa-qabḍi l-mablaġi l-maḏkūri* WMT II $28_{5\text{-}6}$; *wa-yušhadu ʿalā man 'aqarra bi-l-malā'ati wa-qabḍi l-ʿiwaḍi ʿalā mā taqaddama* an-Nuwayrī: *Nihāyat* IX S. 12 und ferner WMT I $38_{12\text{-}13}$, II $27_{8\text{-}9}$, $29_{7\text{-}8}$, Diem: *Rechtsurkunden* $4r_5$ (vgl. den Nachtrag auf S. 257), an-Nuwayrī: *Nihāyat* IX S. 11, Guellil: *Akten* S. 81, 85 und ↓ 35_8. Klauseln der Zahlungsfähigkeit sind bereits ab dem 4. Jahrhundert in Schuldscheinen belegt (vgl. ↓ $23_{9\text{-}10}$); die Klausel des Empfangs des gesetzlichen Gegenwerts (*qabḍ al-ʿiwaḍ aš-šarʿī*) ist dagegen typisch für mamlūkische Urkunden.

12 Die noch erhaltenen Wörter gehören zu einer Klausel, in der der Notar darauf hinweist, daß er im Text etwas korrigiert hat und die Rechtsgültigkeit dieser Korrektur bestätigt. Es geht dabei um das Wort *ʿan* Z. 8 und das über der Zeile nachgetragene *fī kulli 'usbūʿin fī salḫihi bi-ḥisābihi* Z. 9. Ergänzt könnte die Klausel etwa gelautet haben: [*wa-fīhi 'iṣlāḥu ḥarfin miṯāluhu*] *ʿan wa-laḥiqa fī* [*kulli 'usbūʿin fī salḫihi bi-ḥisābihi wa-huwa ṣaḥīḥun*, vgl. die unter ↓ 8_{14} erwähnten Belegstellen. – Die abgerissene Ecke des Papiers hat wahrscheinlich die Unterschrift des zweiten Zeugen enthalten.

35.

Anerkenntnis einer Schuld von vier Dinar
(Tafel 34)

A. Ch. 10314	Papier	18,5 x 10,2 cm	17.–19. Rabīʿ I 887 d. H. (7.–9. V. 1482 n. Chr.)

Dunkelbraunes Hadernpapier. Das Blatt ist oben schräg abgeschnitten, wobei einige Buchstaben der ersten Zeile verloren sind. Vom rechten Rand ist ein Streifen abgerissen; es fehlen dort ein bis zwei Wörter am Anfang der Zeilen. Die geschnittenen Ränder links und unten sind erhalten; der linke Rand ist an einigen Stellen ausgefranst. In 0,5 cm Abstand vom unteren Rand gibt es eine Klebung. Senkrechte Faltungen bei 3,5 und 7,2 cm, vom linken Rand gemessen; waagerechte Faltungen bei 5,5 und 12 cm, vom unteren Rand gemessen. Schwarze Tinte. Die Schrift ist an vielen Stellen verblaßt, und das Papier ist durch Flecke verunreinigt. Als das Papier zusammengefalten war, hat die Tintevon Recto auf Verso abgefärbt. Verso enthält keinen Text.

Ein Mann namens Muḥammad b. Aḥmad b. Ibrāhīm, wohnhaft in der Provinz Aṭfīḥ, schuldet dem Mamlūken Sayfaddīn Ǧarmant an-Nāṣirī vier Dinar, die er ihm nach etwa dreieinhalb Monaten, am Ende des Monats Ǧumādā II, zu zahlen hat. Die vier Dinare sind der Preis eines Stiers, den Muḥammad von Sayfaddīn Ǧarmant gekauft hat.

In historischen Quellen sind die Angaben von Preisen für Rindvieh in jener Epoche selten und beziehen sich hauptsächlich auf Zeiten extremer Teuerung, vgl. Ashtor: *Prix* S. 314f. Der im Dokument erwähnte Preis von 4 Dinar beträgt etwa die Hälfte von dem, was für ein Lastpferd bezahlt wurde. Für ein Kamel war ein Preis von 7 Dinar üblich, vgl. Ayalon: *Payment* S. 271.

Das im Vertragstext verwendete Formular ist typisch für Rechtsurkunden des 9. und 10. Jahrhunderts. Weitere Urkunden des *'iqrār* aus dieser Zeit liegen mit Diem: *Rechtsurkunden* 4 und ↓45 vor.

Die Schrift ist schwungvoll und kursiv. Diakritische Punkte sind sehr häufig verwendet worden.

Text

١ [بـ]ـسم [الـ]ـله [الـ]ـرحمن الرحيم والحمد لله

--- ---

٢ اقر محمد بن احمد بن ابراهيم من اهل الحى بالاطفيحية عرف بجبل عنما[

٣ [عند] شهوده بالقاهرة المحروسة اقرارا شرعيا فى صحته وسلامته ان فى

٤ [ذمته بحق شـ]ـرعى للمجلس العالى السيفى جرمنت بن عبد الله الناصرى من طبقة

٥ [ ]ـبـى الا [شر]فى [مـ]ـن الذهب الاشرفى والظاهرى الطيب الوازن

٦ [الشرعـ]ـى جملته اربعة دنانير نصف ذلك [ديـ]ـناران يقوم له بذلك

٧ [فى] سلخ ثلاثة اشهر تمضى من مستهل شهـ[ـر] ربـ[ـيـ]ـع الاخر [سـ]ـنة تاريخه

٨ [واقر] بالقدرة على ذلك واعترف ان ذلك ثمن ثور . . . .]

٩ [ثـ]ـور سالم من الباس القوى القرنين معلوم ذلك عند المقر المذكور

١٠ [العلم الشـ]ـرعى النافى للجهالة وذلك بعد النظر والمعرفة والتقليب الشرعى والاحاطة

١١ [بذلك علما] وخبـ[ـر]ا [نافيـ]ـا [لـ]ـلجها[لة] واعترف المشترى المذكور انه تسلم ذلك التسلم الشرعى

١٢ [على] الوجه الشرعى باعترافه [بذلك] لشهوده الاعتراف الشرعى فى اليوم المبارك

١٣ [ ]ـع عشر من شهر ربيع الاول سنة سبع وثمانين وثمان ماية

....[ ] ١٤

....[ ] ١٥

Übersetzung

1. Im Namen Gottes des Barmherzigen und Gnädigen! Lob sei Gott.

2. Es hat Muḥammad b. Aḥmad b. Ibrāhīm, ein Einwohner der als der Ǧabal(?) ...[ ] bekannten Gegend in der Provinz Aṭfīḥ,

3. [bei] den Zeugen dieser Urkunde in Kairo, der beschützten (Stadt), durch ein gesetzliches Anerkenntnis im Zustand seiner Gesundheit und seines Wohlergehens, anerkannt, daß er

4. der hohen Exzellenz Sayfaddīn Ǧarmant b. ʿAbdallāh an-Nāṣirī aus der Kaserne

5. [...]... al-Ašrafī in Form [gesetzlicher] vollwichtiger guter Goldwährung des (Sultans) al-Ašraf und des (Sultans) aẓ-Ẓāhir

6. den Betrag von vier Dinar schuldet, dessen Hälfte zwei Dinar beträgt. Dies wird er ihm

7. am Ende des Monats, nachdem seit dem Anfang des Monats Rabīʿ al-Āḫir des Jahres dieser Urkunde drei Monate verstrichen sind, zahlen.

8. Er hat anerkannt, daß er dazu fähig ist, und daß dies der Kaufpreis ist für den Stier ...[

9. [... einen] Stier frei von Schaden und mit starken Hörnern, wie es dem erwähnten Schuldner

10. durch gesetzkonformes, die Unwissenheit ausschließendes Wissen bekannt ist, und zwar nach Inspizierung, Kenntnisnahme, gesetzkonformer Überprüfung und Bekanntheit

11. [mit diesem durch Wissen] und gesetzkonforme, die Unwissenheit ausschließende Kenntnis. Und es hat der erwähnte Käufer anerkannt, daß er dies (sc. den Stier) auf gesetzkonforme Art in Empfang genommen hat,

12. durch sein gesetzkonformes diesbezügliches Anerkenntnis gegenüber den Zeugen dieser Urkunden am gesegneten Tag

13. [des ...]zehnten des Monats Rabīʿ al-Awwal des Jahres achthundertsiebenundachtzig.

14. [...] ... ...

15. [...] ... ...

Kommentar

2. *min 'ahli l-ḥayyi bi-l-'Aṭfīḥīyati ʿurifa bi-Ǧabal* ...(?): Mit al-Aṭfīḥīyah ist die Provinz der etwa 70 km südlich von Kairo gelegenen Stadt Aṭfīḥ gemeint. In arabischen Papyri wird diese Stadt öfters erwähnt, vgl. APW III S. 32. Die Provinz Aṭfīḥ ist mit der *kūrat aš-Šarqīyah* gleichzusetzen, vgl. ↓ 9_3. Den Namen der an vorliegender Stelle erwähnten Gegend (*ḥayy*) vermag ich nicht mit Sicherheit zu lesen. Die Schrift ist etwas verwischt; vermutlich sind noch über die Zeile gesetzte Buchstaben verloren.

3. Zu [*ʿinda*] *šuhūdihi bi-l-Qāhirati l-maḥrūsati* vgl. ↓ 28_2 und 34_5. – Der früheste mir bekannte Beleg für den Ausdruck *'iqrāran šarʿīyan* ist ALAD 44_3 aus dem Jahr 607 d. H. Ab dem 8. Jahrhundert gehört diese Formel in Urkunden des *'iqrār* zum festen Formular, vgl. WMT I 39_4, II 25_4, 27_3, 28_2, 29_3, 35_5, 36_3, 37_3, 38_3, 39_4, 40_3, 41_2, al-Asyūṭī: *Ǧawāhir* I S. 25, ↓ 45_3 und *'iqrāran ṣaḥīḥan šarʿīyan* WMT I 38_2, II $30r_2$, 31_5, 34_2, Diem: *Rechtsurkunden* $4r_2$, an-Nuwayrī: *Nihāyat* IX S. 10.

3-4 Zu *fī* [*ḏimmatihi bi-ḥaqqin ša*]*rʿīyin* vgl. ↓ 34_{4-5}, – Zum Titel al-Maǧlis al-ʿĀlī vgl. al-Asyūṭī: *Ǧawāhir* II S. 590f und CDAC S. 336 Fn. 2. Die Nisba as-Sayfī bezieht sich auf den *laqab* Sayfaddīn, vgl. Ayalon: *Names* S. 191f. Der Name Ǧarmant steht nach aller Wahrscheinlichkeit für türk. *čār-mantī*, vgl. Sauvaget: *Noms* S. 45, 56. Das Patronymikon ʿAbdallāh ist fiktiv; da der Name des leiblichen Vaters von Mamlūken im allgemeinen unbekannt war, wurde hierfür üblicherweise der Name ʿAbdallāh verwendet, vgl. Ayalon: *Names* S. 210. Die dem Namen nachgestellte Nisba bezieht sich auf den Patron des Mamlūken; also muß Ǧarmant der Mamlūk oder Freigelassene eines Mannes mit dem *laqab* Nāṣiraddīn gewesen sein, vgl. Ayalon: *Names* S. 213ff.

4-5 *min ṭabaqati* [ ]... *al-'Ašrafī*: Es ist hier eine der Kasernen (*ṭibāq*) in der Zitadelle in Kairo gemeint, wo die Mamlūken untergebracht waren, vgl. Ayalon: *Esclavage* S. 9ff. Nach Angabe von Ayalon wurde die Ṭabaqah al-Ašrafīyah nach einem Eunuchen, der die Nisba al-Ašrafī hatte, benannt. Vgl. ferner *min ṭabaqati ṣ-Ṣandalīyati* CDAC $1r_{3, 39}$ (S. 336, 343).

5-6 Zu *mina ḏ-ḏahabi l-'Ašrafīyi wa-ẓ-Ẓāhirīyi ṭ-ṭayyibi l-wāzini* [*š-šarʿ*]*īyi ǧumlatuhu 'arbaʿatu danānīra* vgl. *ǧumlatuhu mina ḏ-ḏahabi l-'Ašrafīyi wa-ẓ-Ẓāhirīyi ṭ-ṭayyibi l-wāzini s-sālimi mina l-ʿaybi š-šarʿīyi ṯnāni wa-ḫamsūna dīnāran* CDAC $4r_{28}$ (S. 391); *mablaġuhu mina ḏ-ḏahabi ẓ-Ẓāhirīyi wa-l-'Ašrafīyi ṭ-ṭayyibi s-sālimi mina l-ʿaybi š-šarʿīyi muʿāmalati d-diyāri l-Miṣrīyi l-'āna 'alfu dīnārin* Ibrāhīm: *Bayʿ* recto Z. 25 und ähnliche Phrasen in CDAC $1r_{35-36}$ (S. 342), $3r_{40-14}$ (S. 374), $8r_{34}$ (S. 471), $9r_{36-37}$ (S. 490). Die Nisben al-Ašrafī und aẓ-Ẓāhirī beziehen sich auf den Sultan al-Ašraf Barsbāy (reg. 825-841/1422-1438) und den Sultan aẓ-Ẓāhir Ǧaqmaq (842-857/1438-1453). Zum *'Ašrafī*- und *Ẓāhirī*-Dinar vgl. Ibrāhīm: *Bayʿ* S. 183ff.

8. Zur Klausel der Zahlungsfähigkeit vgl. ↓ 34_{9-10}. – Die letzten Wörter der Zeile sind teilweise zerstört und vermag ich nicht zu lesen.

9-12 Weil die Schuld des *muqirr* auf den Kauf des in Z. 8 erwähnten Stiers zurückgeht, folgen in den Zeilen 9–12 einige Klauseln, wodurch die Rechtsgültigkeit dieses Kaufs gesichert wird. In Z. 9–10 wird bestätigt, das Kaufobjekt und dessen Preis seien dem Käufer bekannt; es folgt in Z. 10–11 die Erwähnung der Inspizierung und gesetzkonformer Überprüfung des Kaufobjekts durch den Käufer; in Z. 11-12 wird die Inbesitznahme des Kaufobjekts vom Käufer bestätigt. – Zu *maʿlūmun ḏālika ʿinda l-muqirri l-maḏkūri [l-ʿilma š-ša]rʿīya n-nāfiya li-l-ǧahālati* vgl. *maʿlūmun ḏālika ʿinda l-ḥurmati Sabri l-Ǧamīli l-maḏkūrati ʾaʿlāhu l-ʿilma š-šarʿīya n-nāfiya li-l-ǧahālati* CDAC $5r_{24-25}$ (S. 410); *al-maʿlūmu ḏālika ʿinda l-wāqifi l-maḏkūri ʾaʿlāhu l-ʿilma š-šarʿīya an-nāfiya li-l-ǧahālati* CDAC $7r_{35f}$ (S. 447) und ähnliche Phrasen in CDAC $1r_{35}$ (S. 342), CDAC 2_{25-26} (S. 359), $3r_{38-39}$ (S. 372f), $4r_{25-26}$ (S. 391), $5r_{46-47}$ (S. 416), $8r_{29}$ (S. 469), $9r_{35-36}$ (S. 490), al-Asyūṭī: *Ǧawāhir* I S. 26. – Zu *baʿda n-naẓari wa-l-maʿrifati wa-t-taqlībi š-šarʿīyi wa-l-ʾiḥāṭati [bi-ḏālika ʿilman] wa-ḫub[r]an [nāfiy]an li-l-ǧahā[lati]* vgl. *baʿda n-naẓari wa-l-maʿrifati wa-l-muʿāqadati š-šarʿīyati wa-t-taqlībi š-šarʿīyi wa-l-ʾiḥāṭati bi-ḏālika ʿilman wa-ḫibratan nāfiyatan li-l-ǧahālati* CDAC $1r_{40-41}$ (S. 343); *baʿda n-naẓari wa-l-maʿrifati wa-l-muʿāyanati š-šarʿīyati wa-l-ʾiḥāṭati bi-ḏālika ʿilman wa-ḫubran nāfiyayni li-l-ǧahālati* CDAC $8r_{41}$ (S. 471) und ähnliche Phrasen in CDAC 2_{32-33} (S. 362), CDAC $3r_{55}$ (S. 375), CDAC $4r_{37}$ (S. 393), CDAC $9r_{40-41}$ (S. 490f). Vgl. ferner die zu DIEM: *Rechtsurkunden* 1_{12} erwähnten Belegstellen. Das Wort *nāfiyan* ist durch einen Tintenfleck zerstört. – Zu *wa-ʿtarafa l-muštarī l-maḏkūru ʾannahu tasallama ḏālika t-tasalluma š-šarʿīya* vgl. *wa-ʿtarafati l-muštariyatu l-maḏkūratu bi-taslīmi mā btāʿathu fīhi li-nafsihi t-tasalluma š-šarʿīya* CDAC $1r_{39-40}$ (S. 343); *wa-ʿtarafati l-muštariyatu l-mušāru ilayhā ʾannahā tasallamati l-ʿayna l-mubtāʿata ʾaʿlāhu (…) at-taslīma š-šarʿīya* CDAC $2r_{29-31}$ (S. 359ff); *wa-ʿtarafa (…) bi-tasallumi l-ʿayni l-mustabdalati (…) taslīman šarʿīyan* CDAC $8r_{39-40}$ (S. 471); *wa-tasallama l-mustabdilu l-makāna l-mustabdala fīhi li-nafsihi tasalluman šarʿīyan* CDAC $9r_{40}$ (S. 490); *wa-tasallamūhu t-taslīma š-šarʿīya bi-iʿtirāfihim* WMT II $30r_{10}$; *wa-tasallamahu li-nafsihi tasalluman šarʿīyan* DIEM: *Rechtsurkunden* 4_{6}; *wa-tasallamahu minhu tasalluman šarʿīyan* al-Asyūṭī: *Ǧawahir* I S. 26; *fa-tasallamūhu minhu t-tasalluma š-šarʿīya* ↓ 45_{8}. – Der Ausdruck *ʿalā l-waǧhi š-šarʿīyi* ist in CDAC $3r_{16, 54}$ (S. 368, 375), $4r_{\text{Rand Z. 2}}$ (S. 397), $5r_{27}$ (S. 413), $7r_{41}$ (S. 449), $8r_{39, 43, 47, 54}$ (S. 471f), $9r_{6, 15}$ (S. 484, 488) und ↓ 45_{8-9} belegt. – Zu *bi-ʿtirāfihi [bi-ḏālika] li-šuhūdihi l-iʿtirāfa š-šarʿīya* vgl. *bi-ʿtirāfihi bi-ḏālika li-šuhūdihi* CDAC $3r_{\text{Rand II, Z. 2}}$ (S. 379), ↓ 45_{12}; *bi-muqtaḍā ʿtirāfihi bi-ḏālika bi-š-šahādati ʿalayhi* CDAC $4r_{33}$ (S. 393); *bi-ʿtirāfi šuhūdihi* CDAC $4r_{\text{Rand IV, Z. 2}}$ (S. 398); *wa-ʿtirāfihi bi-maǧlisi l-ḥukmi l-ʿazīzi* CDAC $6_{\text{Rand Z. 51}}$ (S. 438); *baʿda ʿtirāfihā bi-maʿrifati ḏālika* WMT II 40_{12}.

13. Aufgrund des noch teilweise erhaltenen finalen *ʿayn* ist das erste Wort der Zeile entweder *[as-sāb]iʿ* oder *[at-tās]iʿ* zu lesen; also wurde die Urkunde am 17. oder am 19. des Monats geschrieben. – Man beachte die Punktierung des *ṯāʾ* in *ṯamānī miʾah* mit zwei statt drei diakritischen Punkten. Vgl. dazu ↓ 33_{4}.

14-15 Die Zeugenunterschriften unten am Blatt sind stark verwischt und nicht mehr leserlich.

VI. Bürgschaft

36.

Bürgschaftsurkunde
(Tafel 35)

A. P. 726v (PERF 648)	Papyrus	18 x 18 cm	2. Jh. d. H. (8. Jh. n. Chr)

Mittelbrauner, durch zahlreiche Wurmfraßlöcher beschädigter Papyrus. Recto enthält das Fragment eines Briefes; die Schrift ist stark verwischt und zum größten Teil unleserlich. Das Blatt ist oben und rechts unter Textverlust abgeschnitten; die untere Hälfte des Blattes ist nicht beschrieben worden. Der obere geschnittene Rand ist im wesentlichen erhalten. Der untere Rand ist in der Mitte ausgebrochen; sonst ist die etwas schräge Schnittlinie noch erhalten. Die Ränder links und rechts sind ausgefranst; die Schnittlinien sind aber noch erkennbar. In ca. 5 cm Abstand vom unteren Rand gibt es einen waagerechten Riß. Waagerechte Faltungen bei 4,5; 7,6; 10,7; 14,2; 17,5 cm, vom unteren Rand gemessen; eine senkrechte Faltung bei 6 cm, vom rechten Rand gemessen. Schwarze Tinte. Faserrichtung: ↓. – Verso enthält die vorliegende Bürgschaftsurkunde. Vom Text ist der Anfang der zweiten und der dritten Zeile verloren. Blattwendung: ⇑. Schwarze Tinte.

Anders als Karabacek (PERF S. 170) meinte, ist die Urkunde kein Darlehensvertrag, sondern eine Bürgschaftsurkunde. Ein Mann namens Abū Dārah leistet Garantie für die Zahlung dessen, was die Söhne(?) von Abū ʿAbdalmalik ihren Gläubigern, Maqārah Salmūn und Atanās, schulden. Diese Schuld wird in der Urkunde nicht spezifiziert. Wie üblich in juristischen Urkunden aus dem ersten und zweiten Jahrhundert, enthält der Vertrag keine Zeugenunterschriften, sondern es werden die Zeugennamen in einer durch *šahida ʿalā ḏālika* eingeleiteten Zeugnisklausel vom Notar der Urkunde eingetragen. Vgl. dazu die Einleitung zu ↓ 17.

Die Urkunde ist nicht nur aufgrund ihres Alters von besonderem Interesse, sondern auch deshalb, weil kaum andere Bürgschaftsurkunden aus früher Zeit veröffentlicht sind.[1] Nur drei weitere Fälle, APRL IX 7, CPA 37 (PERF 744) und PAL III 21, sind mir bekannt. Von diesen Urkunden zeigt das nicht datierte Fragment einer Gestellungsbürgschaft APRL IX 7 eine gewisse Ähnlichkeit mit der vorliegenden Urkunde; die beiden anderen aus dem 3. Jahrhundert d. H. stammenden Dokumente weichen in ihrem Formular von der vorliegenden Urkunde vollkommen ab.

Die Schrift der Urkunde ist durch altertümliche Züge gekennzeichnet. Es ist dabei auf die Form des isolierten *ḏāl* (*ḏālika* Z. 6), des initialen *kāf* (*kāna* Z. 5), des finalen *yāʾ* (*ʾilā* Z. 4, *mawlā* Z. 6, 7) und auf die Art der Punktierung (*fa-ʿalā, šayʾ* Z. 5) hinzuweisen.

---

[1] Zu koptischen Bürgschaftsurkunden aus dem 2./8. Jahrhundert vgl. Till: *Bürgschaftsurkunden*.

Text

١ بسم الله الـ[ـر]حمن الرحيم

٢ هذ[ا] مـ[ـا حمل] ابو دار[ه] حمل من مقاره سلـ[ـمـ]ـون واتناس

-- - -

٣ [عـ]ـ[ـن بنـ]ـى ابو عبد الملك متا ما سال عنهم مقاره

٤ فعلى ابو داره يدفع الي مقاره سلمون واتناس

٥ فان لم يجدهم فعلي ابو داره ما كان عليهم من شي

٦ شهد على ذلك ايوب مولى ايان بن عاصم

٧ وعطا بن توابه اللخمى وسعيد مولي ابى ابرهيم

- -

٨ وابرهيم بن سالم البختى و سالم بن اسحق البختى و عبيد بن مجناد

---

١ بسم – ٢ ابو – ٣ متا – ٤ فعلي . يدفع . الي . اتناس – ٥ فعلي . ابو . عليهم . شي – ٧ بن . توابه . مولي – ٨ محناد

Übersetzung

1. Im Namen Gottes, des Barmherzigen und Gnädigen!
2. Dies ist wofür Abū Dārah [Bürgschaft leistet]. Er leistet Maqārah Salmūn und Atanās Bürgschaft
3. [für die Söhne (?)] von Abū ʿAbdalmalik. Wann auch immer Maqārah nach ihnen fragen wird,
4. so liegt es Abū Dārah ob, Maqārah Salmūn und Atanās zu bezahlen.
5. Und wenn er sie (sc. die Söhne von Abū ʿAbdalmalik) nicht findet, so ist zu Lasten von Abū Dārah all das, was zu ihren Lasten ist.
6. Dies haben bezeugt Ayyūb, Freigelassener von Ayyān b. ʿĀṣim,
7. ʿAṭāʾ b. Ṯawwābah al-Laḫmī, Saʿīd, Freigelassener von Abū Ibrāhīm,

8. Ibrāhīm b. Sālim al-Buḫtī, Sālim b. Isḥāq al-Buḫtī und ʿUbayd b. Miǧnād (?).

KOMMENTAR

2. Das noch teilweise erhaltene *hāḏ*[*ā*] *m*[*ā* am Anfang der Zeile weist darauf hin, daß die Einleitungsformel der Urkunde dem bekannten Schema *hāḏā mā* ... (Verbum) *fulānun* folgt. Die Ergänzung der Lücke geht aus der gleich darauffolgenden Wiederholung des Verbs *ḥamala* hervor. Eine solche Wiederholung wird in Einleitungsformeln dieser Art häufig verwendet, z. B. *hāḏā mā 'aṣdaqa fulānun 'aṣdaqa mra'atahu*, vgl. APEL I 42_2, MEF I 11_2, ↓ 1_2; *hāḏā mā 'akrā fulānun 'akrā* usw., vgl. CPA 63_2, 64_2; *hāḏā mā sta'ǧara fulānun ista'ǧara* usw., vgl. APEL II 96_2, DAVID-WEILL: *Contrat* Z. 2. – Zu *ḥml* I in der Bedeutung "Bürgschaft leisten" vgl. LANE: *Lexicon* S. 647, aṭ-Ṭaḥāwī: *Ṣaǧīr* S. 788, al-Asyūṭī: *Ǧawāhir* I S. 181. Als urkundlicher Beleg ist *wa-yaḥmilu ʿanhu li-mra'atihi* APEL I 39_5 zu erwähnen, was nicht mit "and take upon himself the responsibility towards his wife", sondern mit "und er (sc. der Bürge) wird für ihn (sc. den Ehemann) gegenüber seiner Frau Bürgschaft leisten" zu übersetzen ist. In der vorliegende Urkunde fällt die Verwendung der Präposition *min*, wo *li-* zu erwarten wäre, auf; das Verhältnis zwischen den erwähnten Personen ist jedoch durch den Kontext gesichert. – Laut KARABACEK wurde der Vertrag "geschlossen zwischen Aijūb und Genossen einerseits und Makarios Salamon und Athanasios andererseits." Statt *'Ayyūb* steht im Text aber *'Abū Dār*[*ah*, eine Lesung, die durch Z. 4 und 5 gesichert ist, und von Genossen ist keine Rede. Der Name Dārah ist mir unbekannt. Daß der aus dem Persischen herkommende Name Dārā (vgl. MAA S. 556) gemeint ist, halte ich für unwahrscheinlich. Die beiden Gläubiger tragen koptische Namen; Maqārah Salmūn gibt kopt. ⲘⲀⲔⲀⲢⲈ ⲤⲀⲖⲘⲰⲚ wieder, vgl. APEL II S. 137, IV S. 104. Zum Namen Atanās vgl. ↓ 14_4.

3. Am Anfang der Zeile müssen die Personen, auf die sich das später im Text verwendete Personalsuffix der 3. Pers. Plur. (*ʿanhum* Z. 3, *yaǧidhum* Z. 4, *ʿalayhim* Z. 4) bezieht, erwähnt sein. Aufgrund des noch erhaltenen *yā'* halte ich die Ergänzung zu *ban*]*ī 'Abū ʿAbdilmalik* für wahrscheinlich. Man beachte die kasusindifferente Form *'Abū*, ähnlich wie in *fa-ʿalā 'Abū Dārah* Z. 4 und 5. Die Präposition *ʿan* ist aufgrund der Beziehung zum Bürgen (*ḥamala ʿanhum*) zu erwarten.

3-5 *matā mā sa'ala ʿanhum Maqārah fa-ʿalā 'Abū Dārah yadfaʿ 'ilā Maqārah Salmūn wa-Atanās fa-'in lam yaǧidhum fa-ʿalā 'Abū Dārah mā kāna ʿalayhim min šay'in*: Ähnliche Phrasen sind in APRL IX 7 belegt, vgl. *fa-matā mā ṭalabahu minhumā wa-lam yuḥḍirāhu fa-hāḏihi l-ʿišrīna dīnār ʿalayhimā ǧamīʿan* APRL IX $7_{12\text{-}15}$ und *fa-'in zāǵa 'aw haraba fa-ʿalayhim ʿišrīna dīnār* APRL IX $7_{4\text{-}6}$. – Zur Schreibung von *matā* (Z. 3) mit *'alif* statt *yā'* vgl. ↓ 21_4. – Bemerkenswert ist das asyndetisch angeschlossene *yadfaʿ* (Z. 4) statt richtig *'an yadfaʿa*, vgl. HOPKINS: *Studies* § 273. – Durch den einzelnen Punkt unter dem Buchstaben unterscheidet sich *fā'* (*fa-ʿalā* Z. 5) von *qāf*, welches in Papyri aus dem 1. und 2. Jahrhundert meistens mit einzelnem Punkt auf dem Buchstaben punktiert wird, vgl. FWAP S. 84-5 und ↓ 16_4.

6. KARABACEK las den Namen des Patrons des ersten Zeugen als Isḥāq; der Text aber zeigt ابان, was mit den Namen Abān, Ayyān oder Uṯān übereinstimmt, vgl. aḏ-Ḏahabī: *Muštabih*, S. 4.

7. Mit ثوابه muß der Name Ṯawwābah gemeint sein, vgl. MAA S. 272. Zur Punktierung des *ṯā'* mit zwei statt drei diakritischen Punkten vgl. ↓ 33_4. – Die Nisba al-Laḫmī bezieht sich auf den südarabischen Stamm Laḫm. Weitere Belege für diese Nisba sind in CPA S. 121, 139 erwähnt. Vgl. auch ↓ 19_{16ff}.

8. Der Zeuge Ibrāhīm b. Sālim al-Buḫtī war wahrscheinlich der Sohn von Sālim b. Isḥāq al-Buḫtī. Zur Nisba al-Buḫtī vgl. MAA S. 148, as-Samʿānī: *'Ansāb* II S. 109. – Die Punktierung von مجناد scheint Karabaceks Lesung als Muḫtār zu widersprechen; der letzte Buchstabe gleicht auch eher *dāl* (vielleicht sogar ب)als *rā'*. In dem Mietvertrag über eine Ölpresse CPA 65_{19} ist ein ähnlich geschriebener Name von Grohmann bzw. Khoury als Miǧnād gelesen worden. Rāġib dagegen, der die gleiche Urkunde in Studia Iranica (Rāġib: *Pressoir à l'huile*) veröffentlicht hat, liest dort den Namen als Muḫtār. Aus anderen Quellen ist der Name Miǧnād mir nicht bekannt.

VII. Quittungen

37.

Quittung über einen sechstel Dinar
(Tafel 36)

A. P. 3346 (PERF 757) | Papyrus | 20 x 7,2 cm | 2.–3. Jahrhundert d. H. (8.–9. Jahrhundert n. Chr.)

Mittelbrauner Papyrus. Der rechte Rand ist unter geringem Textverlust am Anfang der Zeilen 8-11 ausgebrochen. Der obere Rand ist etwas ausgefranst; die Schnittlinien des linken und unteren Randes sind erhalten. Der Papyrus ist von oben nach unten auf einen 1,2 cm breiten Streifen gefaltet worden. Am unteren Rand ist das Blatt nicht ganz ausgefaltet und mit einem Tonsiegel versehen. Senkrechte Faltungen bei 2,5 und 4 cm, vom linken Rand gemessen. Der Papyrus ist den senkrechten Faltlinien entlang gerissen. Schwarze Tinte. Faserrichtung: ↓. Verso ist leer.

Die Urkunde enthält eine Quittung über einen sechstel Dinar, den ein Mann namens Biyāq Haliyah einem gewissen Abū ʿIlāqah bezahlt hat. Das Formular ist nach dem in Quittungen des 2. und 3. Jahrhunderts üblichen Schema gebildet. Der Verfasser des Dokuments, Rawḥ b. Aṯr at-Tuǧībī, hat selber als erster Zeuge unterschrieben und auch für die beiden anderen Zeugen die Unterschrift geleistet.

Die Urkunde ist von Karabacek in PERF S. 199 beschrieben worden; seine Lesung der Zeugennamen weicht von der meinen in mehreren Punkten ab, vgl. den Kommentar. In PERF ist die Urkunde den Jahren 232–247 d. H. zugeordnet worden, was ich für entschieden zu spät halte. Vielmehr weist die altertümliche Schrift auf das Ende des 2. oder den Anfang des 3. Jahrhunderts. Ähnliche Schriftarten sind in den Verpflichtungscheinen ↓ 18 und 19 vertreten. Paläographisch bermerkenswert sind der nach rechts verlängerte horizontale Strich des finalen *yā'* (*'ilā* Z. 4, 6; *at-Tuǧībī* Z. 11, 16) und die Punktierung des *qāf* (*Biyāq* Z. 2) mit einzelnem Punkt über dem Buchstaben. Diakritische Punkte sind an einigen Stellen gesetzt.

Text

١ بسم الله الرحمن الرحيم

٢ براة لبياق هليه

٣ من سدس دينار

٤ دفعه الى

٥ ابو علاقة فقد

٦ وصل الى

٧ علاقة السدس

٨ [دينـ]ـر وبر<ى> بياق

٩ [هليه] منه اليه

١٠ [شهـ]ـد على ذلك

١١ [رو]ح بن اطر التجيبى

١٢ ودبير بن راشد

١٣ الخولانى وعبيد

١٤ بن جبار العبرتى

١٥ وكتب شهادتهما

١٦ روح بن اطر التجيبى

---

٢ براه . لبياق . هليه – ٩ منه . اليه

Übersetzung

1. Im Namen Gottes, des Barmherzigen und Gnädigen!
2. Quittung für Biyāq Haliyah
3. über einen sechstel Dinar,
4. den er Abū ʿIlāqah
5. bezahlt hat. Bereits
6. hat ʿIlāqah

7. den sechstel

8. [Dinar] empfangen, und es ist Biyāq

9. [Haliyah] davon ihm gegenüber entlastet worden.

10. Dies [bezeugen]

11. [Rū]ḥ b. Aṭr at-Tuǧībī,

12. Dubayr b. Rāšid

13. al-Ḫawlānī und ʿUbayd

14. b. Ǧabbār al-ʿAbartī,

15. und es hat Rawḥ b. Aṭr at-Tuǧībī

16. das Zeugnis der beiden anderen geschrieben.

Kommentar

2-3 Die Einleitungsformel *barāʾatun li-* pers. *min* ist in Quittungen des 2. und 3. Jahrhunderts üblich, vgl. CPA 40_{2-3}, 49_2, Khan: *Papyri* $9_{2,7}$, 10_{2-3}, APEL II 116_2, BAU 4_{2-3}, 5_{2-3}, 7_{3-5}, PAL II 16_{2-3}, 20_{2-3}, III 24_3, APRL X 2_{2-3}, TWÄ 12_{2-3}, APPh 36_2 und ↓ 39_2. – Der Name Biyāq gibt kopt. ⲠⲒⲀⲔⲞⲨ wieder, vgl. Heuser: *Personennamen* S. 92. Haliyah steht für kopt. ϨⲎⲖⲒⲀ, vgl. APEL I S. 150.

4-5 Die Fortsetzung der Einleitungsformel mit *dfʿ* I *-hu* rei *ʾilā* pers. ist belegt in PAL I 4_1, II 16_{3-4}, 20_4, III 24_3, APRL X 2_3, CPA 49_{2-3}, BAU 4_{3-4}. Statt *dfʿ* I wird auch *wṣl* IV verwendet, vgl. BAU 5_{3-4}, TWÄ 12_{2-3}, APPh 36_3, APEL III 191_4 und ↓ 39_3. – Der Name ʿIlāqah ist in aḏ-Ḏahabī: *Muštabih* S. 380 belegt. Man beachte die kasusindifferente Form *ʾAbū*.

5-9 Zur Phrase *fa-qad waṣala ʾilā ʿIlāqah as-sudsu* [*dīnā*]*rin wa-bar<iʾa> Biyāq* [*Haliyah*] *minhu ʾilayhi* vgl. *qad waṣala d-dīnāru ʾilā* .[ ]. *wa-bariʾa* .[ ] *Filūṭus ibn Buqṭur minhu ʾilayhi* PAL I 4_{3-4}; *fa-qad waṣala hāḏā d-dīnāru wa-niṣfu dīnārin ʾilā ʾIdrīs min kirāʾi dārihi wa-qabaḍahu wa-bariʾa* (David-Weill las ابرا) *Sahl min hāḏā d-dīnāri wa-niṣfin ʾilā ʾIdrīs* PAL II 20_{6-10}; *qad qabaḍa ʾIsḥāq ibn ʾAḥmad ibn ʿAsalah al-ḥāʾiku n-niṣfa d-dīnāri wa-bariʾa minhu ʾilayhi* APPh 36_{4-5} und ferner Khan: *Papyri* 9_{7-9}, CPA 49_{5-7}. Das Fehlen des *yāʾ* in *bar<iʾa>* scheint mir eher ein Schreibfehler als eine absichtliche Defektivschreibung zu sein, vgl. Hopkins: *Studies* § 24.

11-16 Zum Namen Rawḥ vgl. MAA S. 1202. Der Name اطر (*ʾAṭr* ?) ist mir unbekannt; jedoch ist der zweite Buchstabe mit Sicherheit *ṭāʾ* und nicht *lām-ḥāʾ*, wie Karabacek, der al-Ḥurr gelesen hat, meint. Zur Nisba at-Tuǧībī vgl. ↓ 19_{20}. – Statt Dubayr Z. 12 liest Karabacek Zubayr. Mit Rücksicht auf das ebenfalls sehr kurz geschriebene *rāʾ* in Rawḥ Z. 16 ist diese Lesung nicht ganz auszuschließen. Bei gleichem *rasm* sind noch mehrere andere Lesungen möglich, vgl. aḏ-Ḏahabī: *Muštabih* S. 198, 238. Zur Nisba al-Ḫawlānī vgl. ↓ 25_{11}. – Statt Ǧabbār Z. 14 liest Karabacek Ḥayyān, was durchaus möglich ist, vgl. aḏ-Ḏahabī: *Muštabih* S. 82ff. Dagegen kann Karabaceks Lesung der Nisba als al-ʿAntarī auf keinen Fall stimmen, da es zwischen *ʿayn* und *rāʾ* nur ein Häkchen gibt. Zur Nisba al-ʿAbartī vgl. as-Samʿānī: *ʾAnsāb* IX S. 199, aḏ-Ḏahabī: *Muštabih* S. 378.

38.

Quittung über Luzerne
(Tafel 37)

A. P. 1273v (PERF 808)	Papyrus	15,7 x 14 cm	3. Jahrhundert d. H. (9. Jahrhundert n. Chr.)

Mittelbrauner Papyrus. Recto enthält das Fragment eines Briefes. Das Blatt ist links und unten unter Textverlust abgeschnitten. Der obere und untere Rand ist teilweise ausgebrochen. Die Schnittlinien links und rechts sind im wesentlichen erhalten. Senkrechte Faltungen bei 2,5; 4,7 cm, vom rechten Rand gemessen. Der zweiten Faltlinie entlang ist der Papyrus gerissen. Schwarze Tinte. Faserrichtung: ↓. – Der Text der Quittung auf Verso ist vollständig erhalten. Blattwendung: ⇒. Schwarze Tinte. Die Schrift ist an einigen Stellen etwas verwischt. Zwischen den Zeilen 5 und 6 sind noch einige Wörter eines von einer anderen Hand geschriebenen früheren Texts erhalten.

Karabacek hat die Urkunde nicht ganz richtig gelesen, als er zu deren Inhalt in PERF S. 219 schrieb: “Israel bestätigt, von seiten des Maimana dessen ganzen Besitz an Klee empfangen und demgemäß keinerlei Forderung mehr an denselben zu haben (...).” Es handelt sich im Dokument nicht um den ganzen Besitz, sondern um eine bestimmte, im Text nicht weiter spezifizierte Menge Luzerne “und sonstiges” (*wa-ġayrihi*), der ein Mann, dessen Namen nicht Maimana, sondern Humīsah zu lesen ist, aufgrund einer Schuldverpflichtung Isrāʾīl geliefert hat. Es wird weiterhin im Dokument bestätigt, daß der Schuldner bis zum einundzwanzigsten des koptischen Monats Misrā von jeder Verpflichtung Isrāʾīl gegenüber entlastet ist. Wahrscheinlich hatte Humīsah also noch weitere Schulden bei Isrāʾīl, die erst nach diesem Datum fällig waren.

Luzerne (*qurṭ*) wird in Ägypten bereits seit pharaonischer Zeit als Viehfutter angebaut und ist in arabischen Papyri häufig belegt, vgl. Müller-Wodarg: *Landwirtschaft* II S.41f. Ähnlich wie Karabacek, haben auch andere Autoren, wie Grohmann und Dietrich, *qurṭ* meistens mit “Klee” übersetzt. Dagegen hat Müller-Wodarg nachgewiesen, daß *qurṭ* mit *birsīm* gleichzusetzen ist und für Alexandrinische Luzerne (Trifolium alexandrinum) steht.

Die durch *qad waṣala ʾilayya* eingeleitete Urkunde ist in der subjektiven Form von Isrāʾīl selbst geschrieben worden. Durch *waṣala*, *dafaʿa* oder *qabaḍtu* eingeleitete Quittungen enthalten meistens keine Zeugenunterschriften, sondern werden statt dessen mit einer religiösen Formel wie *al-ḥamdu li-llāhi ḥaqqa ḥamdihi* BAU 18_7, 19_6; *al-ḥamdu li-llāhi waḥdahu* TWÄ 13_3; *ḥasbī ṯiqatī bi-llāhi* ↓ 40_6; *wa-ḥasbī llāhu waḥdahu* ↓ 42_6; *ṣallā llāhu ʿalā n-nabīyi l-ʾamīni wa-ʿalā ʾālihi wa-ṣaḥbihi wa-sallama* WMT I 33_{10} und im vorliegenden Dokument *wa-kafā bi-llāhi šahīdan* Z. 6-7 abgeschlossen. Auf die gleiche Art werden selbstgeschriebene Schuldanerkenntnisse in der Regel abgeschlossen, vgl. die Einleitung zu ↓ 26.

Die Schrift ist ausgesprochen kursiv; finales *lam-yā'* ist wie finales *lām* geschrieben. Diakritische Punkte sind nicht gesetzt.

Text

١ بسم الله الرحمن الرحيم

٢ قد وصل الى من قبل هميسه جميع ما لى

٣ عنده من القرط وغير[ه] ولم

٤ يبقا لى عليه الى احد وعشرين من مسرى

٥ قليل ولا كثير ولا دينار ولا درهم

٦ وكتب اسرايل بخطه وكفا

٧ بالله شهيدا

Übersetzung

1. Im Namen Gottes, des Barmherzigen und Gnädigen!
2. Bei mir ist von seiten des Humīsah all das, was ihm zu meinen Gunsten
3. an Luzerne und sonstigem obliegt, angelangt.
4. Es bleibt ihm bis zum einundzwanzigsten Misrā nichts zu seinen Lasten übrig,
5. weder wenig noch viel, weder Dinar noch Dirham.
6. Es hat Isrā᾿īl mit seinem Schriftzug geschrieben.
7. Gott ist als Zeuge genug.

KOMMENTAR

2-3 Zur Einleitungsformel *qad waṣala 'ilayya min* vgl. *waṣala 'ilayya min* CPA 52_2, GROHMANN: *Ostraka* 3_2, RÉMONDON: *Cinq documents* 2_1, PER A. P. $560v_2$ (FWAP S. 153)[1]; *waṣala 'ilā yadayya min* WMT I 33_2; *dafaʿa 'ilayya* TWÄ 13_2, ↓ 40_2; *waṣala min* BAU 18_2, 19_2. Die Verwendung der 1. Person ist in Quittungen sehr üblich; Urkunden dieser Art können auch durch *qabaḍtu* ↓ 42_2, *yaqūlu* ↓ 41_2 oder *istawfaytu* ALAD $24v_1$ eingeleitet sein. – Der Name Humīsah steht für kopt. ϩⲱⲙⲓⲥⲉ, vgl. APEL I S. 261. Daß der erste Buchstabe mit Sicherheit *hā'* zu lesen ist, zeigt der Vergleich mit der Schreibung von *dirham* Z. 5. – Zu *ǧamīʿu mā lī ʿindahu mina l-qurṭi wa-ġayri[hi]* vgl. *ǧamīʿa mā kāna lanā ʿindaka fī l-waṯīqati al-maḏkūrati ʿalayka* CPA $42_{5\text{-}6}$; *ǧamīʿa mā kāna lahu mina l-'uǧrati l-muktatabati ʿalayhi* ALAD 44_4; *ǧamīʿa mā kāna yaddaʿī bihi ʿalayhi min darāhima wa-samakin wa-ġayrihi* CPA 41_6; *ǧamīʿa mā tastahiqquhu ʿalayhi min daynin wa-rahnin wa-muʿāqadatin wa-qurḍatin* CPA $39_{6\text{-}7}$. Statt *mā lī ʿindahu* muß KARABACEK *māl ʿindahu* gelesen haben, und deshalb gemeint haben, daß es sich hier um "dessen ganzen Besitz" handelt. Ähnlich wie in PERF 796 (vgl. ↓ 26_3), hat KARABACEK die Präposition *ʿinda* an vorliegender Stelle falsch interpretiert. *ʿindahu* ist hier nicht als Ausdruck des Besitzes, sondern als Ausdruck der Verschuldung ("zu seinen Lasten") zu verstehen.

3-5 *wa-lam yabqā*(!) *lī ʿalayhi 'ilā 'aḥadin wa-ʿišrīna min Misrā qalīlun wa-lā kaṯīrun wa-lā dīnārun wa-lā dirhamun*: Der Merismus "nicht wenig und nicht viel" ist in vielen Quittungen belegt, vgl. *wa-lam yabqā*(!) *lahā ʿalayhi lā qalīlun wa-lā kaṯīrun wa-lā ḥuǧǧatun wa-lā tabiʿatun wa-lā muʿāqadatun* CPA $39_{9\text{-}10}$; *fa-lam yabqa li-l-Ḥusayn ibn 'Ayyūb ʿalā Muḥammad ibn Ismāʿīl min hāḏā ṣ-ṣakki qalīlun wa-lā kaṯīrun* APEL II $115_{5\text{-}7}$; *wa-lam yabqa lahu ʿalayhi min ǧamīʿi l-mabla[ġi] ḥaqqun wa-lā qalīlun wa-lā kaṯīrun wa-lā daʿwā wa-lā ṭalibatun wa-lā ʿulqatun wa-lā tabiʿatun wa-lā yamīnun wa-lā ḥuǧǧatun* ALAD $2v_{4\text{-}5}$; *wa-lam yabqā*(!) *baynahum* (...) *qalīlun wa-lā kaṯīrun wa-lā daʿwatun wa-lā ṭalibatun* BAU $22_{8\text{-}9}$; *wa-lam yabqa qibalahu minhā qalīlun wa-lā kaṯīrun* ↓ $41_{7\text{-}8}$. Auch in Kaufverträgen werden ähnliche Phrasen verwendet, vgl. APEL II $75_{16\text{-}17}$, APH $3_{8\text{-}9}$. Zur Schreibung von *lam yabqa* mit *'alif* vgl. HOPKINS: *Studies* § 82d. Statt *lam yabqa* wird in ähnlichen Phrasen auch *laysa* verwendet, z. B. *fa-laysa lahā qibala ʿAbdallāh wa-'Isḥāq ibn Sawwār min Ba'ūnīh sanati ḫamsin 'ilā [miṯli ḏālika] min sanati sittin wa-ṯamānīna wa-mi'atin qalīlun wa-lā kaṯīrun* CPA $49_{8\text{-}9}$; *fa-laysa li-Šanūdah qibala Maymūn wa-lā Fiqṭūr wa-bnayhi qalīlun wa-lā kaṯīrun 'ilā Baramhāt sanati sabʿin wa-ḫamsīna wa-mi'atin* PAL II $16_{10\text{-}13}$. Vgl. ferner *wa-lam yata'aḫḫar lahu bi-sababi ḏālika muṭālabatun wa-lā šay'un qalla wa-lā ǧalla* ↓ $45_{11\text{-}12}$ und die dort erwähnten Belegstellen. – Zu *wa-lā dīnārun wa-lā dirhamun* vgl. *wa-laysa yaǧūzu 'an 'astaḫriǧa minhum dirham wa-lā dīnār* BAU II $33_{2\text{-}3}$; *wa-laysa lahu mālun wa-lā darāhimu wa-lā ḏahabun* GUELLIL: *Akten* S. 120.

6-7 Zur Formel *wa-kafā bi-llāhi šahīdan* vgl. ↓ $19_{11\text{-}12}$.

---

[1] Diese Stelle ist von GROHMANN zu *waṣala 'ilā Hor al-baḥḥār* ("There has come to Hor, the sailor") verlesen worden. Die richtige Lesung ist *waṣala 'ilayya mina t-tuǧǧāri* ("Bei mir ist von seiten der Kaufleute angelangt").

39.

Quittung über einen viertel Dinar
(Tafel 37)

A. P. 4130v | Papyrus | 12,2 x 12,8 cm | 3. Jahrhundert d. H. (9. Jahrhundert n. Chr.)

Mittelbrauner Papyrus. Recto enthält das in Grohmann: *Protokolle* unter Nr. 252 edierte Fragment eines Protokolltexts. Der rechte Rand des Papyrus ist noch erhalten; Textverlust an den übrigen Rändern. Das Blatt ist unten und oben abgeschnitten worden; beide diese Ränder sind zum Teil ausgebrochen. Am linken Rand ist der Papyrus abgebrochen. Vgl. ferner die Angaben in Grohmann: *Protokolle* S. 230 und Tafel 29a. – Von der Quittung auf Verso sind die erste 5 Zeilen vollständig erhalten. Nach Blattwendung ist der Papyrus um 90 Grad gedreht, so daß der rechte Rand von Recto den oberen Rand von Verso bildet. Schwarze Tinte. Faserrichtung: ←. Über die sich in ca. 2,5 cm Abstand befindenden horizontalen Faltlinien ist der Papyrus an mehreren Stellen gerissen; sonst etliche kleinere Löcher.

Ein Mann namens Ḥamd b. Marwān, der Honighändler (*ʿassāl*), hat von den vier Dinar, die ihm aufgrund eines Schuldscheins (*ṣakk*) zu Gunsten des Ǧaʿfar b. Aḥmad b. ʿAbdarraḥmān obliegen, einen viertel Dinar abgezahlt.

Die Urkunde vertritt ein späteres Beispiel des gleichen Vertragstypus wie ↓ 37. Die Schrift ist kursiv. Das *sīn* der Basmalah ist durch einen Strich über dem Buchstaben markiert. Diakritische Punkte sind an einigen Stellen gesetzt.

Text

بسم الله الرحمن الرحيم

براة لحمد بن مروان العسال من ربع دينر

اوصله الى جعفر بن احمد بن عبد الرحمن

من الصك الذى له عليه باربعة الدنانير

فقد قبض جعفر بن احمد بن عبد الرحمن هذا

الربـ[ـع] دينـ[ـر] . [ ] . [ ] . [ ] . .

- -

١ بسم – ٢ مروان – ٥ قبض

Übersetzung

1. Im Namen Gottes, des Barmherzigen und Gnädigen!

2. Quittung für Ḥamd b. Marwān, den Honighändler, über einen viertel Dinar,

3. den er Ǧaʿfar b. Aḥmad b. ʿAbdarraḥmān gebracht hat

4. wegen des Schuldscheins über vier Dinar zu dessen Gunsten und seinen Lasten.

5. Es hat Ǧaʿfar b. Aḥmad b. ʿAbdarraḥmān bereits diesen

6. viertel Dinar genommen [

- -

Kommentar

2-3 Zur Einleitungsformel vgl. ↓ 37_{2-5}. Statt *al-ʿassāl* kann auch *al-ġassāl* ("der Wäscher") gelesen werden.

4. Zu *mina ṣ-ṣakki lla̱dī lahu ʿalayhi bi-ʾarbaʿati d-danānīri* vgl. *mina ṣ-ṣakki lla̱dī ʿalayhi bi-ṯamāniyata ʿašara dirhaman* CPA 40_{3-5}; *mina ṣ-ṣakki lla̱dī ʿalayhā bihā* APEL II 115_{4}; *mina ṣ-ṣakki* (statt l. (بن الـ(ـفـ)ـضل) *lla̱dī lahu ʿalā wālidihi bi-dīnārin* TWÄ 12_{5-6}; *mina l-ḫaṭṭi lla̱dī lahu ʿindahu* APEL II 114_{14}; *fī ṣ-ṣakki lla̱dī kuntu ktatabtu ʿalayka bihā bi-smī* aṭ-Ṭaḥāwī: *Ṣaġīr* S. 534.

5-6 Nach der durch *fa-qad qabaḍa* eingeleiteten Bestätigung des Empfangs, ist im verlorenen Teil der Zeile 6 eine Entlastungsformel zu erwarten, ähnlich wie z. B. in *qad qabaḍa minhā sittata ʿašara dīnāran wa-lam yabqa lahu min ḏālika ʾillā ʾarbaʿatu d-danānīri ʿalā Yaḥyā ibn ʾIshāq* APEL II 114_{4-7}. Vgl. auch CPA 50_{9-10}, PAL II 20_{8-12}.

40.

Quittung über die Miete eines Ladens
(Tafel 39)

A. Ch. 12158v (PERF 956)	Papier	10,4 x 6,3 cm	329 d. H. (940–941 n. Chr.)

Mittelbraunes Hadernpapier, Schöpfgitterstäbe parallel zur Schrift. Recto enthält das Fragment eines Briefes. Das Blatt ist unter Textverlust oben abgerissen und links abgeschnitten. Der geschnittene rechte Rand ist im oberen Bereich etwas ausgefranst; die Schnittlinie des unteren Randes ist vollständig erhalten. Waagerechte

Faltungen bei 4,8 und 6 cm, vom unteren Rand gemessen. – Der Text der Quittung auf Verso ist vollständig erhalten. Blattwendung: ⥣. Schwarze Tinte.

Der Stoffhändler al-Qāsim b. aṣ-Ṣabbāġ hat einzweidrittel Dinar als Jahresmiete für seinen Laden bezahlt. Der Name des Vermieters, der die Quittung in der 1. Person geschrieben hat, wird im Text nicht erwähnt.

Weitere Quittungen über Mieten sind in CPA 50, 51 (= EBU 6), 52, BAU 4, PAL II 20r, ALAD 24v, 44 und ↓ 44 belegt. Zu den Mietpreisen für Läden vgl. die Einleitung zu ↓ 12.

Die durch *dafaʿa ʾilayya* eingeleitete Urkunde unterscheidet sich, was das Formular angeht, nicht wesentlich von den mit *waṣala ʾilayya* anfangenden Quittungen, vgl. ↓ 38_2. Die Schrift ist kursiv; diakritische Punkte sind an drei Stellen gesetzt. In PERF ist die Urkunde (PERF 956) nicht behandelt worden.

Text

١ بسم الله الرحمن الرحيم

٢ دفع الى القسم بن الصباغ البزاز

٣ من اجرة الدكان الذى فى يده

٤ لسنة تسع وعشرين وثلثماية

٥ دينار واحد وثلثين

٦ حسبى ثقتى بالله

٧ صح ذلك

---

١ بسم – ٢ البراز – ٤ لسنه

Übersetzung

1. Im Namen Gottes, des Barmherzigen und Gnädigen!
2. Es hat mir al-Qāsim b. aṣ-Ṣabbāġ, der Stoffhändler,
3. als Miete für den Laden, der in seiner Hand ist,

4. für das Jahr dreihundertneunundzwanzig

5. einzweidrittel Dinar bezahlt.

6. Mir genügt mein Vertrauen in Gott.

7. Dies ist richtig.

Kommentar

2. Zur Einleitungsformel vgl. ↓ 38_{2}. – Zur Defektivschreibung von *ā* in *al-Qāsim* vgl. Hopkins: *Studies* § 10b. Zum Namen aṣ-Ṣabbāġ ("der Färber") vgl. ↓ 12_{3}.

3. In Urkunden aus dem 2. und 3. Jahrhundert wird für "Miete" das Wort *kirā'* statt *'uǧrah* verwendet. Zur Verwendung von *'ǧr* und *kry* in Mietverträgen vgl. ↓ 12_{2}. – Zum Ausdruck *fī yadihi* in Mietverträgen vgl. ↓ 12_{3-4}.

5. Man beachte das Fehlen der Akkusativendung in *dīnār wāḥid.* Vgl. Hopkins: *Studies* § 167.

6. Die Formel *ḥasbī ṯiqatī bi-llāhi* wird auch in den Quittungen EBU 17_{3}, Rāġib: *Trois documents* 3_{7} und im Kaufvertrag CPA 57_{19} verwendet. An den beiden letzten Stellen ist die Phrase in der Edition verlesen worden. Rāġib hat *ṯiqatī* zu تع verlesen und dies vermutlich als abgekürztes *ta'ālā* interpretiert, weshalb er die Phrase mit "Dieu Très haut me suffit" übersetzt hat, vgl. AGBW S. 376 Fn. 4. Grohmann las in CPA 57_{19} حسبي بقى بتفقه, was von Khoury mit "le savoir juridique me suffit" übersetzt wurde. Vgl. ferner *wa-bihi ṯiqatī* Diem: *Rechtsurkunden* $4r_{1}$; *wa-ḥasbī llāhu waḥdahu* ↓ 42_{6}; *bi-llāhi Marwān ibn al-Hayṯam yaṯiqu* EBU 9_{Siegel} und ähnliche Formeln auf den Siegeln in EBU 10, 11, 14.

7. Zum Vermerk *ṣaḥḥa ḏālika* vgl. APEL I S. 154f.

41.

Quittung über achtunddreißigeindrittel Dinar
(Tafel 38)

A. Ch. 7820v	Papier	21,5 x 16,8 cm	Ǧumādā II 330 d. H. (21. II. – 21. III. 942 n. Chr.)

Mittelbraunes Hadernpapier. Recto enthält das Fragment eines Briefes. Das Blatt ist links und oben unter Textverlust abgeschnitten. Vom rechten Rand sind im oberen und unteren Bereich größere Stücke des Papiers unter Textverlust abgerissen; es sind an diesem und am unteren Rand die Schnittlinien des Papiers noch zum geringeren Teil erhalten. Knapp unter dem oberen Rand ist ein 1 cm breiter Streifen angeklebt. Waagerechte Faltungen bei 1,5; 3; 5; 9,6; 12; 14; 16; 18 cm, vom oberen Rand gemessen. – Die Quittung auf Verso ist von einer anderen Hand geschrieben worden. Blattwendung: ⇒. Schwarze Tinte. Im linken Bereich sind von den Zeilen 2-5 und 9-13 mehrere Wörter verloren.

Drei Männer, der Führer (*naqīb*) ʿUmar b. al-Ḥasan, al-Ḥasan und Yaʿqūb bestätigen von Ḥamzah b. al-Ḥasan al-Ḥasanī achtundreißigeindrittel Dinar empfangen zu haben. Es handelt sich dabei um das Geld einer Quittung (*barā'ah*), die einem Mann namens ʿAlī b. ʿAbdallāh b. Abī Tammāmah für die Grundsteuer (*ḫarāǧ*) des Jahres 329 ausgestellt wurde.

Wahrscheinlich hatte ʿAlī b. ʿAbdallāh also seine Steuer an Ḥamzah b. al-Ḥasan bezahlt, und möglicherweise hat dieser ihm dafür die Steuerquittung ausgeschrieben, aufgrund welcher er verpflichtet war, das Geld dem *naqīb* ʿUmar b. al-Ḥasan auszubezahlen. Letzterer muß ein höherer Steuerbeamter gewesen sein. Die zusammen mit ihm erwähnten al-Ḥasan und Yaʿqūb waren wahrscheinlich seine Assistenten. Daß auch Ḥamzah b. al-Ḥasan eine hochgestellte Person war, zeigen die seinem Namen nachgestellten Eulogien. Es ist ferner darauf hinzuweisen, daß achtunddreißigeindrittel Dinar eine erhebliche Summe darstellen, wenn wir bedenken, daß die uns aus dieser Zeit bekannten Preise für Häuser immer unter zehn Dinar sind (vgl. die Einleitung zu ↓ 8).

Der Vertragstext hat die Form einer durch *yaqūlu* eingeleiteten, in der 1. Person geschriebenen Erklärung der Empfänger. Es haben vier Zeugen unterschrieben. Die Schrift ist kursiv; diakritsche Punkte sind an mehreren Stellen gesetzt.

Text

١ بســـم الله الرحمن الرحيم

٢ يقول عمر بن الحسن النقيب /والحسن\ ويعقوب انا قد قبضنا من حـ[ـمزة
بن الحسن]

٣ الحسنى ايده الله جميع مال ⟦هذه⟧ البراة المستندة علـ[ـيها]

٤ ذاك لخراج سنة تسع وعشرين وثلثماية المورخة [يـ]ـوم [الـ] . . [ ]

٥ من سنة ثلثين وثلثماية التى لعلى بن عبد الله بن ابى تمامة لحسابه مـ[ـن
العـ]ـين [المغـ]ـسول

٦ ثمنية وثلثين دينارا وثلث وابرانا حمزة بن الحسن الحسنى ايده الله من جميع
هذه الـ[ـجمـ]ـلة

٧ المذكورة وهى ثمنية وثلثون دينارا وثلث مغسولة ولم يبق قبله منها

٨ قليل ولا كثير وذلك فى جمادى الاخرة [سنـ]ـة ثلثـ[ـين] وثلـ[ـثمـا]ية

٩ (rechte Spalte) شهد حمزة بن محمد بن على على اقرار النقيب

(linke Spalte) شـ[ـهد] بـ[ـجميع مـ]ـا فى هذا

[الكتاب [

١٠ شهد محمد بن الحسين بن [بجميع ما فى]

١١ هذا الكتاب وكتب [

١٢ شهد احمد بن محمد الاسحمـ[ـى

١٣ وجملتها ثمانية وثلاثين [دينارا وثلث

---

١ الرحيم – ٢ انا . من – ٣ البراه – ٤ سنه . تسع . المورخه – ٥ سنه . التى – ٦ وثلث . ابرانا . الحسنى – ٧ المذكوره . بمبه . وبلبين . وثلث . منها – ٨ فى

Übersetzung

1. Im Namen Gottes, des Barmherzigen und Gnädigen!

2. Es erklären ʿUmar b. al-Ḥasan, der Führer, \und al-Ḥasan/ und Yaʿqūb: Wir haben von Ḥa[mzah b. al-Ḥasan]

3. al-Ḥasanī - Gott stütze ihn - das ganze Geld der ⟦dieser⟧ als Beweismittel verwendeten Quittung [

4. - dies ist für die Grundsteuer des Jahres dreihundertneunundzwanzig - datiert am [...]

5. des Jahres dreihundertdreißig, zu Gunsten des ʿAlī b. ʿAbdallāh b. Abī Tamāmah an gewaschenem Gold

6. achtunddreißigeindrittel Dinar empfangen, und wir haben Ḥamzah b. al-Ḥasan al-Ḥasanī - Gott stütze ihn - von dieser ganzen Summe

7. - sie beträgt achtundreißigeindrittel gewaschene Dinare - entlastet. Es bleibt davon zu seinen Lasten

8. weder viel, noch wenig übrig. Dies war im Monat Ǧumādā al-Āḫirah [des Jahres] dreihundertdreißig.

9. (rechte Spalte) Es bezeugt Ḥamzah b. Muḥammad b. ʿAlī das Anerkenntnis des Führers.

(linke Spalte) Es bezeugt [all das,] was in dieser [Urkunde steht,

10. Es bezeugt Muḥammad b. al-Ḥusayn b. [all das, was in]

11. dieser Urkunde steht, und er hat unterschrieben [

12. Es bezeugt Aḥmad b. Muḥammad al-...[

13. und die Summe beträgt achtunddreißig[eindrittel Dinar

Kommentar

2. Zu durch *yaqūlu* eingeleiteten Urkunden vgl. ↓ 27_2. – Der Schreiber hat *wa-l-Ḥasan* über der Zeile nachgetragen. – Die Ergänzung des Namens *Ḥa[mzah ibn al-Ḥasan]* am Ende der Zeile ist durch Z. 6 gesichert. Statt Ḥamzah sind bei gleichem *rasm* noch mehrere andere Lesungen möglich, vgl. aḏ-Ḏahabī: *Muštabih* S. 172.

3. *ǧamīʿa māli* ⟦*hāḏihi*⟧ *l-barāʾati l-mustanadati ʿal[ayhā*: Zwischen *māl* und *al-barāʾah* ist das Wort *hāḏihi* gestrichen. Die Lesung *al-mustanadati ʿal[ayhā* ist nicht ganz sicher; allerdings scheint im Ms. ein Häkchen zu wenig gesetzt. Unter dem Wort befinden sich keine diakritischen Punkte, sondern die zu Z. 4 gehörenden Überreste der Buchstaben *alif-lam* des Artikels. *snd* VIII *ʿalā* ("sich stützen auf") muß hier mit der Bedeutung "als Beweismittel, Unterlage verwenden" gemeint sein. Für *snd* VIII sind mir nur aus späteren Urkunden Belege bekannt, vgl. ADCC 7_5, Guellil: *Akten* S. 86.

4. *ḏāka li-ḫarāǧi sanati tisʿin wa-ʿišrīna wa-ṯalāṯimiʾatin* muß eine Parenthese sein, weil das folgende *al-muʾarraḫah* wieder im Bezug auf *al-barāʾah* zu verstehen ist. Die Textlücke hat die Datierung der erwähnten Quittung nach Tag und Monat enthalten; die Jahreszahl folgt in Z. 5. Vom auf *yawm*[folgenden Artikel sind über der Lücke noch die Überreste sichtbar.

5. *allatī li-ʿAlī ibn ʿAbdallāh ibn ʾAbī Tamāmah li-ḥisābihi*: Das Relativum bezieht sich auf *al-barāʾah*; die Quittung war also "für" (*li-*) ʿAlī b. ʿAbdallāh, was heißt, daß er derjenige war, der bezahlt hat. Dafür spricht auch *li-ḥisābihi* ("zu seinen Gunsten"). Das *sīn* ist stark verkürzt geschrieben, ähnlich wie in *al-Ḥasanī* Z. 6, wo die Lesung durch Z. 3 gesichert ist. Zum Namen Tammāmah vgl. MAA S. 251. Mit gleichem *rasm* kann auch Yamāmah (vgl. MAA S. 1892) gelesen werden. – Die Ergänzung *mi[na l-ʿa]yni [l-maǧ]sūli* ist nicht ganz sicher; der verlängerte Verbindungsstrich in *al-ʿa]yni* läßt eher *sīn* vermuten. Mit Rücksicht auf *dīnāran* (...) *maǧsūlatan* Z. 7, scheint mir die vorgeschlagene Lesung jedoch plausibel. Zu *maǧsūl* ("gewaschen") als Attribut für Goldwährung, vgl. ALAD S. 116 und Hopkins: *Studies* S. 95 Fn. 10. Dagegen hat Grohmann: *Einführung* S. 201f die Lesung *maʿsūl* ("richtig gezählt") verteidigt.

6-7 *wa-ʾabraʾnā Ḥamzah ibn al-Ḥasan* (...) *min ǧamīʿi hāḏihi l-[ǧum]lati l-maḏkūrati*: Zu *brʾ* IV *-hu* pers. *min* in Entlastungsformeln von Quittungen vgl. CPA 39_8, CPA 41_5, BAU

12_4, AMCv_{3-4}, APEL I 49_{4-5}, EBU 17_2, ALAD $2v_3$, 36_9, 54_{8-9}, 55_6, aṭ-Ṭaḥāwī: *Ṣaġīr* S. 533, al-Asyūṭī: *Ǧawāhir* I S. 49 und ↓ $32v_{4-5}$. Meistens wird dieser Phrase das innere Objekt *barā'ata qabḍin wa-stīfā'in* nachgestellt. Zu ähnlichen Formeln in Kaufverträgen vgl. ↓ 7_{10-11}.

7-8 Zu *wa-lam yabqa qibalahu minhā qalīlun wa-lā kaṯīrun* vgl. ↓ 38_{3-5}.

12. Die zum Teil verlorene Nisba dieses Zeugen weiß ich nicht zu deuten.

42.

Quittung über einen untergewichtigen Dinar
(Tafel 39)

A. Ch. 25009 — Papier — 8,2 x 8,8 cm — 4. Jahrhundert d. H. (10. Jahrhundert n. Chr.)

Hellbraunes Hadernpapier, Schöpfgitterstäbe parallel zur Schrift. Das Blatt ist unten abgerissen; an den übrigen Rändern sind die Schnittlinien erhalten. Eine waagerechte Faltung ist bei 2,4 cm vom oberen Rand erkennbar; senkrechte Faltungen bei 2; 5,5 cm, vom linken Rand gemessen. Schwarze Tinte. Der Text is vollständig erhalten. Verso ist leer.

Der Schreiber des Dokuments, ein Mann namens Ḥasan b. Dāwūd b. Ǧarīr, bestätigt, von Aḥmad b. Ṭalḥah einen um einen halben Qīrāṭ untergewichtigen Dinar des Kalifen ar-Rāḍī bi-llāh (*dīnār Rāḍī*) empfangen zu haben. Es handelt sich dabei um die Rückzahlung eines von Aḥmad b. Ṭalḥah geschuldeten Dinars des Fatimidenkalifen al-Muʿizz (*dīnār Muʿizzī*), dessen restlichen Wert Aḥmad b. Ṭalḥah noch zu bezahlen hat.

Die Urkunde ist für die Numismatik von besonderem Interesse, weil für Dinare des ʿAbbāsidenkalifen ar-Rāḍī bi-llāh (reg. 322-329/934-940) bisher noch keine Belege aus Urkunden bekannt waren.[1] Ob das Untergewicht von einem halben Qīrāṭ ein allgemeines Kennzeichen für diesen Dinar war, ist mir aus anderen Quellen nicht nachweisbar. Wohl aber wird von al-Maqrīzī erwähnt, daß nach der Schaffung des *Muʿizzī*-Dinars zur Zeit des Fatimidenkalifen al-Muʿizz li-dīn Allāh (reg. 358-365/969-975) der *Rāḍī*-Dinar im Wert sank, vgl. GROHMANN: *Einführung* S. 197.

Die Quittung ist vom Gläubiger selbst in subjektiver Form geschrieben worden, wobei der Schuldner in der 2. Person angeredet wird. Wie üblich bei Urkunden dieser Art, fehlen die Zeugenunterschriften; statt dessen wird der Text mit einer religiösen Formel abgeschlossen, vgl. die Einleitung zu ↓ 38_5.

Die Urkunde ist in einer deutlichen Kursivschrift geschrieben; vor die Basmalah ist ein diakritischer Punkt gesetzt.

---

[1] In literarischen Quellen wird der *Rāḍī*-Dinar öfters erwähnt, vgl. SAUVAIRE: *Matériaux* I-3 S. 449.

Text

١ بسم الله الرحمن الرحيم

٢ قد قبضت منك يااحمد بن طلحة من جملة

٣ الدينار المعزى الذى قبلك دينار واحد

٤ راضى وزنه دينار الا نصف قيراط

٥ الى ان توفينى باقى الدينار المعزى

٦ وكتب حسن بن داود بن جرير بخطه

٨ وحسبى الله وحده

---

١ بسم

Übersetzung

1. Im Namen Gottes, des Barmherzigen und Gnädigen!
2. Bereits habe ich von dir, Aḥmad b. Ṭalḥah, von dem ganzen
3. *Muʿizzī*-Dinar, den du mir schuldest, einen *Rāḍī*-Dinar,
4. dessen Gewicht ein Dinar minus einem halben Qīrāṭ ist, entgegengenommen,
5. unter der Voraussetzung, daß du mir das, was von dem *Muʿizzī*-Dinar übrig bleibt, voll bezahlen wirst.
6. Es hat Ḥasan b. Dāwūd b. Ǧarīr mit seinem Schriftzug geschrieben.
7. Mir genügt Gott allein.

KOMMENTAR

2. Zur Einleitungsformel *qad qabaḍtu minka* vgl. *qad qabaḍtu min Ḥamdūn ibn ʿAffān* APH 9_2; *qabaḍtu min ʿAlī ibn Ḥasan* CPA 50_4; *qad qabaḍtu minka yā Bā Bakr* EBU 6_1 (= CPA 51_1); *qad qabaḍtu minka yā Barmūdah* FWAP S. 152; *qabaḍtu mina l-Ḥusayn ibn ʿAlī* EBU 17_3; *qabaḍtu min ʾAbū l-Huḏayl* KHAN: *Arabic Papyri* 11_2, *qabaḍtu ǧamīʿa mā fī hāḏā l-ḫaṭṭi* ↓ $27_{\text{rechter Rand}}$. – Zum Namen Ṭalḥah vgl. MAA S. 1066.

3-4 Zum *dīnār Muʿizzī* vgl. GROHMANN: *Einführung* S. 196f. – *dīnār wāḥid Rāḍī*: Grammatikalisch richtig wäre *dīnāran wāḥidan Rāḍīyan*. Zum Ausfall des *tanwīn ʾalif* vgl. HOPKINS: *Studies* § 167. Zum *Rāḍī*-Dinar vgl. SAUVAIRE: *Matériaux* I-3 S. 449, GROHMANN: *Einführung* S. 197, ROGERS: *Dīnārs* S. 291f. – Zum Qīrāṭ vgl. ↓ 13_{13}. Von untergewichtigen Dinaren ist in arabischen Papyri öfters die Rede, vgl. GROHMANN: *Einführung* S. 187f.

5. Durch *ʾilā ʾan tūfiyanī bāqiya d-dīnāri l-Muʿizzīyi* wird festgelegt, daß der Schuldner noch nicht von der ganzen Schuld entlastet ist. Der Absichtssatz wird durch *ʾilā ʾan* eingeleitet, vgl. CANTARINO: *Prose* S. 295, RECKENDORF: *Syntax* § 223. In ähnlichen Phrasen wird auch *ḥattā* verwendet, vgl. ↓ 23_7.

6. Statt Ǧarīr sind bei gleichem *rasm* noch mehrere andere Lesungen möglich, vgl. aḏ-Ḏahabī: *Muštabih* S. 105.

7. Zur Formel *wa-ḥasbī llāhu waḥdahu* vgl. ↓ 40_6.

43.

Quittung über zweieinhalb Artaben Weizen
(Tafel 39)

A. Ch. 12463 (PERF 1332)	Papier	10,6 x 6,8 cm	27. Rabīʿ II 685 d. H. (23. VI. 1286 n. Chr.)

Hellbraunes Hadernpapier, Schöpfgitterstäbe parallel zur Schrift. Das Papier ist unten unter Textverlust abgerissen; an den übrigen Rändern sind die Schnittlinien erhalten. Das Blatt ist senkrecht durch die Mitte gefalten worden; waagerechte Faltungen bei 2,7; 5,5; 6,4; 8,8 cm, vom oberen Rand gemessen. Schwarze Tinte. Der Text des Vertragsköpers ist, abgesehen von einigen fehlenden Buchstaben in den Zeilen 4 und 9, vollständig erhalten; unten am Blatt sind die Zeugenunterschriften verloren. Verso ist leer.

Es hat Ayyūb b. Ḫalīfah b. Ṣalāḥ al-ʿAqibī anerkannt, daß er von Makārim b. Ṯaʿlab zweieinhalb Artaben Weizen als Bezahlung der von ihm geschuldeten Pacht (*muqāṭaʿah*) empfangen hat.

Die Form der Urkunde entspricht dem üblichen Formular des *ʾiqrār*. Die Schrift ist kursiv und stark ligiert; bemerkenswert ist die Form des medialen *kāf* in *Makārim* Z. 3 und *bi-l-kayl* Z. 5. Diakritische Punkte sind an mehreren Stellen gesetzt.

In PERF ist die Urkunde (PERF 1332) nicht beschrieben worden.

Text

١ بسم الله الرحمن الرحيم

٢ اقر ايوب بن خليفة بن صلاح العقبى واشهد على

٣ نفسه انه قبض وتسلم من مكارم بن ثعلب

٤ وفا من جملة اجرته عليه من [مقـ]ـاطعة

٥ من القمح بالكيل المصرى اردبين ونصف

٦ النصف من ذلك اردب واحد وربع اردب

٧ وصار ذلك بيده وحوزه وبه شهد

٨ عليه بـ(ـتا)ريخ السابع والعشرين من

٩ [ر]بيع الاخرة سنة خمـ[ـس و]ثـ[ـمـ]ـانين وستمية

- -

---

٤ جمله . اجرته . عليه – ٦ النصف . اردب – وبه – ٨ عليه – ٩ سنه . ستميه

Übersetzung

1. Im Namen Gottes, des Barmherzigen!
2. Es hat Ayyūb b. Ḫalīfah b. Ṣalāḥ al-ʿAqibī anerkannt und gegen
3. sich bezeugen lassen, daß er von Makārim b. Ṯaʿlab
4. als volle Bezahlung der gesamten von ihm (sc. Makārim b. Ṯaʿlab) geschuldeten Pacht
5. zweieinhalb Artaben Weizen, in Form des äyptischen Kayl
6. – die Hälfte davon beträgt eineinviertel Artabe – empfangen und entgegengenommen hat.
7. Dies gelangte in seine Hand und in seinen Besitz, und es ist

8. gegen ihn bezeugt worden am Datum des siebenundzwanzigsten

9. Rabīʿ II des Jahres sechshundertfünfundachtzig.

KOMMENTAR

2. Quittungen seit dem fünften Jahrhundert haben meistens die Form eines *ʾiqrār*, wobei der Empfänger anerkennt, die Bezahlung entgegengenommen zu haben (*ʾaqarra … ʾannahu qabaḍa*). Dieser Vertragstypus ersetzte das ältere Formular des *barāʾah*, vgl. KHAN: *Deeds* S. 174. Als urkundliche Belege sind CPA 39, 41, APB 15, ALAD 2v, 36, 43, 44, WMT 33-41 und ↓ 45 zu erwähnen. Ein ganz früher Beleg für diese Art von Urkunde ist APEL II 114 aus dem Jahr 241d. H. Vgl. ferner al-Asyūṭī: *Ǧawāhir* I S. 49, Guellil : *Akten* S. 87. – Zur Nisba al-ʿAqibī vgl. MAA S. 1192 und as-Samʿānī: *ʾAnsāb* IX 332f. Es sind auch andere Vokalisierungen möglich.

3. Zum Namen Makārim vgl. MAA S. 1658. Daß der zweite Buchstabe als *kāf* zu lesen ist, ergibt sich aus *bi-l-kayli* Z. 5. – Zum Namen Ṯaʿlab vgl. ↓ $31r_{12}$; die Funktion des über den letzten Buchstaben gesetzten Strichs ist mir nicht klar.

4. Mit *muqāṭaʿah* ist hier die jährlich zu leistende Abgabe für die Benützung von *ḫarāǧ*-Land gemeint. Nach Angabe von DIETRICH ist die *muqāṭaʿah* mit dem *ʾīǧār* praktisch synonym, jedoch vom *ʾiqṭāʿ* deutlich zu unterscheiden. Vgl. ABH S. 85, DOZY: *Supplément* II S. 369 und ferner *mina l-ḫarāǧi ʿan muqāṭaʿatin* APRL XV $14B_2$; *fa-ʾammā ʾaṣḥābunā l-muqāṭaʿīna* ABH 13_6.

5. Zum ägyptischen Kayl vgl. HINZ: *Masse* S. 40.

7. Zur Formel *wa-ṣāra ḏālika bi-yadihi wa-ḥawzihi* vgl. ↓ 8_8.

44.

Quittung über die Miete eines Hauses
(Tafel 40)

A. Ch. 10216 Papier 12,7 x 9 cm 733 d. H.
(1332–1333 n. Chr.)

Weißes Hadernpapier, Schöpfgitterstäbe parallel zur Schrift. Die Schnittlinien sind an allen vier Rändern erhalten. Das Blatt ist senkrecht durch die Mitte gefaltet worden; waagerechte Faltungen bei 2,1; 4,2; 6,7; 8,8; 11 cm, vom oberen Rand gemessen. Schwarze Tinte. Der Text auf Recto ist vollständig erhalten; an einigen Stellen ist die Schrift etwas verwischt. Unter dem ursprünglichen Vertragskörper der Quittung und auf Verso (Blattdrehung: ⇒) sind weitere Zahlungen von der gleichen Hand hineingeschrieben worden.

Ein Mann namens Nāṣiraddīn Muḥammad b. ʿIzzaddīn Aybak hat von al-Ḥāǧǧ Yusūf as-Saʿdūnī acht *nuqrah*-Dirham minus vierzehn Fils empfangen als Teilzahlung über die Miete seines Hauses auf der Insel ar-Rawḍah für das Jahr 733 d.H.

Historisch interessant ist die Tatsache, daß das in der vorliegenden Urkunde erwähnte Haus ein Turm (*burǧ*) war. Die Türme der Insel ar-Rawḍah sind uns aus historischen Quellen bekannt.[1] Diese gehörten zu der zur Zeit des Ayyūbidensultans al-Malik aṣ-Ṣāliḥ Naǧmaddīn Ayyūb (reg. 637-647/1240-1249) erbauten Festung (*qalʿat ar-Rawḍah*), die nach Angabe von Ibn Iyās von sechzig Türmen umgeben war. Über den Sultan al-Malik aẓ-Ẓāhir Ruknaddīn Baybars (reg. 658-676/1260-1277) wird berichtet, daß er diese Türme unter seinen Emiren verteilt habe. Einer dieser Emire könnte der Vater des im vorliegenden Dokument erwähnten Besitzers Nāṣiraddīn Muḥammad gewesen sein. Weil der Name ʿIzzaddīn Aybak im 7. Jahrhundert unter Mamlūken sehr verbreitet war, ist diese Person jedoch nicht mit Sicherheit zu identifizieren.[2] Nachdem die Festung am Anfang des 8. Jahrhunderts abgerissen wurde, wurden auf die Überreste der Türme Häuser gebaut.[3]

Die Urkunde ist in einer deutlichen Kursivschrift geschrieben. Die Signatur des Notars (*al-ḥamdu li-llāhi*) steht in großer stilierter Schrift über dem Text. Bemerkenswert ist die sehr häufige Verwendung von diakritischen Punkten. In den Zeilen r7, 8 und v5 sind griechische Zahlen verwendet worden. Die Urkunde enthält keine Zeugenunterschriften.

Text

Recto

الحمد لله

قبض ناصر الدين محمد ابن عز الدين ايبك الشيشـ[ـى

من الحاج يوسف السعدونى عن كل داره

بالروضة البرج المذكور من الذى عليه

ثمانية نقرة الا اربعتعشر فلس مما يحاسب

عليه من سنة ثلاثة وثلاثين وسبعماية

[1] Vgl. Ayalon: *Régiment* S. 134f (Note 8) und Ibn Iyās: *Badāʾiʿ* I S. 269-72.

[2] Vgl. Wiet: *Biographies* S. 82f.

[3] *wa-baqiya min ʾāṯāri hāḏihi l-qalʿati ʾabrāǧun kaṯīratun fa-banā ʿalayhā n-nāsu d-dūra l-ǧalīlata l-muṭillata ʿalā l-baḥri* Ibn Iyās: *Badāʾiʿ* I S. 272.

وقبض ايضا مما يحاسب عليه نقرة ٧
β

وقبض ايضا مما يحاسب عليه نقرة βγ' ٨

Verso

قبض مما يحاسب ١

عليه اربعة ٢

دراهم نقرة ٣

قبض مما فى باطـ[ـنـ]ـه ٤

β ٥

Übersetzung

Recto

1. Lob sei Gott.
2. Es hat Nāṣiraddīn Muḥammad b. ʿIzzadīn Aybak aš-Šīšī
3. von al-Ḥāǧǧ Yūsuf as-Saʿdūnī für sein ganzes Haus
4. auf ar-Rawḍah, den erwähnten Turm, von dem, was ihm (sc. Yūsuf as-Saʿdūnī) obliegt,
5. acht *nuqrah*(-Dirham) minus vierzehn Fils empfangen, was ihm
6. für das Jahr siebenhundertdreiunddreißig angerechnet wird.
7. Überdies hat er empfangen, was ihm angerechnet wird: 2 *nuqrah*(-Dirham).
8. Überdies hat er empfangen, was ihm angerechnet wird: 2 1/3 *nuqrah*(-Dirham)

Verso

1. Er hat empfangen, was ihm
2. angerechnet wird: vier
3. *nuqrah*-Dirham.
4. Er hat empfangen von dem, was auf Recto steht:
5. 2 (*nuqrah*-Dirham.)

Kommentar

Recto

1. Die in großer Schrift geschriebene Ḥamdalah diente als Signatur des Notars. Meistens werden in solchen Signaturen erweiterte Formen der Ḥamdalah verwendet, vgl. ↓ $45_{\text{rechter Rand}}$. Bemerkenswert ist das Fehlen der Basmalah am Anfang der Urkunde.

2. Der Name Aybak gibt türk. *ay-bäk* wieder, vgl. Sauvaget: *Noms* S. 39. Während die Mamlūken meistens türkische Namen hatten, bekamen ihre Söhne arabische Namen, vgl. Ayalon: *Names* S. 193. Die Nisba am Ende der Zeile ist nicht mit Sicherheit zu lesen. Der erste Buchstabe ist *šīn*; darauf folgt ein Häkchen und wahrscheinlich ein zweites *šīn*. Weil der Schreiber an den Rand des Papiers gelangte, bevor er das Wort fertig geschrieben hatte, ist der letzte Buchstabe sehr undeutlich. Zur Nisba aš-Šīšī vgl. MAA S. 979.

4. Mit *al-burǧ al-maḏkūr* ("der erwähnte Turm") muß gemeint sein, daß dieser Turm in einer anderen Urkunde, wahrscheinlich dem Mietvertrag, bereits erwähnt war. Zu den Türmen der Insel ar-Rawḍah vgl. die Einleitung zur Urkunde.

5-6 Zum *nuqrah*-Dirham vgl. ↓ 11 I_{15}. – Die Schreibung اربـاتـعـشـر für *'arba'ata 'ašara* reflektiert das umgangssprachliche *'arba'tāšar*. In APEL VI 365_{10} ist die Form اربـتـعـشـر belegt. Vgl. ferner Hopkins: *Studies* § 95a und ↓ 33_4. – Zur Kupfermünze Fils, deren Wert im 8. Jahrhundert großen Schwankungen unterlag, vgl. Grohmann: *Einführung* S. 214-19. – Die diakritische Punktierung der Zahl *ṯalāṯīn* weist *talātīn* mit *tā'* statt *ṯā'* auf, vgl. ↓ 33_4.

7-8 Daß die unter *nuqrah* Z. 7 und am Ende von Z. 8 gesetzten Zeichen als griechische Zahlen zu interpretieren sind, halte ich im vorliegenden Kontext für sehr wahrscheinlich. Dies auch mit Rücksicht auf Verso, wo nach *qabaḍa mimmā fī bāṭi[ni]hi* v4 eine Angabe des Betrags zu erwarten ist. Grohmann hat bereits die Verwendung von griechischen Zahlen bis ins 8. Jahrhundert d. H. nachgewiesen, vgl. Grohmann: *Einführung* S. 101.

Verso

4. Zum Quittungsvermerk *qabaḍa mimmā fī bāṭi[ni]hi* Z. 4 vgl. ↓ $31v_1$.

45.

Quittung über hundertfünfzig Niṣf
(Tafel 41)

A. Ch. 10440 Papier 22,5 x 15 cm 18. Šawwāl 874 d. H.
(20. IV. 1470 n. Chr.)

Helles, fast weißes Hadernpapier, Schöpfgitterstäbe senkrecht zur Schrift. Die Schnittlinien sind an allen vier Rändern erhalten. Waagerechte Faltungen bei 4,5; 11; 17 cm, vom oberen Rand gemessen; eine senkrechte Faltung bei 6,5 cm, vom rechten Rand gemessen. Schwarze Tinte. Im oberen Bereich ist etwa 3 cm Freirand ausgespart. Der ca. 4 cm breite Freirand im rechten Bereich enthält den senkrecht zu den Zeilen des Vertragstexts geschriebenen Vermerk des Notars. Im unteren und im linken Bereich läuft der Text bis zu den Rändern des Papiers. Verso ist leer.

Es hat ein Mann namens Abū l-Ḫayr Muḥammad b. ʿAlī b. Aḥmad, der Tischler, anerkannt, daß er von drei Männern, den beiden Tischlern Muḥammad b. Aḥmad b. Abī Bakr und Aḥmad b. Abī Salīm b. Aḥmad, und dem Aufseher (*ḫawlī*) Ibrāhīm, Sohn des Rechtsgelehrten Muḥammad b. ʿAlī, hundertfünfzig Niṣf als Preis des Holzes, das er ihnen verkauft hatte, empfangen hat. Dieses Holz war Abū l-Ḫayr Muḥammads Anteil an einer im Vertrag nicht spezifizierten größeren Partie Holz, die die vier Vertragschließenden in gemeinsamem Eigentum (*šarikah*) hatten.

Zum Hintergrund der Urkunde ist folgendes zu bemerken. Es wird im Text erwähnt, daß die drei Tischler zu den Arbeitern der "Wasserräder" (*as-sawāqī*) gehören. Näheres erfahren wir in Z. 4, wo von den östlichen königlichen Wasserrädern (*as-sawāqī as-sulṭānīyah aš-šarqī*) am Bāb al-Qarāfah die Rede ist, bei denen der am Vertrag beteiligte Aufseher Ibrāhīm b. Muḥammad arbeitete. Nach aller Wahrscheinlichkeit handelt es sich hier um die von Sultan al-Malik an-Nāṣir Nāṣiraddīn Muḥammad (reg. 709-741/1309-1340) erbauten Anlagen, welche das Wasser vom Nil zur Zitadelle transportierten.[1] Beim Bāb al-Qarāfah erreichte der etwas südlich von Kairo laufende Aquädukt die Stadtmauer.

Das im Vertrag erwähnte Holz wurde also wahrscheinlich für die Instandhaltung dieser Wasserräder verwendet. Über Holzlieferungen handeln auch die Urkunden TWÄ 21 und Rāġib: *Trois documents* 1.

Das Formular des Vertragstexts ist typisch für Rechtsurkunden des 9. und 10. Jahrhunderts. Die Schrift ist schwungvoll und sehr kursiv. Diakritische Punkte sind häufig gesezt, wobei Doppelpunkte so vereinfacht geschrieben sind, daß sie von einzelnen Punkten nicht zu unterscheiden sind. Der Buchstabe *šīn* ist häufig mit einem kurzen Strich versehen.

---

[1] Vgl. Ibn Iyās: *Badāʾiʿ* I S. 449; Mubārak: *Ḫiṭaṭ* I S. 93, 96, 139; al-Maqrīzī: *Ḫiṭaṭ* II S. 68.

Text

١ بسم الله الرحمن الرحيم وهو حسبى

٢ اقر المعلم ابو الخير محمد بن الحاج على بن الحاج احمد النجار فى السواقى

٣ المعروف بحرفته اقرارا شرعيا فى صحته وسلامته انه قبض وتسلم من المعلم

٤ ابرهيم بن الفقيه محمد بن على الخولى فى السواقى السلطانية الشرقى
بباب القرافة

٥ والمعلم محمد بن احمد بن ابى بكر والمعلم احمد بن ابى سليم بن احمد النجاران

٦ {و} ‹فى› السواقى المعروفين [بـ]ـحرفتهم من الفضة الاشرفية الجديدة معاملة

٧ الان ماية نصف وخمسين نصف قبضا شرعيا وذلك ثمن ‹ما› باعه القابض

٨ المذكور للمقبضين المذكورين وسلمه لهم فتسلموه منه التسلم الشرعى على

٩ الوجه الشرعى وهو جميع الحصة التى مبلغها الربع ستة اسهم من اصل

١٠ اربعة وعشرين سهم شايعا فى جميع الاخشاب التى كانت بينهم

١١ على سبيل الشركة الشرعية فرزا معلوما عندهم شرعيا ولم يتاخر

١٢ له بسبب ذلك مطالبة ولا شى قل ولا جل باعترافه بذلك لشهوده وتصديق

١٣ محمد واحمد على ذلك التصديق الشرعى بتاريخ ثمانى عشر شوال سنة اربع

١٤ وسبعين وثما‹نى ماية› حسبنا الله ونعم الوكيل

١٥ شهدت | شهد بذلك
احمد بن على الصوفى ن | محمد بن على الصوفى

rechter Rand

الحمد لله وبه اكتفى

اعترفوا عندى بذلك

كتبه محمد بن النصر الشافعى لطف الله به

Übersetzung

1. Im Namen Gottes, des Barmherzigen und Gnädigen! Er genügt für mich.

2. Es hat Meister Abū l-Ḫayr Muḥammad b. al-Ḥāǧǧ ʿAlī b. al-Ḥāǧǧ Aḥmad, der Tischler bei den Wasserrädern,

3. der nach seinem Beruf bekannt ist, durch ein gesetzkonformes Anerkenntnis bei voller Gesundheit und Wohlergehen anerkannt, daß er von Meister

4. Ibrāhīm, dem Sohn des Rechtsgelehrten Muḥammad b. ʿAlī, dem Aufseher bei den östlichen königlichen Wasserrädern am Bāb al-Qarāfah,

5. von Meister Muḥammad b. Aḥmad b. Abī Bakr und von Meister Aḥmad b. Abī Salīm b. Aḥmad, den beiden Tischlern

6. {und} <bei> den Wasserrädern, die nach ihrem Beruf bekannt sind, in Form neuer *Ašrafīyah*-Silberwährung, wie sie jetzt

7. im Gebrauch ist, hundertfünfzig Niṣf auf gesetzliche Art empfangen und erhalten hat. Dies ist der Preis <von dem, was> der erwähnte Empfänger

8. den erwähnten Bezahlenden verkauft hat, was er ihnen übergeben hat, und was sie darauf von ihm auf gesetzliche Art in Besitz genommen haben,

9. und dies ist der ganze Anteil, dessen Größe einviertel – sechs Teile aus einem Ganzen von

10. vierundzwanzig Teilen – vom ganzen Holz, das sie aufgrund einer gesetzlichen Eigentumsgemeinschaft

11. gemeinsam in Besitz hatten, beträgt, und der ihnen als gesetzlicher, separater Teil bekannt ist. Es bleibt

12. zu seinen Gunsten aufgrund dessen keine rückständige Forderung oder irgendwas, sei es Großes oder Kleines, durch sein Anerkenntnis von diesem gegenüber den Zeugen

dieser Urkunde und die Bestätigung

13. gemäß dem Gesetz von Muḥammad und Aḥmad am Datum des achtzehnten Šawwāl des Jahres

14. acht<hundert>vierundsiebzig. Uns genügt Gott; er ist der beste Sachverwalter.

15. Ich, Aḥmad b. ʿAlī aṣ-Ṣūfī, habe Zeugnis abgelegt. *nūn.*

Es hat Muḥammad b. ʿAlī aṣ-Ṣūfī dieses bezeugt.

rechter Rand

Lob sei Gott; mit ihm begnüge ich mich.
Sie haben dies bei mir anerkannt,
und es hat geschrieben Muḥammad b. an-Naṣr aš-Šāfiʿī - möge Gott sich ihm gütig erweisen.

Kommentar

1. Unter dem *bā'* der Basmalah ist ein Vokalzeichen gesetzt. – Zur Erweiterung der invocatio vgl. Grohmann: *Einführung* S. 113ff. Die von Grohmann nicht erwähnte Formel *wa-huwa ḥasbī* ist öfters in mamlūkischen Urkunden belegt, vgl. WMT II 35_1, 39_1, Ibrāhīm: *Istibdāl* rekto(a)$_1$.

2. Nach al-Aṣyūṭī: *Ǧawāhir* II S. 597 wird der Titel *muʿallim* für Leute der niedrigsten Schichten verwendet.

3. Mit *al-maʿrūf bi-ḥirfatihi* ist gemeint, daß der *muqirr* als Tischler bekannt ist. – Das Wort *al-muʿallim* am Ende der Zeile ist vom Schreiber verbessert worden.

4. Der *ḫawlī* beaufsichtigt die Arbeit mit der *sāqiyah.* Dieses Schöpfrad wird von Rindern oder Kamelen angetrieben. Das Treiben der Tiere wird meistens von einem Knaben gemacht;[1] gelegentlich wird diese Arbeit aber auch vom *ḫawlī* selbst übernommen. Vgl. Behnstedt–Woidich: *Dialekte* III S. 256ff; Müller-Wodarg: *Landwirtschaft* I S. 189. – Zu *as-sawāqī as-sulṭānīyah* vgl. die Einleitung zur Urkunde. Die fehlerhafte Kongruenz der Nisba *aš-šarqī* ist als Vulgarismus zu betrachten, vgl. Hopkins: *Studies* § 142a. Die Wasserräder am Bāb al-Qarāfah werden in Ibn Iyās: *Badā'iʿ* IV S. 56 erwähnt; die Lesung des undeutlich geschriebenen *al-Qarāfah* ist durch den Kontext gesichert.

5. Zur Schreibung des initialen *sīn* in *'Abī Salīm* (oder *Sulaym*) vgl. *ʿalā sabīl* Z. 11. Eine Lesung als حـ (*Ḥalīm*) kommt m. E. nicht in Betracht. – Der Nominativ des Duals *an-naǧǧārāni* steht überkorrekt statt *an-naǧǧārayni.* Vgl. Hopkins: *Studies* § 85b.

6. Am Anfang der Zeile muß *fī* statt *wa-* gemeint sein, vgl. *fī s-sawāqī* Z. 2, 4. – *al-maʿrūfīna bi-ḥirfatihim:* Die Verwendung des Plurals zeigt, daß hier sowohl die beiden Tischler, als der Aufseher Ibrāhīm b. Muḥammad gemeint sind. Aufgrund eines Vergleichs mit der Schreibung von *al-maʿrūf* Z. 3, nehme ich an, daß in *al-maʿrūfīna* nicht das *wāw*

[1] Die *ṣibyān al-ḫiwalah* werden in Ibn Iyās: *Badā'iʿ* IV S. 86 erwähnt. An dieser Stelle wird berichtet, daß die Rinder der Wasserräder dem Sultan persönlich vorgeführt wurden.

ausgefallen ist, sondern daß die Buchstabengruppe فين extrem kursiv geschrieben ist, vgl. auch *al-muqabbiḍīn* Z. 8.

6-7 Zu *mina l-fiḍḍati l-'Ašrafīyati l-ǧadīdati muʿāmalati l-'āni mi'ata niṣfin wa-ḫamsīna niṣf* vgl. *mina l-fiḍḍati l-ʿadīdīyati l-mutaʿāmali bihā bi-d-diyāri l-Miṣrīyati ʿašaratu 'ālāfi niṣfin* CDAC 2_{26-27} (S. 359); *wa-mina l-fiḍḍati l-ʿadīdīyati l-'anṣāfi ṯalāṯata ʿašara 'alfa niṣfin* IBRĀHĪM: *Istibdāl* rekto(b)$_{54-55}$. Zur Silbermünze *niṣf* ("Hälbling") vgl. den Kommentar zu diesen Belegstellen und GROHMANN: *Einführung* S. 211. Die Nisba al-Ašrafīyah bezieht sich auf den Sultan al-Ašraf Barsbāy, vgl. ↓ 35_5. In *ḫamsīna niṣf* fehlt das finale *'alif* des Akkusativs, ähnlich wie in *'arbaʿatin wa-ʿišrīna sahm* Z. 10. Vgl. HOPKINS: *Studies* § 167.

7-8 *wa-ḏālika ṯamanu <mā> bāʿahu l-qābiḍu l-maḏkūru li-l-muqabbiḍīna l-maḏkūrīna*: Nach *ṯaman* muß das Wort *mā* ausgefallen sein; das Personalsuffix in *bāʿahu* kann nicht im Bezug auf *ṯaman* gemeint sein. Vgl. *wa 'inna ḏālika ṯamanu š-šay'i l-fulānīyi* (...) *ibtāʿa ḏālika minhu* al-Asyūṭī: *Ǧawāhir* I S. 26 und ähliche Phrasen in WMT I 39_{14}, II 31_{10}, ↓ 35_8. Zur Verwendung der Begriffe *qābiḍ* und *muqabbiḍ* für den *muqirr* beziehungsweise den *muqarr lahu* in Quittungen vgl. *wa-'inna ḏālika 'āḫiru mā yastaḥiqquhu l-qābiḍu l-maḏkūru fī ḏimmati l-muqabbiḍi l-maḏkūri* al-Asyūṭī: *Ǧawāhir* I S. 49 und WMT II 33_{10}, 34_5.

8-9 Zu *wa-sallamahu lahum fa-tasallamūhu minhu t-tasalluma š-šarʿīya ʿalā l-waǧhi š-šarʿīyi* vgl. ↓ 35_{11-12}. Die Klausel bezieht sich auf die Lieferung und die Inbesitznahme des Kaufobjekts.

9-10 Zu *wa-huwa ǧamīʿu l-ḥiṣṣati llatī mablaġuhā r-rubʿu sittatu 'ashumin min 'aṣli 'arbaʿatin wa-ʿišrīna sahm šā'iʿan fī ǧamīʿi l-'aḫšābi* vgl. *ǧamīʿa l-ḥiṣṣati llatī mablaġuhā n-niṣfu ṯnā ʿašara sahman min 'aṣli 'arbaʿatin wa-ʿišrīna sahman šā'iʿan ḏālika fī ǧamīʿi d-dāri* IBRĀHĪM: *Ṯalāṯ waṯā'iq* 1_{3-4}; *bi-ǧamīʿi l-ḥiṣṣati llatī qadruhā n-niṣfu ṯnā ʿašara sahman min 'aṣli 'arbaʿatin wa-ʿišrīna sahman šā'iʿan fī ǧamīʿi l-makāni l-kāmili* CDAC $7r_{5-6}$ (S. 442) und ähnliche Phrasen in CDAC $3r_{33}$ (S. 372), $5r_{14ff}$ (S. 410), ADCC $1_{5, 50ff}$, 2_{10ff}, 5_2, 6_{2-3}, IBRĀHĪM: *Bayʿ* rekto$_{15ff}$, IBRĀHĪM: *Istibdāl* rekto(a)$_{32-33}$, al-Asyūṭī: *Ǧawāhir* I S. 102. Bei der Bestimmung des Besitzanteils (*ḥiṣṣah*) eines einzelnen Besitzers an einen größeren gemeinsamen Besitz wird eine abstrakte Teilung in vierundzwanzig gleiche Teile (*sahm*) als Ausgangspunkt genommen. Dieser Art von Berechnung liegt wahrscheinlich das islamische Erbrecht zugrunde, vgl. APEL I S. 172. Mit *šā'iʿan fī* wird angegeben, daß der ganze Besitz *mušāʿ* ("Gemeineigentum") ist. Zur *milkīyah šā'iʿah* vgl. IBRĀHĪM: *Bayʿ* S. 171f. In Kaufverträgen aus dem 4.-6. Jahrhundert sind Ausdrücke wie *šā'iʿan ġayra maqsūmin* ALAD 3_{2-3}, 4_5, 6_7, *šā'iʿatan ġayra maqsūmatin* APEL I 71_7, II 75_{11ff} und *šā'iʿatan fīhi ġayra maqsūmatin minhu* ALAD 12_8, aṭ-Ṭaḥāwī: *Buyūʿ* S. 45 belegt. Beim *'alif* des Artikels in *al-'aḫšāb* sieht es aus, als hätte der Schreiber zuerst mit einem anderen Buchstaben (wahrscheinlich initialem *hā'* des Demonstrativums) angefangen.

11. Zu *ʿalā sabīli š-šarikati š-šarʿīyati* vgl. *ʿalā sabīli l-qarḍi š-šarʿīyi* WMT II 27_{10}, 29_8; *ʿalā ḥukmi l-ḥulūli wa-sabīlihi* an-Nuwayrī: *Nihāyat al-'arab* IX S. 4; [*wa-*]*lā* [*ʿalā sabī*]*li rahnin* ↓ 9_{11}. Der Terminus *šarikah* wird sowohl für Eigentumsgemeinschaft (*šarikat māl*) als auch für verschiedene Arten von Gesellschaft (*šarikat ʿaqd*) verwendet, vgl. BERGSTRÄSSER: *Grundzüge* S. 74. Weitere Belege für *šarikah* in juristischen Urkunden sind MEF I 1_5, BAU 21_{10}, ALAD $2r_3$, 57_5, 58_5, PS 3_6, APEL II 75_{17} und ADCC $1_{49, 60}$. – *firzan maʿlūman ʿindahum šarʿīyan*: Bei der Teilung eines gemeinsamen Besitz unterscheidet das islamische Recht zwischen Teilung in natura (*'ifrāz*) und Teilung dem Wert nach (*mubādalah*: "Austausch, Ausgleichung"), vgl. BERGSTRÄSSER: *Grundzüge* S. 54. Im vorliegenden Fall ist der Besitz zuerst zwischen Abū l-Ḫayr Muḥammad und den anderen Besitzern in natura geteilt worden; zunächst hat Muḥammad seinen vom restlichen Besitz getrennten Teil (*firz*) an die anderen Besitzer verkauft. Zum Ausdruck *maʿlūm ʿindahum* vgl. ↓ 35_{10}.

11-12 Die Phrase *wa-lam yata'aḫḫar lahu bi-sababi ḏālika muṭālabatun wa-lā šay'un qalla wa-lā ǧalla* wird auch von al-Asyūṭī: *Ǧawāhir* I S. 49 verwendet. Ferner vgl. *wa-lam yata'aḫḫar lahu bi-sababi ḏālika muṭālabatun* IBRĀHĪM: *Ṭalāṯ waṯā'iq* 3(a)$_{14}$, 3(b)$_{20}$; *wa-lam yata'aḫḫar lahu min ḏālika šay'un qalla wa-lā ǧalla* CDAC 2$_{28-29}$, IBRĀHĪM: *Ṭalāṯ waṯā'iq* 1$_{16}$, WMT II 39$_{6}$; *wa-lam yata'aḫḫar lahu min ḏālika d-dirhamu l-fardu* WMT II 34$_{10-11}$, 36$_{7}$, 40$_{7-8}$ und ähnliche Phrasen in IBRĀHĪM: *Bay'* rekto$_{27-28}$, ADCC 1$_{24}$. Vgl. ferner *ḥattā lā yabqā minhu šay'un qalla wa-lā ǧalla* (statt l. ملء ولا خل) APEL II 111$_{11}$; *wa-lā šay'an qalla wa-lā ǧalla* WMT II 34$_{12}$; *wa-lam yabqā*(!) *lī qibalaka šay'un* FWAP S. 152; *wa-lam yabqa minhu šay'un* ↓ 27$_{\text{rechter Rand}}$; *wa-laysa lī ʿindahu šay'un* RÉMONDON: *Cinq documents* 2$_{2}$. – Zu *bi-ʿtirāfihi bi-ḏālika li-šuhūdihi* vgl. ↓ 35$_{12}$.

12-13 *wa-taṣdīqi Muḥammad wa-'Aḥmad ʿalā ḏālika t-taṣdīqa š-šarʿīya*: In späteren Urkunden des *'iqrār* wird häufig eine Klausel aufgenommen, in der die Aussage des *muqirr* vom *muqarr lahu* bestätigt wird (*taṣdīq*), vgl. *wa-ṣaddaqahu l-muqarru lahu ʿalā ḏālika kullihi taṣdīqan šarʿīyan* al-Asyūṭī: *Ǧawāhir* I S. 29; *wa-ṣaddaqahā ʿalā mā 'aqarrat bihi t-taṣdīqa š-šarʿīya* WMT II 39$_{9}$ und ferner CPA 43$_{11}$, WMT II 33$_{12}$, 39$_{9}$, 43$_{5}$, GUELLIL: *Akten* S. 87, an-Nuwayrī: *Nihāyat al-'arab* IX S. 11. Mit den an vorliegender Stelle erwähnten Muḥammad und Aḥmad sind also die beiden Tischler Muḥammad b. Aḥmad b. Abī Bakr und Aḥmad b. Abī Salīm b. Aḥmad gemeint. Das Fehlen des Namens des dritten *muqarr lahu*, Ibrāhīm b. Muḥammad b. ʿAlī, deutet darauf hin, daß er nicht persönlich beim Vertragsabschluß anwesend war, und deshalb die Bedingung, der *taṣdīq* müßte in Gegenwart der Zeugen stattfinden, nicht erfüllen konnte, vgl. al-Asyūṭī: *Ǧawāhir* I S. 26.

14 Bei der Angabe des Jahrhunderts sind einige Buchstaben ausgefallen. Statt der Lesung وثما<نى ماية> ist auch <و>ثمن ما<ية> zu erwägen. – Die Schlußformel *ḥasbunā llāhu wa-niʿma l-wakīlu* gehört in Urkunden des 9. und 10. zu den festen Phrasen, vgl. z. B. die zahlreichen Belegen in CDAC S. 343-508.

15 Die beiden Zeugen könnten Brüder gewesen sein. Zur Nisba aṣ-Ṣūfī vgl. MAA S. 1027. – Das *nūn* am Ende der rechten Unterschrift ist als Schlußzeichen verwendet worden, vgl. den Kommentar zu IBRĀHĪM: *Ṭalāṯ waṯā'iq* 3(b)$_{1}$ und ferner CDAC 8r$_{1}$; IBRĀHĪM: *Tawṯīqāt* Z. 56, 143 (S. 346, 351).

rechter Rand Der notarielle Vermerk enthält drei Elemente, die zu diesem Zweck auch vereinzelt verwendet werden: eine religiöse Formel, eine Bestätigung zum Inhalt der Urkunde und die Unterschrift. Die religiöse Formel besteht meistens aus einer erweiterten Form der Ḥamdalah; zur vorliegenden Formel vgl. *al-ḥamdu li-llāhi wa-bihi 'aktafī* CDAC 7r$_{1}$; *al-ḥamdu li-llāhi 'ilayhi 'altaǧi'u wa-bihi 'aktafī* IBRĀHĪM: *Silsilat* verso$_{1}$[1]; *al-ḥamdu li-llāhi wa-bihi 'astaʿīnu* IBRĀHĪM: *Waqf* verso$_{1}$; *al-ḥamdu li-llāhi wa-bihi 'aʿtaṣimu* PS 31$_{3}$. Zu *iʿtarafū ʿindī bi-ḏālika* vgl. den Kommentar zu DIEM: *Rechtsurkunden* 2$_{1}$. Außer den dort erwähnten Belegen sind noch CPA 41$_{1}$, 54$_{1}$, APEL I 54$_{1}$, 60$_{1}$ und PS 3$_{1}$ (an den drei letzten Stellen l. *iʿtarafa* statt *'aʿrafa*) zu erwähnen. Vgl. ferner *ṣaḥḥa ḏālika ʿindī* ↓ 10$_{1}$. Das *lām-kāf* von *bi-ḏālika* ist, ähnlich wie bei der Zeugenunterschrift in Z. 15 (links), über die Zeile gesetzt. *katabahu* ist zu einem Schnörkel stiliert. Ähnlich geschriebenes *katabahu* ist z. B. in WMT II 36$_{10}$, 38$_{13}$, 40$_{15}$ belegt. Vgl. ferner ↓ 2 I$_{15}$. Statt an-Naṣr könnte das Patronymikon des Notars auch an-Nuṣayr oder al-Baṣīr gewesen sein, vgl. MAA S. 189, 1760, 1763. In *laṭafa llāhu bihi* sind die letzten zwei Wörten stark kursiviert über die Zeile gesetzt. Die Eulogie bezieht sich auf aš-Šāfiʿī; in späten Urkunden wird sie öfters bei Unterschriften verwendet, vgl. CDAC 5v$_{29}$ (S. 421), 7v$_{31}$ (S. 460), WMT I 44$_{\text{oberer Rand}}$.

---

[1] Vgl. Tafel V zu dieser Veröffentlichung.

Anhang

a) Chronologische Übersicht über die edierten Stücke

2./8. Jh.	36
172–173/789	16
178/795	17
2.–3./9. Jh.	37
Anfang 3./9. Jh.	19
205/821	25
207/823	18
3./9. Jh.	1, 38, 39
251–252/865–866	26
277/891	14, 20
290/903	12, 21
Ende 3./Anfang 10. Jh.	22
4./10. Jh.	42
316/928	3
329/940–941	40
330/942	41
331/943	23
333/945	7
335/946–947	24
340/951–952	15
341/952	4
344/956	27
345/956	8
356/967	28, 29
4.–5./10.–11. Jh.	9

Anfang 5./11. Jh.	5
403/1012	13
451/1059	10
583/1188	30
616/1219	31
629/1232	32
639/1241	2
639/1242	33
674/1276	11
685/1286	43
733/1332–1333	44
8.–9./14.–15. Jh.	6, 34
874/1470	45
887/1482	35

b) Verzeichnis der Stücke nach der Editionsnummer

Editions-nummer	Inventar-nummer	Tafel	Editions-nummer	Inventar-nummer	Tafel
1	A. P. 630	1	24	A. Ch. 3577v	23
2	A. Ch. 12446	2	25	A. P. 700	24
3	A. Ch. 32302	3	26	A. P. 11738r	25
4	A. Ch. 15311v	4	27	A. Ch. 12189r	26
5	A. Ch. 13008	5	28	A. Ch. 7871r	27
6	A. Ch. 13485v	6	29	A. Ch. 7871v	28
7	A. Perg. 82	7	30	A. Ch. 13380	29
8	A. Ch. 1567	8	31	A. Ch. 12441	30
9	A. Ch. 10427	9	32	A. Ch. 3089	31
10	A. Ch. 10254	10	33	A. Ch. 12782	32
11	A. Ch. 23050	11	34	A. Ch. 10393	33
12	A. P. 5211v	12	35	A. Ch. 10314	34
13	A. Ch. 3264	13	36	A. P. 726v	35
14	A. P. 1721v	14	37	A. P. 3346	36
15	A. Ch. 12178v	6	38	A. P. 1273v	37
16	A. P. 893	15	39	A. P. 4130v	37
17	A. P. 1682r	16	40	A. Ch. 12158v	39
18	A. P. 11047	17	41	A. Ch. 7820v	38
19	A. P. 11046	18	42	A. Ch. 25009	39
20	A. P. 1722	19	43	A. Ch. 12463	39
21	A. P. 11022	20	44	A. Ch. 10216	40
22	A. P. 5211r	21	45	A. Ch. 10440	41
23	A. Ch. 3577r	22			

c) Verzeichnis der Stücke nach der Inventarnummer

Inventar-nummer	Editions-nummer	Tafel	Inventar-nummer	Editions-nummer	Tafel
A. P. 630	1	1	A. Ch. 7871v	29	28
A. P. 700	25	24	A. Ch. 10216	44	40
A. P. 726v	36	35	A. Ch. 10254	10	10
A. P. 893	16	15	A. Ch. 10314	35	34
A. P. 1273v	38	37	A. Ch. 10393	34	33
A. P. 1682r	17	16	A. Ch. 10427	9	9
A. P. 1721v	14	14	A. Ch. 10440	45	41
A. P. 1722	20	19	A. Ch. 12158v	40	39
A. P. 3346	37	36	A. Ch. 12178v	15	6
A. P. 4130v	39	37	A. Ch. 12189r	27	26
A. P. 5211r	23	22	A. Ch. 12441	31	30
A. P. 5211v	12	12	A. Ch. 12446	2	2
A. P. 11022	21	20	A. Ch. 12463	43	39
A. P. 11046	19	18	A. Ch. 12782	33	32
A. P. 11047	18	17	A. Ch. 13008	5	5
A. P. 11738r	26	25	A. Ch. 13380	30	29
			A. Ch. 13485v	6	6
A. Ch. 1567	8	8	A. Ch. 15311v	4	4
A. Ch. 3089	32	31	A. Ch. 23050	11	11
A. Ch. 3264	13	13	A. Ch. 25009	42	39
A. Ch. 3577r	23	22	A. Ch. 32302	3	3
A. Ch. 3577v	24	23			
A. Ch. 7820v	41	38	A. Perg. 82	7	7
A. Ch. 7871r	28	27			

d) Verzeichnis der Stücke nach PERF

PERF Nummer	Inventar-nummer	Editions-nummer	PERF Nummer	Inventar-nummer	Editions-nummer
617	A. P. 893	16	987	A. Ch. 12178	15
648	A. P. 726v	36	1001	A. Ch. 12189r	27
701	A. P. 700	25	1230	A. Ch. 15331v	4
757	A. P. 3346	37	1290	A. Ch. 13380	30
796	A. P. 11738r	26	1300	A. Ch. 12441	31
808	A. P. 1273v	38	1305	A. Ch. 12446	2
956	A. Ch. 12158v	40	1322	A. Ch. 23050	11
962	A. Ch. 3577r	23	1332	A. Ch. 12463	43

Indices

a) Glossar

Das Glossar enthält: 1. Die Einleitungsformeln (Einl.); 2. die spezifisch juristischen Phrasen; 3. die Eulogien (Eul.); 4. die Titel (Ti.); 5. das übrige Lexicon in Auswahl. Auf einige ganz stereotype Phrasen, die in fast allen Dokumenten belegt sind (z. B. *šahida* in Zeugen-unterschriften), ist verzichtet worden. Zusammengestellte Phrasen werden meistens unter mehreren Wurzeln zitiert. Auf die Auslassung von Wörtern wird mit (...) hingewiesen. Das Symbol → stellt Verweise her. Der Asterisk * hinter einer Belegstelle weist darauf hin, daß an der betreffenden Stelle des Kommentars der Ausdruck besprochen wird, wobei zusätzliche Textbelege geboten sind.

'bd — *lā] li-'aǧalin wa-lā li-'abadin* 7_{9}*.

'bw — *saqīqihā li-'abawayhā* 2 II_{6}*; *ʿalā 'iḫwatihi* ⟦*m-n*⟧ *li-'abīhi* 6_{6}*.

'ṯṯ — [*wa-*]*lā 'aṯāṯun wa-lā 'aklun* 5_{7}*.

'ǧl — *lā] li-'aǧalin wa-lā li-'abadin* 7_{9}*. *ʿinda maḥilli 'aǧalihā* 24_{7}.

'ǧr — X Einl. *hāḏā mā sta'ǧara* 13_{2}*. – *'iǧāratan wāǧibatan* 13_{14}*. – *min hāḏihi l-'uǧrati* 13_{17}; *lahu mina l-'uǧrati* 15_{5}; *min 'uǧrati d-dukkāni* 40_{3}; *min ǧumlati 'uǧratihi* 43_{4}.

'ḫḏ — I *'aḫaḏa mā fīhi* 20_{6}. *'aḫaḏathum minhu* 21_{3}. *'a]ḫaḏahu* 21_{4}. *'aḫaḏat hāḏayni d-dīnārayni* 21_{4}; *'aḫaḏa hāḏayni d-dīnārayni* 21_{6}. *'a]ḫaḏahu bi-*[*hā*]*ḏā d-dīnāri* 22_{3-4}*.

'ḫr — II *wa-'aḫḫarat ʿalayhi* 1_{5-6}*. *mina l-mu'aḫḫari* 1_{5}*. *ad-danānīri l-mu'aḫḫa*[*ri* 1_{9}. – V *wa-lam yata'aḫḫar lahu bi-sababi ḏālika* 45_{11-12}*. – *'āḫira hāḏā l-kitābi* 10_{3}; *'āḫirahu* 11 I_{2}, 6_{1}. Ferner → *'wl*

'ḏn — *bi-'iḏnihā wa-riḍāhā fī ḏālika* 2 II_{7}*. *bi-ḥuḏūrihi wa-'iḏnihi* 30_{12}*.

'rḍ — *wa-'arḍihā wa-binā'ihā* 7_{7}, 8_{4}. *wa-'arḍihinna wa-hawā'ihinna* 9_{8}*. *min 'arḍi ṣaʿīdi Miṣra* 9_{3}*, 24_{2}.

'ṣl — *min 'aṣli 'arbaʿatin wa-ʿišrīna sahm* 45_{9-10}*. *wa-'uṣūlihinna wa-ǧuḏūʿihinna wa-tiraʿihinna* 9_{8}.

'kl — [*wa-*]*lā 'aṯāṯun wa-lā 'aklun* 5_{7}*.

'mr — *bi-'amrihi wa-maḥḍarihi* 2 I_{15}*, $10_{4,\ 20-21}$, 28_{16}, 29_{17}. *bi-*[*'a*]*mri* [*ḥaqqin*] *wā*[*ǧibin lāzimin* 5_{9}*, 23_{8}. *'amruhā wa-nuǧūmuhā* 23_{10}. *wa-ǧawāzi 'amrihi* u. ä. → *ǧwz*

'mn — Ti. *aṣ-ṣadri ar-ra'īsi l-ʿadli l-'amīni* 11 I_{10-11}*. Ti. *al-faqīhu l-'amīnu* $32v_{1}$.

'hl — *'ahlun li-l-walā'i ʿalayhā* 2 I_{8}*; *'ahlun* ⟦*li-mā fawwaḍa lahu*⟧ *li-mā 'asnadahu 'ilayhi wāliduhu* 6_{4-5}*. – *min 'ahli l-ḫibrati s-sālimati* 6_{1-2}*; *ʿinda 'ahli l-ḫibrati* 13_{7}.

'wl — *wa-*]*lā 'ālatun* 5_{6}. *wa-l-'ālati l-ḫašabi l-murakkabati* 9_{9}. – *wa-'awwalu š-šuhūri* 12_{4}; *wa-'awwalu šahrin* 23_{5}; *'awwalu 'ayyāmi Maymūn* 15_{2}*; *'awwaluhā* 1_{6}. *'awwaluhunna* (...[...) *wa-*]*'ā*[*ḫiruhunna* 13_{10}; *'awwaluhā* (...) *wa-'āḫiruhā* 25_{5-7}. *min 'awwalihi 'ilā 'āḫirihi* 7_{14}*, 8_{13}, 21_{8}.

'yd — II Eul. *'ayyadahu llāhu* $41_{3,\ 6}$.

'ym — *al-mar'ata l-kāmila l-'ayyima* 2 I_{2}*.

b'r — *ʿalā l-bi'ri l-mā'i l-maʿīnati* 9_{9}*; *min bi'ri l-mā'i* 7_{5}.

btt — *ṭalāq ṯalāṯ battatan* 3_{5}*.

bd' — IV *al-mubda'i bi-smihi* $32r_{8}$.

br' — I *wa-bar<i'a> Biyāq* [*Haliyah*] *minhu 'ilayhi* 37_{8-9}*. – IV *'annahu 'abra'a zaw*[*ǧatahu*

5_{4}*. *wa-'a[b]ra'a[hu] min ǧamīʿihi* 7_{10}*, [] 8_{6}; *wa-'abra'nā* (...) *min ǧamīʿi hāḏihi l-[ǧum]lati l-maḏkūrati* $41_{6\text{-}7}$*; *wa-'abra'a Ḥannā mina ṯ-ṯūmi l-maḏkūri* 32$v_{4\text{-}5}$. – Einl. *barā'atun li-* pers. *min* $37_{2\text{-}3}$*, 39_{2}. *ǧamīʿa māli* ⟦*hāḏihi*⟧ *l-barā'ati l-mustanadati ʿal[ayhā* 41_{3}. – *barī'in mina l-qaṣri wa-s-sawādin wa-[* 20_{3}*; *wa-hiya] min ǧamīʿi ḏalika bar{ī'}\ī'atun/* $5_{13\text{-}14}$*.

brk III *fī l-yawmi l-mubāraki* 35_{12}.

bṭn *fī bāṭinihā* 31v_{1}*; *bāṭinahā* 32$v_{3,6}$.

bqy I *wa-lam yabqā* (!) *lī ʿalayhi* (...) *qalīlun wa-lā kaṯīrun wa-lā dīnārun wa-lā dirhamun* $38_{3\text{-}5}$*; *wa-lam yabqa qibalahu minhā qalīlun wa-lā kaṯīrun* $41_{7\text{-}8}$; *wa-lam yabqa minhu šay'un* $27_{\text{rechte Rand}}$; *wa-lam yabqa minhā siwā l-ʿi[na]bi* 32$v_{5\text{-}6}$. *wa-yabqā llaḏī huwa ʿišrūna dīnāran* 2 $II_{3\text{-}4}$. *'awwaluhā sabʿun tabqā* 1_{6}. – IV Eul. *'abqāhu llāhu* 19_{6}. – Eul. *'aṭāla llāhu baqā'ahu* 28_{4}. – *bāqiya d-dīnāri l-Muʿizzīyi* 42_{5}.

blġ I *mā balaġa* 9_{13}*. – *mablaġuhu* 2 II_{2}*, 29_{7}; *mablaġuhā* 45_{9}. *wa-l-mablaġu mina l-qamḥi* 30_{18}.

bny VIII *ʿinda btinā'ihi bihā* 1_{4}*. – *wa-'arḍihā wa-binā'ihā* 7_{7}, 8_{4}.

bwb *bi-'abwābihi l-ḫašabi wa-'aġlāqihi* 13_{17}*. *wa-ḫašabihi wa-'abwābihi* 10_{7}. – Ferner → *šrʿ*.

byn I *bānat [bi]hinna* 4_{5}*.

byʿ I *wa-ḏālika ṯamanu* <*mā*> *bāʿahu* 45_{7}. – VI *ǧamīʿa mā tabāyaʿā ʿalayhi* 8_{8}*. *fa-tabāyaʿā ʿalā ḏālika* 8_{9}*.

trʿ *wa-'uṣūlihinna wa-ǧuḏūʿihinna wa-tiraʿihinna* 9_{8}.

tmm *tāmman wā]fiyan* 7_{10}*. *kattānin* (...) *ǧayyidin tāmmin* 20_{3}. – *muʿtadilu l-qāmati li-t-tamāmi* 34_{3}*.

ṯbt IV *'iṯbāta šahādatihim bi-mā ʿalimūhu min ḏālika* 2 $I_{9\text{-}10}$*. *[wa-]'aṯba[tū* 2 I_{10}*. – *daynan ṯābitan* → *dyn*

ṯql *dīnārun miṯqālun salīmun* 2 II_{5}; *dīnārun wāḥidun miṯqālun* 22_{3}; *danānīra maṯāqīla ḏahaban* $7_{9,11}$, 9_{10}, 23_{4}; *danānīra maṯāqīlan* (!) *ḏahab[an* $8_{5,7}$.

ṯny II *al-muṯannā bi-smihi* 32r_{9}*.

ǧbr *ġayra mukrahin wa-lā muǧbarin* u. ä. → *ṭwʿ*

ǧḏʿ *wa-'uṣūlihinna wa-ǧuḏūʿihinna wa-tiraʿihinna* 9_{8}.

ǧrn *bi-nafa[ri]hi wa-madārisihi wa-'aǧrānihi* 14_{6}*.

ǧry *al-ǧārī fī 'ahillati sanati* 13_{11}*, 15_{4}, 24_{5}, $27_{11,15}$.

ǧls Ti. *li-l-maǧlisi l-ʿālī* 35_{4}.

ǧll I *wa-lā say'un qalla wa-lā ǧalla* 45_{12}*. – Ti. *aṣ-ṣadra l-'aǧalla l-muḥtarama* 6_{5}*. Ti. *al-qāḍī l-'aǧalli* 11 $I_{10\text{-}11}$.

ǧmʿ I *wa-yaǧmaʿuhā wa-yaštami[lu ʿalayhā]* 7_{4}*.

ǧml *ǧumlatuhu* 35_{6}; *wa-ǧumlatuhā* 41_{13}. *min ǧumlati d-dīnāri l-Muʿizzīyi* $42_{2\text{-}3}$; *min ǧumlati 'uǧratihi* 43_{4}; *min ǧamīʿi hāḏihi l-[ǧum]lati l-maḏkūrati* $41_{6\text{-}7}$.

ǧhl *wa-lā ǧāhilin bi-mā 'aqarra bihi fīhi* 30_{5}*; *[al-ʿilma š-ša]rʿīya n-nāfiya li-l-ǧahālati* 35_{10}*; *ʿilman] wa-ḫub[r]an [nāfiy]an li-l-ǧahā[lati]* 35_{11}*.

ǧwb IV *'aǧābū su'ālahu* 2 I_{10}*. *'aǧābūhu* 11 II_{3}.

ǧwz I *man ǧāzat mas'alatuhu* 2 I_{9}*, 11 II_{3}. – *wa-ǧawāzin min 'amrin* 3_{4}; *wa-ǧawāzi 'amrin* 30_{4}*, 31r_{3}, 32r_{3}; *wa-ǧawāzi 'amrihi* 4_{3}, $5_{3,16}$, $14_{3\text{-}4}$, 23_{11}; *wa-ǧawāzi 'umūrihimā* 7_{15}, 8_{13}, 28_{3}. *dīnārun wāḥidun ǧawāzun* 15_{5}*.

ḥǧǧ VIII *wa-lā yaḥtaǧǧu fīhi bi-ḥuǧǧatin* 20_{5}*; *wa-lā yaḥtaǧǧā fīhi bi-ḥuǧǧa[tin]* 28_{8}; *wa-lā yaḥtaǧǧā bi-ḥuǧǧatin* 29_{8}; *wa-lā yaḥtaǧǧu bi-ḥuǧǧatin* 22_{4}; *wa-lā 'aḥtaǧǧu bi-ḥuǧǧatin* 27_{8}; *wa-lā yaḥtaǧǧu ʿalayhā bi-ḥuǧǧatin* 23_{8}; *wa-lā yaḥtaǧǧu ʿalayhi bi-ḥuǧǧatin* $24_{5\text{-}6}$. – *lā ḥuǧǧata fīhi* 14_{8}. – Ti. *al-ḥāǧǧ* 6_{3}, 11 $I_{5,13}$, 44_{3}, 45_{3}.

[*nāfiy*]*an li-l-ǧahā*[*lati*] 35_{11}*.

ḫrǧ *'illā bi-l-ḫurūǧi min hāḏā d-dīnāri* 22_{5}*; *'illā bi-l-ḫurūǧi min hāḏihi s-sabʿi* [24_{6}; *'illā bi-l-ḫurūǧi min hāḏā l-qamḥi* 27_{8}, 28_{9}, $29_{7\text{-}8}$. – *wa-l-madḫali 'ilayhinna wa-l-maḫraǧi minhunna* 9_{8}; *wa-minhu l-madḫalu wa-l-maḫraǧu* $10_{8\text{-}9,\,14}$. – *ḏāka li-ḫarāǧi sanati* 41_{4}. – *ḫāriǧa d-darbi l-maslūki minhu* 13_{8}. Ferner *ḫāriǧ* → *ḥqq*.

ḫšb *wa-ḫašabihi wa-'abwābihi* 10_{7}. *bi-'abwābihi l-ḫašabi* 13_{17}*. *wa-l-'ālati l-ḫašabi* 9_{9}. *fī ǧamīʿi l-'aḫšābi* 45_{10}.

ḫṣṣ *al-ḫāṣṣati l-Iḫšīdīyi* 28_{4}, $29_{2\text{-}3}$.

ḫṭb III *bi-muḫāṭabatin minhu 'iyyāhā* 23_{10}*.

ḫṭṭ *mimman yuḥḍiru hāḏā l-ḫaṭṭa* 27_{10}*. *ǧamīʿa mā fī hāḏā l-ḫaṭṭi* $27_{\text{rechter Rand}}$.

ḫlṣ *ḥattā yuḫalliṣa*[9_{13}*. – *min ḫāliṣi*] *mālihi* 9_{13}*; *wa-ḫāliṣi mālihi* $30_{6,\,14}$; *wa-ḫāliṣi mālihimā* $32r_{3\text{-}4}$.

ḫlw I *li-ʿašari layālin ḫalat* 15_{3}; *li-sabʿin ḫalawna* 25_{5}. – *ḫāliyatun mina l-'azwāǧi wa-l-ʿišrati* 2 I_{6}*. *ḫāliyan mina s-sukkāni* 13_{16}*.

ḫwl *al-ḫawlīy* 45_{4}.

ḫyr *wa-lā ḫiyāra wa-lā raǧʿata* 9_{11}*.

dḫl *wa-l-madḫali 'ilayhinna wa-l-maḫraǧi minhunna* 9_{8}; *wa-minhu l-madḫalu wa-l-maḫraǧu* $10_{8\text{-}9,\,14}$. – Ferner *dāḫil* → *ḥqq*.

drs I "dreschen" 14_{6}. – *dirās* "Drescharbeit" $14_{5,\,8,\,9}$. – *bi-nafa*[*ri*]*hi wa-madārisihi wa-'aǧrānihi* 14_{6}*.

drk IV [*fa-mā 'ad*]*raka* 7_{12}, [] 8_{9}. *wa-mudrikuhā wa-lā*[*ḥiquhā* 5_{15}*. – *min darakin min 'aḥadin mina n-nāsi kullihim* $7_{12\text{-}13}$, [] 8_{10}.

drhm *wa-lā dīnārun wa-lā dirhamun* $38_{3\text{-}5}$*. Ferner → *nqr*.

dʿw VIII *mimmā yaddaʿū n-nāsu ba*[ʿ]*ḍuhum* [ʿ*a*]*lā* [*ba*]ʿ*ḍin* 5_{8}*. [*wa-ku*]*llu* [*da*ʿ]*wa yaddaʿīhi* [… *wa-yaddaʿī ḏālika lahu 'aḥadun*] *bi-sababihi* $5_{10\text{-}11}$*. *wa-mani ddaʿā ḏāli*[*ka*] *la*[*hu*] *bi-sababihi* 5_{12}. *'annahu lā yaddaʿī ḏālika* 5_{14}*. – *min ǧamīʿi d-daʿāwī wa-l-*[*mu*]*ṭāla*[*bāti* 5_{5}*.

dfʿ I Einl. *dafaʿa 'ilayya* 40_{2}. *wa-dafaʿa* (…) *'ilā* $7_{9\text{-}10}$, 8_{6}; *dafaʿahu 'ilā* 37_{4}*. *wa-ʿalā 'anna Dwyz yadfaʿu 'ilā* $10_{17\text{-}18}$. *yadfaʿu 'ilayhā* 23_{7}; [*'adfaʿu ḏāli*]*ka 'ilayhi* $26_{3\text{-}4}$, 27_{6}; *yadfaʿuhā 'ilayhi* 27_{14}. *yadfaʿ*[*ā*] *ḏālika 'ilā man yaqūmu maqāmahu* 28_{6}; *yadfaʿā ḏālika 'ilā wakīlihi* 29_{6}. *fa-ʿalā 'Abū Dārah yadfaʿ 'ilā* 36_{4}. – III *lā yudāfiʿu bi-ḏālika* 20_{5}*, 22_{4}, 23_{7}; *lā yudāfiʿā bi-ḏālika* 28_{8}, 29_{7}; *lā yudāfiʿuhu bi-ḏālika* 24_{5}; *lā 'udāfiʿuhu bi-ḏā*[*lika*] 27_{7}. *bi-lā mudāfaʿatin* 21_{6}; *min ġayri mudāfaʿatin* $31r_{8}$. – *dafʿu 'awwali rubʿi dīnārin* 23_{5}.

dnr *wa-lā dīnārun wa-lā dirhamun* $38_{3\text{-}5}$*.

dwr X *mustadīru l-liḥyati* $34_{3\text{-}4}$*. – *bi-l-kayli d-dawwāri* (?) 30_{9}*.

dwm IV Eul. *'adāma llāhu ʿizzahu* 29_{3}.

dyn *daynan ṯābitan lāziman lahu* 23_{4}*; *daynan ṯābitan wa-ḥaqqan wāǧiban lāziman* $30_{6\text{-}7}$; *daynan lāziman wa-ḥaqqan wāǧiban* $31r_{4}$; *daynan ṯābitan wa-ḥaqqan wāǧiban* [*ša*]*rʿīyan* $32r_{4}$. *bi-daynihi lahu* $32r_{10\text{-}11}$.

ḏkr Einl. *ḏikru ḥaqqi* 16_{2}, 17_{3}, 18_{2}, 19_{2}, 20_{2}, [] 21_{2}, [] 22_{2}, 23_{2}; Einl. *ḏikru ḥaqqin li-* 24_{2}. *bi-ḏikri l-ḥaqqi* → *qwm*. *hāḏā ḏ-ḏikra l-ḥaqqi* → *qḍy*.

ḏmm *fī ḏimmatihi wa-mālihi* 23_{4}*; *wa-fī ḏimmatihi wa-ḫāliṣi mālihi* $30_{6,\,14}$; *wa-fī ḏimmatihimā wa-ḫāliṣi mālihimā* $32r_{3\text{-}4}$; *wa-fī ḏimmatihi* 33_{2}; *wa-fī ḏimmatihimā* $28_{4\text{-}5}$, 29_{3}, $31r_{4}$; *fī ḏ-ḏimmati* $32r_{10}$*, 34_{4}, [] $35_{3\text{-}4}$.

ḏhb *wa-lā ḏahabun wa-lā waraqun* 5_{5}. *mina l-ʿayni ḏ-ḏahabi l-Miṣrīyi* 2 II_{2}*; *mina ḏ-ḏahabi l-'Ašrafīyi wa-ẓ-Ẓāhirīyi ṭ-ṭayyibi l-wāzini* [*š-šar*ʿ]*īyi* $35_{5\text{-}6}$*. *qīrāṭan ḏahab* 25_{4}. Ferner → *ṯql*.

lā šarṭa fīhi wa-lā ʿidata 7_{9}*, 8_{5-6}, 9_{11}.

šrʿ I wa-[fīhi yaš]raʿu bābu hāḏihi d-dāri 7_{4-5}; wa-fīhi yašraʿu bābu ʾaḥadi hāḏayni l-manzilayni 8_{2}; wa-bihī (!) yašraʿu l-bābu $10_{8,14}$. – šarʿan 11 I_{3}. – maʿrifatan šarʿīyatan 6_{4}; qabūlan ṣaḥīḥan šarʿīyan 2 II_{8}; ʾiqrāran šarʿīyan 35_{3}*, 45_{3}; qabḍan šarʿīyan 45_{7}; firzan maʿlūmun ʿindahum šarʿīyan 45_{11}; wa-ḥaqqan wāǧiban [ša]rʿīyan $32r_{4}$. bi-ḥaqqin ṣaḥīḥin šarʿīyin 34_{4-5}*; bi-ḥaqqin ša]rʿīyin 35_{4}. [al-ʿilma š-ša]rʿīya n-nāfiya li-l-ǧahālati 35_{10}*; at-tasalluma š-šarʿīya 35_{11}*, 45_{8}; al-iʿtirāfa š-šarʿīya 35_{12}; at-taṣdīqa š-šarʿīya 45_{13}*. wa-t-taqlībi š-šarʿīyi 35_{10}*. wa-mina l-mawāniʿi š-šarʿīyati 2 I_{6}*; mi[na] l-waṣīyati š-šarʿīyati 6_{5}*; mina ḏ-ḏahabi (...) [š-šarʿ]īyi 35_{5-6}*. [ʿalā] l-waǧhi š-šarʿīyi 35_{12}*, 45_{8-9}; ʿalā sabīli š-šarikati š-šarʿīyi 45_{11}*.

šrk I wa-man yašrakuhu 11 I_{12}. – ʿalā sabīli š-šarikati š-šarʿīyi 45_{11}*.

šry VIII Einl. hāḏā mā šta[r]ā 7_{2}, [] 9_{2}. – širāʾan ṣaḥīḥan 7_{9}.

šml VIII wa-ǧamī]ʿi mā štamalat ʿalayhi 9_{10}. wa-yaštamilu ʿalayhi 11 I_{8-9}; wa-yaǧmaʿuhā wa-yaštami[lu ʿalayhā] 7_{4}*.

šhd I Einl. šahida š-šuhūdu l-musammawna fī hāḏā l-kitābi 4_{2}*, 5_{2}, 14_{2-3}, 25_{2}; Einl. šahida š-šuhūdu l-musammawna ʾāḫira hāḏā l-kitābi 10_{3}. Einl. hāḏā mā šahida ʿalayhi š-šuhūdu l-musammawna fī hāḏā l-kitābi 3_{2}*. Einl. šahida man yaḍaʿu ḫaṭṭahu ʾāḫirahu 11 I_{2}*. yaʿlamūna ḏālika wa-yašhadūna bihi 2 I_{8}*, 11 II_{2}. mimmā yašhadūna bihi fīhi 6_{1-2}*. šahida bi-maḍmūnihi 2 I_{12}*; ʾašhadu bi-maḍmūnihi 11 $II_{5,6}$. šahidtu ʿalā z-zawǧati bi-qabḍi l-ḥālli fīhi 2 II_{12-13}. – IV ʾašhadahum wa-ʾaqarra ʿindahum 3_{3}*; ʾaqarra ʿindahum wa-ʾašhadahu]m ʿalā nafsihi 5_{3}*; wa-ʾašhada ʿalā nafsihi 30_{3-4}, $31r_{3}$, 33_{1}, 43_{2-3}; wa-ʾašhadā ʿalā ʾanfusihimā $32r_{2}$; wa-bi-ḏālika ʾaqarrā wa-ʾašhadā ʿalā ʾanfusihimā 30_{14}. wa-ʾašha[da llāha ʿalā ḏālika 26_{5}. ʾašhadanī 27_{12}, 30_{16}, $32v_{1}$; ʾašhadanī bi-ḏālika $31r_{11}$, $32v_{9}$, 33_{7}; ʾašhadānī bi-ḏālika 30_{16} $32r_{12}$. – šahādatan ḥarīyatan (?) li-manzili (?) ʿilmihim bi-ḏālika 2 I_{8-9}*. ʾiṯbāta šahādatihim bi-mā ʿalimūhu min ḏālika 2 I_{9-10}*. – Einl. šuhūduhu yaʿrifūna 2 I_{2}*. Einl. šuhūduhu l-wāḍiʿīna ḫuṭūṭahum ʾāḫirahu 6_{1-2}*. Einl. šuhūduhu man yaḍaʿu ḫaṭṭahu ʾāḫirahu 11 I_{2}*. [ʿin]da [šu]hūdi hāḏā l-kit[ābi 28_{2}*; ʿinda šuhūdihā 30_{3}, 34_{4}; [ʿinda] šuhūdihi 35_{3}. bi-ʿtirāfihi [bi-ḏālika] li-šuhūdihi 35_{12}*. wa-kafā bi-llāhi ša[hīdan 19_{12}*, 26_{5-6}, 38_{6-7}.

šhr šuhratu hāḏā l-manzili 13_{9}*;

šyʾ I matā šāʾa 14_{8}, 21_{5}, 22_{3}; matā šāʾat 21_{4}; ʾayya waqtin šāʾat 21_{3}*. ʾin šāʾa llāhu 15_{6}, 16_{6}, 17_{7}. – wa-fī šayʾin minhu min ḥuqūqihi 7_{12}, 8_{10}. wa-lam yabqa minhu šayʾun $27_{\text{rechter Rand}}$. mā kāna ʿalayhim min šayʾin 36_{5}. wa-lā sayʾun qalla wa-lā ǧalla 45_{12}*.

šyʿ šāʾiʿan fī 45_{10}*.

ṣbr bi-lā mudāfaʿatin wa-lā ṣabrin 21_{6}.

ṣḥb wa-[yuḥsi]na ṣuḥbatahā 1_{10}*. – ḍāminan wa-kafīlan li-ṣāḥibihi $32r_{10}$*.

ṣḥḥ I ṣaḥḥa ḏālika ʿindī 10_{1}*; ṣaḥḥa ḏālika 40_{7}. – fī ṣiḥḥatin min ʿaqlihi wa-badanihi 3_{3}, $5_{3,16}$, 33_{1-2}; fī ṣiḥḥatin] min ʿaqlihimā wa-badanihimā 28_{2-3}; fī ṣiḥḥati ʿaqlihi wa-badanihi 4_{3}, 23_{11}; fī ṣiḥḥati ʿuqūlihim wa-ʾa[bdānihim 7_{15}; fī ṣiḥḥati ʿaqlihimā wa-badanihimā $32r_{2-3}$; fī ṣiḥḥati ʿuqūlihimā wa-ʾabdānihimā 8_{13}; fī ṣiḥḥatihi 14_{3}, 35_{3}, 45_{3}; fī ṣiḥḥatin minhu 30_{4}*, $31r_{3}$. – maʿrifatan ṣaḥīḥatan 2 I_{3}*; qabūlan ṣaḥīḥan šarʿīyan 2 II_{8}*; širāʾan ṣaḥīḥan 7_{9}; bi-ḥaqqin ṣaḥīḥin šarʿīyin 34_{4-5}*.

ṣdr Ti. aṣ-ṣadra l-ʾaǧalla l-muḥtarama 6_{5}*. Ti. aṣ-ṣadri ar-raʾīsi l-ʿadli l-ʾamīni 11 I_{10-11}*.

ṣdq II wa-taṣdīqi (...) ʿalā ḏālika t-taṣdīqa š-šarʿīya 45_{12-13}*. – IV Einl. hāḏā mā ʾaṣdaqa 1_{2}*. – V wa-taṣaddaqat ʿalayhi 1_{4-5}*. – ʿalā ṣadāqin 2 II_{1-2}*.

ṣkk mina ṣ-ṣakki llaḏī lahu ʿalayhi 39_{4}*.

ṣlḥ IV wa-fī hāḏā l-[kitābi] ʾiṣlāḥ[8_{14}*. – VIII wa-bi-ḏālika ṣṭa<la>ḥū wa-ntaṣafū

•

ʿṭb — *kattānin muʿaṭṭabin maṣnūʿin* 20_3*. *mina l-ḫamrati wa-l-ʿaṭabi* $32r_6$.

ʿẓm — II *šahri Ramaḍāna l-muʿaẓẓami qadruhu* 11 II_4*, $31r_{9-10}$.

ʿqd — *ʿuqda[ta ni]k[āḥi Sanāʾ* 1_{12}*. *wa-ʿaqda nikāḥihā* 2 II_6. *ḥaḍartu l-ʿaqda l-maḏkūra* 2 II_{11}*.

ʿlq — *ʾaw ʿulq[ah ʾaw tabiʿah* 5_{13}*.

ʿlm — I *yaʿlamūna ḏālika wa-yašhadūna bihi* 2 I_8*, 11 II_2; *bi-mā ʿalimūhu min ḏālika* 2 I_{10}. – *li-ʿilmihi bi-ḏālika wa-li-maʿrifatihi* 5_{14}*. *li-manzili* (?) *ʿilmihim bi-ḏālika* 2 I_{8-9}*. [*al-ʿilma š-ša*]*rʿīya n-nāfiya li-l-ǧahālati* 35_{10}*; *ʿilman*] *wa-ḫub*[*r*]*an* [*nāfiy*]*an li-l-ǧahā*[*lati*] 35_{11}*. – *maʿlūmun ḏālika ʿinda l-muqirri l-maḏkūri* 35_9*; *firzan maʿlūman ʿindahum šarʿīyan* 45_{11}. – Ti. *al-muʿallim* $45_{2,3,5}$.

ʿlw — *ʿulūw* → *sfl.*

ʿmr — *li-ʿamārati sanati* 28_7*, 29_5.

ʿml — III *mina l-fiḍḍati* (...) *al-muʿāmalati l-ʾāna* 45_{6-7}*. – VI *mina* [*d-darāhimi*] (...) *al-mutaʿāmali bihā* 11 I_{15}*; *mina d-darāhimi* (...) *al-mutaʿāmali bihā yawmaʾiḏin* 34_6.

ʿnfq — *ʿanfaqah* "Unterlippenbart" 34_4*.

ʿwḍ — *wa-qabḍi l-ʿiwaḍi ʿan ḏālika* 34_{10}*.

ʿwh — *wa-ku*]*lli ʿāhatin* 20_4*.

ʿyr — *bi-l-ʿiyāri l-kabīri l-wāfī* 20_4*.

ʿyn — III *wa-ʿāyanū ḏālika* 11 I_{13-14}. *wa-muʿāyanatin minhumā lahā* 8_9*. – *mina l-ʿayni ḏ-ḏahabi l-Miṣrīyi* 2 II_2*; *mi*[*na l-ʿa*]*yni* [*l-maǧ*]*sūli* 41_5. *maṯāqīla ḏahaban ʿaynan* 9_{10}; *maṯāqīlan* (!) *ḏahaban ʿaynan* 8_7. – *ʿalā l-biʾri l-māʾi l-maʿīnati* 9_9*. – Ferner → *ʿrf.*

ġrbl — *ʾiḏā ġurbilat* 27_{5-6}*, 28_{5-6}, 29_5.

ġrm — *kafīlun ḍāminun ġārimun* 19_{14}*.

ġsl — *mi*[*na l-ʿa*]*yni* [*l-maġ*]*sūli* 41_5. *dīnāran* (...) *maġsūlatan* 41_7.

ġṭw — *wa-lā ġiṭāʾun wa-lā* [*wi*]*ṭāʾun* 5_6*.

ġlq — *bi-ʾabwābihi l-ḫašabi wa-ʾaġlāqihi* 13_{17}*.

ġny — X *tastaġnī šuhratu hāḏā l-manzili fī mawḍiʿihi ʿan* [*taḥdīdihi*] 13_9*.

frd — *ǧamīʿan wa-furādan* $32r_{10-11}$*.

frz — *firzan maʿlūman ʿindahum šarʿīyan* 45_{11}.

frq — V *wa-tafarra*[*qā bi-ʾabdānihimā* 8_9*.

fsḫ — <*lā*> *li-raddi*[*hi wa-*]*lā* [*li-fasḫihi* 7_9*.

fḍḍ — *mina l-fiḍḍati l-ʾAšrafīyati l-ǧadīdati* 45_6*.

fhm — I *fa-ʾaqarrā ʾan qad fahimā wa-ʿarafā ǧamīʿa mā fīhi* 7_{14-15}*; *fa-ʾaqarrā ʾan qad fahimāhu wa-ʿarafā ǧamīʿa mā fīhi* 8_{13}.

fwḍ — II ⟦*li-mā fawwaḍa lahu*⟧ 6_{4-5}*.

qbḍ — I Einl. *qad qabaḍtu minka* 42_2*; Einl. *qabaḍtu ǧamīʿa mā fī hāḏā l-ḫaṭṭi* $27_{\text{rechter Rand}}$. Einl. *qabaḍa* $44r_2$. *wa-qabaḍahu minhu* 8_8. *qabaḍa* (...) *kirāʾa ḏālika* 14_7. *qabaḍa min* [*ḏā*]*lika* 15_6. *qabaḍa mimmā fī bāṭinihā* $31v_1$*; *qabaḍa mimmā fī bāṭi*[*ni*]*hi* $44v_4$. *qabaḍa mimmā yuḥāsabu ʿalayhi* $44v_{1-2}$ (u. ä. $44r_{7,8}$). *qad qabaḍa* (...) *hāḏā* [*ṯ-ṯamana* 9_{11}; *wa-qad qabaḍati l-qamḥa* 16_4; *wa-qad qabaḍa ṯ-ṯamana* 17_7*; *wa-qad qabaḍa Šinūdah ad-dīnāra* 18_4; *fa-qad qabaḍa Ǧaʿfar* (...) *hāḏā r-rub*[*ʿa*] *dīn*[*ārin*] 39_{5-6}. *ʾinnā qad qabaḍnā* 41_2. *ʾannahu qabaḍa min hāḏihi l-ʾuǧrati* 13_{18}; *ʾannahu qabaḍa wa-tasallama* 43_3*, 45_3; *ʾannahu qabaḍa wa-tasallama wa-stawfā* $32v_2$. *ʿa*[*mm*]*ā qaba*[*ḍ*]*āhu* 29_5. – *baʿda qabḍihi ʾiyyāhu minhu wa-stīfāʾihi* 7_{10-11}*; *baʿda qabḍihi*] *ʾiyyāhu minhu wa-stīfāʾihi minhu* 8_{6-7}. – *bi-qabḍihā* 2 II_3; *bi-l-qabḍi wa-l-ḥawzi li-nafsihi* 8_{16}*; *bi-qabḍi l-ḥālli* 2 II_{12-13}. *fī ya*[*dihi wa-qabḍihi* 8_8*. *wa-qabḍi l-ʿiwaḍi*

$45_{\text{rechter Rand}}$*.

kml *al-marʾata l-kāmila l-ʾayyima* 2 I_2*. *sanatan kāmilatan* 13_{10}*.

lḥq I *wa-laḥiqa* 34_{12}. – *wa-mudrikuhā wa-lā[ḥiquhā* 5_{15}*.

lzm I *wa-yalzamuhu bi-sababi hāḏā l-bayʿi* 7_{13}*, 8_{11}. *wa-lazimahu hāḏā d-dirāsu* 14_8. *wa-lazimahu] l-ʾiqrāru bihi* $5_{9\text{-}10}$*, 30_7; *wa-lazimahu l-ʾiqrāru lahā* 23_9. – IV *wa-ʾalzamahu nafsahu* 2 II_9*. – *daynan ṯābitan lāziman lahu* 23_4*; *daynan lāziman* $31r_4$. *bi-ʾamri ḥaqqin wāǧibin lāzimin* 5_9*, 23_8; *wa-ḥaqqan wāǧiban lāziman* $30_{6\text{-}7}$.

lṭf Eul. *laṭafa llāhu bihi* $45_{\text{rechter Rand}}$*.

lfẓ I *wa-lafaẓa bihi li-šuhūdi hāḏā l-kitābi* $4_{7\text{-}8}$.

lyl *min laylin ʾaw nahārin* 22_4*, 28_7.

mrr *bi-l-mārrati* 11 II_1. *ṭarīq al-mārrah* → *ṭrq*.

msḥ *al-māsiḥ* $27_{4,13}$*.

mḍy I *li-[...la]yālin tamḍī* 16_4; *li-tisʿin [maḍ]ayna* 25_7. *li-kulli šahri [yamḍī* 13_{12}; *ʿan kulli šahrin yamḍī min tārīḫihi* 34_8. *fī salḫi ṯalāṯati ʾašhurin tamḍī* 35_7.

mlk *allatī hiya lahu wa-milkuhu bi-l-ǧi]nāni* 9_3*; *allaḏī lahu wa-bi-milkihi* 13_4*. *bi-qiyami l-ʾamlāki* 11 I_3*. – *ʾilā mālikihi* 13_{16}.

mnʿ III *wa-lā mumānaʿtin* $31r_8$. – *wa-mina l-mawāniʿi š-šarʿīyati* 2 I_6*.

mlʾ *wa-ʾaqarra ʾannahu malīʾun* 23_9*. *wa-ʾaqarra bi-l-malāʾati wa-l-qudrati* 34_9*.

mwt *wa-maḥyāhu wa-mamātihi* 23_4*.

mwl *min ḫāliṣi] mālihi* 9_{13}*. *fī ḏimmatihi wa-mālihi* 23_4*; *wa-fī ḏimmatihi wa-ḫāliṣi mālihi* $30_{6,14}$; *wa-fī ḏimmatihimā wa-ḫāliṣi mālihimā* $32r_{3\text{-}4}$. *ǧamīʿa māli* [[*hāḏihi*]] *l-barāʾati* 41_3.

nǧm *munaǧǧaman ʿanhu ʿalayhi ʾilā* 2 II_4*; *munaǧǧaman ʿan kulli šahrin* 34_8; *munaǧǧamatin lahā ʿalayhi* $23_{4\text{-}5}$. – *ʾamruhā wa-nuǧūmuhā* 23_{10}.

nzʿ III *ʾaw muṭālabah ʾaw munāzaʿah* 5_{13}*.

nzl *li-manzili* (?) *ʿilmihim bi-ḏālika* 2 $I_{8\text{-}9}$*.

nṣf VIII *wa-bi-ḏālika ṣṭa<la>ḥū wa-ntaṣafū* 10_{16}*.

nṣl *qa]mḥin naṣīlin ǧayyidin* 17_5*.

nṭq I *naṭaqa bi-ḏālika wa-lafaẓa bihi li-šuhūdi hāḏā l-kitābi* $4_{7\text{-}8}$*.

nẓr *baʿda n-naẓari wa-l-maʿrifati wa-t-taqlībi š-šarʿīyi* 35_{10}*.

nfr *bi-nafa[ri]hi wa-madārisihi wa-ʾaǧrānihi* 14_6*.

nfy *[al-ʿilma š-ša]rʿīya n-nāfiya li-l-ǧahālati* 35_{10}*; *ʿilman] wa-ḫub[r]an [nāfiy]an li-l-ǧahā[lati]* 35_{11}*.

nqd I *yanquduhā* 1_3. – *ad-danānīri n-naqdi* 1_8; *danānīra (...) ǧiyādi n-nuqūdi* $7_{9,11}$*. Ferner → *wrq*.

nqr *mina [d-darāhimi] n-nuqrati l-bayḍāʾi l-maskūkati* 11 I_{15}*; *mina d-darāhimi n-nuqrati l-ǧayyid<ati>* $34_{6,9}$. *nuqrah* $44r_{5,7,8}$, v_3.

nqṣ *bi-naqṣi waybatin* 27_5*; *humā bi-naqṣi* [28_5, $29_{4\text{-}5}$.

nqy *naqīyan mina t-turā[bi]* 13_{16}*; *naqīyin min ... wa-t-tib]ni* $18_{3\text{-}4}$*; *naqīyin mina t-tibni wa-t-turābi* 19_5; *naqīyin mina l-madari wa-t-tibni wa-l-qaṣli* 19_8.

nkḥ I *ḥattā tankiḥa zawǧ ġayrahu* 3_6*, 4_6. –*fa-llaḏī waǧaba bihi n-nikāḥu* $1_{7\text{-}8}$. *wa-wali]ya ʿuqd[ata ni]k[āḥi Sanāʾ* 1_{12}*.

nhr *min laylin ʾaw nahārin* 22_4*, 28_7.

nhy VIII *yantahī ʾilā* $7_{4,5}$, $9_{4\text{ff}}$, $10_{8\text{ff}}$

hll X *fī mustahalli* (Monat) $27_{16,\text{rechter Rand}}$, 29_9; *min mustahalli* (Monat) 35_7; *al-ǧārī fī ʾahillati sanati* 13_{11}*, 15_4, 24_5, $27_{11,15}$.

hwy *wa-ʾarḍihinna wa-hawāʾihinna* 9_8*.

wṯq *ḥasbī ṯiqatī bi-llāhi* 40_6*.

b) Verzeichnis der Personennamen

c) Verzeichnis der Ortsnamen

Nicht identifizierbare Ortsnamen

d) Verzeichnis emendierter und kritisch besprochener Stellen

e) Sachindex

Literaturverzeichnis

Es wird so weit wie möglich nach Editionsnummer und Zeile zitiert, z. B. APH 4_6. Zitate nach der Seite sind als solche gekennzeichnet. In einigen Fällen wird sowohl nach der Nummer wie nach der Seite zitiert.

a) Mit Sigle zitierte Literatur

AABW — W. Diem: *Arabische amtliche Briefe des 10. bis 16. Jahrhunderts aus der Österreichischen Nationalbibliothek in Wien*. (Documenta Arabica Antiqua. III.) Textband; Tafelband. Wiesbaden 1996.

ABH — A. Dietrich: *Arabische Briefe aus der Papyrussammlung der Hamburger Staats- und Universitäts-Bibliothek*. Hamburg 1955.

ABPP — W. Diem: *Arabische Briefe auf Papyrus und Papier aus der Heidelberger Papyrus-Sammlung*. (Heidelberger Akademie der Wissenschaften. Philosophisch-Historische Klasse. Kommission für Papyrus-Editionen.) Textband; Tafelband. Wiesbaden 1991.

ABW — W. Diem: *Arabische Briefe aus dem 7.–10. Jahrhundert*. (Corpus Papyrorum Raineri. XVI.) Textband; Tafelband. Wien 1993.

ADCC — D. S. Richards: *Arabic Documents from the Karaite Community in Cairo*. In: Journal of the Economic and Social History of the Orient 15 (1972), S. 105-162.

AGBW — W. Diem: *Arabische Geschäfsbriefe des 10. bis 14. Jahrhunderts aus der Österreichischen Nationalbibliothek in Wien*. (Documenta Arabica Antiqua. I.) Textband; Tafelband. Wiesbaden 1995.

ALAD — G. Khan: *Arabic Legal and Administrative Documents in the Cambridge Genizah Collections*. (Cambridge University Library Genizah Series. 10.) Cambridge 1993.

AMC — N. Abbott: *Arabic Marriage Contracts among Copts*. In: Zeitschrift der Deutschen Morgenländischen Gesellschaft 95 (1941), S. 59-81.

APB — A. Grohmann: *Arabische Papyri aus den Staatlichen Museen zu Berlin*. In: Der Islam 22 (1935), S. 1-68.

APEL — A. Grohmann: *Arabic Papyri in the Egyptian Library*. 1-6. Kairo 1934-1962.

APH — A. Dietrich: *Arabische Papyri aus der Hamburger Staats- und Universitäts-Bibliothek*. Leipzig 1937. (Abhandlungen für die Kunde des Morgenlandes. 22, 3.)

APPh — G. Levi della Vida: *Arabic Papyri in the University Museum in Philadelphia (Pennsylvania)*. Roma 1981. (Atti della Accademia Nazionale dei Lincei. Anno CCCLXXVIII. Memorie. Classe di scienze morali, storiche e filologiche. Serie VIII. Volume XXV. Fascicolo 1.)

APRL — D. S. Margoliouth: *Catalogue of Arabic Papyri in the John Rylands Library Manchester*. Manchester 1933.

APW — A. Grohmann: *Arabische Papyri aus der Sammlung Carl Wessely im Orientalischen Institut (Orientální Ústav) zu Prag*. [I.] In: Archiv orientální 10 (1938), S. 149-162. [II.] In: 11 (1939), S. 242-289. [III.] In: 12 (1941), S. 1-112. [IV.] In: 14 (1943), S. 161-260.

BAU	*Aegyptische Urkunden aus den koeniglichen Museen zu Berlin*, hg. von der Generalverwaltung. *Arabische Urkunden*, Hg. von L. Abel. Fasz. 1–2. Berlin 1896-1900.
BAU II	W. Diem: *Arabische Briefe des 7. bis 13. Jahrhunderts aus den Staatlichen Museen Berlins*. (Documenta Antiqua IV.) Textband; Tafelband. Wiesbaden 1997.
BQ	L. A. Mayer: *The Buildings of Qāytbāy as Described in his Endowment Deed.* London 1938.
CDAC	Muḥammad Muḥammad Amīn: *Cataloque des documents d'archives du Caire de 239/853 à 922/1516 (depuis le IIIe/IXe siècle jusqu'à la fin de l'époque mamlouke)*. Le Caire 1981.
CPA	R. G. Khoury: *Chrestomathie de papyrologie arabe. Documents relatifs à la vie privée, sociale et administrative dans les premiers siècles islamiques.* Préparé par A. Grohmann. In: Handbuch der Orientalistik. Erste Abteilung. Ergänzungsband II, 2. Leiden 1993.
EBU	A. Grohmann: *Einige bemerkenswerte Urkunden aus der Sammlung der Papyrus Erzherzog Rainer an der Nationalbibliothek zu Wien.* In: Archiv orientální 18 (1950), S. 80-119.
EFAU	W. Diem: *Einige frühe amtliche Urkunden aus der Sammlung Papyrus Erzherzog Rainer (Wien).* In: Le Museon 97 (1984), S. 109-158.
EI	*The Encyclopaedia of Islam. New Edition.* Leiden – London 1960-.
FWAP	A. Grohmann: *From the World of Arabic Papyri.* Kairo 1952.
MAA	*Muʿǧam 'asmā' al-ʿarab.* 1–2. (Mawsūʿat as-Sulṭān Qābūs li-Asmāʾ al-ʿArab. I.) Muscat - Oman 1991.
MEF I	Y. Rāġib: *Marchands d'étoffes du Fayyoum au IIIe/IXe siècle d'après leurs archives (actes et lettres).* I. *Les actes des Banū ʿAbd al-Mu'min.* Le Caire 1985. (Supplément aux Annales Islamologiques. Cahier No. 2.)
PAL	J. David-Weill: *Papyrus arabes du Louvre.* [I.] In: Journal of the Economic and Social History of the Orient 8 (1965), S. 277-311. [II.] In: 14 (1971), S. 1-24. [III.] In: 21(1978), S. 146-164.
PERF	*Papyrus Erzherzog Rainer: Führer durch die Ausstellung.* Wien. 1894.
PS	R. G. Khoury: *Papyrologische Studien. Zum privaten und gesellschaftlichen Leben in den ersten islamischen Jahrhunderten.* Vorbereitet von A. Grohmann. (Codices Arabici Antiqui. V.) Wiesbaden 1995.
TWÄ	A. Grohmann: *Texte zur Wirtschaftsgeschichte Ägyptens in arabischer Zeit.* In: Archiv Orientální 7 (1935), S. 437-472.
WMT	Kāmil Ḥusayn al-ʿAsalī: *Waṯā'iq maqdisīyah tārīḫīyah.* I. ʿAmmān 1982. II. Bayrūt 1983.

b) Mit Verfasser und Kurztitel zitierte Literatur

Abbot: *Monasteries* N. Abbot: *The Monasteries of the Fayyūm.* (The Oriental Institute of the University of Chicago. Studies in Ancient Oriental Civilization, No. 16.) Chicago 1937.

Abd ar-Raziq: *Esclaves* Ahmed Abd ar-Raziq: *Un document concernant le mariage des esclaves au temps mamlūks.* In: Journal of the Economic and Social History of the

Orient 13 (1970), S. 309-314.
AHMED: *Divorce* K. N. AHMED: *Muslim Law of Divorce.* Islamabad 1972.
ASHTOR: *Prix* E. ASHTOR: *Histoire des prix et des salaires dans l'orient médiéval.* Paris 1969.
al-Asyūṭī: *Ǧawāhir* al-Asyūṭī *Ǧawāhir al-ʿuqūd wa-muʿīn al-quḍāt wa-l-muwaqqiʿīn wa-š-šuhūd.* Ed. M. H. FIQQĪ. 1–2. Kairo 1374/1955.
AYALON: *Esclavage* D. AYALON: *L'esclavage du mamelouk.* (Oriental Notes and Studies published by the Israel Oriental Society. 1.) Jerusalem 1951.
AYALON: *Names* D. AYALON: *Names, titles and 'nisbas' of the Mamluks.* In: Israel Oriental Studies 5 (1975), S. 189-232. Reprint in D. AYALON: *The Mamlūk Society. Collected Studies.* London 1979.
AYALON: *Payment* D. AYALON: *The System of Payment in Mamluk Military Society.* In: Journal of the Economic and Social History of the Orient 1,1 (1958), S. 37–65; 1,3 (1958), S. 257-296. Reprint in D. AYALON: *The Mamlūk Society. Collected Studies.* London 1979.
AYALON: *Régiment* D. AYALON: *Le régiment Bahriya dans l'armée mamelouke.* In: Revue des Etudes Islamiques. Paris 1951, S. 133-141. Reprint in D. AYALON: *The Mamlūk Society. Collected Studies.* London 1979.
BEHNSTEDT–WOIDICH: *Dialekte* P. BEHNSTEDT – M. WOIDICH: *Die ägyptisch-arabischen Dialekte.* 1-3. Wiesbaden 1985-1987.
BERGSTRÄSSER: *Grundzüge* J. SCHACHT (Hrg.): *G. Bergsträssers Grundzüge des islamischen Rechts.* Berlin – Leipzig 1935.
BLAU: *Grammar* J. BLAU: *A Grammar of Christian Arabic Based Mainly on South-Palestinian Texts from the First Millennium.* 1-3. Louvain 1966-1967.
CAHEN: *Achat* C. CAHEN – Y. RĀĠIB – M. A. TAHER: : *L'achat et le waqf d'un grand domaine égyptien par le vizir fatimide Ṭalāʾiʿ b. Ruzzīk (Contribution à une publication des waqfs égyptiens médiévaux).* In: Annales islamologiques 14 (1978), S. 59-126.
CANTARINO: *Prose* V. CANTARINO: *Syntax of modern Arabic Prose.* (Asian Studies Research Institute. Oriental Series, 4.) Indiana University Press 1975.
aḏ-Ḏahabī: *Muštabih* P. DE JONG: *Al-Moschtabih, auctore Schamso'd-dín Abu Abdallah Mohammed ibn Ahmed ad-Dhahabi.* Lugdunum Batavorum 1881.
DAVID-WEILL: *Contrat* J. DAVID-WEILL: *Contrat de travail au pair.* In: *Études d'Orientalisme dédiées à la mémoire de E. Levi-Provençal.* Leiden 1962, S. 509-515.
DIEM: *Neues zur arabischen Papyrologie* W. DIEM: *Neues zur arabischen Papyrologie.* In: Der Islam 64, 2 (1987), S. 272-277.
DIEM: *Rechtsurkunden* W. DIEM: *Vier arabische Rechtsurkunden aus dem Ägypten des 14. und 15. Jahrhunderts.* In: Der Islam 72, 2 (1995), S. 193-257.
DIEM–RADENBERG: *Dictionary* W. DIEM – H. P. RADENBERG: *A Dictionary of the Arabic Material of S. D. Goitein's "A Mediterranean Society".* Wiesbaden 1994.
DIETRICH: *Eheurkunde* A. DIETRICH: *Eine arabische Eheurkunde aus der Aiyūbidenzeit.* In: *Documenta Islamica Inedita.* Berlin 1952, S. 121-154.
DOZY: *Supplément* R. DOZY: *Supplément aux dictionnaires arabes.* 1-2. Leiden 1881.
FRANTZ-MURPHY: *Agrarian Administration* G. FRANTZ-MURPHY: *The Agrarian Administration of Egypt from the Arabs to the Ottomans.* Le Caire 1986. (Supplément aux Annales Islamologiques. Cahier No. 9.)
FRANTZ-MURPHY: *Comparison* G. FRANTZ-MURPHY: *A Comparison of the Arabic and Earlier Egyptian Contract Formularies. Part I: The Arabic Contracts from Egypt (3d/9th–5th/11th Centuries).* In: Journal of Near Eastern Studies 40,3 (1981), S.

203-225. *Part II: Terminology in the Arabic Warranty and the Idiom of Clearing/Cleaning*. In: 44,2 (1985), S. 99-114. *Part III: The Idiom of Satisfaction*. In: 47,4 (1988), S. 103-112. *Part IV: Quittance Formulas*. In: 47,3 (1988), S. 269-280.

GARCIN: *Toponymie* GARCIN: *Toponymie et topographie*. In: Journal of the Economic and Social History of the Orient 27 (1984), S. 113-155.

GOTEIN: *Society* S. D. GOTEIN: *A Mediterranean Society. The Jewish Communities of the Arab World as Portrayed in the Documents of the Cairo Geniza*. 1-5. Berkeley – Los Angeles – London 1967-1988.

GRATZL: *Frauennamen* E. GRATZL: *Die altarabischen Frauennamen*. Leipzig 1906.

GROHMANN: *Einführung* A. GROHMANN: *Einführung und Chrestomathie zur arabischen Papyruskunde*. (Monografie Archivu Orientálního. Vol. XIII/I.) Prag 1955.

GROHMANN: *Geographie* A. GROHMANN: *Studien zur historischen Geographie und Verwaltung des frühmittelalterlichen Ägypten*. (Österreichische Akademie der Wissenschaften. Philosophisch-historische Klasse. Denkschriften, 77. Band, 2. Abhandlung.) Wien 1959.

GROHMANN: *Ostraka* A. GROHMANN: *Einige arabische Ostraka und ein Ehevertrag aus der Oase Baḥrīya*. In: *Studi in onore di Aristide Calderini e Roberto Paribeni*. Milano 1957, S. 499-509.

GROHMANN: *Paläographie* A. GROHMANN: *Arabische Paläographie*. I–II. (Österreichische Akademie der Wissenschaften. Philosophisch-historische Klasse. Denkschriften, 94. Band, 1, 2. Forschungen zur islamischen Geschichte 1, 2.) Wien 1967–1971.

GROHMANN: *Papyri Milano* A. GROHMANN: *Editizione di Testi arabi*. In: A. VOGLIANO: *Papyri della R. Università di Milano*. I. (Pubblicazioni della R. Università di Milano.) Milano 1966, S. 241-269.

GROHMANN: *Probleme* A. GROHMANN: *Probleme der arabischen Papyrusforschung*. [I.] In: Archiv Orientální 3 (1931), S. 381. [II.] In: 5 (1933), S. 273-283; 6 (1934), S. 125-149, S. 377-398.

GROHMANN: *Protokolle* A. GROHMANN: *Protokolle*. (Corpus Papyrorum Raineri Archiducis Austriae. III. Series Arabica. Band 1, Teil 2.) Wien 1924.

GUELLIL: *Akten* G. L. GUELLIL: *Damaszener Akten des 8./14. Jahrhunderts nach aṭ-Ṭarsūsīs Kitāb al-Iʿlām. Eine Studie zum arabischen Justizwesen*. (Islamwissenschaftliche Quellen und Texte aus deutschen Bibliotheken. 2.) Bamberg 1985.

HEUSER: *Personennamen* G. HEUSER: *Die Personennamen der Kopten*. I. Leipzig 1929.

HINDS–BADAWI: *Dictionary* M. HINDS – EL SAID BADAWI: *Dictionary of Egyptian Arabic. Arabic-English*. Beirut 1986.

HINZ: *Masse* W. HINZ: *Islamische Masse und Gewichte*. In: Handbuch der Orientalistik. Erste Abteilung. Ergänzungsband I, 2. Leiden 1955.

HOENERBACH: *Notes* W. HOENERBACH: *Some Notes on the Legal Language of Christian and Islamic Deeds*. In: Journal of the American Oriental Society 81 (1961), S. 35-38.

HOPKINS: *Studies* S. HOPKINS: *Studies in the Grammar of Early Arabic Based upon Papyri Datable to before 300 A. H./912 A. D.* (London Oriental Series. Vol. 37.) Oxford 1984.

Ibn Iyās: *Badāʾiʿ* Ibn Iyās: *Badāʾiʿ az-zuhūr fī waqāʾiʿ ad-duhūr*. Hrg. MUḤAMMAD MUṢṬAFĀ. 1-5. Wiesbaden 1960-1975.

IBRĀHĪM: *Bayʿ* ʿABDALLAṬĪF IBRĀHĪM: *Waṯīqat bayʿ. Dirāsah wa-našr wa-taḥqīq*. In: Maǧallat Kullīyat al-Ādāb (Ǧāmiʿat al-Qāhirah) 19,2 (1957), S. 135-214.

IBRĀHĪM: *Istibdāl* ʿABDALLAṬĪF IBRĀHĪM: *Waṯīqat istibdāl*. In: Maǧallat Kullīyat al-Ādāb (Ǧāmiʿat al-Qāhirah) 25,2 (1963), S. 1-38.

IBRĀHĪM: *Silsilat* ʿABDALLAṬĪF IBRĀHĪM: *Silsilat al-waṯāʾiq at-tārīḫīyah al-qawmīyah. Maǧmūʿat al-waṯāʾiq al-mamlūkīyah.* I. *Waṯīqat al-Amīr-āḫūr-kabīr Qarāquǧā al-Ḥasanī. Dirāsah wa-našr wa-taḥqīq*. In: Maǧallat Kullīyat al-Ādāb (Ǧāmiʿat al-Qāhirah) 18,2 (1956), S. 183-252.

IBRĀHĪM: *Ṯalāṯ waṯāʾiq* ʿABDALLAṬĪF IBRĀHĪM: *Ṯalāṯ waṯāʾiq fiqhīyah*. In: Maǧallat Kullīyat al-Ādāb (Ǧāmiʿat al-Qāhirah) 25,1 (1963), S. 95-133.

IBRĀHĪM: *Tawṯīqāt* ʿABDALLAṬĪF IBRĀHĪM: *at-Tawṯīqāt aš-šarʿīyah wa-l-išhādāt fī ẓahr waṯīqat al-Ġūrī*. In: Maǧallat Kullīyat al-Ādāb (Ǧāmiʿat al-Qāhirah) 19,1 (1957), S. 293-420.

IBRĀHĪM: *Waqf* ABDALLAṬĪF IBRĀHĪM: *Waṯīqat waqf Masrūr ibn ʿAbdallāh aš-Šiblī al-Ǧamdār. Dirāsah wa-našr wa-taḥqīq*. In: Maǧallat Kullīyat al-Ādāb (Ǧāmiʿat al-Qāhirah) 21,2 (1959), S. 133-174.

KAḤḤĀLAH: *Qabāʾil* ʿUMAR RIḌĀ KAḤḤĀLAH: *Muʿǧam qabāʾil al-ʿarab al-qadīmah wa-l-ḥadīṯah*. 1-5. Bayrūt 1985.

KARABACEK: *Papiergeschichte* J. KARABACEK: *Neue Quellen zur Papiergeschichte*. In: Mitteilungen aus der Sammlung der Papyrus Erzherzog Rainer 4 (1888), S. 75-122.

KARABACEK: *Papyrusfund* J. KARABACEK: *Der Papyrusfund von el-Faijūm*. In: Denkschriften der Kaiserlichen Akademie der Wissenschaften. Phil.-Hist. Klasse. 33. Band. Wien 1883, S. 207-242.

KHAN: *Acknowledgement* KHAN: *An Arabic Document of Acknowlegdement from the Cairo Genizah*. In: Journal of Near Eastern Studies 53,2 (1994) S. 117-123.

KHAN: *Papyri* G. KHAN: *Arabic Papyri. Selected Material from the Khalili Collection.* Oxford 1992.

KHAN: *Deeds* G. KHAN: *Bills, Letters and Deeds. Arabic Papyri of the 7th to 11th Centuries*. (The Nasser D. Khalili Collection of Islamic Art. Volume VI.) Oxford 1993.

al-Kindī: *Governors* al-Kindī: *The Governors and Judges of Egypt*. Ed. R. GUEST. Leiden – London 1912.

LANE: *Lexicon* E. W. LANE: *An Arabic-English Lexicon*. Book I. Parts 1–8. London 1863–1893.

LITTLE: *Deeds* D. LITTLE: *Six Fourteenth Century Deeds for Slaves from Al-Ḥaram Aš-Šarīf*. In: Zeitschrift der Deutschen Morgenländischen Gesellschaft 131 (1981), S. 297-337.

LOEBENSTEIN: *Papyrussammlung* H. LOEBENSTEIN: *Vom "Papyrus Erzherzog Rainer" zur Papyrussammlung der Österreichischen Nationalbibliothek*. In: Festschrift zum 100-jährigen Bestehen der Papyrussammlung der Österreichischen Nationalbibliothek. Wien 1983, S. 3-39.

al-Maqrīzī: *Ḫiṭaṭ* al-Maqrīzī: *Mawāʿiẓ wa-l-iʿtibār fī ḏikr al-ḫiṭaṭ wa-l-āṯār*. 1-2. Būlāq 1270.

AL-MASRY: *Bauten* AHMED AL-MASRY: *Die Bauten von Ḫādim Sulaimān Pascha (1468–1548) nach seinen Urkunden im Ministerium für Fromme Stiftungen in Kairo*. (Islamwissenschaftliche Quellen und Texte aus deutschen Bibliotheken. 6.) Berlin 1991.

MORTON: *Stamps* A. H. MORTON: *A Catalogue of Early Islamic Glass Stamps in the British Museum*. London 1985.

MUBĀRAK: *Ḫiṭaṭ* ʿALĪ BĀŠĀ MUBĀRAK: *al-Ḫiṭaṭ at-Tawfīqīyah al-ǧadīdah li-Miṣr al-*

Qāhirah wa-mudunihā wa-bilādihā al-qadīmah wa-š-šahīrah. 1-2. Kairo 1969.

MUḪLIṢ: *ʿAqdā nikāḥ* ʿABDALLĀH MUḪLIṢ: *ʿAqdā nikāḥ kutibā fī awāsiṭ al-qarn aṯ-ṯāmin.* In: Revue de l'Académie Arabe de Damas 21 (1946), S. 419-426.

MÜLLER-WODARG: *Landwirtschaft* D. MÜLLER-WODARG: *Die Landwirtschaft Ägyptens in der frühen Abbasidenzeit 750-969 n. Chr. (132-358 d. H.).* [I.] In: Der Islam 31 (1954), S. 174-227. [II.] In: 32 (1957), S. 14-78; [III.] S. 141-167. [IV.] In: 33 (1958), S. 310-321.

an-Nuwayrī: *Nihāyat* an-Nuwayrī: *Nihāyat al-arab fī funūn al-adab.* Ed. A. AZ-ZAYN. I-IX. Kairo 1923–1933.

PARET: *Der Koran* R. PARET: *Der Koran. Übersetzung von Rudi Paret.* Stuttgart 1966.

RĀĠIB: *Archives* Y. RĀĠIB: *Les archives d'un gardien du monastère de Qalamūn.* In: Annales Islamologiques 29 (1995), S. 25-57.

RĀĠIB: *Contrat* Y. RĀĠIB: *Un contrat de mariage sur soie d'Egypte fatimide.* In: Annales Islamologiques 16 (1980), S. 31-37.

RĀĠIB: *Deux baux* Y. RĀĠIB: *Deux baux de maisons d'Égypte médiévale.* In: Annales Islamologiques 25 (1991), S. 119-126.

RĀĠIB: *Pressoir à l'huile* RĀĠIB: *Contrat d'affermage d'un pressoir à l'huile.* In: Studia Iranica 11 (1982), S. 293-99.

RĀĠIB: *Trois documents* Y. RĀĠIB: *Trois documents datés du Louvre.* In: Annales Islamologiques 15 (1979), S. 1-9.

RĀĠIB: *Vente à livrer* Y. RĀĠIB: *Une vente à livrer de colombine en 320/932.* In: *Itinéraires d'Orient. Hommages à Claude Cahen.* In: Res Orientalis 6 (1994), S. 133-139.

RAMZĪ: *Qāmūs* MUḤAMMAD RAMZĪ: *al-Qāmūs al-ǧuġrāfī li-l-bilād al-Miṣrīyah min ʿahd qudamāʾ al-Miṣrīyīn ilā sanat 1945.* Kairo 1953-1968.

RECKENDORF: *Paronomasie* H. RECKENDORF: *Über die Paronomasie in den semitischen Sprachen.* Gießen 1909.

RECKENDORF: *Syntax* H. RECKENDORF: *Arabische Syntax.* Heidelberg 1921.

REDHOUSE: *Lexicon* J. W. REDHOUSE: *A Turkish and English Lexicon.* Constantinople 1890.

RÉMONDON: *Cinq documents* D. RÉMONDON: *Cinq documents arabes d'Edfou.* In: Mélanges Islamologiques 1 (1954), S. 103-112.

ROGERS: *Dīnārs* E. TH. ROGERS: *Notice on the Dīnārs of the Abbaside Dynasty.* In: The Journal of the Royal Asiatic Society 11 (1875), S. 262-304.

SALEH: *Profit* N. A. SALEH: *Unlawful Gain and Legitimate Profit in Islamic Law.* Cambridge 1986.

as-Samʿānī: *ʾAnsāb* as-Samʿānī: *Kitāb al-ʾansāb.* 1-13. Hyderabad 1962.

SAUVAGET: *Noms* J. SAUVAGET: *Noms et surnoms de mamelouks.* In: Journal Asiatique 238 (1950), S. 31-58.

SAUVAIRE: *Matériaux* M. H. SAUVAIRE: *Matériaux pour servir à la histoire de la numismatique et de la métrologie musulmanes. I. Monnaies.* [1.] In: Journal Asiatique 14 (1879), S. 455-533. [2.] In: 15 (1880), S. 228-277. [3.] In: 15 (1880), S. 421-478; [4.] S. 499-516. [5.] In: 19 (1882), S. 23-77; [6.] S. 98-163; [7.] S. 281-327.

SCHACHT: *Introduction* J. SCHACHT: *An Introduction to Islamic Law.* Oxford 1964.

SCHIMMEL: *Names* A. SCHIMMEL: *Islamic Names.* Edinburg 1989.

SOURDEL: *Actes* J. SOURDEL-THOMINE – D. SOURDEL: *Trois actes de vente damascains du début du IXe/Xe siècle.* In: Journal of the Economic and Social History of the Orient 8 (1965), S. 164-185.

aṭ-Ṭaḥāwī: *'Aḏkār* J. SCHACHT: *Das kitāb aḏkār al-ḥuqūq war-ruhūn aus dem al-ǧāmi' al-kabīr fiš-šurūṭ des abū Ǧa'far Aḥmad ibn Muḥammad aṭ-Ṭaḥāwī.* (Sitzungsberichte der Heidelberger Akademie der Wissenschaften. Phil.-hist. Klasse. 1926/27. 4. Abhandlung). Heidelberg 1927.

aṭ-Ṭaḥāwī: *Buyū'* aṭ-Ṭaḥāwī: *Kitāb al-buyū' min aš-šurūṭ al-kabīr.* In: J. A. WAKIN: *The Function of Documents in Islamic Law.* Albany 1972.

aṭ-Ṭaḥāwī: *Ṣaġīr* aṭ-Ṭaḥāwī: *aš-Šurūṭ aṣ-ṣaġīr muḏayyalan bi-mā 'uṯira 'alayhi min aš-šurūṭ al-kabīr.* Taḥqīq RUḤI ÖZCAN. 1-2. (Iḥyā' at-turāṯ al-islāmī. 11.) Bagdad 1394/1974.

TILL: *Bürgschaftsurkunden* W. TILL: *Die koptischen Bürgschaftsurkunden.* In: Bulletin de la Société d'Archéologie Copte XIV (1950-7), S. 165-225.

TILL: *Erbrechtliche Untersuchungen* W. TILL: *Erbrechtliche Untersuchungen.* (Sitzungsberichte der Österreichischen Akademie der Wissenschaften. Phil.-hist. Klasse. 229. Band, 2. Abhandlung.) Wien 1954.

TORREY: *Papyrus* Ch. C. TORREY: *An Arabic Papyrus Dated 205 A. H.* In: Journal of the American Oriental Society 56 (1936), S. 288-292.

TYAN: *Notariat* E. TYAN: *Le notariat et le régime de la preuve par écrit dans la pratique du droit musulman.* (Université de Lyon. Annales de l'École Française de Droit de Beyrouth. Année 1945, 2.) Lyon 1945.

WAKIN: *Documents* J. A. WAKIN: *The Function of Documents in Islamic Law.* Albany 1972.

WEHR: *Wörterbuch* H. WEHR: *Arabisches Wörterbuch für die Schriftsprache der Gegenwart.* Wiesbaden 1985.

WIET: *Biographies* G. WIET: *Les biographies du Manhal safi.* (Mémoires de l'Institut d'Egypte. 19.) Le Caire 1932.

WINKLER: *Volkskunde* H. A. WINKLER: *Ägyptische Volkskunde.* Stuttgart 1936.

WRIGHT: *Grammar* W. WRIGHT: *A Grammar of the Arabic Language.* 1-2. Third Edition. Cambridge 1955.

WÜSTENFELD: *Statthalter* F. WÜSTENFELD: *Die Statthalter von Ägypten zur Zeit der Chalifen.* 1-4. (Abhandlungen der Königlichen Gesellschaft der Wissenschaften zu Göttingen. Historisch-philologische Classe. 20.-21. Band.) Göttingen 1875-1876.

WÜSTENFELD: *Vergleichungs-Tabellen* WÜSTENFELD–MAHLER'SCHE: *Vergleichungs-Tabellen zur muslimischen und iranischen Zeitrechnung. Dritte verbesserte und erweiterte Auflage.* Wiesbaden 1961.

Tafelanhang

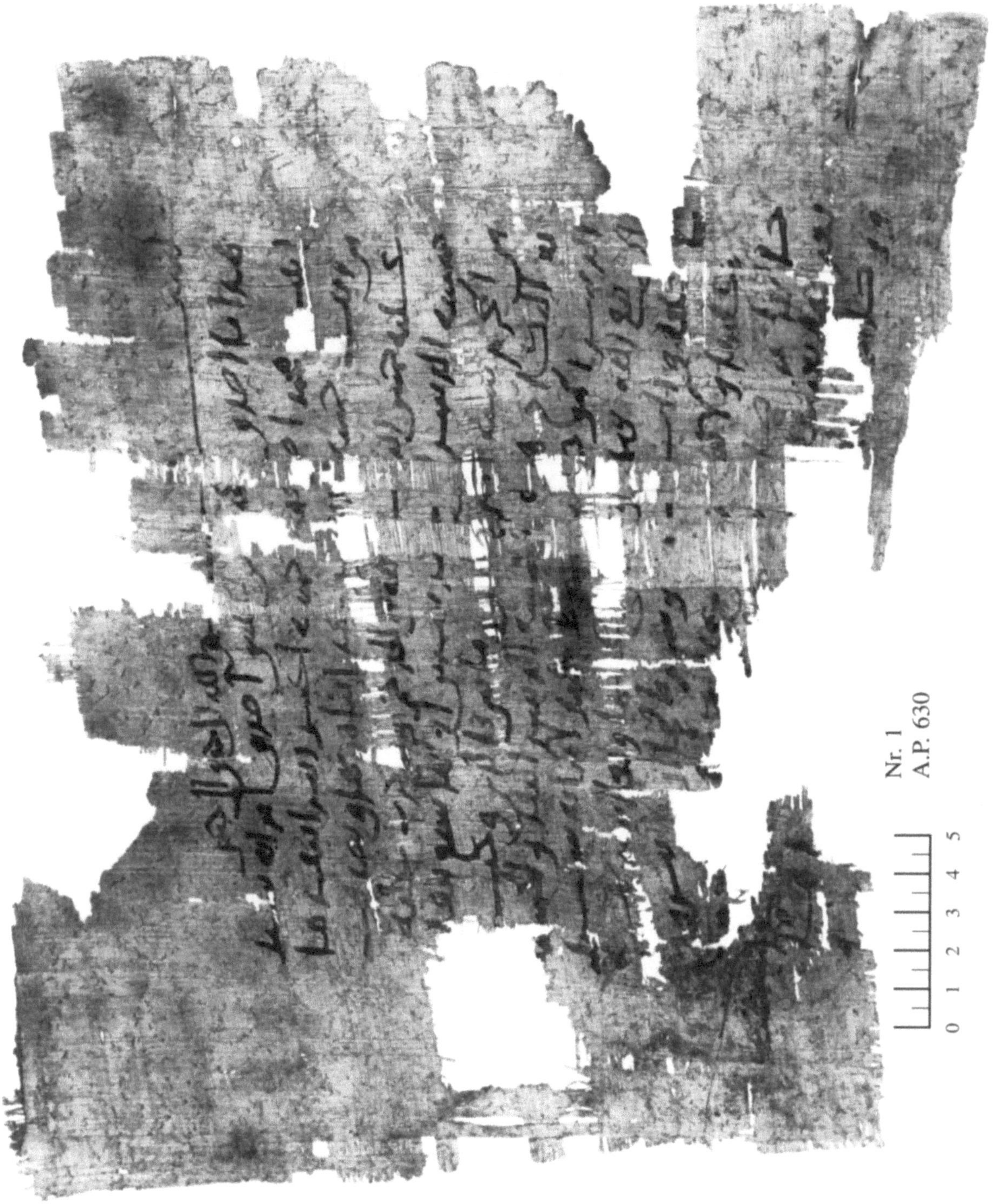

Nr. 1
A.P. 630

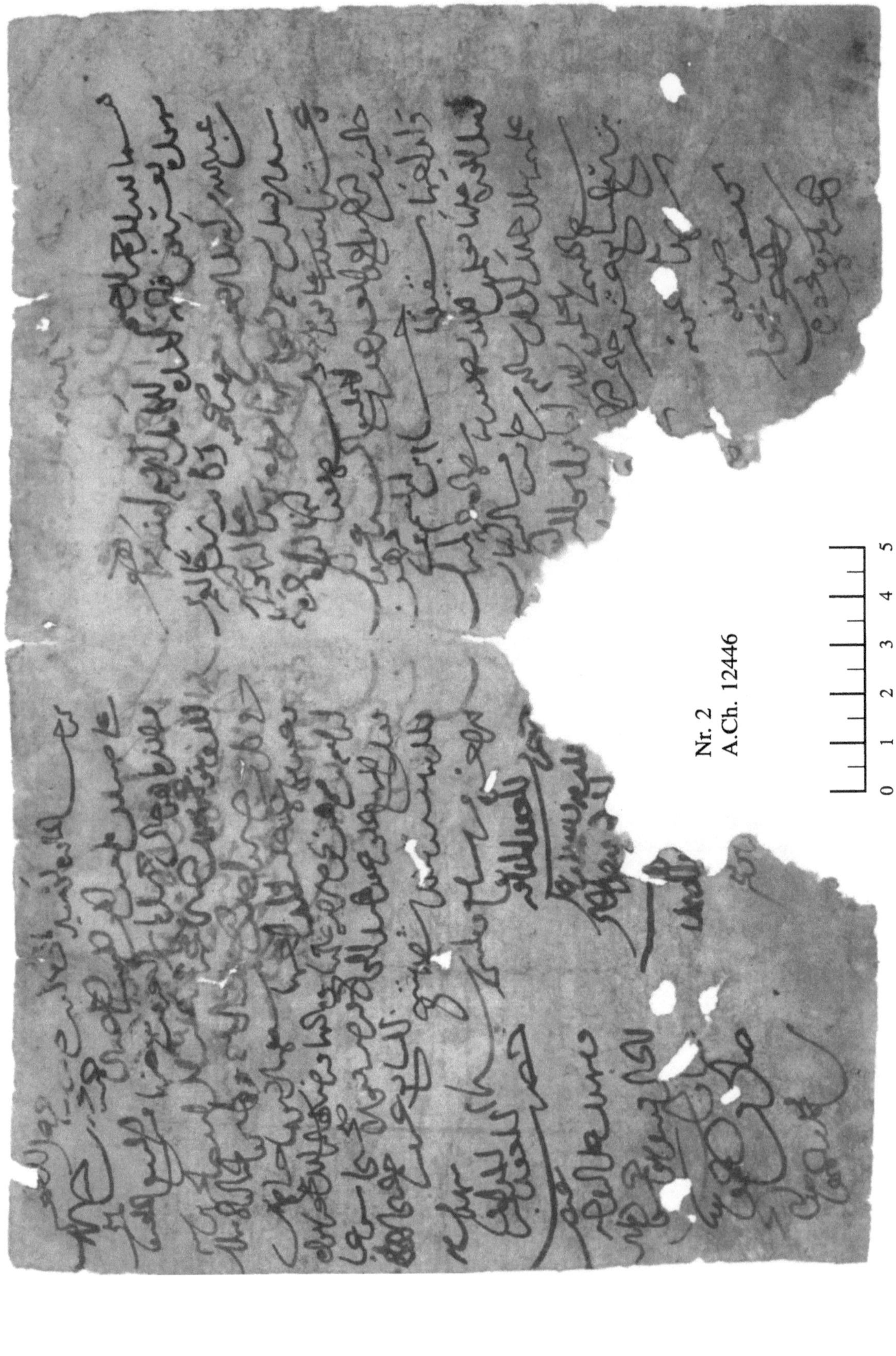

Nr. 2
A.Ch. 12446

بسم الله الرحمن الرحيم

0 1 2 3 4 5

Nr. 3
A.Ch. 32302

A.Ch. 15311 v

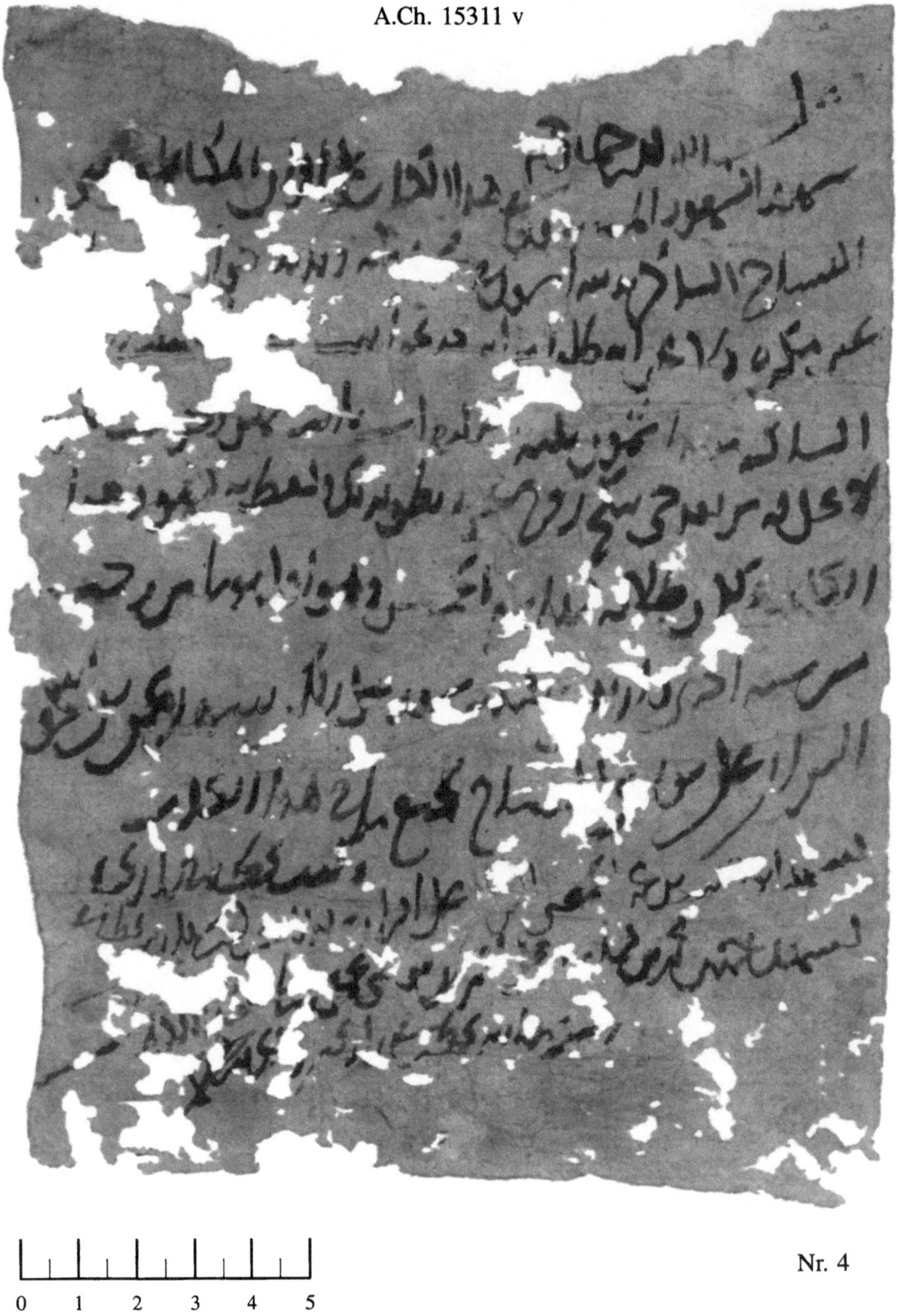

Nr. 4

TAFEL 5

Nr. 5
A.Ch. 13008

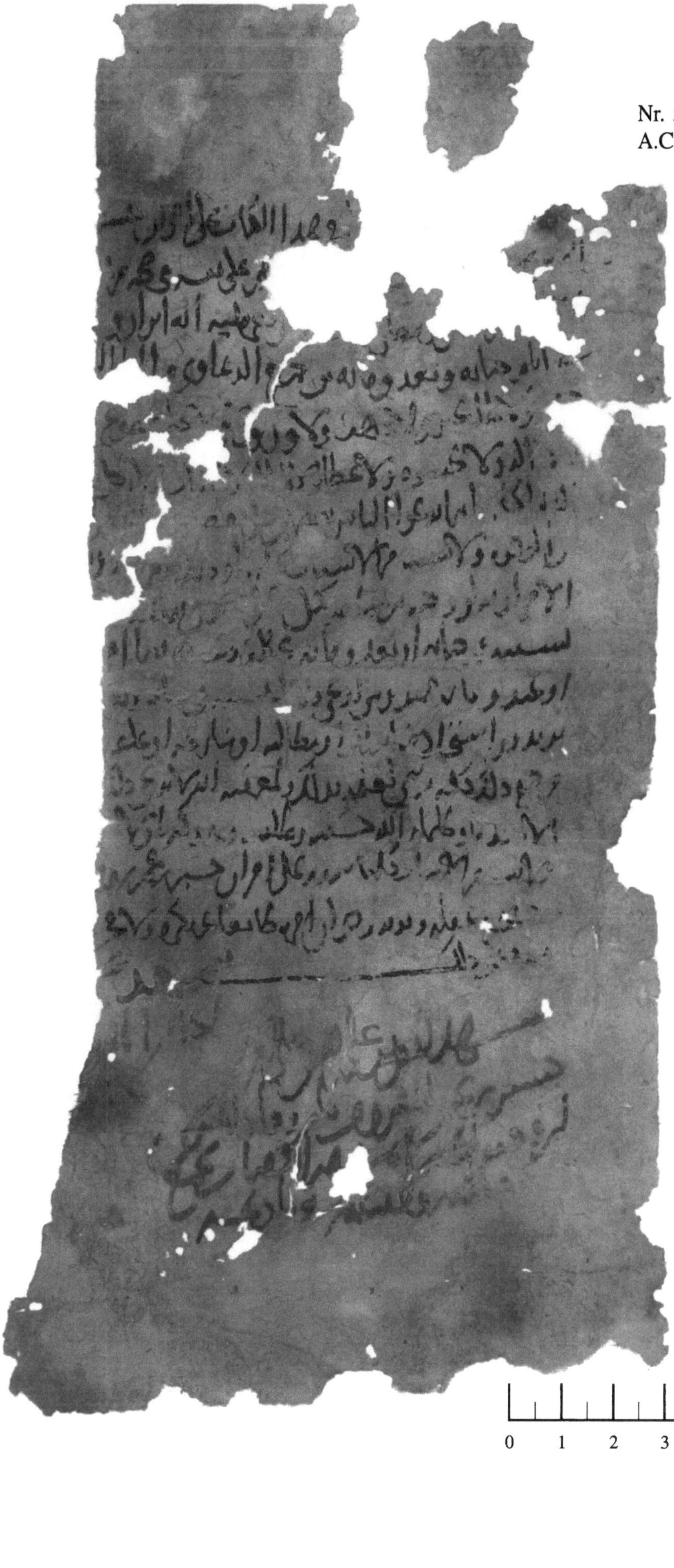

0 1 2 3 4 5

TAFEL 6

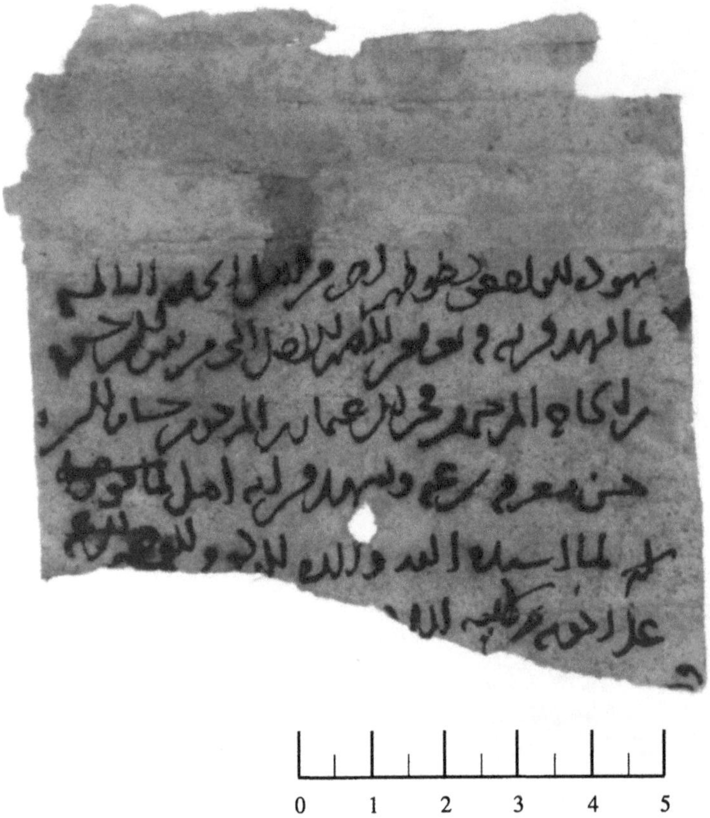

Nr. 6
A.Ch. 13485 v

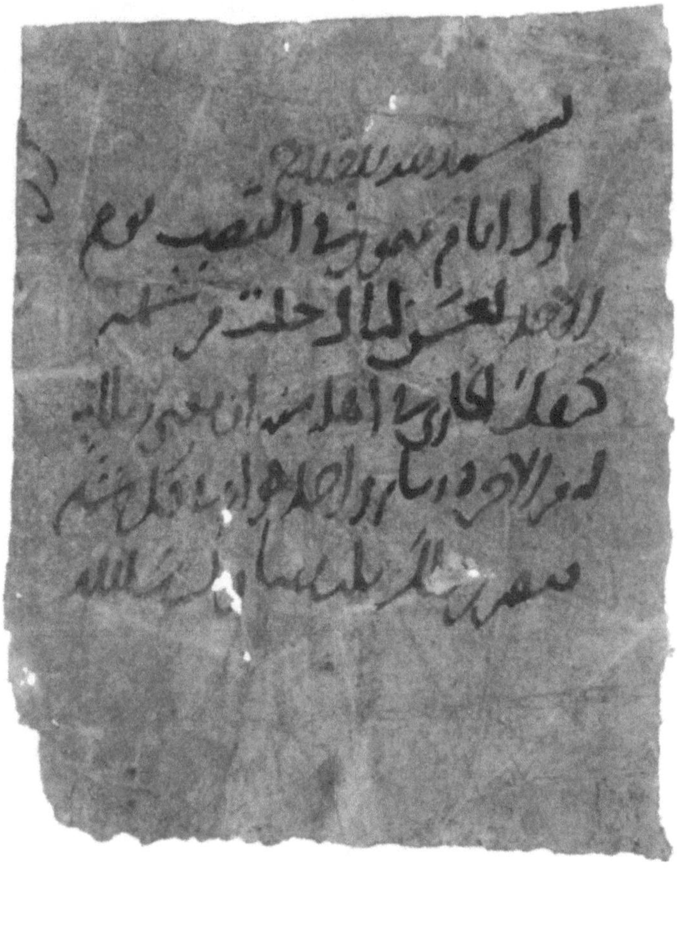

Nr. 15
A.Ch. 12178 v

Nr. 7
A.Perg. 82

TAFEL 8

Nr. 8

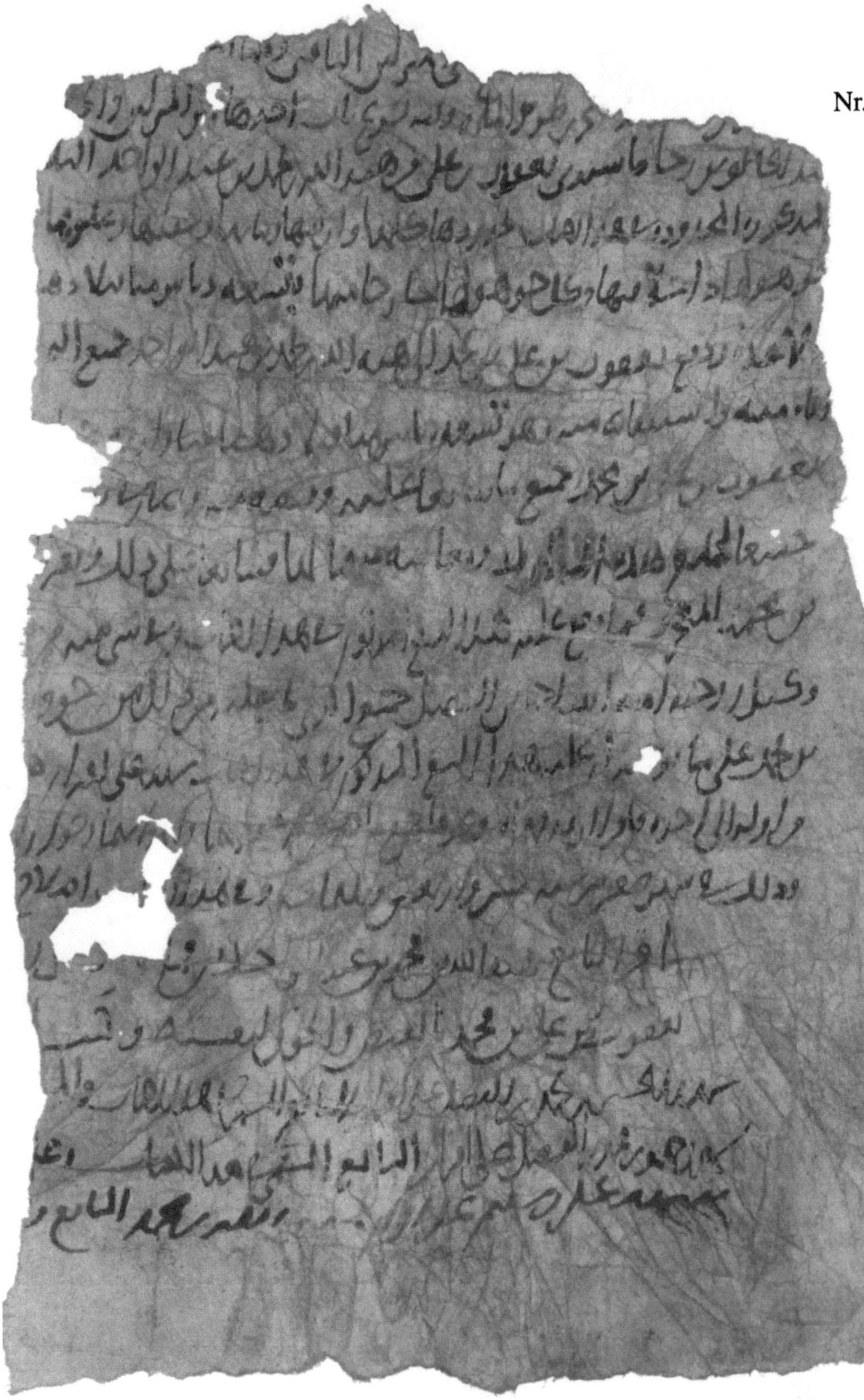

0 1 2 3 4 5

A.Ch. 1567

Nr. 9

A.Ch. 10427

TAFEL 10

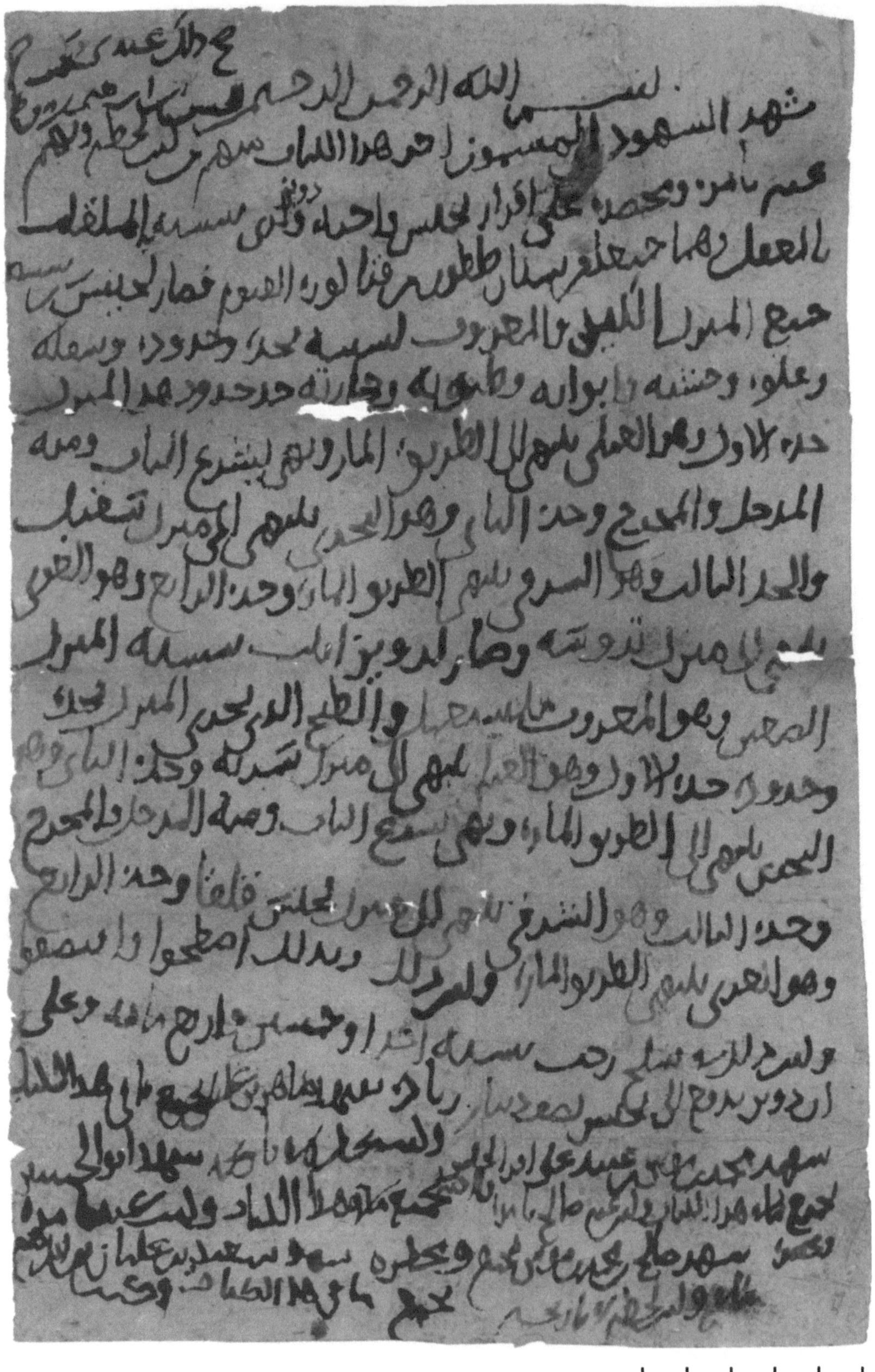

0 1 2 3 4 5

Nr. 10
A.Ch. 10254

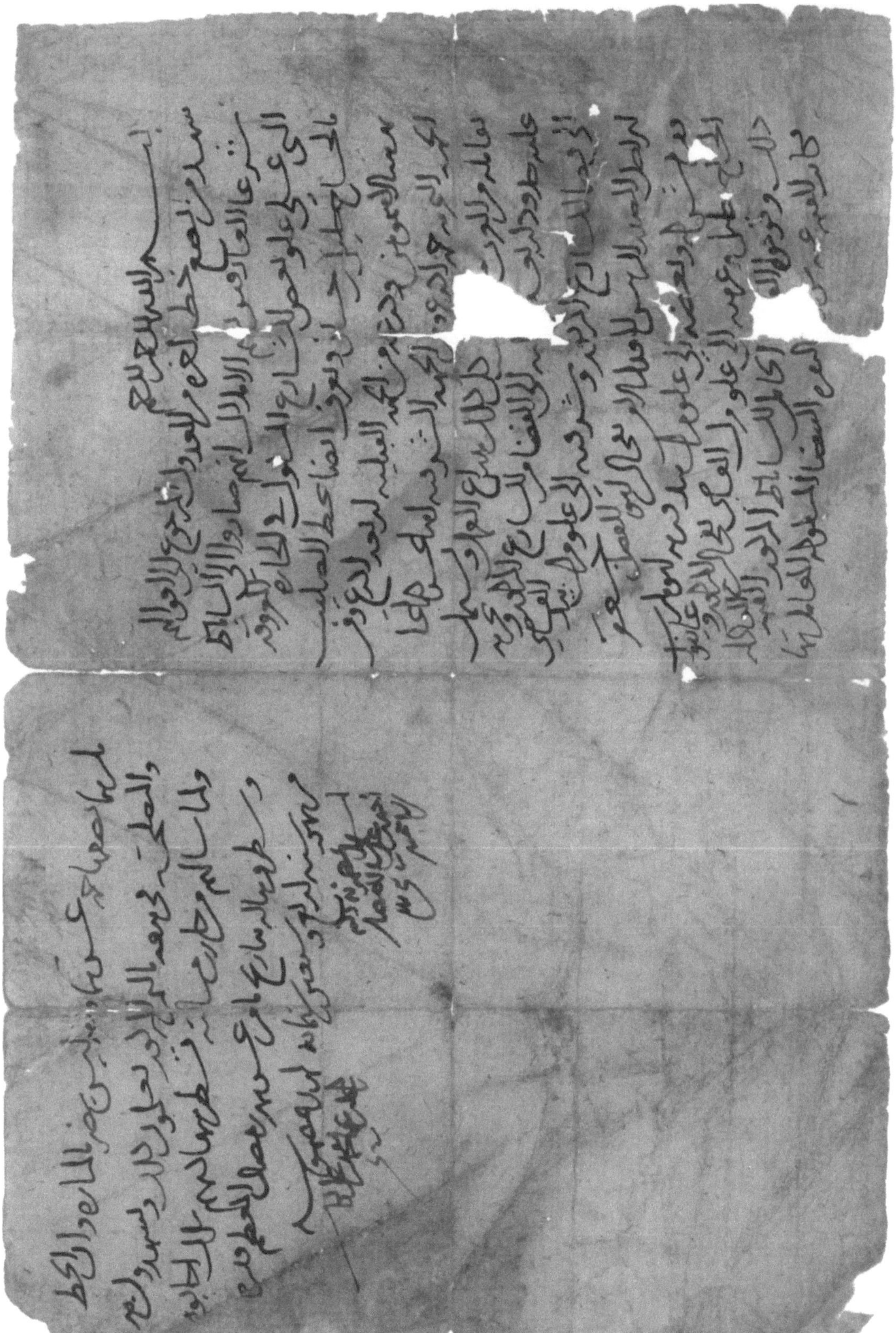

A.Ch. 23050

Nr. 11

TAFEL 12

Nr. 12
A.P. 5211 v

A.Ch. 3264

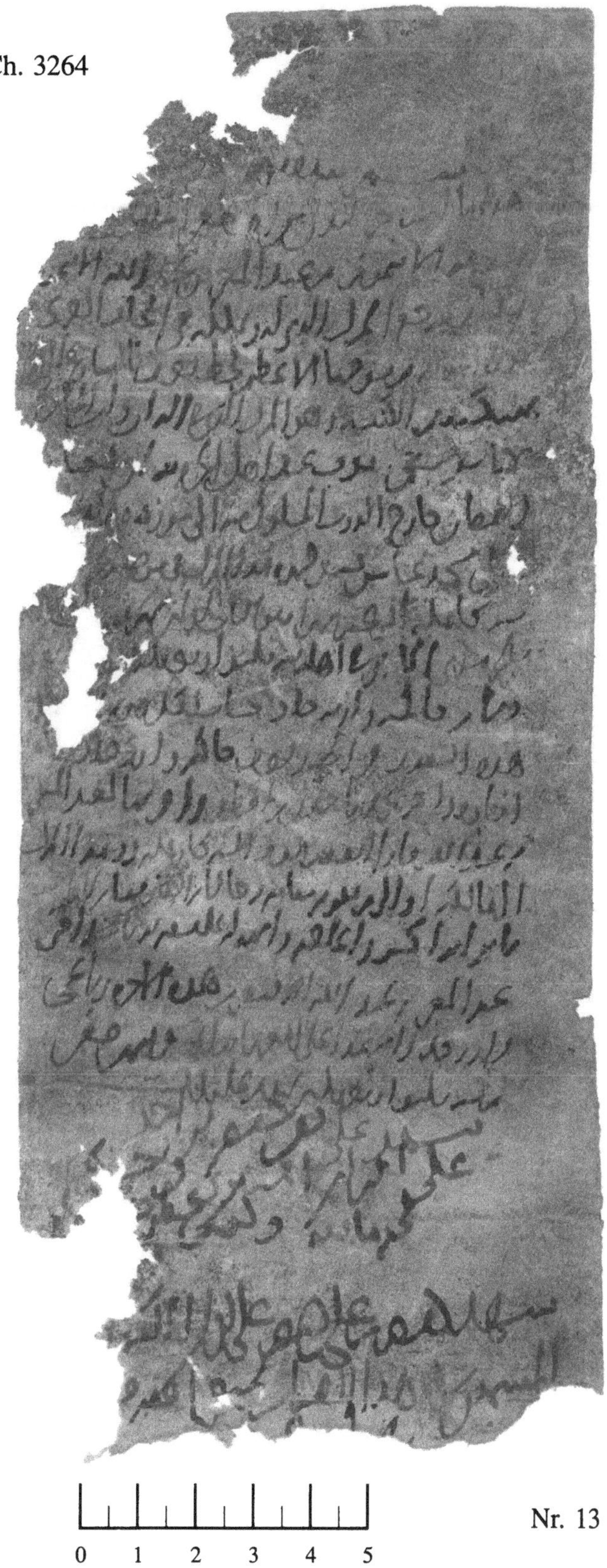

Nr. 13

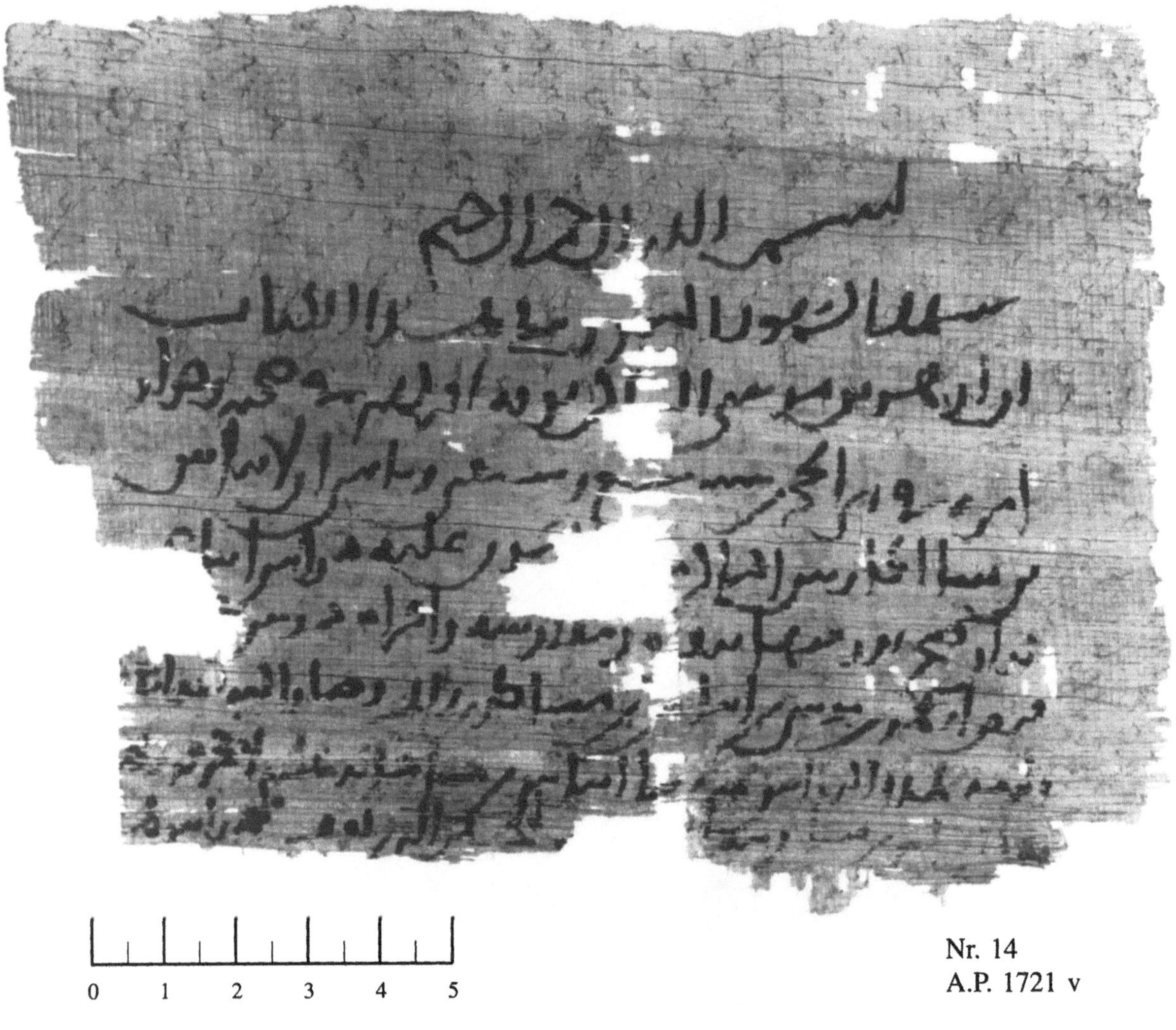

Nr. 14
A.P. 1721 v

Nr. 16
A.P. 893

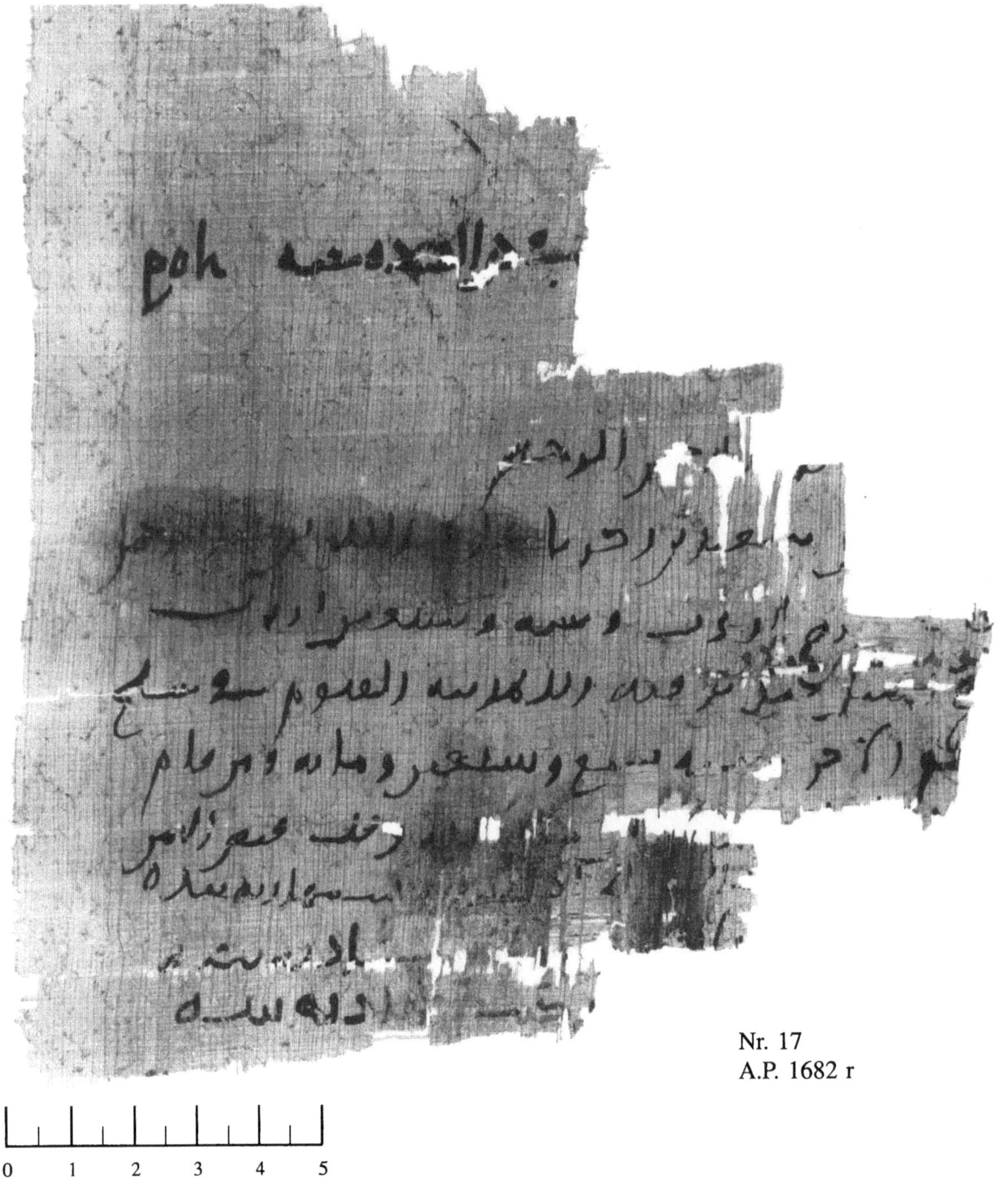

Nr. 17
A.P. 1682 r

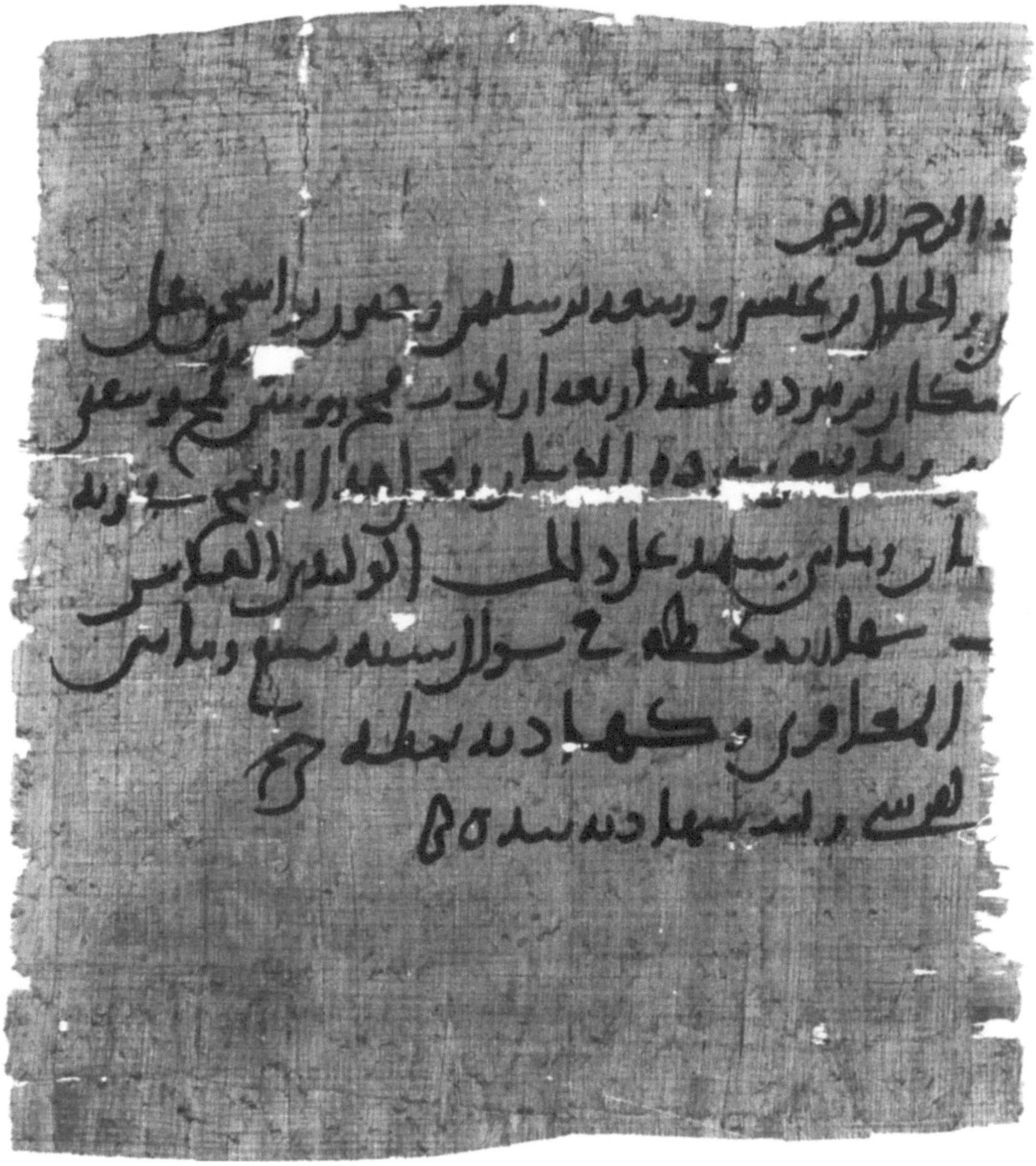

Nr. 18
A.P. 11047

0 1 2 3 4 5

TAFEL 18

Nr. 19
A.P. 11046

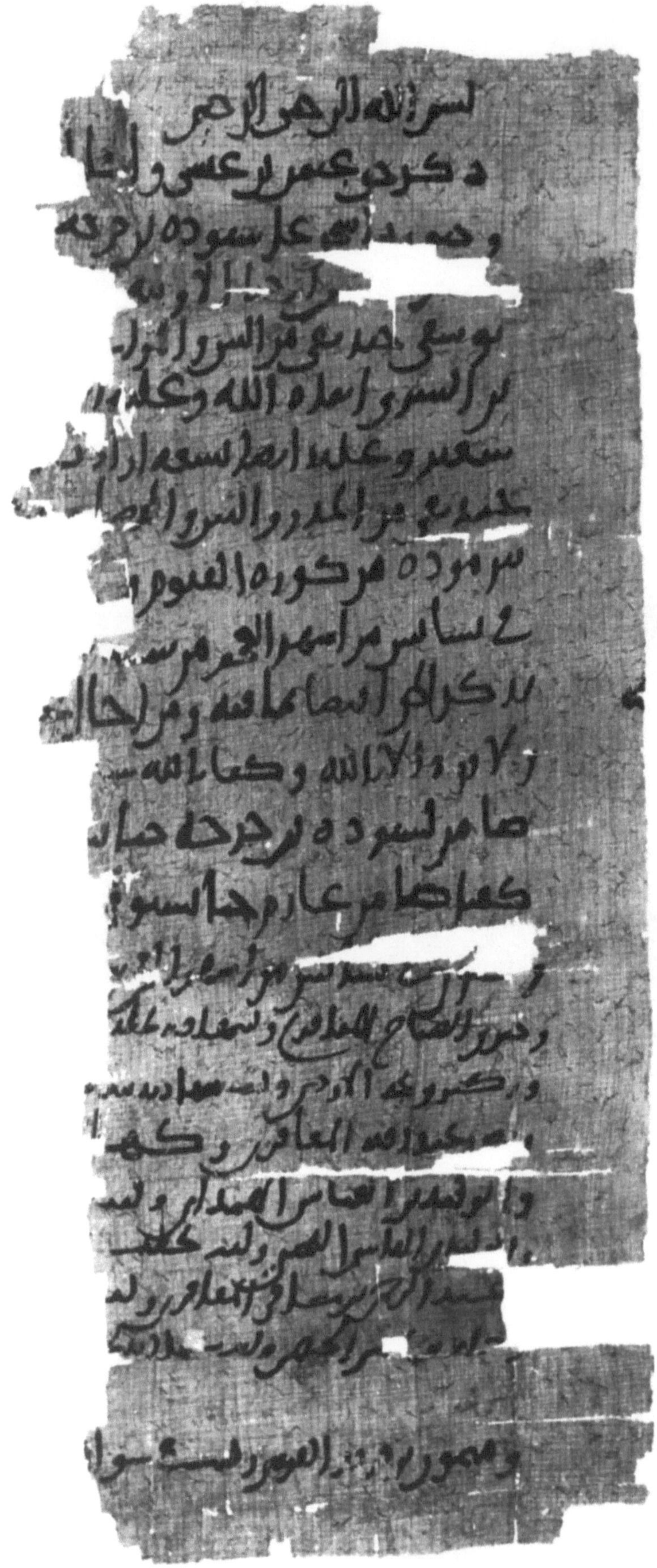
بسم الله الرحمن الرحيم

0 1 2 3 4 5

Nr. 20
A.P. 1722

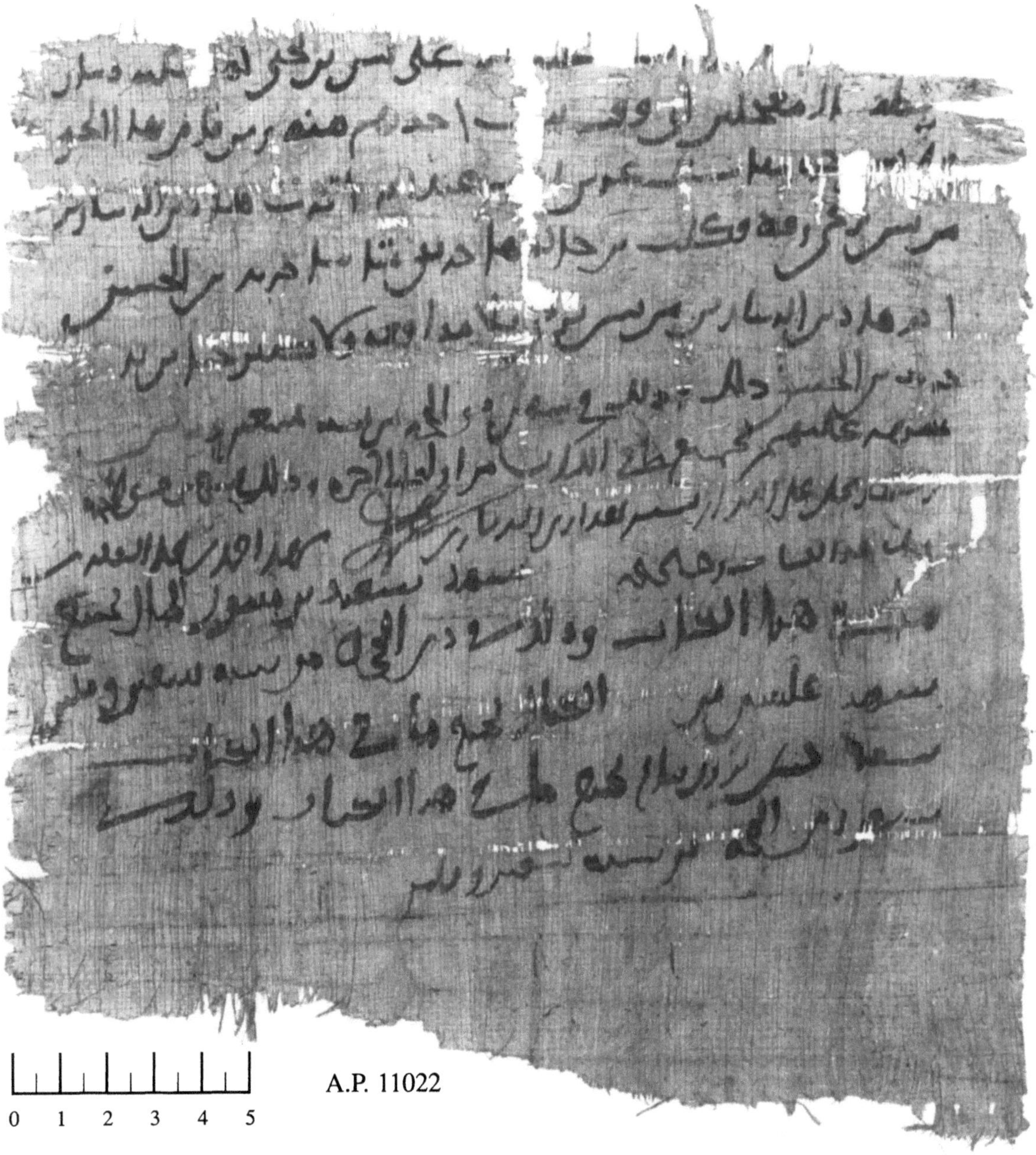

0 1 2 3 4 5

A.P. 11022

Nr. 21

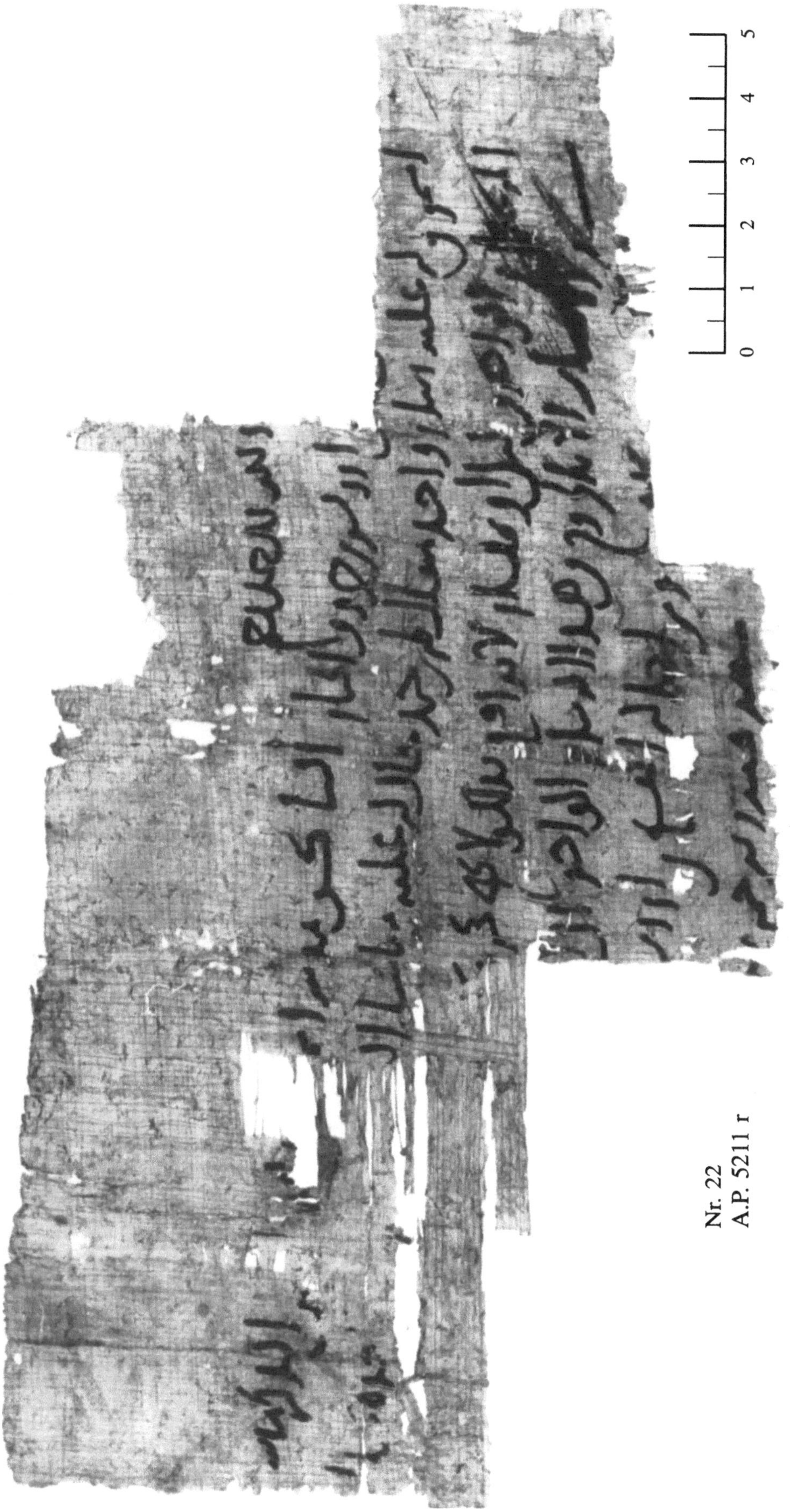

Nr. 22
A.P. 5211 r

Nr. 23
A.Ch. 3577 r

Nr. 24
A.Ch. 3577 v

TAFEL 24

Nr. 25
A.P. 700

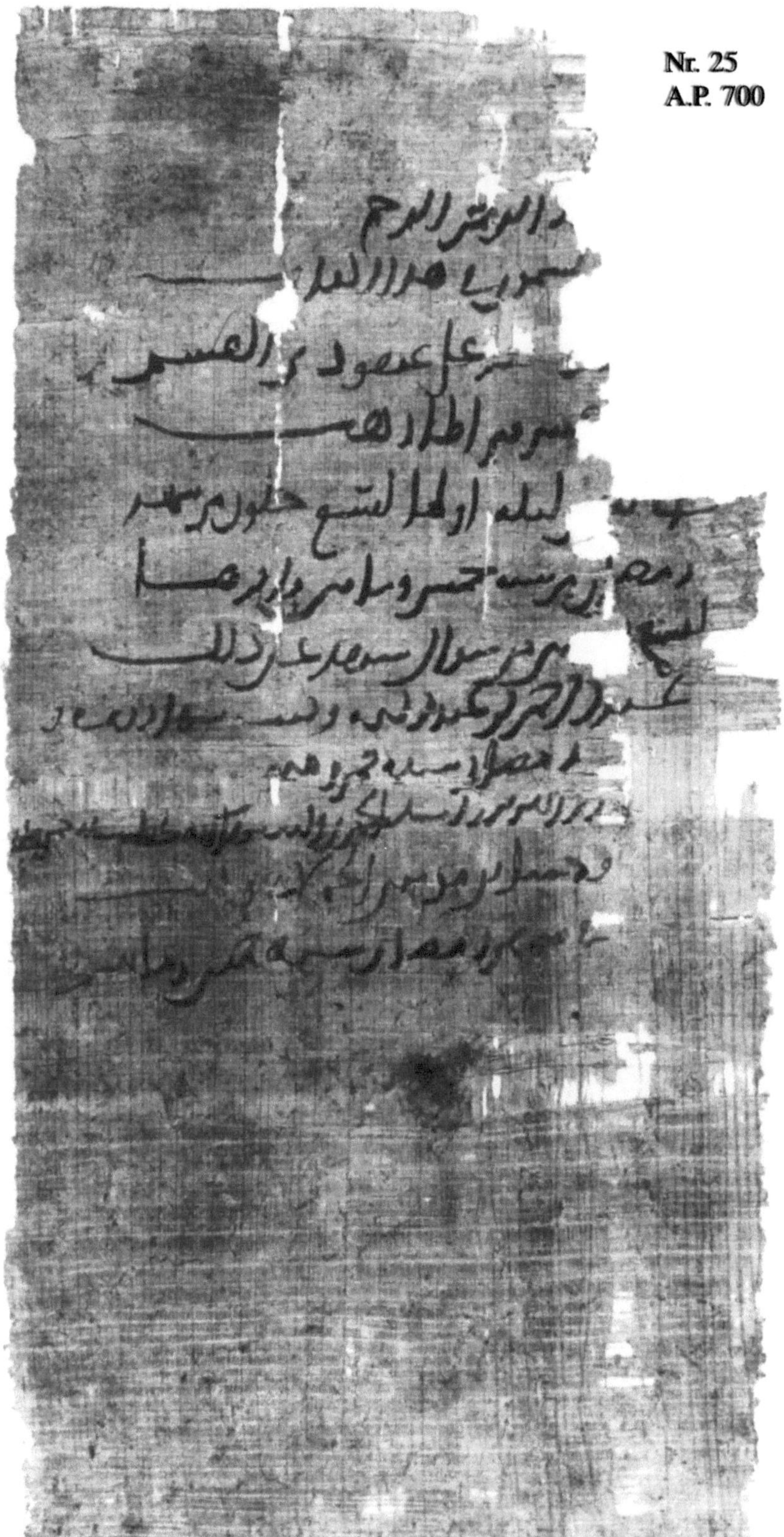

Nr. 26
A.P. 11738 r

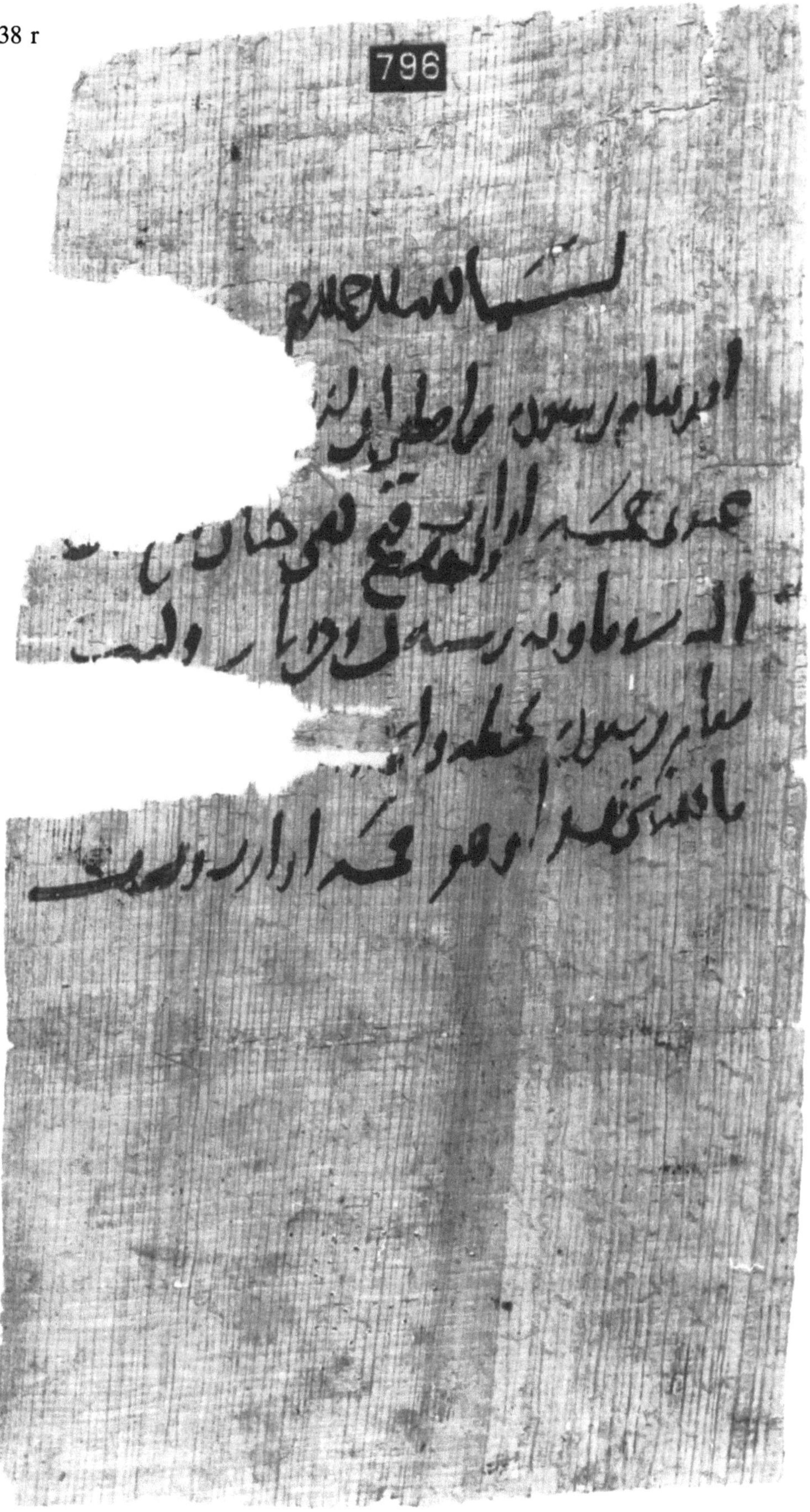

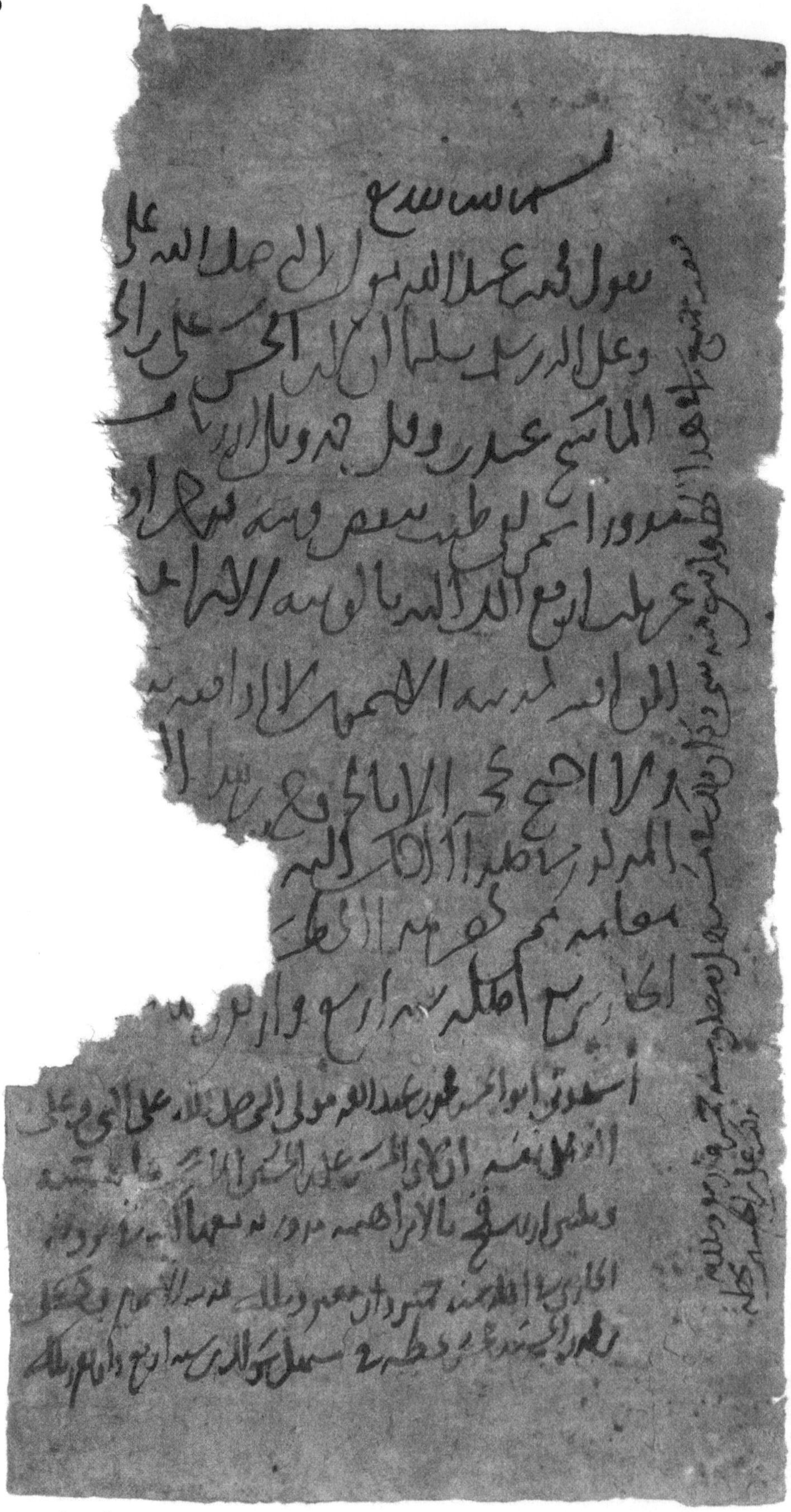

0 1 2 3 4 5

Nr. 27 A.Ch. 12189 r

0 1 2 3 4 5

Nr. 28 A.Ch. 7871 r

0 1 2 3 4 5

Nr. 29
A.Ch. 7871 v

Nr. 30
A.Ch. 13380

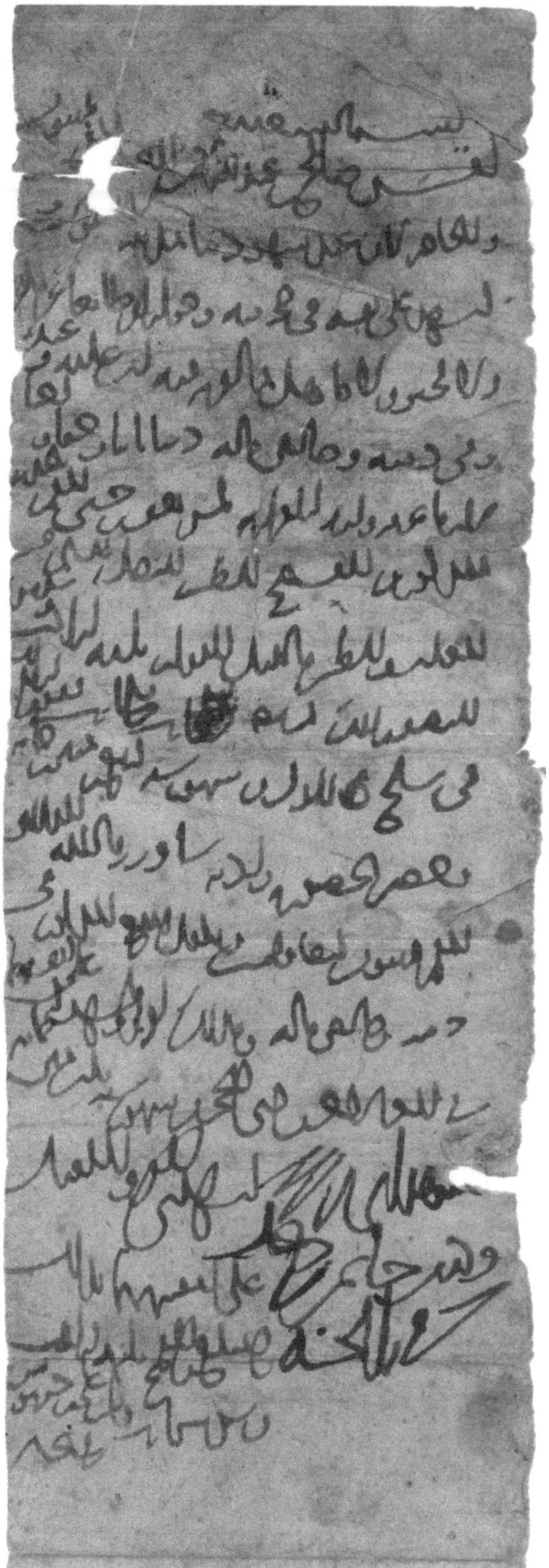

0 1 2 3 4 5

Nr. 31 r

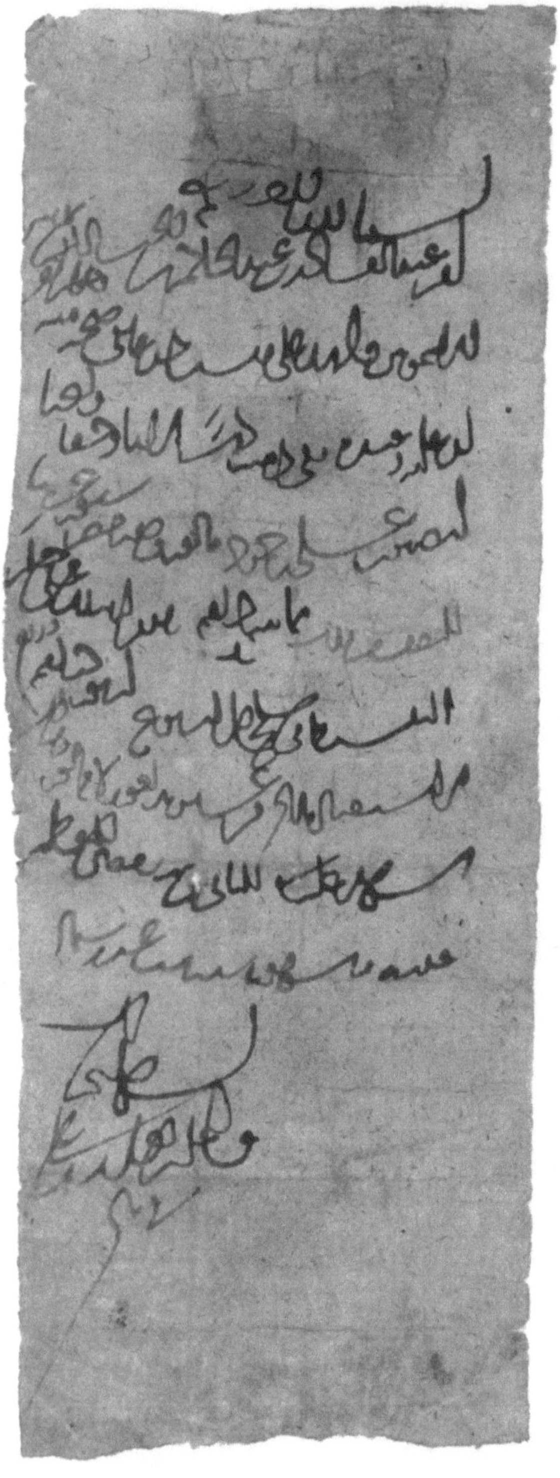

Nr. 31 v

0 1 2 3 4 5

A.Ch. 12441

Nr. 32 v

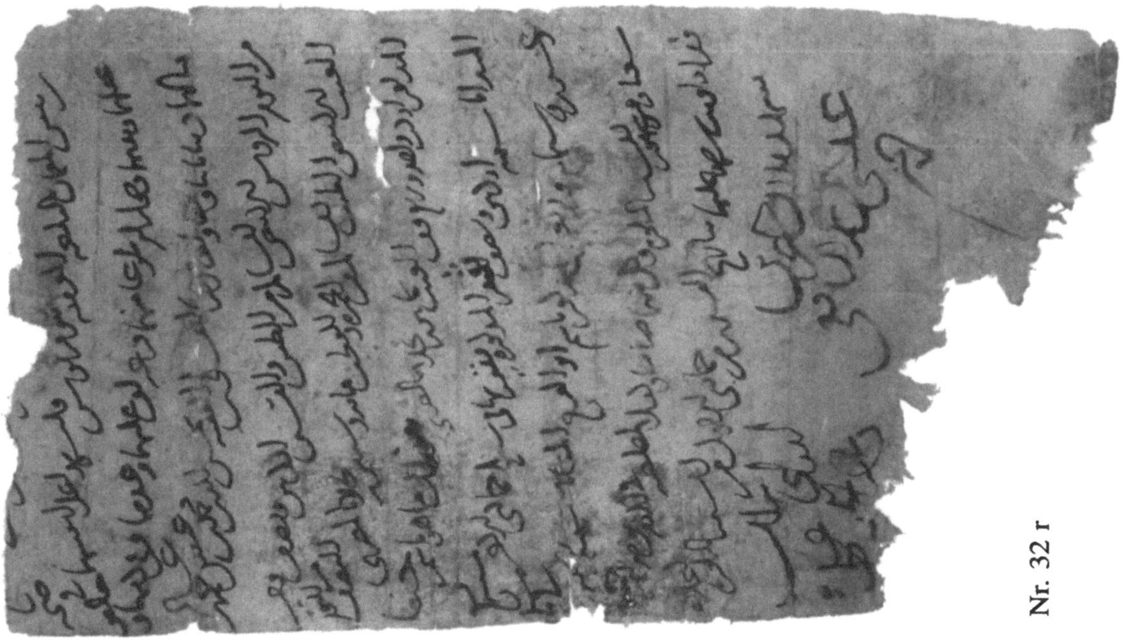

Nr. 32 r

A.Ch. 3098

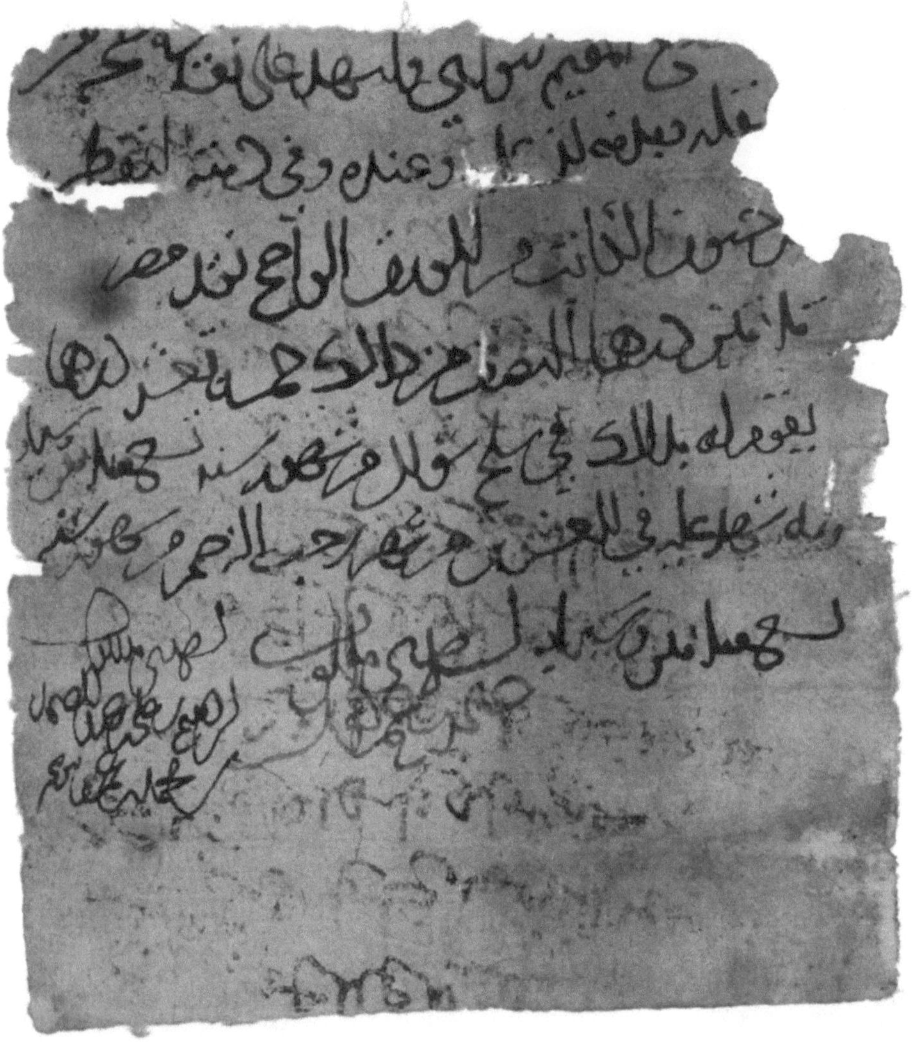

0 1 2 3 4 5

Nr. 33
A.Ch. 12782

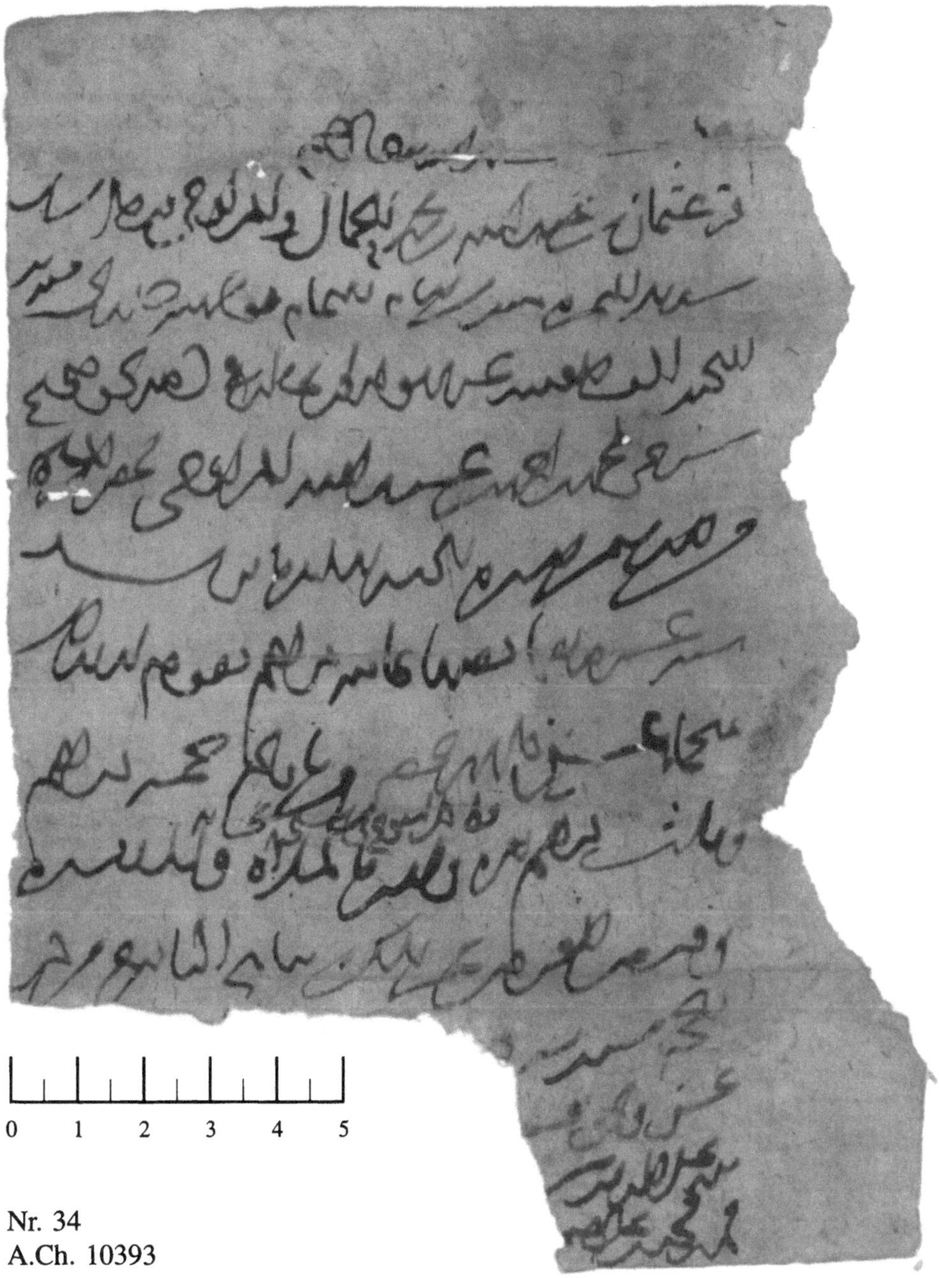

Nr. 34
A.Ch. 10393

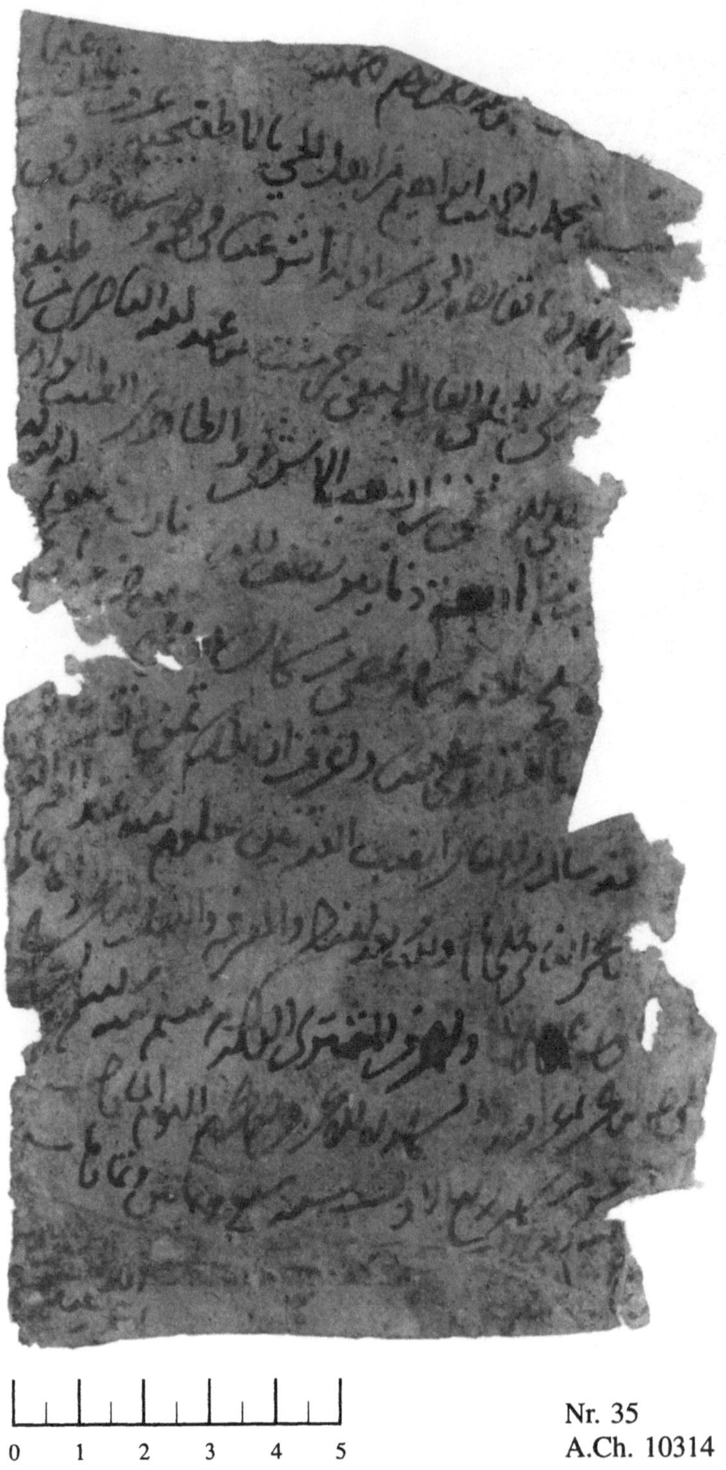

Nr. 35
A.Ch. 10314

0 1 2 3 4 5

Nr. 36
A.P. 726 v

TAFEL 36

Nr. 37
A.P. 3346

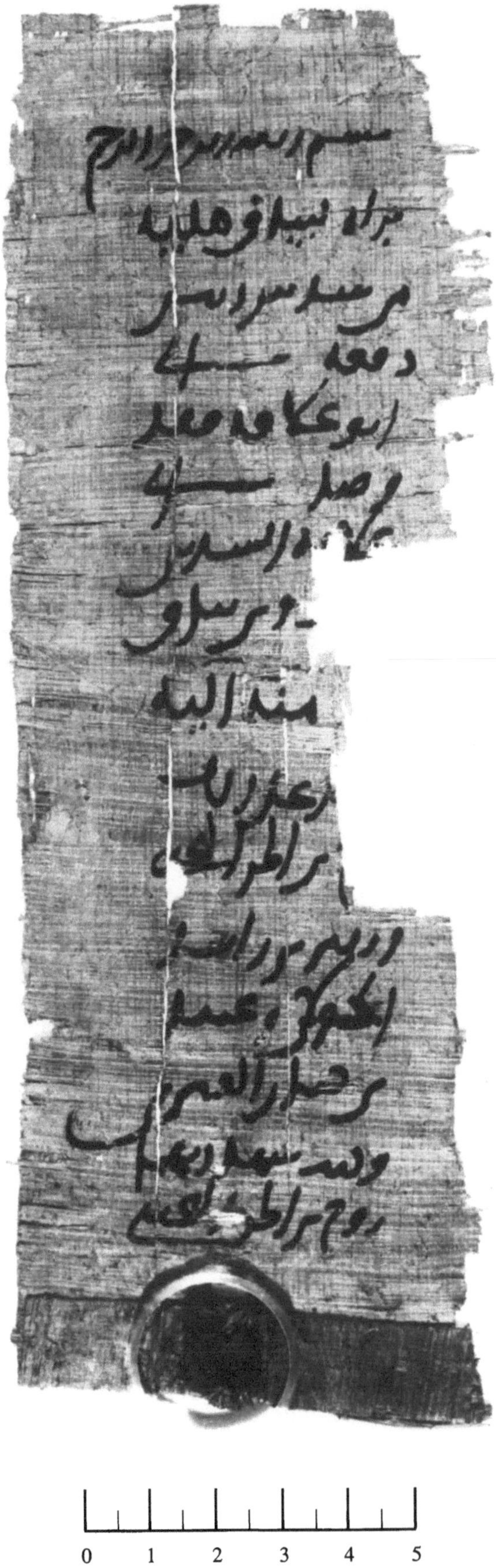

Nr. 39 A.P. 4130 v

Nr. 38 A.P. 1273 v

TAFEL 38

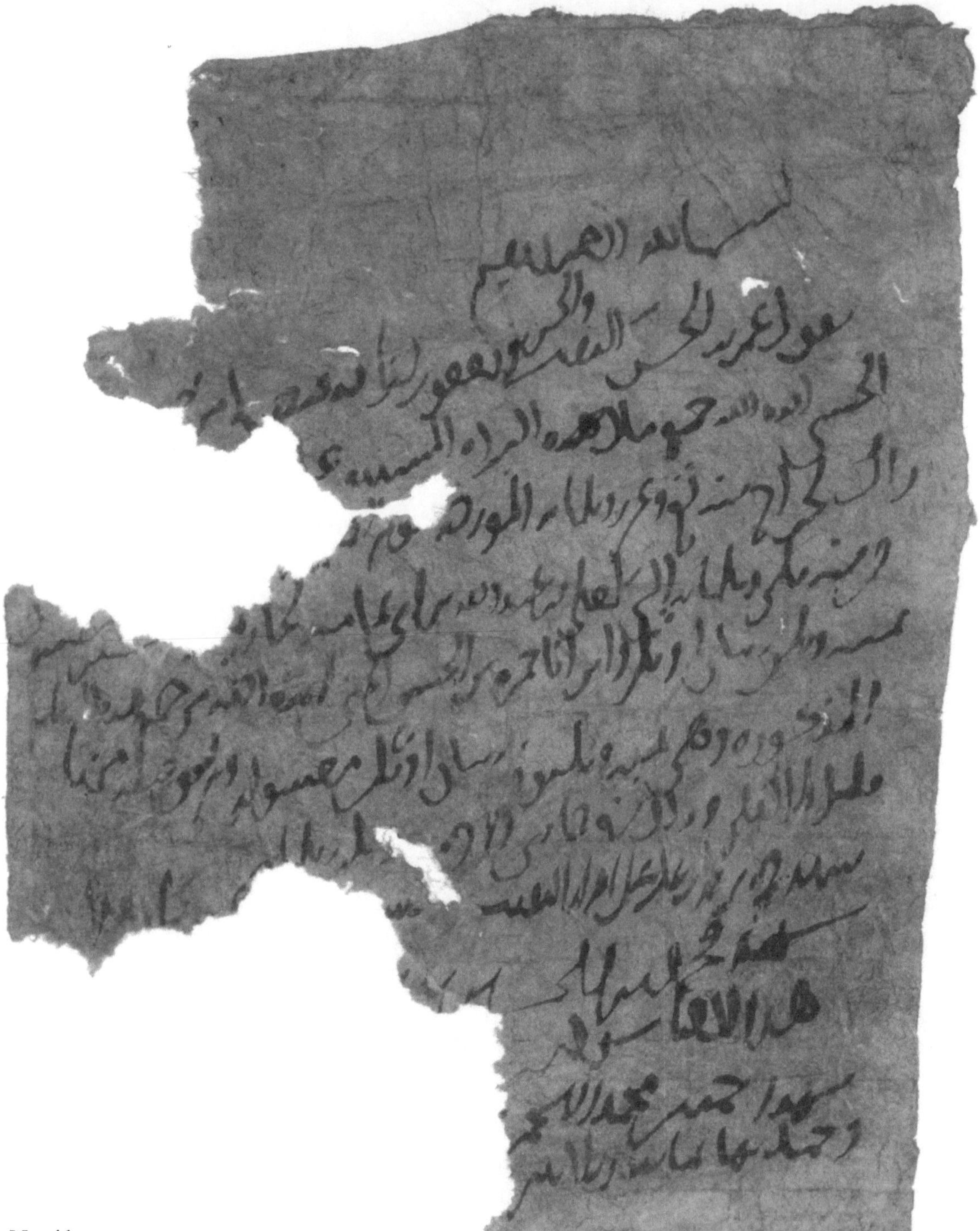

Nr. 41
A.Ch. 7820 v

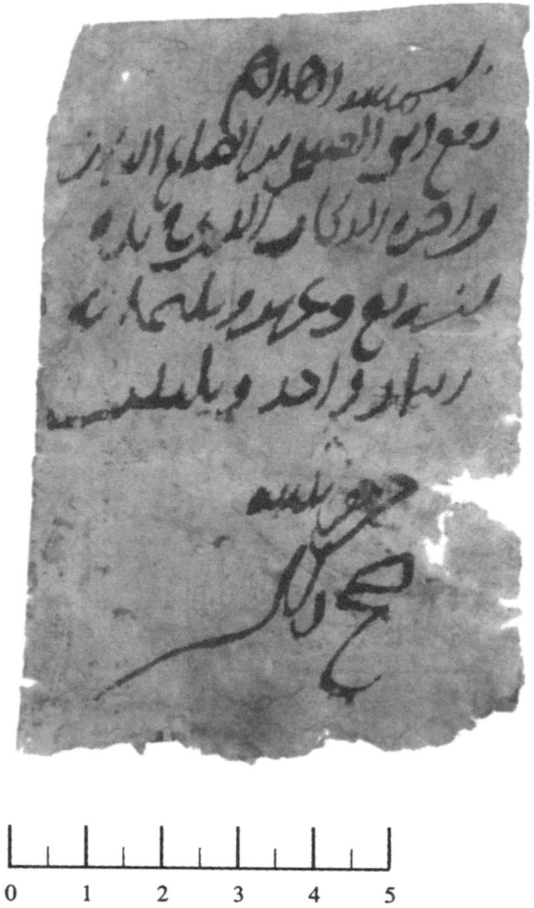

Nr. 40
A.Ch. 12158 v

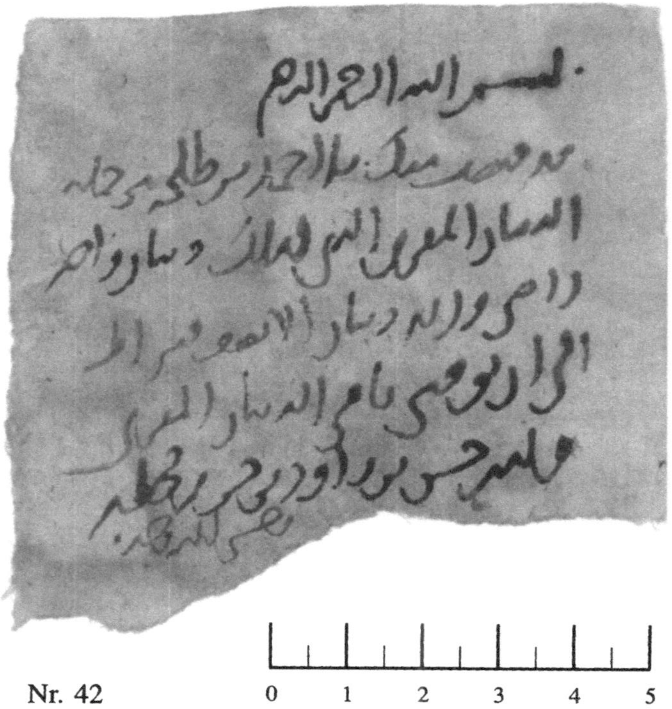

Nr. 42
A.Ch. 25009

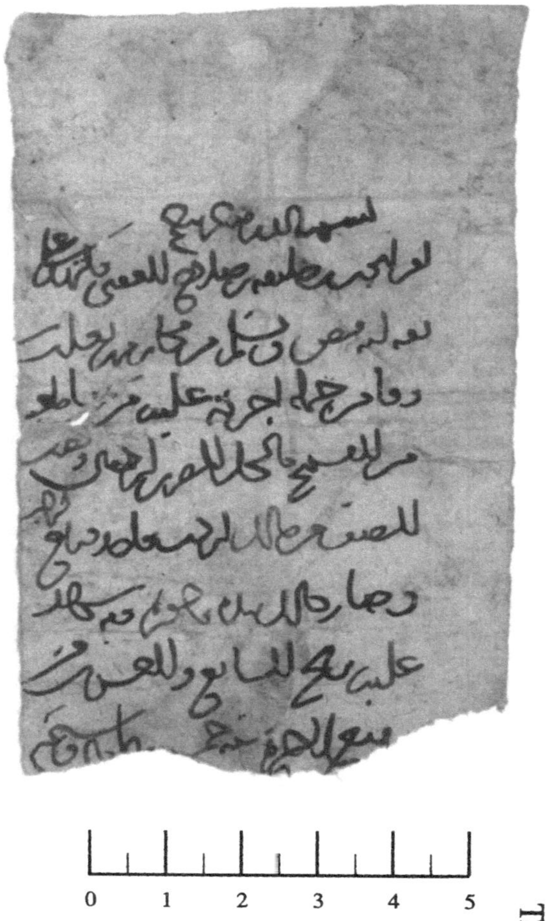

Nr. 43
A.Ch. 12463

TAFEL 40

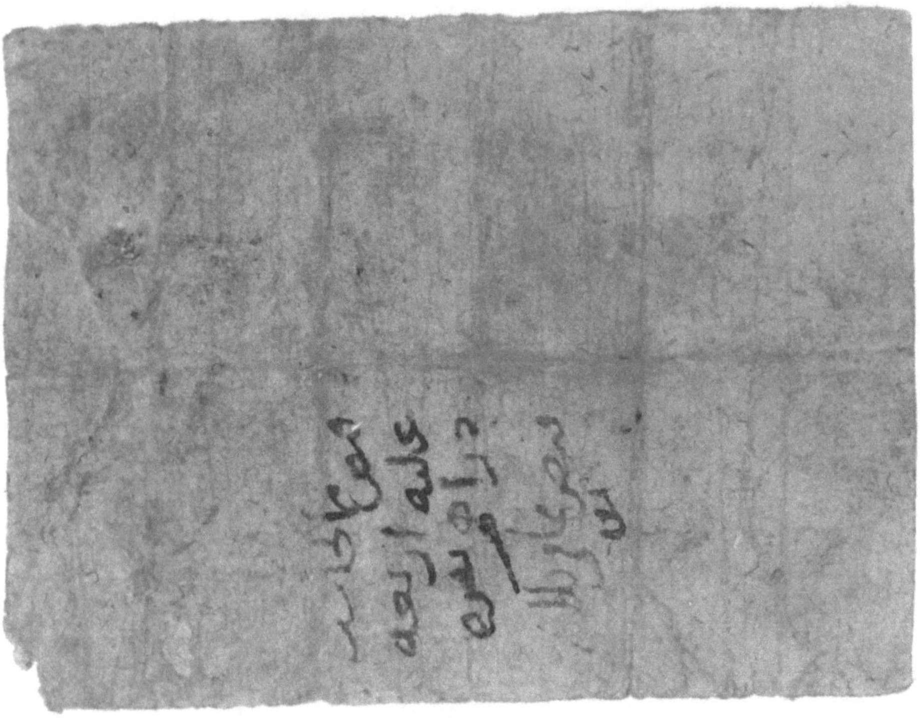

Nr. 44 v A.Ch. 10216

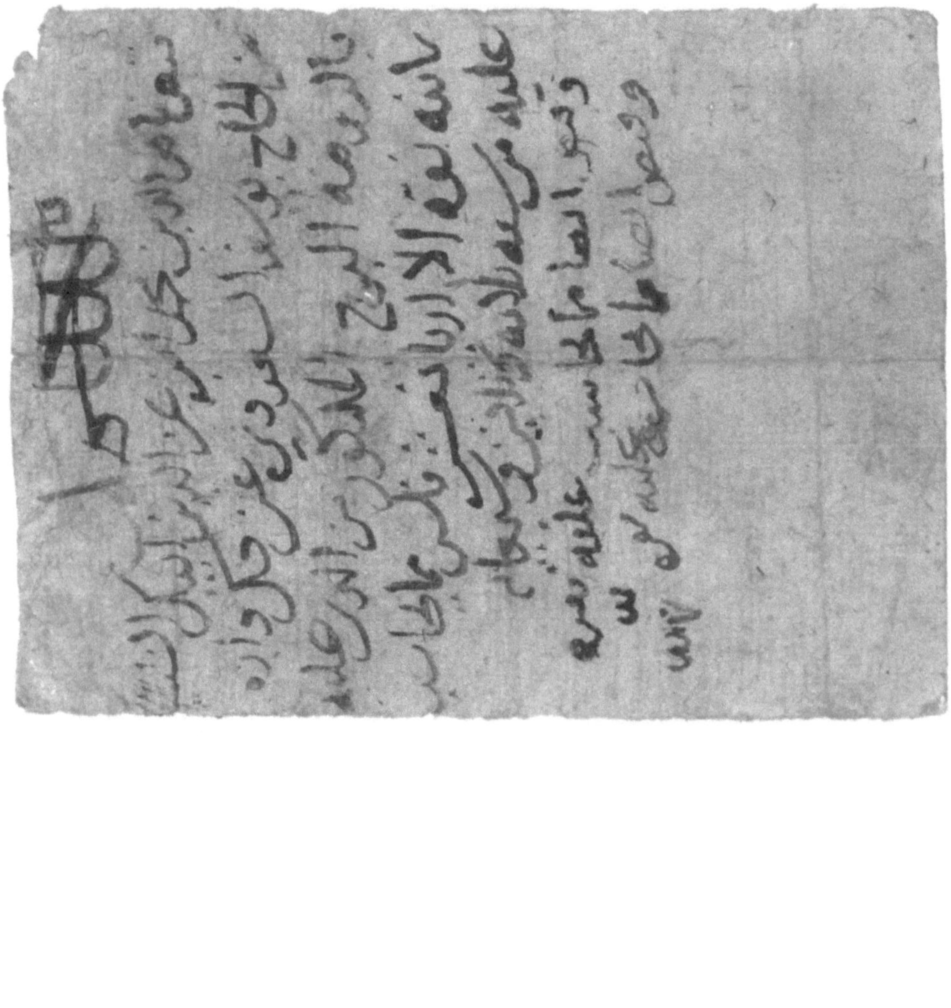

Nr. 44 r A.Ch. 10216

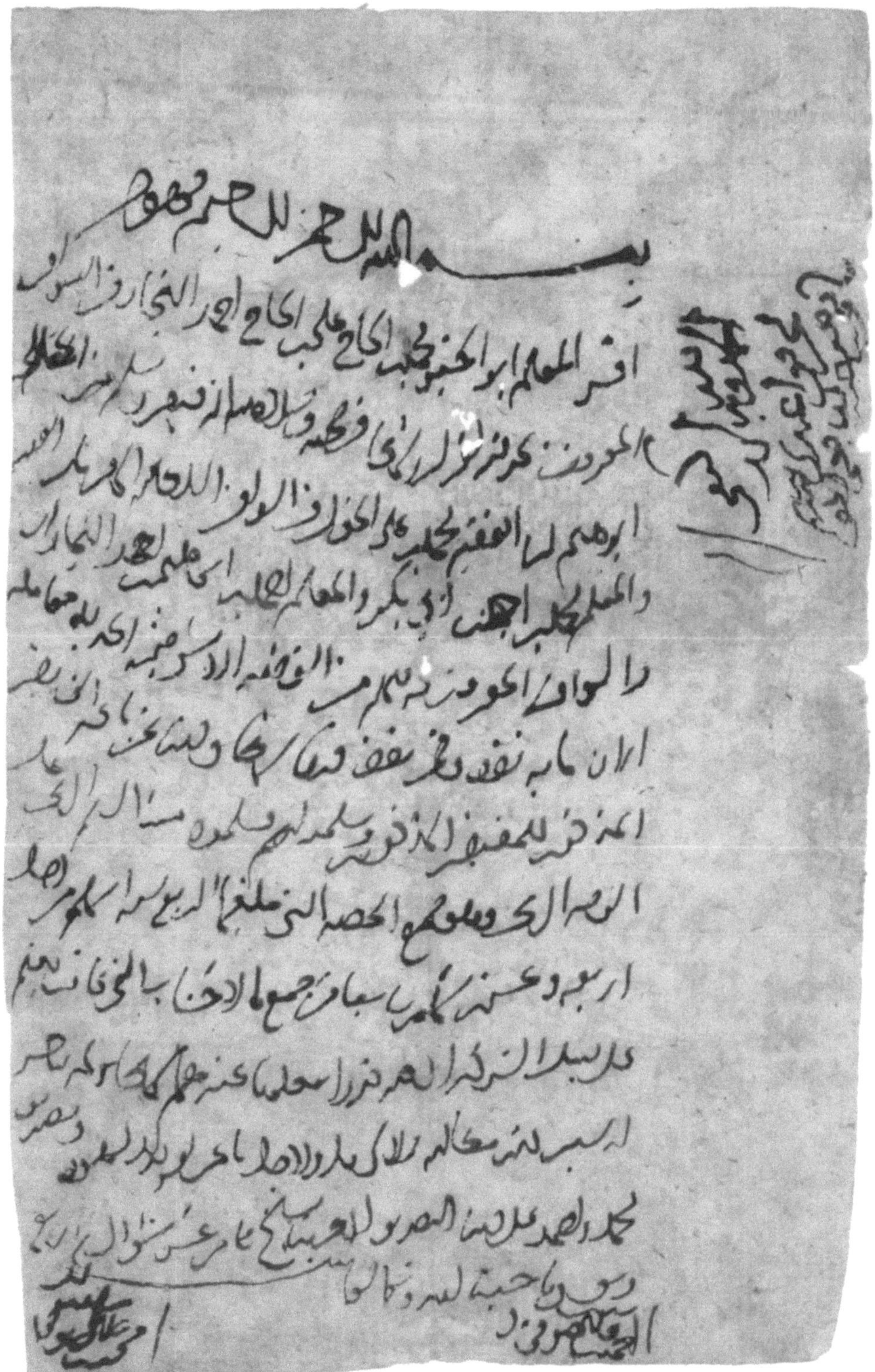

0 1 2 3 4 5

Nr. 45
A.Ch. 10440

Bei Fragen zur Produktsicherheit wenden Sie sich bitte an:
If you have any questions regarding product safety,
please contact:

Walter de Gruyter GmbH
Genthiner Straße 13
10785 Berlin
productsafety@degruyterbrill.com